中国保险业：
高质量发展与金融强国之路

许 闲 著

本项研究得到中国发展研究基金会资助

科学出版社

北 京

内 容 简 介

本书深度剖析了中国保险业高质量发展的内涵与演进。通过梳理发展历程、分析市场周期及波动规律，揭示中国保险行业发展新特征。同时从金融市场、实体经济、工业 4.0 角度讨论保险在经济中的关键作用，并从社会发展角度挖掘中国保险在风险防范、脱贫攻坚、健康保障及老龄化应对中的优势。本书着重探讨科技赋能下的保险业新图景，分析科技对行业高质量发展的颠覆性作用。最后回顾 2001 年至 2020 年的入世二十年，结合新时代新形势展望中国保险业对外开放蓝图。通过以上五个篇章，本书力图以此回答中国保险业在高质量发展与新开放格局下何去何从的时代之问。

本书适合从业者、学者、监管人员及学生等广泛金融保险业读者，既展现中国保险业发展历程，又提供全局性认识、趋势性判断及洞见，可帮助读者全面了解中国保险业发展。

图书在版编目（CIP）数据

中国保险业：高质量发展与金融强国之路 / 许闲著.—北京：科学出版社，2024.7

ISBN 978-7-03-078248-9

Ⅰ.①中… Ⅱ.①许… Ⅲ.①保险业—产业发展—研究—中国 Ⅳ.①F842

中国国家版本馆 CIP 数据核字（2024）第 059107 号

责任编辑：陈会迎 / 责任校对：姜丽策
责任印制：张 伟 / 封面设计：有道设计

科 学 出 版 社 出版
北京东黄城根北街 16 号
邮政编码：100717
http://www.sciencep.com
北京建宏印刷有限公司印刷
科学出版社发行 各地新华书店经销

*

2024 年 7 月第 一 版 开本：720×1000 1/16
2024 年 7 月第一次印刷 印张：18 1/4
字数：368 000
定价：192.00 元

作者简介

　　许闲，复旦大学经济学院教授、博士生导师。复旦大学风险管理与保险学系主任，复旦大学保险应用创新研究院副院长、学术委员会秘书长，复旦发展研究院学术委员、中国保险与社会安全研究中心主任。担任国家社会科学基金重大项目首席专家，兼任教育部全国保险专业硕士研究生教育指导委员会委员、财政部企业会计准则咨询委员会委员、中国金融学会理事、中国保险学会理事、中国社会保障学会商保研究分会副会长、上海市保险学会副会长。主要研究方向为金融消费者权益保护、数字金融与保险、医疗与养老保险、以人工智能大语言模型为代表的前沿技术与保险精算的结合等。

目　　录

第四篇　保险与科技发展

第五篇　保险与对外开放

第一篇

保险与行业发展

作为宏观经济中不可或缺的经济板块，保险业发展一直是社会关注的重点。新中国成立后，保险业一直在经济中扮演着不同角色。经过一系列曲折，到 20 世纪 80 年代恢复国内业务后，保险业开始在中国获得长足的发展。最初保险业不断追求规模扩张，以提高保费收入为主要目标，随着改革开放的不断深入，保险业也顺势进入新的发展阶段，深化改革，优化升级，将高质量发展作为更长远的发展目标。

本篇将从保险业发展历史入手，关注保险市场、保险机构及保险功能三大板块，阐述保险业高质量发展演进历程，并进一步详细描绘细分市场、行业开放、政府监管及科技赋能的发展内涵标志，梳理保险业高质量发展特征，聚焦保险业稳定发展。

第二章和第三章则着眼于细分保险市场，从寿险和财险两个市场出发进一步分析细分保险市场存在的发展周期性。两个部分皆通过梳理保险市场发展历程，深入运用滤波等分析框架证实保险行业确实存在周期，并以经济增长模型为理论基础，以中国宏观经济数据为实证对象分析周期影响因素。

基于对保险行业整体及细分市场领域发展周期规律的认识，我们深入探索了新开放格局下保险业发展的新特征，并从保险生态、产品创新、科技助力、公司运营、中介市场及增值服务等多方面对新特征进行全面的认识。

第一章 保险高质量发展的演进历程与内涵

第一节 保险业高质量发展演进历程

新中国成立后，保险业作为社会经济重要组成部分被纳入发展规划，开始缓慢发展。在中国进入计划经济后，社会发展风险更多由政府兜底，保险业发展滞缓。1978 年后，中国进入改革开放发展阶段，逐渐恢复国内保险业，随后中国保险业进入腾飞时期。2001 年中国加入世界贸易组织（WTO）以后，中国保险业不断完善市场、机构、监管等基础板块，为保险业的高质量发展奠定了系统化体系。到今天，中国保险业秉持中国特色社会主义经济发展理念，改革创新，与时俱进，开拓保险市场，多元化保险机构，坚持三大保险职能，一步一步在高质量发展之路上大步向前。

一、保险市场——总量持续增长，未来发展潜力巨大

（一）整体市场

自 1979 年全国保险工作会议决定恢复国内保险业以来，得益于政府政策的支持、中国强大的经济发展力量、庞大的人口总数以及迅猛提升的科技教育水平等，保险业获得了高速发展。不仅原保险保费收入不断攀升，保险深度和保险密度等也获得了显著的增长，这都显示着中国保险业一直处于发展的黄金期。

根据国家统计局数据，图 1.1 描绘了 1994～2020 年中国保险业保费收入和增长率。在总保费上，中国保险业保费收入 1994 年是 376 亿元，2020 年是 45 257 亿元，2020 年是 1994 年的 120.36 倍，而同一时期的国内生产总值（GDP）仅为 1994 年的 20.89 倍。在增长速度上，虽然保险公司保费收入增速波动较大，但是 27 年中仅有 4 年增速小于 10%，最高增速更是高达 62.48%。因此，整体来看中国保险市场总量持续快速增长，虽然近几年进入转型阶段，保费增长较为收敛，但是整体增速远高于宏观经济增速。

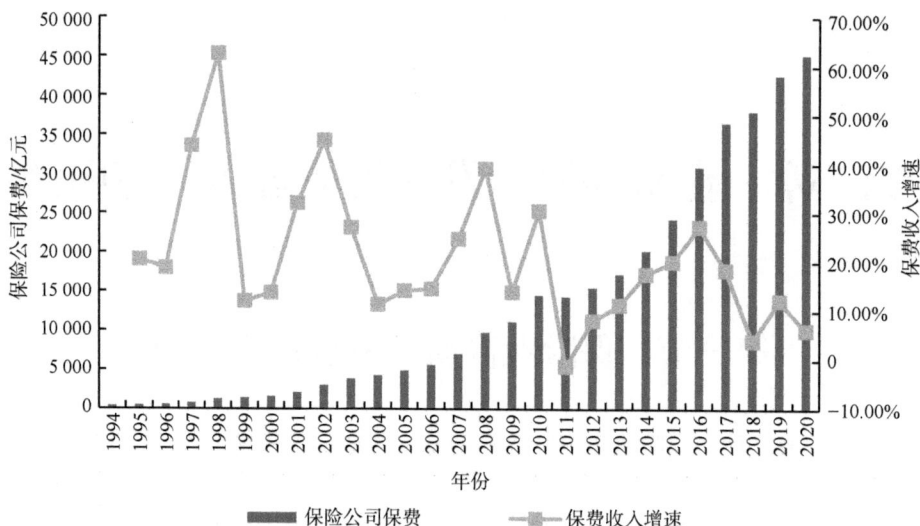

图 1.1　1994～2020 年中国保险业保费收入和增长率

资料来源：国家统计局

　　为了进一步深入挖掘中国保险市场未来发展潜力，本章继续从保险深度[①]和保险密度[②]这两个特征入手。图 1.2 展示了 27 年间中国保险深度及保险密度的变化。1994 年，中国保险市场保险深度为 0.77%，保险密度为 31.37 元/人。经过二十几年的发展，保险深度增长至 4.5%，保险密度则是 1994 年的约 102 倍，增长至 3204.92元/人。这显示中国保险市场迅猛发展，惠及更多人，提供更多保障。同时也进一步反映了中国保险市场的未来发展潜力。但瑞再研究院报告数据显示，2020 年世界平均保险深度和保险密度分别为 7.4% 和 809 美元[③]，这都远超中国的保险深度及保险密度。因此，随着中国经济的进一步增长，保险市场仍有巨大的发展潜力。

　　庞大的保险业务体系有两大基本业务类别：财产保险（简称财险）和人身保险（简称人身险）。鉴于两种类别内涵差别较大，各有特点，《中华人民共和国保险法》（简称《保险法》）明文规定：保险人不得兼营人身保险业务和财产保险业务。此规定也与世界各国施行的规定相似，因此本书也将遵循这一原则，将保险细分为财险和人身险进行详细讨论。

---

　　① 保险深度：是指某地保费收入占该地 GDP 的比值，反映该地保险业在该地经济中的地位。
　　② 保险密度：是指按限定的统计区内常住人口计算的平均保险费的数额，标志着该地区保险业务的发展程度，也反映该地区经济发展的状况与人们保险意识的强弱。
　　③ 资料来源：瑞士再保险（简称瑞再）研究院 sigma 报告 *World Insurance: The Recovery Gains Pace*（《世界保险业：加速复苏》）。

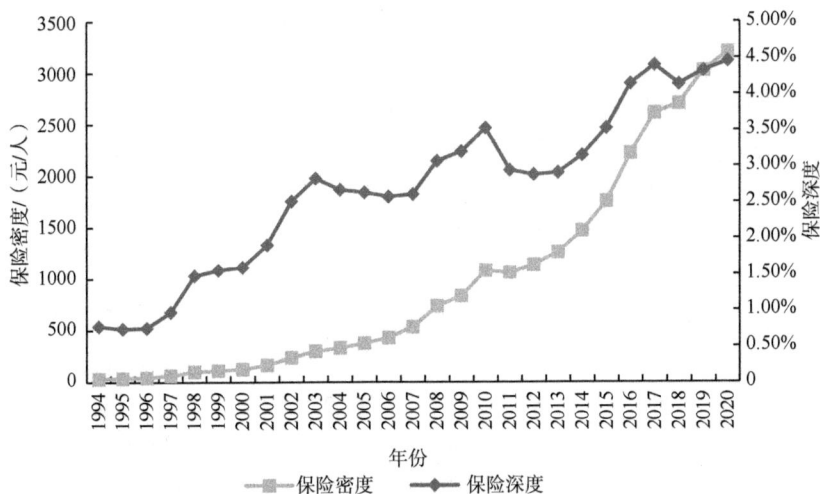

图 1.2　1994～2020 年中国保险深度及保险密度

资料来源：国家统计局

（二）人身险

我国保险业中的人身险自 1982 年恢复业务以来稳定发展，尤其是我国加入 WTO 以后发展更加迅猛，逐渐占据中国保险业的半壁江山，其发展对整体行业有着巨大的影响力。图 1.3 显示了 2000～2020 年中国人身险原保费收入、占比及增速。

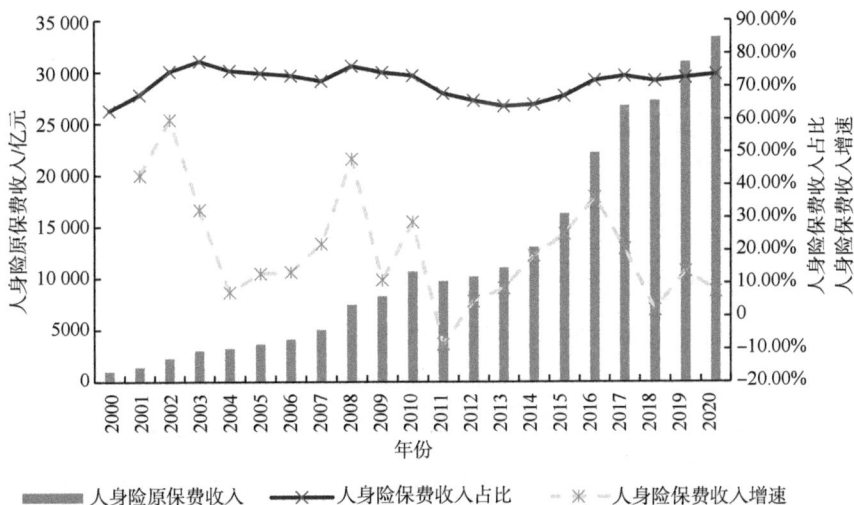

图 1.3　2000～2020 年中国人身险原保费收入、占比及增速

资料来源：国家统计局

　　第一，从市场份额上看，21 世纪以来我国人身险原保费收入占整体保费的比例一直稳定在 60%至 80%之间，呈现出小幅的波动，最高点出现在 2003 年，为 77.60%，其次为 2008 年的 76.12%，最小值则为 2000 年的 62.5%。

　　第二，从保费收入增长上看，数据显示，人身险原保费收入从 2000 年的 997.50 亿元增长至 2020 年的 33 328.76 亿元，增长了 32.41 倍。人身险保费增长与整体保费增长波幅较为一致，但波动较大。21 世纪开始的前 3 年保持了超过 30%的增速，最大增幅达到 59.74%，虽然后期增速有所下降，但大部分年份基本保持在 10%以上。近几年，增速仍然较高，且波动减小，2020 年在疫情影响下仍保持了 7.53%的增幅。

　　第三，在细分险种上，健康险、人身意外伤害险（简称意外险）及寿险是人身险的三大主要险种。图 1.4 描绘了 2011～2020 年我国人身险市场细分险种保费收入占比。显然，寿险是人身险市场第一大险种，保费收入占比保持在 75%以上，健康险稳居第二，占比由 6.65%增长为 22.29%，最少的是意外险，占比围绕 2%上下波动。在市场份额上，寿险整体呈现出缓慢下降趋势，这也说明健康险和意外险在慢慢崛起，人身险市场产品发展更加均衡。

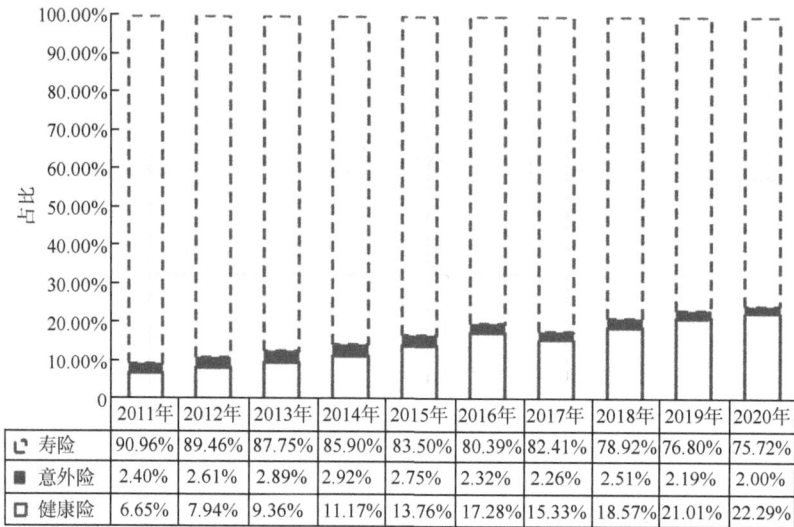

	2011年	2012年	2013年	2014年	2015年	2016年	2017年	2018年	2019年	2020年
寿险	90.96%	89.46%	87.75%	85.90%	83.50%	80.39%	82.41%	78.92%	76.80%	75.72%
意外险	2.40%	2.61%	2.89%	2.92%	2.75%	2.32%	2.26%	2.51%	2.19%	2.00%
健康险	6.65%	7.94%	9.36%	11.17%	13.76%	17.28%	15.33%	18.57%	21.01%	22.29%

图 1.4　2011～2020 年中国人身险市场细分险种保险收入占比

资料来源：国家统计局

数据之和不为 100%是数据修约所致

　　图 1.4 也显示了健康险正以强大的发展潜力和较高的发展质量逐渐成为人身险中尤为关键的领域。追溯历史，国内保险业恢复后到基本医疗保险制度建立前，健康险发展极为缓慢。之后伴随着基本医疗保险试点及大范围覆盖，健康险迎来

了第一个黄金时期，2008 年更是迎来了一个新的发展增长点，被纳入国家发展战略之中，相关政策文件也不断出台，健康险开始在大病、长期护理等多个领域进行探索。随着时间不断推移，健康险产品种类和责任范围不断扩大。图 1.4 中数据显示，健康险市场占比自 2011 年以来基本保持上升趋势，且在 2019 年突破 20%，并继续上升。2021 年，中国银行保险监督管理委员会（简称银保监会）[①]数据显示，健康险保费收入达 8803.6 亿元，同比增长 7.7%，赔付支出达 4085.3 亿元，同比增长近 40%[②]。这也充分彰显健康险在满足消费者多层次保障需求中发挥的重要作用。

在保险业发展的历史长河中，人身险一直在积极主动谋求自身发展，在追求高速增长的同时也秉持高质量发展的理念。不断扩大群众服务面，提升保障覆盖深度和广度，创新产品及保险责任，人身险发展质量逐步提升，服务能力不断加强，在风险防范和社会稳定方面成效显著。

（三）财险

作为首先恢复的细分市场，财险在我国获得了非常大的发展。图 1.5 显示了 2000～2020 年中国财险市场保费收入、占比及增速。

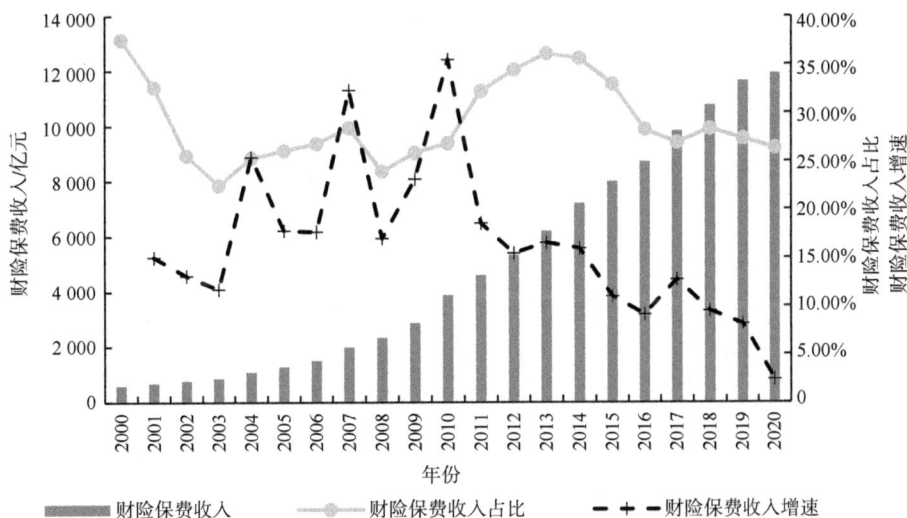

图 1.5　2000～2020 年中国财险市场保费收入、占比及增速

资料来源：国家统计局

---

① 2023 年，中共中央、国务院印发《党和国家机构改革方案》，在银保监会基础上组建国家金融监督管理总局，不再保留银保监会。

② 银保监会：2021 年健康保险保费收入 8803.6 亿元 同比增长 7.7%[EB/OL]. https://finance.eastmoney.com/a/202203172314046182.html[2022-03-31].

　　第一，在市场份额上，财险保费收入占整体市场的比例大部分维持在 20%～40%，远小于人身险在中国保险市场占比。仔细观察，21 世纪初，财险占比有大幅下降，但 2003 年后又逐渐上升，在 2013 年达到顶峰，为 36.07%，2014 年后基本保持下降趋势，但 2016～2020 年财险占比波动逐渐减小，基本维持在 27% 左右。这在一定程度上说明财险市场与人身险市场发展逐渐进入一个稳定增长的状态。

　　数据显示，财险保费收入从 2000 年的 598.4 亿元增长至 2020 年的 11 928.57 亿元，增长了 18.93 倍。虽然财险保费增长也存在较大波动，但增速基本保持在 8% 以上，且最大增幅为 35.46%，仅 2020 年因疫情增速降为 2.4%。

　　第二，在细分险种上，与人身险不同，财险的分类更加复杂，总共包括家财险、企财险、机动车辆保险（简称车险）等险种。虽然险种众多，但财险市场险种划分特点仍较为明确。图 1.6 显示了 2011～2020 年中国财险市场分类占比。其中，车险稳居首位，占比一直超过 60%，且呈现出先上升后下降的趋势，2016 年出现最高值 76.17%，之后则有所下降，2020 年占比仅为 66.12%。其他险种占比都小于 10%，且名次有所变动，但 2011 年以来，健康险、农业保险、责任险以及保证保险占比总体都有所上升，2020 年均超过 5%。

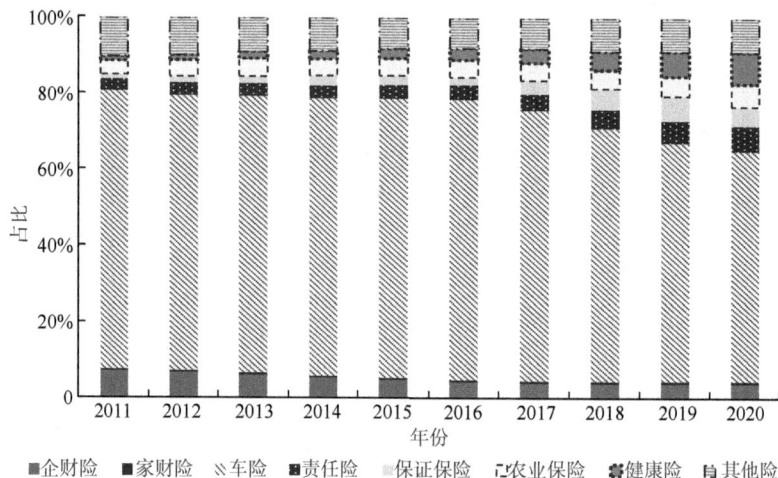

图 1.6　2011～2020 年中国财险市场分类占比

资料来源：国家统计局

　　2020 年 8 月 5 日，银保监会发布了《推动财产保险业高质量发展三年行动方案（2020—2022 年）》[①]，这预示着中国的财险市场从顶层设计与整体规划到后续落实都越发关注内核的科学有序高效发展，以高质量的增长保障社会稳定与发展。

────────────────

① 中国银保监会发布《推动财产保险业高质量发展三年行动方案（2020—2022 年）》[EB/OL]. http://www.cbirc.gov.cn/cn/view/pages/ItemDetail.html?docId=920556& itemId=915&generaltype=0[2022-03-31].

上文所探讨的数据也显示了财险总量迅猛提升，市场细分险种发展也逐渐均衡调整，整体也积极由高速增长向高质量增长转型。

二、保险机构——数量扩张，注重人才引进和科技创新战略

保险市场的大力发展离不开保险市场主体，因此探究中国保险市场主体的高质量发展历程有利于更好地观察保险业的发展。自1985年放开对保险市场主体的限制后，保险市场主体在数量、人员规模、资产及分类上都发生了巨大的变化。

（一）保险公司

图1.7呈现了2005～2019年中国保险机构数量及人员规模变化。2005年中国仅有85家保险机构，而2019年机构数量达到228家，是2005年的2.68倍，且保险机构人员规模也从2005年的344 234人增长到2019年的6 920 421人，增幅超过19倍。这充分显示出保险机构具有非常快的规模扩张速度。

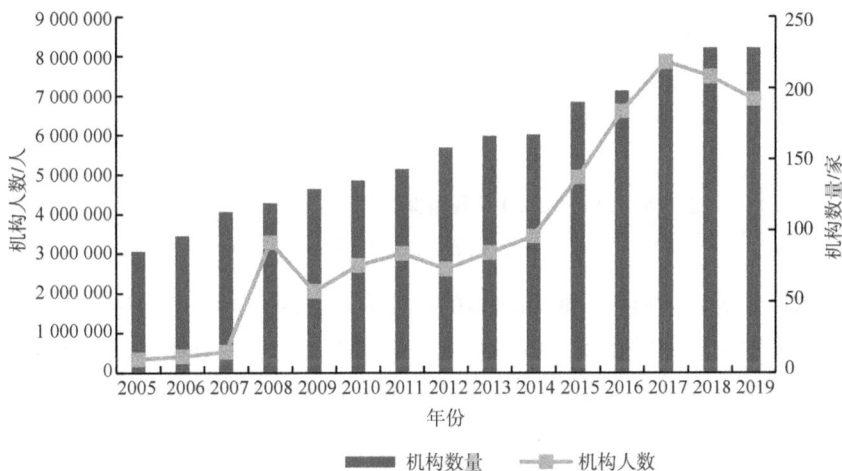

图1.7　2005～2019年中国保险机构规模

资料来源：中国研究数据服务平台①

从资产角度来分析，图1.8显示了2004～2020年保险公司分类资产占比情况。根据险别，保险公司可以分成财险公司、寿险公司及再保险公司，其中，寿险公司资产占比第一，比例基本保持在80%以上，财险公司稳居第二，占比保持在10%

---

① 中国研究数据服务平台（Chinese Research Data Services Platform，以下简称CNRDS数据库）是由上海经禾信息技术有限公司提供，数据涵盖经济、会计、金融、商学、管理、统计、财政、税收、保险、旅游、文化、环境等领域，与经济管理学部及社会科学学部诸多学科研究密切相关。

到 15%之间，而再保险公司资产占比最少，很少超过 3%。根据公司性质，可以观察中资、外资保险公司资产占比，数据显示，中资保险公司资产占绝对大头，超过 92%，外资保险公司资产占比则非常小。但是在发展趋势上，中资保险公司资产占比保持小幅下降趋势，外资保险公司资产占比总体呈上升趋势（2020年占比约为 2004 年占比的 2.12 倍），这也印证了中国保险业一直在加大对外开放的力度。

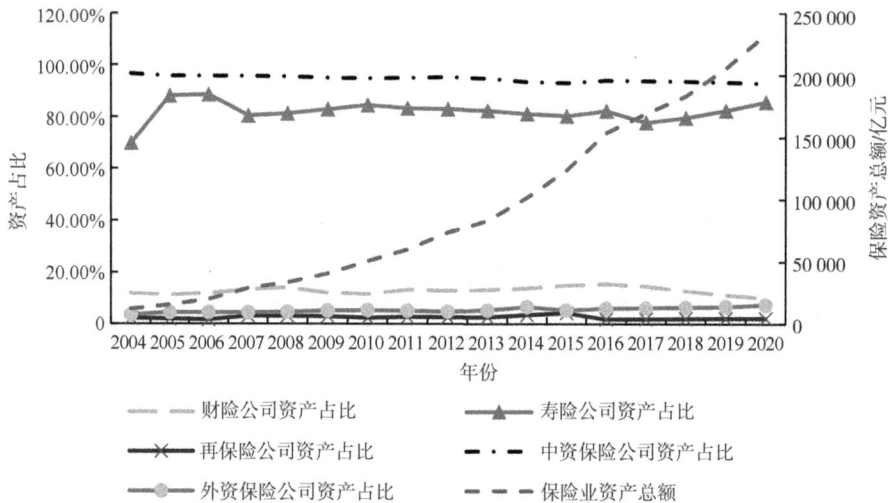

图 1.8　2004～2020 年我国保险公司分类资产占比情况

资料来源：国家统计局

快速扩张的保险机构数量和增多的从业人数，深入参与中国保险业发展的外资企业，说明中国保险市场主体多元化趋势加强，竞争趋势加强，市场集中度进一步降低，市场有效性不断提升，为中国保险市场进一步的高质量发展奠定了良好的基础。

（二）保险中介

保险业务的实现需要对接保险公司与保险消费者，作为沟通桥梁的保险中介机构也成为保险市场的主体之一。了解保险中介机构数量、覆盖职工人数、资产、保险业务收入也将有利于认识保险市场发展。在保险营销员制度引入中国前，中国的保险中介发展缓慢，且形式不一，专业性也有待加强。自 1995 年有法可依之后，保险中介取得了较快的发展。

图 1.9 展示了 2008～2019 年中国保险中介机构数量及职工人数变化情况。数据显示，2008 年中国保险市场上中介机构已有 1901 家，其中成立最早的是在 2001

年。2008~2018 年的十年间，保险中介机构主体增速虽有下降，但是整体保持增长，到 2018 年数量增长到 2928 家。2019 年因监管加强保险中介数量迅速减少，降幅超 30%。伴随着保险中介机构数量变化，职工人数（保险从业人员）也有较大的起伏。2008 年至 2015 年保险中介机构职工人数保持小幅上升。因 2015年取消了保险代理人资格证考试，保险代理人资格证不再作为执业登记管理的必要条件，保险中介机构职工人数开始猛增，2016 年人数是 2015 年的 2.49 倍，之后保持了高速增长。2018 年以后，保险中介机构职工人数却迅速下降。

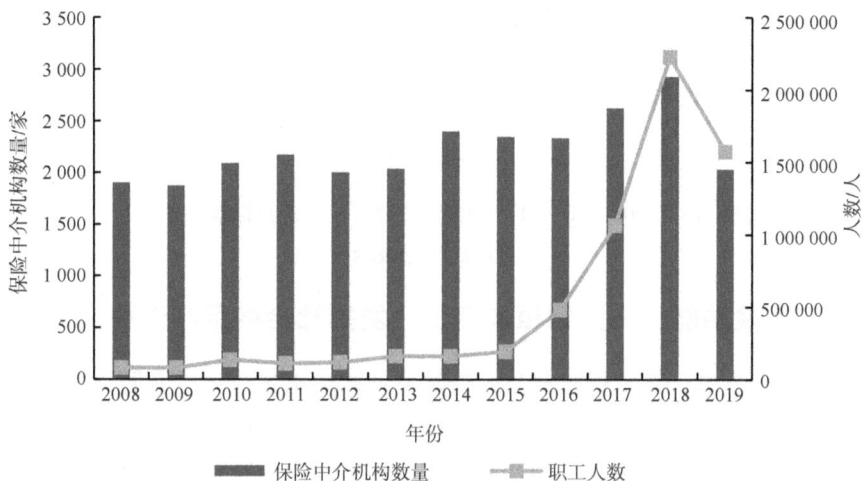

图 1.9　2008~2019 年中国保险中介机构数量及职工人数变化

资料来源：CNRDS 数据库

在资产与保险业务收入变化中（图 1.10），可以发现变化趋势与职工人数类似，但波动更多。保险中介机构的资产和保险业务收入在 2008~2016 年保持整体上升、小幅波动的趋势，之后的两年则迅速上升，达到历史最高点，分别为 860.3179亿元及 162 773.59 亿元。同样地，2019 年迅速下降。

保险公司及保险中介作为保险产品的供给方及交易桥梁，深刻蕴含着保险市场的高质量发展。保险公司数量和规模不断增长扩大，保险产品供给更加丰富，也更贴合人民群众的需求；保险中介资产和保险业务收入也增长迅速，提供了更加专业化和精细化的广阔的交易平台和渠道，服务保障也更加扎实。保险业更加主动地深化供给侧高质量增长改革。

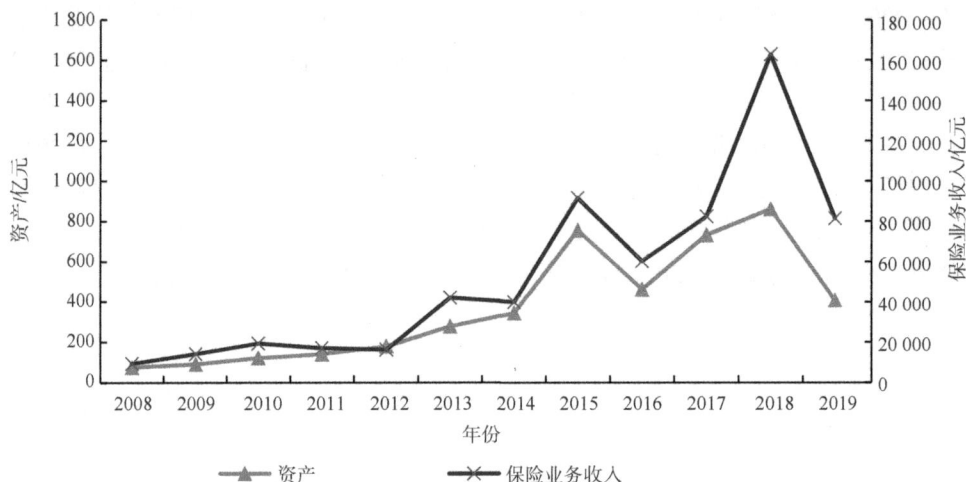

图 1.10　2008～2019 年中国保险中介机构资产及保险业务收入

资料来源：CNRDS

三、保险功能——回归根本定位，发挥社会稳定器作用

依托市场主体，根植保险产品，保险业从本质出发在经济发展、社会稳定中充分发挥经济补偿、资金融通与社会管理的三大基本功能。其中最核心的则是经济补偿这一功能，也是风险管控和转移最直接的载体。资金融通则是基于经济补偿发展起来的，充分体现了保险的金融属性。社会管理则是保险业向外的正向辐射，其发挥离不开经济补偿和资金融通功能的铺垫。因此，保险业的三大功能相辅相成，互相促进。随着中国社会经济的不断发展，立足三大功能定位，保险业充分发挥社会稳定器作用，为社会秩序的维护做出了独特的贡献。

（一）经济补偿

经济补偿功能包括损失赔付和保险金给付两个方面，主要是补偿被保险人因遭遇自然灾害或意外事故等保险事故的经济损失和对被保险人因生存至保险期满、人身伤亡等获得的保险金给付。图 1.11 显示了 2011～2020 年原保险赔付支出情况。

原保险赔付支出一直保持稳步增长，从 2011 年的 3929.37 亿元增长为 2020 年 13 907.1 亿元，且直至 2016 年，赔付支出基本保持了近 20% 的年均增长率，之后赔付支出增长率则迅速下降，2020 年增长率仅为 7.86%。中国原保险赔付支出的增长主要是因为中国保险业目前仍处在初步的发展上升期，保障规模在不断扩大，因此赔付支出也在不断扩大。所以这十年中原保险赔付支出的增长恰好说明

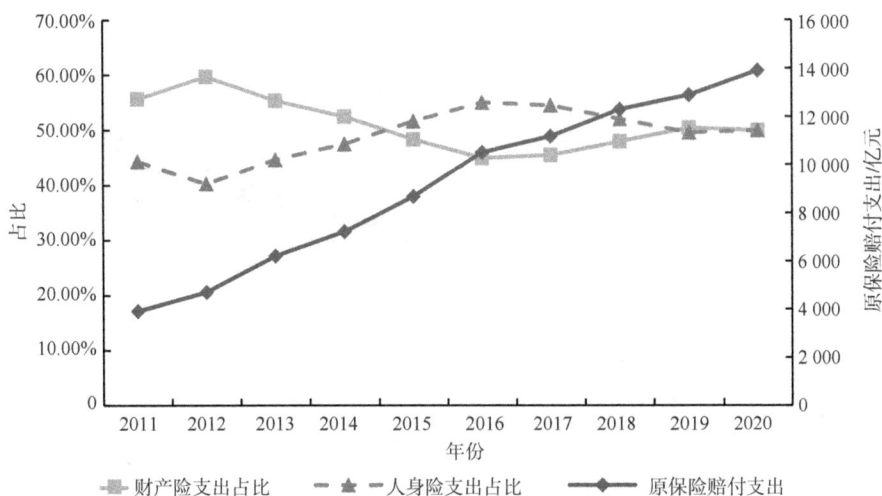

图 1.11 2011～2020 年我国原保险赔付支出情况

资料来源：国家统计局

了保险业正在充分发挥其经济补偿的功能，补偿损失，承担给付。有趣的是人身险支出和财险支出占比差异并没有完全按照市场份额来进行，发展到后期，两者基本围绕着 50% 上下波动。这也在一定程度上说明经济补偿功能的发挥需要补偿损失和保险金给付并重。

（二）资金融通

以经济补偿为基础，保险业逐渐衍生出了资金融通这一功能。不同于其他金融行业资金，保险资金具有自己独特的优势。随着保险公司业务的开展规模扩大，大量成本低、稳定性强的保险资金汇聚，且保险期限长的人身险占据较大市场份额，赋予了保险资金期限长的特点。2006 年国务院发布《关于保险业改革发展的若干意见》，充分发挥保险资金长期性和稳定性的优势，为国民经济建设提供资金支持。2014 年国务院印发的《关于加快发展现代保险服务业的若干意见》中也再次强调了充分发挥保险资金长期投资的独特优势。图 1.12 显示了 2004～2019 年中国保险公司资金运用五大渠道变化情况。

从资金总量来说，保险公司资金运用余额在 2004 年仅为 10 778.62 亿元，而经过 15 年的发展，资金总量已经增长超过 16 倍，达到 185 270.68 亿元[①]。同时从资金运用类别来看，保险资金充分运用于国债、企业债券、证券投资基金、金融债券、银行存款等多个金融领域，进一步充分发挥资金融通作用。

---

① 资料来源：国家统计局。

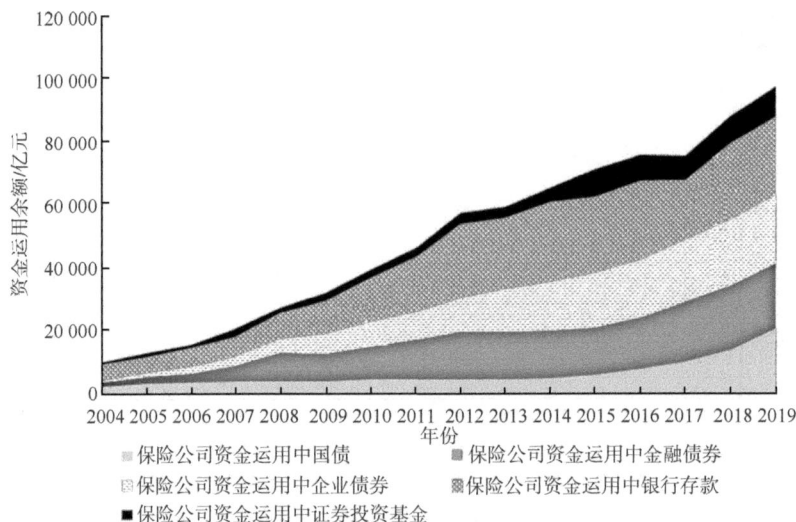

图 1.12　2004～2019 年中国保险公司资金运用五大渠道变化情况

资料来源：CNRDS 数据库

（三）社会管理

依托经济补偿与资金融通，中国保险业立足社会管理的功能定位充分参与社会建设。第一，保险业充分发挥行业优势进行社会风险管理。一方面，经过长时间的专业运营，保险公司积累了较为完备的风险数据，为社会各方面进行风险管理提供了丰富的数据支持；另一方面，保险公司不断探索各种风险的应对方法，在提升自身控制风险能力的同时也可以向外辐射，帮助公司客户将风险遏制在萌芽里。第二，保险业创新产品内容，扩大可保风险范围，充分发挥社会信用管理作用。保险业通过以保证保险为首的一系列信用保障产品直接对消费者信用进行担保、督查等，构建自身的社会信用数据库，不断辅助培养人们的信用意识。第三，保险业贯彻经济补偿和资金融通职能，不断促进社会保障和资源管理。

上文从保险市场、保险机构及保险功能三方面入手，多方面地对中国保险市场高质量演进历程做出了详细描述。自恢复以来，中国保险市场发展迅速，体量大幅扩大，社会中保险的覆盖广度和深度也逐渐提升，且分业经营下人身险和财险在绝对增长的同时相对市场占比也趋于稳定，市场模式正在逐步走向成熟。同时保险公司及专业中介机构数量和规模也在不断扩大，在优化保险产品供给时，搭建专业化、系统化保险中介体系，提升市场竞争力。保险业加快实现高质量发展的历程中更加注重三大基本功能的发挥，依托保险业风险管理、长期资金等优势，更好地发挥经济助推器和社会稳定器的作用。

第二节　保险业高质量发展内涵

上文探讨了保险业在中国经历的巨大增长。随着中国社会经济的改革升级，保险业也不断探索自身发展规律，深化改革，聚焦转型升级，全方面出发将速度式增长转化为质量式增长。从要素驱动、人海战术的劳动密集型及数量型增长模式向以创新驱动、科技赋能的技术密集型及质量提升型增长模式转变，这也是保险业目前高质量发展的演进方向。接下来从寿险、财险、资管、监管、开放及科技等六个方面展开进一步分析，深入探讨高质量发展的保险业内涵。

一、寿险

自从 1992 年友邦将保险营销员制度引入中国，寿险企业充分利用中国的人口红利，快速扩张营销员队伍，以人海战术支撑寿险业两位数的增长速度。对于部分寿险行业龙头公司，个人代理保费占比甚至超过 70%[①]。随着中国人口红利逐渐减少、保险监管逐渐收紧、互联网保险等新渠道的诞生，依靠个人代理人去扩大营销收入逐渐面临更多的困难，传统的个人代理模式需要深化改革、转型升级，才能推动寿险业的可持续性发展。借此契机，寿险公司纷纷探索升级之路，聚焦队伍，推出代理人发展策略，通过调整基本法提升队伍内涵。这一改革主要从代理人清虚、提高人均产能、打造核心绩优且具有活力的队伍三方面进行。

首先，往年寿险代理人队伍注重增员，以规模拉动产能的增长，因此代理人队伍质量参差不齐，不少低素质、仅挂名的代理人混迹其中，扰乱了代理人队伍的整体运营。基于此，众多寿险公司坚持清虚政策，主动清退落后、挂名代理人，留下真正发挥作用的有能力的保险代理人。以部分上市险企为例，中国平安保险坚持考核清退策略，新华保险也建立新的考核机制，清虚置换保险代理人，提升整体队伍战斗力[②]。

其次，寿险代理人体量大，这也意味着部分寿险代理人无法接受系统的培训，且部分寿险代理人本身专业学习也有所欠缺，专业能力不能达标。较少的保险专业知识储备、缺乏系统的营销培训等多种因素带来了寿险代理人产能不均且部分产能较低的发展困境。在此背景下，寿险公司注重队伍质量，建立系统的、完善的人才培养计划，通过技能培训、技术支持、设备升级等多种方式提高代理人人

---

① 中国平安 2021 年报数据显示，寿险中个人业务总体为 54.48 亿元，代理人渠道实现的保费为 49.44 亿元，占比为 90.76%。

② 新华保险从 2022 年第二季度开始提出队伍年轻化、城市化、专业化的目标，三季度开始严格保险代理人基本法考核。对代理人进行清虚置换，保持规模相对稳定下的结构优化。

均产能。以上市险企为例，中国人寿坚持"提质扩量"发展策略，在城乡共同发力，深入细分市场领域，完善队伍的分层次经营；中国平安推出优才计划，注重规模+质量双发展①。

最后，在清退、培养等措施的基础上，寿险公司致力于打造一支强有力的专业化营销队伍。招募保险专业人才，提升核心人力；整合培训资源，关注绩优队伍；补充新生代代理人，增强队伍活力，注重技能传承。以中国太保为例，中国太保采取优化人才招募、加强技能训练、强化新技术应用等方式，推动营销员队伍转型升级。在考核中合格率、留存率、继续率等三率并重，积极开展多渠道增员，逐步释放人均产能②。

从整体来看，中国经济增长强劲，居民生活水平逐年提升，行业前景依然广阔，如何有效抓住寿险发展的黄金期成为各寿险公司的核心命题。伴随着人口红利逐渐消退，寿险过去依靠扩大代理人队伍规模拉动增长的粗放型发展模式很难持续发展，转型升级势在必行。中国寿险机构通过保险代理人清虚、精细化系统化培养，在稳定规模增长的基础上促进结构优化，以高素质的保险代理人作为市场纽带，推动行业向高质量增长转型。

二、财险

在寿险改变粗放发展模式的同时财险也逐步推进综合改革，减少不必要的生产成本，降低保险费率，同时与时俱进地更新保障责任，降价提质，推动财险行业高质量发展。

上文对财险市场的讨论中，可以发现车险一直以绝对的优势占据过半的财险市场份额，因此财险的改革大部分着力于对车险的改革。21世纪以来，车险经历了三次大改革。第一次是2001年监管部门启动第一轮改革试点，重点是取消全国统颁的条款和费率，由保险公司自主制定车险条款费率，报审查备案即可，但由于保险公司自身准备不充分、技术支持不成熟等原因，此次改革铩羽而归。2015年中国保险监督管理委员会（简称保监会）③印发了《深化商业车险条款费率管理

---

① 中国平安于2016年推出优才计划，并于2019年继续升级，广泛招募"高学历、高素质、高潜能"的"三高"代理人队伍，并为代理人提供"优培养""优待遇""优发展""优平台"，为寿险代理人打造专属培养体系。实施代理人队伍精细化经营，推动队伍结构向"纺锤形"优化。

② 2022年1月起，中国太保寿险正式启动"芯"基本法，通过"队伍销售行为改变""主管经营行为改变""新人成长规划改变"三大举措，引导队伍提升业务品质和服务质量，助力新人稳定留存，推动代理人队伍转型。

③ 1998年，保监会成立；2018年，中共中央正式印发《深化党和国家机构改革方案》，将银监会和保监会的职责整合，组建银保监会。2023年，中共中央、国务院印发《党和国家机构改革方案》，在银保监会基础上组建国家金融监督管理总局，不再保留银保监会。

制度改革试点工作方案》，开始进行第二次车险试点改革，改革重点是赋予保险公司费率定价的部分主动权，由从车转为从人。第三次改革于2020年正式启动。2020年9月银保监会正式实施车险综合改革，以"保护消费者权益"为主要目标，短期阶段性目标为"降价、增保、提质"，意在通过降低车险的车均保费和提升保障水平让利消费者。此次改革顺利进行，在改革初期，降价增保要求使得车险保费收入增长放慢，甚至出现增长率为负的时期，与此同时，赔付率上升，经营成本也不断提高，车险总体成本有所增加，财险企业面临经营困境。但是这些挑战也在倒逼财险公司，特别是中小财险公司，必须勇于改革，寻找新的发展之路。经历过改革阵痛，车险市场逐渐回暖，2021年11月单月车险保费收入同比增长9.5%[1]。在监管的进一步推动下，财险公司加快数字化转型，朝着专业化、精细化、集约化方向发展。在渠道转型的努力下，头部险企持续发力，带动全国车险综合费用率、车险手续费率、车辆业务及管理费用率同比分别下降11.8%、7.3%、5%[2]。车险综合改革短期压力减小，中长期影响逐渐显现，财险企业有望迎来发展机遇。值得关注的是，大型险企和中小型险企因公司发展特点不同，进而面临不同的发展压力。车险改革将进一步分化市场主体，挖掘细分发展策略，大型险企继续发挥品牌、规模等优势，中小型险企则需要提升创新能力，提升数字化水平，捕捉市场机遇。

在全面改革的格局下，财险市场结构有望优化，这也为非车险市场带来了新的发展机会。2020年财险公司非车险业务原保费收入5339亿元，同比增长10.58%，市场占比为39.3%，其中责任险、农业保险等都位居前列[3]。依托乡村振兴等国家战略，非车险各领域改革依旧在进行时，且持续深化。农业保险新险种也逐步扩大试点范围及涵盖种类，加大保障力度；信用保证保险则在新规的指导下规范业务流程，提高风控级别；同时宠物险等创新型产品也层出不穷，带动非车险产生新的增长点……非车险蓝海市场不断开发，积极保障人民自身发展需求，同时也主动服务国家经济发展，大力支持社会进步。

车险综合改革逐步推进，非车险业务增长迅速，财险企业在社会发展中主动调整业务结构，扩大保障范围，提升服务质量，推动财险实现均衡的高质量增长。

---

① 东吴证券-保险行业上市险企11月保费数据点评：寿险持续承压，财险逐步回暖[EB/OL]. https://m.hibor. com.cn/wap_detail.aspx?id=683bb8d9ec11e5f3008b8c1e9f20767e[2022-01-21].

② 中国银保监会新闻发言人答记者问[EB/OL]. http://www.cbirc.gov.cn/cn/view/pages/ItemDetail.html?docId= 1005881&itemId=915&generaltype=0[2022-01-21].

③ 房文彬. 非车险"长大"的烦恼[N]. 中国银行保险报，2021-03-19(4)。

三、资管

保险资金相对成本较低，稳定性较强。这部分资金的优化运营将会给保险行业带来丰富的投资收益，也可以为社会经济发展持续提供资金储备。因此，在改革的整体推进下，保险资管也迎来了新的要求。

监管新规引导下，保险资管持续拓宽投资渠道，寻求专业化的资金运用。2003年，中国人保资产管理有限公司成立，专业化和集中化的保险资金运用新阶段到来。近年来，国务院、监管机构等也出台发布多项指导文件引导保险资金拓宽运用渠道和范围，提高保险资金运用能力。例如，2020年，银保监会印发《关于保险资金财务性股权投资有关事项的通知》，"保险资金开展财务性股权投资，可在符合安全性、流动性和收益性条件下，综合考虑偿付能力、风险偏好、投资预算、资产负债等因素，依法依规自主选择投资企业的行业范围"。2021年12月，银保监会更是发布《保险资产管理公司管理规定（征求意见稿）》，对保险资管进行了系统全面的监管。意见稿中既强化保险资管供给侧结构性改革，同时也积极落实扩大对外开放，不再限制外资保险公司持有保险资产管理公司股份的比例上限，同时设置境内外股东统一适用的股东资质条件，不因境内外差异而做出区别对待。

在保险资金运用更加多元稳定的基础上，强化保险资金服务实体经济的功能。保险业依靠其期限长、稳定性强的特点积极服务实体经济。2014年，国务院印发的《关于加快发展现代保险服务业的若干意见》提出，鼓励保险资金利用债权投资计划、股权投资计划等方式，支持重大基础设施、棚户区改造、城镇化建设等民生工程和国家重大工程。2017年，保监会出台《关于保险业支持实体经济发展的指导意见》，支持保险资金服务"一带一路"建设、国家区域经济发展战略等。例如，2021年以"保险+期货"的项目形式服务实体经济，扶农助农；2021年5月的长江资本大会上，中国人寿集团旗下广发银行、资管公司等成员单位就与湖北重点企业及有关政府平台签订595亿元金融合作协议等，保险资金正在用丰富多样的形式服务实体经济。

顺应经济改革潮流，中国保险机构在提升保险资金运用水平及参与社会治理的同时，严格落实精准化、专业化监管，保障保险资管可持续发展。2021年1月5日，银保监会印发《保险资产管理公司监管评级暂行办法》，提出要"加强保险资产管理公司机构监管和分类监管，合理配置监管资源，提高监管质效，促进保险资产管理公司持续健康发展"。

把握市场发展脉络，保险资管既要提升资金运用专业度，提高资金特点与运用的适配度，也要积极参与社会治理，充分发挥保险资金体量大且期限长的优势，服务实体经济，助力国家经济发展。同时也需要监管保驾护航，优化模式，提高效率，以高质量的监管推动高质量的保险资管市场增长。

四、监管

保险行业因特殊的行业属性与人民群众利益紧密相关，因此规范发展既是保险业回归保障的本质要求，也是社会经济稳定、人民利益保护的关键要素。保险监管既要精准，也要综合统筹，坚定监管核心，明确监管目标，建立有效协调的现代化监管体系。

自保险业恢复以来，与市场相伴而生的保险监管经历了初步监管、专门监管、分业监管与协同监管四个时期。2018 年 3 月，为了落实功能监管和加强综合监管，第十三届全国人民代表大会第一次会议表决通过了关于国务院机构改革方案的决定，组建银保监会。监管主体从保监会转变为银保监会，更加凸显保险监管系统化趋势。监管主体合并不仅显示出对金融风险防范的高度重视，也预示着综合监管的进一步强化。既要解决前一体制下存在的监管漏洞，也要优化监管模式，提高监管资源配置效率，系统性统筹金融系统内部的风险防控，守住风险底线。银保监会自挂牌成立以来，不断站稳监管姓监的定位，进一步加强保险监管，推动保险回归保障本源。虽然监管机构和监管政策在不断变化，但是监管从严的趋势愈发明显，且这一趋势覆盖了保险行业的方方面面。纵观"十四五"以来银保监会发布的监管政策，可以发现监管发力覆盖全面，且组合出拳控制风险，在保险机构、保险产品及保险从业人员等三大板块的监管上进一步完善细化。在监管全面从严的大趋势下，银保监会围绕保险行业的核心作用，立足监管目标，加强关键要义的贯彻。作为经济减震器和社会稳定器，保险行业最基本也最根本的功能就是提供风险保障，守护社会经济的稳定发展。

因此，保险监管在加强市场灵活性的同时更加关注行业合规性，从三大市场板块落实监管制度。银保监会发布《保险公司偿付能力管理规定》，进一步加强偿付能力监管，控制系统性风险。在细分领域上，对保险资产管理公司、保险中介机构、人身保险公司、财产保险公司、外资保险公司，纷纷出台了相关监管政策，完善保险机构稽查，关注公司治理及风险准备，明确监管责任主体。同时也从业务领域明确合规性。2021 年银保监会陆续出台《关于规范短期健康保险业务有关问题的通知》《再保险业务管理规定》《财产保险公司保险条款和保险费率管理办法》等。对保险从业人员，银保监会加强了自上而下的立体监管。2021 年 7 月施行了《保险公司董事、监事和高级管理人员任职资格管理规定》，2021 年 9 月印发《银行保险机构大股东行为监管办法（试行）》。

同时，作为服务性行业，消费者权益保护关系到保险行业发展长久性及社会经济大局，因此保险监管必须深刻认识金融的人民性，进一步强化对消费者权益的保护。2022 年 12 月，银保监会制定并发布《银行保险机构消费者权益保护管理办法》，表明"银行保险机构应当建立消费者适当性管理机制"。2023 年 5 月，国家金融监督管理总局揭牌成立，继续强化机构监管、行为监管、功能监管、穿透式监管、持续监管，象征着保险监管迈入新的时代。

整体来看，我国保险监管在加强制度顶层设计的同时也坚守底线思维，从严监管，紧抓合规性监管，积极保护保险消费者权益，把好最后一道防线。

五、开放

1992 年，国务院选择上海作为保险第一个对外开放的试点城市。同年，中国人民银行印发《上海外资保险机构暂行管理办法》。保险业的对外开放正式开始。2001 年，中国加入 WTO 后，保险业率先开放。外资保险公司带来的先进经营理念、风险管控技术等进一步促使国内保险公司加强改革，提高经营水平，提升服务质量。保险业的对外开放一直在路上，近几年开放力度更是有大幅提升。习近平在 2018 年的博鳌亚洲论坛上提出加快保险行业开放进程[①]，随后一系列开放措施先后出台。2021 年 3 月，银保监会发布《关于修改〈中华人民共和国外资保险公司管理条例实施细则〉的决定》。这次修改中提出，外国保险公司或者外国保险集团公司作为外资保险公司股东，其持股比例可达 100%。根据统计数据，截至 2020 年末，境外保险机构在华共设立了 66 家外资保险机构、117 家代表处和 17 家保险专业中介机构，外资保险公司总资产 1.71 万亿元[②]。

资本国际化浪潮的席卷下，保险业正逐步放开资本市场限制，一方面允许更多外资有序进入中国保险市场，另一方面则放宽资本向外运用的渠道规定，引导保险资本参与国际资本市场运作，在稳步推进保障稳定安全的同时尝试提高资本收益，提升资本产出，以开放作为新的增长点，为保险业高质量增长提供雄厚的资本积累。

六、科技

科技是第一生产力，这一结论在保险业转型升级过程中体现尤为明显。"保险+科技"的融合为保险业发展带来了更深层次的驱动力。由科技驱动的创新发展战略助力保险业深化改革，实现全产业链的升级。2021 年 12 月 29 日，中国保险行业协会发布了《保险科技"十四五"发展规划》，首次以行业共识的方式发布保

---

① 习近平出席博鳌亚洲论坛 2018 年年会开幕式并发表主旨演讲[EB/OL]. http://www.mofcom.gov.cn/article/zt_topic19/bldjh/201804/20180402730786.shtml[2024-05-16].

② 资料来源：原银保监会。

险科技领域的中长期规划。2022 年初，中国人民银行印发《金融科技发展规划（2022—2025 年）》，银保监会也出台了《关于银行业保险业数字化转型的指导意见》，这一系列指导性文件更加明确了保险与科技深度融合的未来趋势。

"保险+科技"是指综合运用人工智能、区块链、大数据、物联网等创新科技，通过对产品创新、保险营销、保险企业管理、人均产能提升及增值服务等领域优化升级，改良保险生态，克服行业痛点，借助用户画像、风险测评、核保核赔等应用场景提升保险行业相关生态主体的价值（许闲，2017）。保险科技中围绕数据应用所展开的一系列技术既能帮助保险公司获取数据、处理数据、提炼信息，最后赋能展业，实现保险业产能的升级，也为进一步打造高效的保险产业链提供了技术支持。

目前，中国保险业与科技的融合在保险销售提效、风险精准管控及保险生态创新中显现出独特的优势。第一，人工智能、大数据等科学技术的运用正逐步改变保险销售的传统模式，从前端精准获客及画像，到中端在海量产品中匹配客户需求，再到后端智能核保及丰富售后服务等，以全新高效的销售模式促进保险业产能的提升。第二，物联网、人工智能、区块链等多项组合改变了保险行业的传统风控模式。基于车辆使用量的保险（usage-based insurance，UBI）等使得保险机构更加全面地帮助投保人认识和管控自身风险，并将风险数据用于保险产品的进一步改善。同时也开发了网络安全险等新型保险产品，扩展风险管控范围。第三，更为长远的是，科技已经从服务保险进入覆盖保险生态的深度发展，康养生态、汽车生态、养老生态等迅速崛起。

2021 年全球保险创新融资总额达到 306 亿元，同比增长 59.8%，创下历史新高[①]。保险科技以正青春的面貌助推保险改革转型，从全产业链升级保险发展模式，从根本上推动保险市场的高质量增长。

---

① 科技优讯. 众安金融科技研究院报告：全球保险创新融资 2021 年增长约六成[R/OL]. https://www.sohu.com/a/530555166_100203142[2022-03-31].

第二章　中国寿险市场的周期与发展

第一节　中国寿险市场发展历程概况

21世纪以来，中国寿险业在改革开放的浪潮中迅猛发展，在整体增长的同时也经历了多次波动，进而呈现出直接性的寿险保费增长周期。从行业发展重要大事记入手，大致梳理中国寿险市场发展历程，进一步简单呈现21世纪以来中国寿险的三个完整发展周期及当下的第四个周期。

20世纪末中国人民银行多次降息，保险公司投资收益率持续下降，为了控制利差损带来的系统性风险，监管机构将寿险保单利率下调为2.5%，给寿险发展带来巨大挑战。随后，寿险行业不断进行产品创新，为行业发展注入新的动力。2000年，中国寿险市场出现第一个分红型寿险产品，在彰显寿险产品从传统单一向多元化转化的同时也带来了寿险业保费收入的迅速增长，2002年达到寿险保费增长的小高峰。但之后保监会逐渐加强了对分红险等产品的监管，寿险业增速逐渐放缓。2004年更是因为股市大跌，分红型保险产品投资收益下跌，保费增长速度进一步下降。

自2006年起，银保这一中介渠道不断发展，逐渐成为寿险业务增长的主要力量，为中国寿险业带来新的发展机遇。2008年金融危机爆发，寿险行业受到较大的冲击，但是由于更多流动资金从股市进入寿险市场，且在理财型保险产品的推动下，寿险市场迎来了一波小增长。2010年《中国银监会关于进一步加强商业银行代理保险业务合规销售与风险管理的通知》发布，加大了对银保渠道的限制，进而导致了寿险行业新一轮的下行。

2012年下半年寿险费率市场化改革启动，2013年8月保监会正式发布《关于普通型人身保险费率政策改革有关事项的通知》，这一改革旨在破解寿险行业发展困境，促进保险公司在自主竞争中进一步发展，进而带来中国寿险业发展的新动力。2015年对保险代理人监管的放开，促使寿险发展在营销端获利。之后随着保监会叫停万能险，调整产品结构，强调保险姓保，进一步加强对保险代理人的监管，寿险业发展面临新的困境。2019年新冠疫情的暴发更是给寿险业带来了巨大的冲击。

2021 年以来，寿险新单增长明显乏力，代理人大量流失成为行业问题。寿险遇冷，一定程度上可以归因于经济发展新常态下"人口红利递减"与传统营销渠道受"疫情散点多发"冲击，但更多源于寿险行业自身周期性波动特征愈发明显。

图 2.1 更加形象地呈现了 2000～2020 年中国寿险市场发展历程，图中数据显示：20 年间中国实际 GDP 增长率整体上保持稳定，前期保持小幅的先上升再下降趋势，2019 年至 2020 年因疫情影响则出现较大幅度的降低。寿险保费增长率则呈现大幅的波动，很明显地存在多个波峰波谷。两相比较可以显示出寿险存在周期是一个合理的假设。

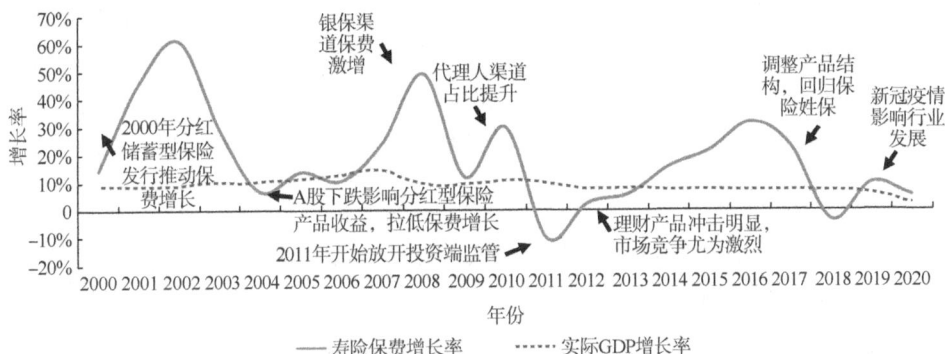

图 2.1 中国寿险市场发展历程概况图

第二节 中国寿险是否存在周期

一、指标选取与数据说明

对于寿险周期的测度，我们选取寿险保费收入为衡量指标，并且对其进行指数化①处理。中国寿险行业于 1982 年复业，1995 年在《中华人民共和国保险法》指导下产、寿险开始分业经营。故选取 1996～2020 年中国寿险保费收入数据作为基本数据，其来源主要分为以下两大途径：1996～1998 年数据来源于《中国保险年鉴》，由各保险公司寿险保费收入加总得到；1999～2020 年数据来源于银保监会官方网站。

---

① 数据指数化处理包括同趋化和无量纲化处理，以便理解数据。处理后的数据更能呈现出变化趋势。

二、度量方法与周期识别

Taylor 等（1999）提出，衡量一个国家宏观经济波动的方法即观测总产出和其他相应经济指标的时间序列对于它们长期趋势的偏离程度。因此，在判断保险发展水平波动是否出现时，我们主要考察实际保费收入偏离潜在保费收入的程度，即

$$P_t = P_t^{\text{trend}} + \varepsilon_t = P_t^* + \text{Cycle}_{P_t}$$

其中，P_t 为实际寿险保费收入；P_t^{trend} 为实际寿险保费收入的长期趋势；P_t^* 为潜在寿险保费收入；ε_t 为随机游走项；Cycle_{P_t} 为我们研究的寿险周期，即实际寿险保费收入对潜在寿险保费收入的偏离程度。

根据测度寿险保费周期性成分方法的不同，寿险周期的测度方法依次可以分为 QT 滤波法（quadratic trend filter，二次去趋势方法）、H-P 滤波法（Hodrick-Prescott filter）、B-P 滤波法（band-pass filter，带通滤波法），其中 B-P 滤波法包括 B-K 滤波法（Baxter-King filter）和 C-F 滤波法（Christiano-Fitzgerald filter）。

（一）QT 滤波法

参照董进（2006）的研究，线性趋势法认为，在一定时期内，实际总产出将按照稳定速度增长，即

$$P^* = P_0 \times (1+r)^i$$

在实际测度时，根据上述可得

$$\ln(P^*) = \alpha i + \beta$$

则寿险保费的周期性成分可以表示为

$$\text{Cycle}_{P_i} = \ln(P_i) - \ln(P_i^*) = \ln(P_i) - (\alpha i + \beta) , \quad i = 1, 2, 3, \cdots, n$$

然而该方法的显著弊端为，只有当 P 为趋势平稳序列时该方法才具有统计意义，若 P 趋势不平稳但是差分平稳，则由此得到的周期可能是伪周期（郑挺国和王霞，2010）。QT 滤波更具代表性，并且可以克服这一缺陷。参考田素华和谢智勇（2020）的方法，寿险保费对数可以近似为一个关于时间的简单确定性二次函数：

$$\ln(P^*) = \gamma_0 + \gamma_1^i + \gamma_2^{i^2} + \text{Cycle}_P$$

其中，$\gamma_0 + \gamma_1^i + \gamma_2^{i^2}$ 为长期趋势项；残差 Cycle_P 为周期项。此时，若 $\gamma_2 = 0$，则 QT 滤波法退化为线性趋势法。寿险保费的周期性成分可以表示为

$$\text{Cycle}_{P_i} = \ln(P_i) - \ln(P_i^*) = \ln(P_i) - \left(\gamma_0 + \gamma_1^i + \gamma_2^{i^2}\right), \quad i = 1, 2, 3, \cdots, n$$

（二）H-P 滤波法

Hodrick 和 Prescott（1997）指出，时间序列的趋势项不是定值也不是随机波动，而是介于二者之间的缓慢变动。所以，其提出的 H-P 滤波在拟合长期趋势项与时间序列时，重点强调长期趋势项的平滑性。这种滤波法的核心思想是使得周期项 $\ln(P_i) - \ln\left(P_i^*\right)$ 的方差最小，并使用平滑参数 λ（$\lambda > 0$）控制长期趋势项的变化。λ 越大，长期趋势项越光滑，当 λ 趋于无穷时，长期趋势项可等价于线性时间趋势；当 λ 取 0 时，长期趋势项与原时间序列重合，即周期项为 0。则寿险保费的周期性成分可以表示为

$$\ln\left(P_i^*\right) = \arg \min\left\{\sum_{i=1}^{n}\left[\ln(P_i) - \ln(P_i^*)\right]^2\right.$$
$$\left. + \lambda\sum_{i=2}^{n-1}\left\{\left[\ln\left(P_{i+1}^*\right) - \ln\left(P_i^*\right)\right] - \left[\ln\left(P_i^*\right) - \ln\left(P_{i-1}^*\right)\right]\right\}^2\right\}, \quad i = 1, 2, 3, \cdots, n$$

尽管 H-P 滤波法被广泛应用于各类周期测度（Furceri，2007），但其也存在一定的缺陷，如 λ 的确定较为困难，平滑参数 λ 的随意选择可能导致最终得到的周期是伪周期。因此，学界目前对于 H-P 滤波法在使用上存在较大争议的问题即 λ 的取值。Backus 和 Kehoe（1992）认为 λ 应当取 100；Ravn 和 Uhlig（2002）提出 λ 的取值应当为数据频率的 4 次方，因此 λ 应当取 6.25；而 OECD 则提出应当取 25。为此，本书将对 λ 分别取 100、25、6.25 三个值。

（三）B-K 滤波法

Baxter 和 King（1999）认为 H-P 滤波法除了平滑参数的确定存在争议，还存在时间序列起始与末尾端的周期波动成分可能存在较大误差的问题，在此基础上B-K 滤波顺势诞生。B-K 滤波作为一种对称线性带通滤波，将时间序列划分为低频的长期趋势项、高频的不规则项以及中频的周期项。寿险保费的周期项可以表示为以下的近似移动平均：

$$\mathrm{Cycle}_{P_i} = a(L)\ln(P_i) = \sum_{k=-K}^{K} a_k\ln(P_{i-k}), \quad i = 1, 2, 3, \cdots, n$$

其中，L 为滞后算子，并且满足 $L^k\ln(P_i) \equiv \ln(P_{i-k})$；$a(L) = \sum_{k=-K}^{K} a_k L^k$。同时，为了保证滤波后得到的周期项是对称时间序列并且平稳，经反傅立叶转换的频率反应函数 a_k 满足 $a_k = a_{-k}$ 且 $a(1) = 0$。通过设置截断点 K、时间序列波动周期的持续期间 p 和 q，B-K 滤波法能够去除掉更高以及更低频率的波动成分，最终得到周期项。由于截断点 K 的设置直接影响到周期项头尾数据的缺失量，因此本书参照Stock 和 Watson（1999）的方法，采用自回归的方式预测数据。最后，在上述参

数选择上，汤铎铎（2007）发现中国宏观年度经济数据存在持续时间为 2～8 年的波动周期，因而本书设定 q 为 2，p 为 8；参考董进（2006）以及 Baxter 和 King（1999）的观点，K 设定为 3。

（四）C-F 滤波法

Christiano 和 Fitzgerald（2003）提出了一个假设条件更宽松、更为一般的"B-K滤波"，即 C-F 滤波。刘金全和范剑青（2001）以及陈浪南和刘宏伟（2007）相继指出中国经济周期波动一定程度上满足非对称性假说，由于 B-K 滤波法采用的是对称滤波技术，相较于 H-P 滤波法，依旧无法克服其在处理非对称序列时的缺陷。而 C-F 滤波作为一种全样本非对称带通滤波，可以避免这一缺陷。寿险保费的周期项可以表示为

$$\text{Cycle}_{P_i} = B_j^{p,f}(L)\ln(P_i), \quad i=1,2,3,\cdots,n$$

其中，带通滤波 $B_j^{p,f}(L)$ 和滞后算子 L 分别满足：

$$B^{p,f}(L) = \sum_{j=-f}^{p} B_j^{p,f} L^j$$

$$L^h\ln(P_i) \equiv \ln(P_{i-h})$$

由于 C-F 滤波的滤波权重随时间变化，则 p 与 f 也随时间变化，即 $p=i-1$；$f=N-i$，设 $\ln(P)$ 的谱密度函数为 $f_{\ln(p)}(\varpi)$，则带通滤波 $B_j^{p,f}(L)$ 可表示为（e 为自然常数）

$$B_j^{p,f} = \arg \min_{B_j^{p,f}, j=-f,\cdots,p} \int_{-\pi}^{\pi} \left| B^*\left(e^{-i\varpi}\right) - B^{p,f}\left(e^{-i\varpi}\right) \right|^2 f_{\ln(p)}(\varpi)\mathrm{d}\varpi$$

当 $p=f=K$ 时，C-F 滤波就转化为 B-K 滤波。因此 C-F 滤波也可以看作一种放宽了条件的 B-K 滤波。然而，Iacobucci 和 Noullez（2005）指出，C-F 滤波假设非平稳时间序列源于随机游走过程的存在过于武断，很可能导致伪周期的形成。最后，在参数选择上，由于 C-F 滤波和 B-K 滤波都属于带通滤波，因此使用 C-F 滤波方法时，波动周期的持续期间 p 和 q 与 B-K 滤波法一致。

综上所述，上述方法各有优劣，本质上都是为了从时间序列中分离出周期项和长期趋势项，并对周期项进行观测，最终得到周期的起讫时间和持续时间。

三、周期的测度与分析

遵循上述模型设计，运用 EViews 11.0 分别得到对数化后的中国寿险保费收入在 QT 滤波、H-P 滤波、B-K 滤波以及 C-F 滤波四种不同方法下的周期波动图，见图 2.2。

（a）QT 滤波法

●— H-P（λ=100）　●— H-P（λ=25）　●— H-P（λ=6.25）

（b）H-P 滤波法

（c）B-K 滤波法

（d）C-F 滤波法

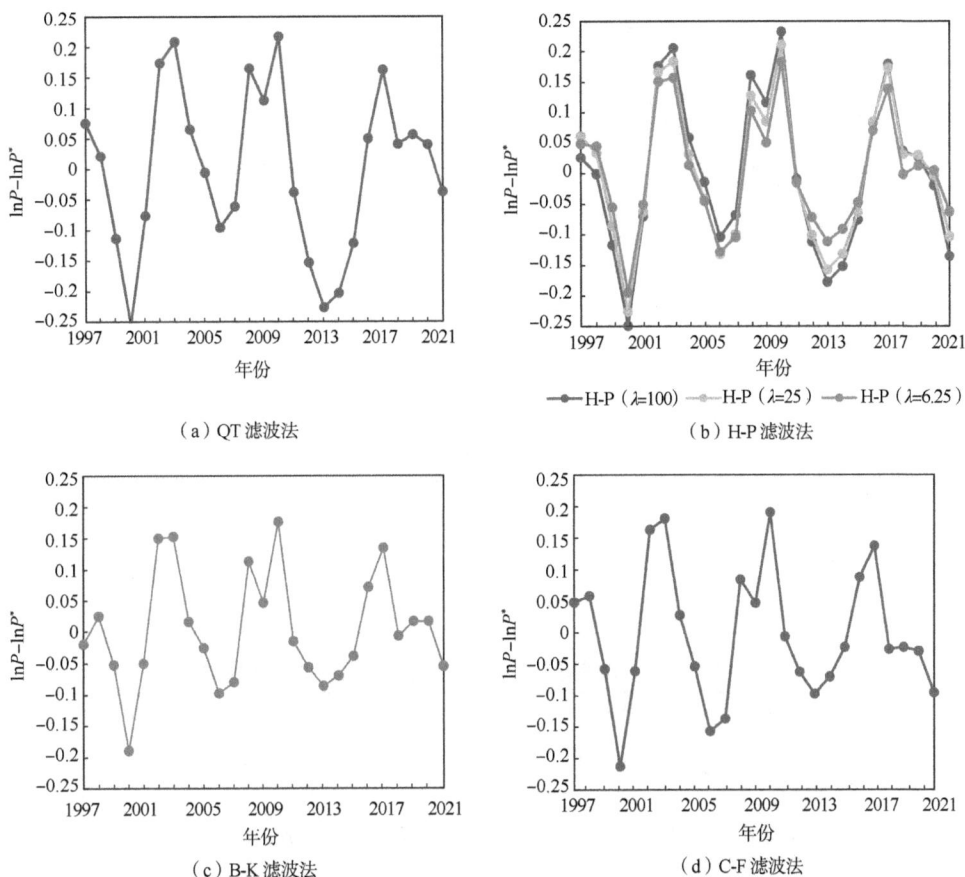

图 2.2　对数化中国寿险保费收入在四种不同方法下周期波动情况

本图使用数据年限区间为 1996~2020 年，因公式需要进行一阶差分计算，因此图中年份区间显示为 1997~2021 年

图 2.3 比较了各种不同的滤波方法下，对中国寿险行业保费波动周期项的测度情况。从轨线运动幅度方向来看，QT 滤波显现出的周期性波动更明显，B-K 滤波则最不明显；从轨线运动方向来看，四种方法得到的结果存在高度的一致性。从分析结果具体来看，四种滤波方法对寿险前三个周期有统一的划分，1996 年至 2000 年是第一周期，2001 年至 2006 年是第二周期，2007 年至 2013 年是第三周期，第四周期则是从 2014 年开始，但是因为数据处理方法不同且未来数据不可知，第四周期的结束时间并没有定论。

参照刘树成（1996）、袁志刚和何樟勇（2004）等的"谷—谷"周期划分方法，同时忽略小的波动，如 2008~2010 年的小范围波动可能是受到了金融危机的影响，依次可以得到不同周期测度方法下的周期测度结果，如表 2.1 所示。

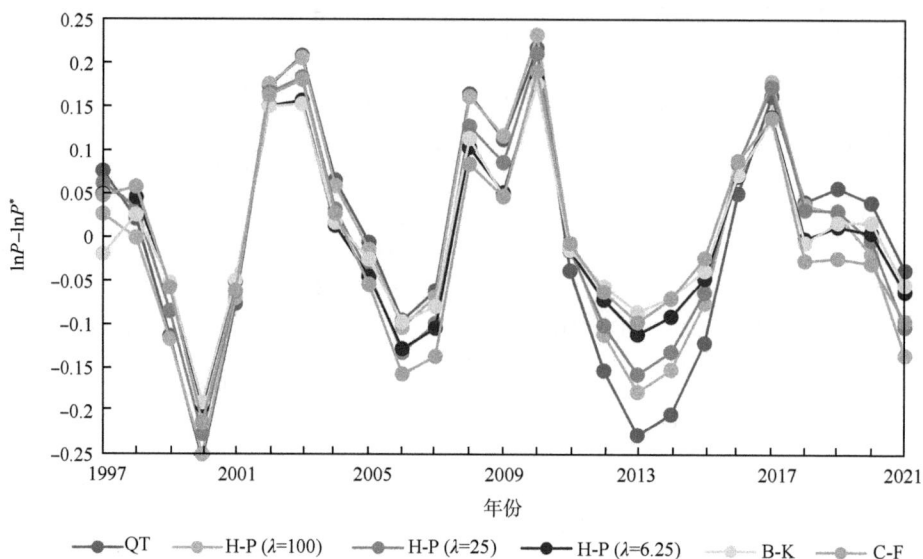

图 2.3　对数化中国寿险保费收入周期波动在不同方法下的汇总情况

表 2.1　三类方法测度的保险波动周期起讫时间对比结果

方法		第一次寿险波动周期	第二次寿险波动周期	第三次寿险波动周期	第四次寿险波动周期
QT 滤波法		1996～2000 年	2001～2006 年	2007～2013 年	2014～2020 年
H-P 滤波法	λ=100	1996～2000 年	2001～2006 年	2007～2013 年	2014～2020 年
	λ=25	1996～2000 年	2001～2006 年	2007～2013 年	2014～2020 年
	λ=6.25	1996～2000 年	2001～2006 年	2007～2013 年	2014～2020 年
B-P 滤波法	B-K 滤波法	1998～2000 年	2001～2006 年	2007～2013 年	2014～2018 年
	C-F 滤波法	1996～2000 年	2001～2006 年	2007～2013 年	2014～2020 年

　　从周期的测度结果来看，样本期内，中国寿险市场共经历了四个周期，平均长度约为 6 年。我们可以发现，2021 年测算时中国的寿险行业正处于第四周期的谷底，第四周期尚未完结。此外，第一到第三次寿险波动周期的持续时间依次为5 年、6 年、7 年，第四周期的持续时间则大于 7 年，进一步而言，中国寿险周期的持续时间正呈现出逐期增长的态势。最后，对比整个样本期内寿险行业的扩张期和衰退期，保险周期的扩张期持续时间略长于衰退期，这与李小林等（2020）得到的结果一致。

　　寿险业发展跨越多个周期，这是寿险具备的长期属性。周期将一直伴随着寿险业的发展，与高质量增长和谐共处。寿险业的周期是螺旋上升式的，上升的整体趋势是高质量增长的必然要求，同时高质量增长也是寿险业跨越周期的决定性基础。

第三节　中国寿险周期影响因素

上文的分析证实了中国寿险确实存在周期，且正处于第四周期。深入剖析寿险周期背后的成因将更大限度地帮助我们正确认识寿险发展阶段，合理看待寿险发展的峰谷，并能针对性地提出政策建议与应对措施。为了全面系统地分析寿险周期成因，本部分将结合经济学基础理论及寿险业自身特征分层次进行探讨。

一、周期原因的理论支持

作为宏观经济中的重要板块，寿险业周期发展规律在本质上与宏观经济发展规律紧密关联。本部分先将寿险放入宏观经济整体中进行分析，挖掘寿险发展成因本质规律。经济学理论基础随时代发展而不断更新，新古典经济主义作为当代主流经济学以 Solow（索洛）经济增长模型为基础核心，并向外不断扩展。Solow（1956）假设资本回报率递减，且资本与劳动力可相互替代，将储蓄率与人口增长率、技术进步率设定为外生变量，构建了新古典生产函数：

$$Y = AK^{\alpha}L^{1-\alpha}$$

进而衍生出 Solow 经济增长模型：

$$Sf(K) - (\delta + n + g)K = 0$$

其中，Y 为经济总产出；K 为资本；L 为劳动；A 为技术发展水平；S 为边际储蓄率；g 为技术进步率；n 为人口增长率；δ 为资本增长率。

Solow 模型对于经济增长的稳态及来源进行了解释。一方面，模型表明人均资本拥有量的变化率取决于人均储蓄率及按照既定的资本劳动比配备每一新增长人口所需资本量之间的差额；另一方面，储蓄率及人口增长率等变量外生给定，表明这两个因素决定了经济均衡的稳态水平。储蓄率越高，人口增长率越低，经济稳态水平越高。模型展示了长期增长率是由劳动力增长及技术进步所决定，其中劳动力增长不仅包括劳动力规模的扩大，也包括劳动力人力资本的提升。

基于此，之后 Mankiw 等（1992）继续扩展新古典经济增长模型，引入了人力资本 H，扩展了新的生产函数：

$$Y = K^{\alpha}H^{\beta}(AL)^{1-\alpha-\beta}$$

以及新的物质资本和人力资本动态积累方程：

$$K = S_K Y - \delta K$$
$$H = S_H Y - \delta H$$

生成了新古典经济增长的扩展模型之一：

$$\ln Y = \ln A + \frac{\alpha}{1-\alpha-\beta}\ln S_K + \frac{\beta}{1-\alpha-\beta}\ln S_H - \frac{\alpha+\beta}{1-\alpha-\beta}\ln(n+\delta+g)$$

这一模型中包含了外生技术进步、人力资本、物质资本及储蓄率，进而通过物质资本投入、人力资本投入及劳动增长率差异解释收入差异。

在新古典经济增长模型的基础上，学术界展开了两个方向的深入讨论和研究。一方面，如上文的 Mankiw 对 Solow 模型进行扩展，引入新的经济增长要素，Barro（1990）也将公共支出引入模型分析，对政府的作用进行更加明晰的定性研究；另一方面，部分学者对新古典经济增长模型基本设定产生怀疑，从而促进了内生经济增长模型的不断发展，其中创新驱动的经济增长模型内生技术要素，将 R&D 投入作为自变量纳入模型。

纵观经济增长模型，经济增长的内核要素总是围绕着技术、人力资本、物质资本、储蓄率及政府作用来进行模型设定和扩展。这也启示我们：当寿险被纳入宏观层面进行探讨时，其周期性的影响因素可能来源于政策、人口、宏观经济、科技教育等要素。那么下文将从以上要素出发，讨论中国寿险周期背后的多元化成因，形成较为完善的影响因素认识框架，便于进一步结合理论观察寿险实践。

二、影响要素与周期

（一）政策与周期

中国寿险行业的政策背景主要分为国家发展大政方针及政府监管。国家发展大政方针关注大局，以经济发展规律为基础指导寿险业的发展方向；政府监管则着眼细节，保障寿险业的规范发展和有序成长。

自 20 世纪 80 年代恢复国内保险业以来，中国的经济发展理念及政策皆不断助力保险业的迅猛发展，并惠及保险业的各个细分领域。在保险业整体发展方向上，每五年一次的全国金融工作会议的内容很好地体现了行业阶段性的重点工作：1997 年第一次全国金融工作会议决定成立保监会，负责保险业的监管；2002 年第二次全国金融工作会议则继续提出加强金融监管；2007 年第三次全国金融工作会议提出大力发展资本市场和保险市场，进一步推进保险业改革发展；2012 年第四次全国金融工作会议强调"积极培育保险市场"，"鼓励、引导和规范民间资本进入金融服务领域，参与银行、证券、保险等金融机构改制和增资扩股"，同时"保险业要加强偿付能力监管，完善分类监管制度"；2017年的第五次全国金融工作会议重点关注保险市场的风险保障功能拓展以及保险业长期稳健风险管理和保障功能的发挥。每次的全国金融工作会议都侧重保险的不同发展环节，但整体上都是全力支持中国寿险的长足发展。全国金融工作会议中不断传递的另一个信号则是保险监管，这也是中国寿险周期政策影响因素中值得进一步探讨的内容。

寿险行业本身的行业属性注定了其面临的严格监管。新中国成立后，寿险业经历了初期监管、集中监管、专门监管及协同监管四个时期（刘福寿，2019）。1949年我国开始独立自主经营保险业务之后，监管权一直在中国人民银行或财政部手中，具体监管内容也随行业发展形势不断变动。

直到1995年，第一部《中华人民共和国保险法》的颁布标志着寿险业发展开始有法可依。1998年，保监会的成立则象征着寿险监管进入专门化阶段。接下来的一年中保监会强化保险监管，深入整顿保险市场秩序，全面整肃保险中介市场。1999年，保监会发出《人寿保险预定附加费用率规定》《人寿保险精算规定》《利差返还型人寿保险精算规定》《意外伤害保险精算规定》《健康保险精算规定》等精算规定，要求各寿险公司规范人身保险精算工作。更重要的是，同年各寿险公司也被要求相应降低寿险保单预定利率，保险公司寿险预定利率随即从5.5%下调至2.5%。这一系列监管政策的出台从根本上推动着寿险业的进一步规范发展，同时也对寿险保费收入产生了短期的影响。

21世纪初保监会在扩大派出机构覆盖面的同时重点关注寿险保单标准化、保险代理业务规范及寿险赠险管理。首先，2005～2006年保监会从保险中介机构、保险营销员及银行代理保险业务三个领域入手推动保险代理市场的不断完善。2005年2月28日，保监会发布《关于印发〈保险中介机构法人治理指引（试行）〉和〈保险中介机构内部控制指引（试行）〉的通知》，完善了保险中介机构的内部管理；同年11月完成《保险营销员管理规定》的法律审核工作，对营销员的资格、展业等明确了相关法律责任；2006年保监会与中国银行业监督管理委员会（简称银监会）[1]联合下发《关于规范银行代理保险业务的通知》，加强了银行代理销售人员的从业资格管理。这一系列对保险代理业务的监管使得以代理人为业务拓展关键渠道的寿险迎来新的变革。其次，保监会通过召开工作会议及下发通知等方式明确了寿险保单标准化的工作方法，减少盲目竞争带来的行业内耗。此外，2005年11月保监会从保费、产品种类、会计处理及售后服务等方面规范了寿险公司赠

---

① 2003年银监会成立；2018年，中共中央正式印发《深化党和国家机构改革方案》，将银监会和保监会的职责整合，组建银保监会。2023年，中共中央、国务院印发《党和国家机构改革方案》，在银保监会基础上组建国家金融监督管理总局，不再保留银保监会。

送保险的相关行为。这一阶段寿险多领域的强监管为寿险业的发展带来了新的发展环境。

伴随着寿险业的持续发展，保险代理人队伍规模迅速扩张，这也成为保监会此阶段监管的重点领域。2012 年迎来了保险代理领域的密集监管，至 2013 年上半年，保监会陆续出台监管办法、规范通知、会议讲话等，对保险代理人的从业资格、职业管理、保险机构管理责任及消费者权益保护等进行规范。仅 2013 年 1月就出台了《保险销售从业人员监管办法》《保险经纪从业人员、保险公估从业人员监管办法》《关于规范财产保险公司电话营销业务市场秩序 禁止电话营销扰民有关事项的通知》《保险专业代理机构基本服务标准》《保险经纪机构基本服务标准》《保险公估机构基本服务标准》六个监管文件。保险代理人的监管收紧，代理人队伍规模扩张速度受限，强监管带来了下一轮寿险发展的挑战。

在之后的发展过程中，保监会一直坚持重拳出击、持续整顿，有效提升了寿险业发展质量。2018 年 3 月，为了顺应改革趋势，银保监会应时成立，推进寿险监管进入协同监管时期，但是强化寿险监管、推动寿险回归本源的监管理念并未改变，持续成为影响寿险业发展的关键要素。"十四五"期间，监管部门进一步加强市场监管，维护行业发展，仅 2021 年银保监会持续发力，全年共发布 65 个监管政策性文件，涵盖保险机构、保险产品、保险从业人员、消费者权益等多个领域，加强顶层设计的同时主攻合规性管理，全面规范保险市场，引导保险市场在正确的轨迹上追求高质量。

（二）宏观经济与周期

作为寿险发展的大局基础，宏观经济基本面对中国寿险的周期性也有着关键性作用。这一作用的发挥既体现在宏观经济发展对保险行业的助推力上，也包含了中国宏观经济决策的重要影响。

从中国经济发展的宏观轨迹来看，党的十一届三中全会确定实行改革开放政策之后，中国经济迅猛增长，寿险也得到大力恢复和发展。2001 年中国成功入世则是另一个经济发展的起飞点，中国积极融入世界经济，加大开放力度。外资等积极进入寿险市场，带来了充足的资金和先进的经验，进一步激发了寿险市场的发展活力，促进了寿险业新一波的上涨。在之后的六年内，经济保持着高速的增长，人民逐渐富裕，可支配收入持续上升，消费者购买力也不断提高，为寿险业的发展提供了扎实的基础。2008 年金融危机爆发，虽然经过及时调整与恢复，经济基本面得到维持，但居民消费意愿下降，把资产配置在寿险上的意愿也随之降低。随着中国经济发展逐渐进入新阶段，2012 年开始中国 GDP 增速逐渐回落，告别往年平均 10%的增速，开始由高速增长转为中高速增长，经济新常态到来。这一新常态也映射到中国寿险发展中，一方面是中国寿险从整体经济中得到的助力稍许减少，另一方面寿险业的转型升级也不断推进，结构逐渐优化。中国寿险作为中国经济的一个组成部分，其发展在一定程度上受制于宏观经济基本面的发展轨迹。

从中国经济发展具体数据来看，为了更直观地观察宏观经济的发展情况，图2.4描绘了GDP指数增长率的变化。国家统计局数据显示，GDP指数增长率在1992年至1997年均保持在8%以上，1998年及1999年则是小幅下降，之后则继续保持增长率上升，从2000年的7.64%增长至2007年的13.64%。在这一高峰之后，GDP指数增速迅速下降，虽然2010年有10%的小高峰，但在2013年增速就已经下降至7%，下一阶段增速则向6%收敛。GDP指数整体呈现从高速增长到中高速增长的转变，符合中国经济发展整体趋势。GDP分阶段不同的增长速度也为中国寿险的增长带来了更多周期变化的可能性。

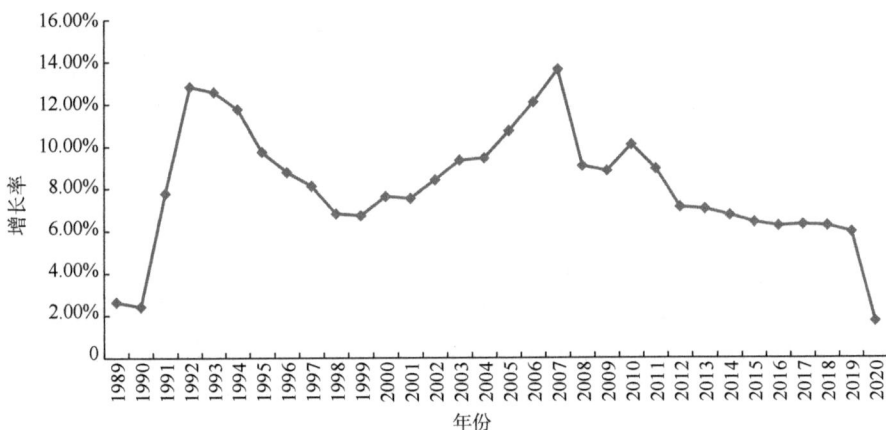

图2.4　1989～2020年中国GDP指数增长率变化情况

资料来源：国家统计局

（三）人口与周期

寿险以被保险人的寿命作为保险标的，因此人口的规模及年龄结构特征也会对寿险发展的波动产生影响。人口规模越大，对寿险的总需求也会越大；人口老龄化越严重，寿险的潜在客户池也越大。

从人口规模入手，1995年中国总人口首次超过12亿，到2019年一直维持10‰以上的出生率，自然增长率在2021年之前也一直为正。不断扩展的人口规模为寿险提供了广大的潜在市场，为其保费收入的增长奠定了人口基础。

从人口结构出发，图2.5显示了从1996年到2011年15～64岁人口占比不断上升，2000年占比首次超过70%，2011年占比达到峰值，为74.4%。之后这一年龄段占比则呈现波动下降的趋势，2020年为65.51%。

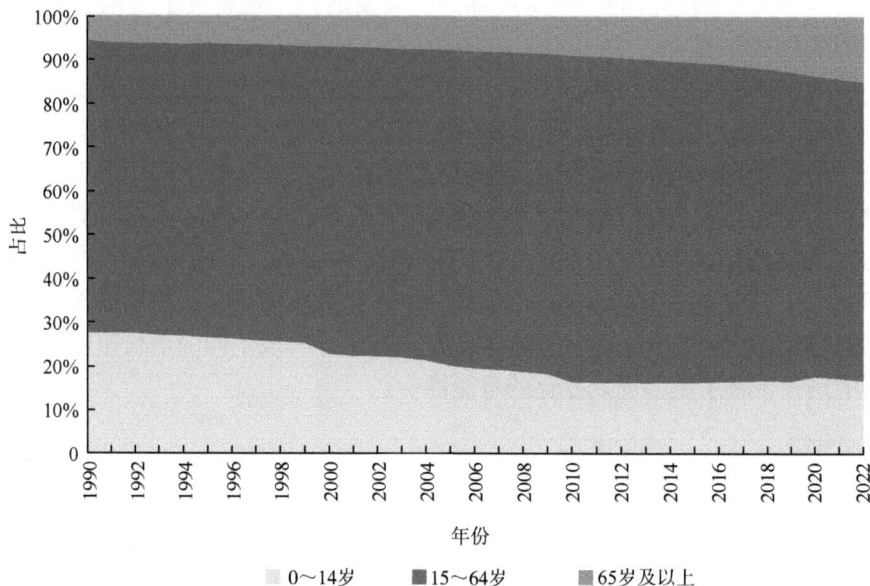

图 2.5　1990～2022 年中国人口结构

资料来源：国家统计局

　　虽然人口不断增长但自然增长率却有转折，1998 年中国自然增长率跌破10‰，降至 9.14‰，到今天自然增长率呈现持续下降的趋势，到 2020 年仅为1.45‰[①]。伴随自然增长率不断下降的是中国死亡率不断攀升，而人口结构也显示65 岁及以上人群的占比从 1996 年开始持续上升，到 2020 年整体涨幅超 110%。这一系列数据都意味着中国人口老龄化趋势严重。图 2.6 中描述了老年抚养比增长率，可以看出 2000 年劳动力人口大幅增加，老年抚养比增长率为负。虽然 2001年增长率回到了约 2%，但在 2001～2007 年这个区间内，老年抚养比增长率总体呈现下降趋势，并逐渐趋向于 0，之后老年抚养比增长率逐渐上升，2020 年则已经达到 10.67%。

　　总体来看，中国人口规模持续扩张的整体趋势中呈现出波动，人口老龄化也成为中国人口增长中的关键特征，并不断影响中国寿险业的周期特征。

_____

① 资料来源：CNRDS 数据库。

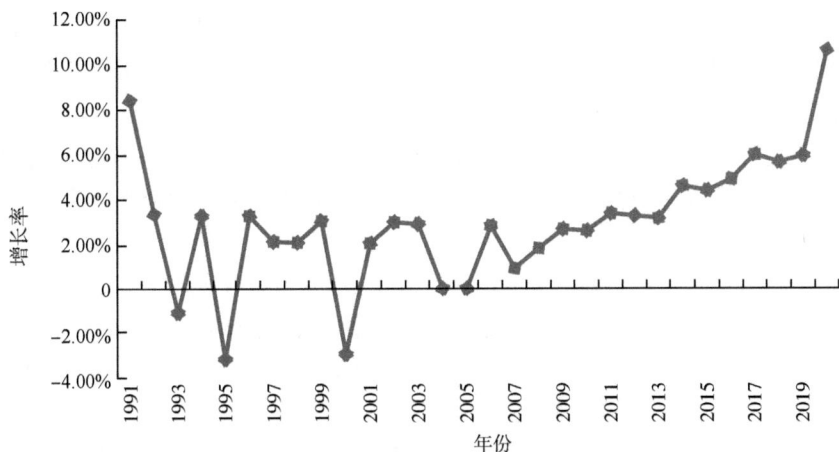

图 2.6　1991～2020 年中国老年抚养比增长率变化

资料来源：国家统计局

（四）科技教育与周期

科技是第一生产力。科技进步能深入改革寿险的全产业链，从底层根本出发，自下而上地提升寿险生产率，进而促进寿险增长。因此，中国科技发展中是否蕴含着寿险的周期性这一话题值得探讨。从科研基本经费支出直观感受科技的发展（图 2.7），从第一周期的 1997 年开始，经费支出增长率波动较大，且在阶段末的 2000 年达到 31.98% 的增长率，也是增长率唯一一次超过 30%。之后的十几年间

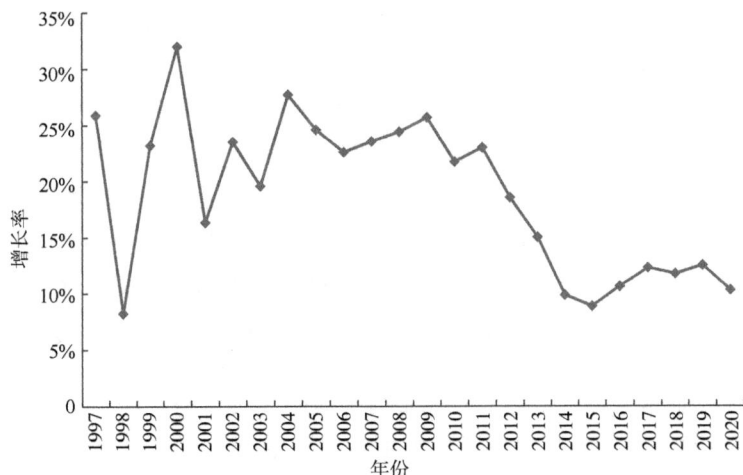

图 2.7　1997～2020 年中国研究与试验发展经费支出增长率

资料来源：国家统计局

科技经费支出基本保持 20% 以上的增长率，这一阶段也是技术不断腾飞的时期。2012 年之后科技经费支出增长率则迅速下降，经历低谷后有所上升并围绕着 10% 上下波动，逐渐达到均衡增长。

关于经典经济增长模型的探讨中发现人力资本是研究的另一重点，因此作为人力资本成长最为主要的一个因素，教育也会通过影响中国寿险行业从业人员人力资本积累及群众金融意识进而影响中国寿险的发展。每年每十万人中接受本科教育的人数增长率数据显示，1996 年至 2001 年受教育比例增长率大幅上升，达到 28.77%，大学本科普及率不断提高。之后增长率增速则迅速下降，到 2008 年增速基本维持在 6% 左右[①]。寿险第三周期教育增长率保持在 4% 以下，2018 年后又有所上升，2020 年达到 9.42%。

从人力资源的角度，科技与教育的发展提升了人力资本积累，增长了工作技能，从而提升自我产出。从行业的角度而言，科技与教育的发展使得生产工具得到优化升级，从底层技术出发不断更新换代，提升行业生产率。对于寿险，科技与教育意味着底层精算和风控等产品内核的完善、产业链载体的扩展等，因此科技与教育在增长中呈现的波动也将反映到中国寿险的发展周期中。

（五）保险市场特征与周期

以上从政策、宏观经济、人口与科技教育入手的分析都是将寿险放在整体宏观经济的考量中，但寿险作为保险业的细分领域，进一步分析保险业中与寿险周期相关的因素则能完善寿险周期影响因素框架。本部分将从中国社会保障体系的发展以及保险产品结构的变化入手继续分析中国寿险的周期性特征。

1）中国社会保障体系的发展

作为养老保险的第一支柱与第三支柱，中国社会基本养老保险与商业寿险互为替代，因此中国社会基本养老保险的发展也影响着中国寿险的发展。新中国成立后初期基本养老保险得到了不同程度的发展，20 世纪 80 年代基本养老保险社会统筹试点开始进行改革，90 年代改革全面展开并不断深化。1996～1999 年参保人数增长率接近 10%，之后的 2000 年至 2008 年增速持续小幅上升[②]。直到 2008 年 3 月 28 日，国务院连续下发《关于开展城镇居民基本医疗保险试点的指导意见》《关于完善企业职工基本养老保险制度的决定》两项通知，同时回复同意湖南省等多省做实企业职工基本养老保险个人账户试点实施方案。这一系列持续发力使得参保人数增长率从 2008 年开始呈现迅猛增长，到 2011 年增长率上升至 71.11%，参保人数为 2008 年的 2.81 倍。之后一直到 2022 年，参保人数增长率持续为正，

---

① 资料来源：国家统计局。

② 资料来源：中华人民共和国人力资源和社会保障部统计公报。

但基本保持在 2%～4%[①]。

2）保险产品结构的变化

在对中国寿险周期的讨论中，寿险保费收入是核心因变量，向上溯源，保费收入来自不同保险产品的销售，因此不同时期市场存留产品特征则会影响中国寿险周期特征。20 世纪末，中国寿险产品种类单一，以传统寿险为主，且应保监会要求逐渐下降寿险保单的预定利率。在此背景下，21 世纪初兼具人身保障及投资理财属性的万能险、分红险等受到市场追捧，一度拉动寿险保费激增。2008 年，寿险因理财型保险的爆发式增长吸引大量消费者投保，当年保费同比增长超过40%。但之后因保险投资收益一路走低，理财型寿险陷入低迷，特别是 2011年在双重打击下，保费呈现负增长。之后 2015 年万能险成为市场主力，部分保险公司以万能险为噱头拉动了寿险保费增速，但因其安全性被监管关注，2017 年万能险被叫停。目前不断强调"保险姓保"，寿险产品必须坚守风险管理的本质，但同时也要进行产品创新，减少产品同质化带来的后续发展动力不足等问题。

3）保险代理的阶段性变化

观察中国寿险分渠道销售收入占比，可以发现保险代理是寿险营销最主要的渠道，以 2020 年为例，中国寿险业务中保险代理渠道实现保费收入占比超过 90%。这意味着保险代理领域的变化也会对寿险发展产生关键影响。自 1992 年美国友邦将保险营销员制度引入中国后，保险代理进入迅猛发展阶段，1995 年《中华人民共和国保险法》的颁布使得保险代理人制度有法可依，发展更加规范。21 世纪以来，入世推动保险机构竞争激烈，保险代理进入新的发展时期，兼业代理、个人代理、保险专业代理机构等保险代理的各个板块都实现了飞速发展，规模不断扩张，实现的保费收入占比快速增长。增长一直延续到 2012 年，保险代理进入密集监管阶段，保险中介市场乱象得到大力整治，保险代理资格管理也更加规范化、体系化。随着中国人口红利的逐渐减小，2019 年开始保险代理逐渐进入转型阶段，个人代理脱落率提升，总体规模有所缩减，面临更多的挑战。

至此，本章对中国寿险周期背后的成因进行了较为全面的探讨，从政策、宏观经济、人口、科技教育以及保险市场特征等五个方面挖掘各个阶段寿险发展面临的机遇与挑战，表 2.2 对以上分析进行了总结。表 2.2 更加清楚地显示了伴随中国寿险各阶段的要素特征，进一步证明了中国寿险确实存在周期性特征，且周期背后是多要素的作用。

---

① 资料来源：中华人民共和国人力资源和社会保障部统计公报。

表2.2　中国寿险周期背后的成因

寿险周期	经济	人口	科技教育	监管政策	保险市场内部主要特征
1996~2000 年	+	+	+	+/–	+
2001~2006 年	+	+	+	+/–	+
2007~2013 年	+/–	+	+	+/–	–
2014~2020 年	+	+/–	+	+/–	–

注："+"表示正向影响，"–"表示反向影响

　　周期是多要素共同造就的结果，而周期与高质量增长的共处关系意味着高质量增长也会受到以上要素的影响。更多的影响因子对高质量增长提出了更为复杂的要求。寿险周期下必须坚持高质量发展路线不动摇，坚定寿险增长的信心。深化改革，优化市场结构，创新保险产品，培养专业化保险代理人，打造高质量保险从业队伍。以科技为基石升级保险发展，同时也要加大开放，积极利用外资、先进经验等外部力量，内外共同发力，在顺境中乘势而上，逆境中寻找破局之法。

第三章　中国财产保险市场的周期与发展

第一节　中国财险市场发展历程概况

一、车险发展历程

2001 年 10 月 1 日，全国车险市场产品费率改革试点正式启动，广东省成为改革突破口。2002 年 3 月，保监会下发了《关于改革机动车辆保险条款费率管理办法有关问题的通知》，指出"保监会不再制订统一的车险条款费率，各保险公司自主制订、修改和调整车险条款费率，经保险监管部门备案后，向社会公布使用"。2003 年，费率改革方案在全国铺开，结果"一放就乱"，价格战后，业务量反降 10%，保费收入下降 50%，之后两年全国车险全面亏损。2006 年交强险正式实施，费率改革导致的商业车险恶性竞争使得车险产品亏损严重，保监会规定车险费率折扣不得低于 70%。2012 年 3 月，修改后的《机动车交通事故责任强制保险条例》公布，向外资保险公司开放交强险市场。

2015 年启动的第一次商业车险改革，改革内容主要包括：修订商业车险示范条款；完善商业车险定价方式，将费率定价的部分主动权下放给保险公司，完成"从车"向"从人"转变，加强车险定价与风险的对称性。车险保费由基准纯风险保费、附加费用率和费率调整系数三部分构成。基准纯风险保费由中国保险行业协会发布。附加费用率由保险公司自行测算，但不得超过 35% 的上限。费率调整系数主要包括无赔款优待（no claim discount，NCD）系数、交通违法系数、自主核保系数和自主渠道系数，后两个自主系数由保险公司决定。2017 年 6 月启动商业车险费率第二次改革，进一步扩大保险公司自主定价权，将商业车险费率浮动系数下限下调至 75%，车险保费进而下降。2018 年 3 月启动第三次改革，商业车险保费进一步下降。

三次改革之下，车险市场长期存在的深层次矛盾并没有得到解决。2020 年 9 月 19 日正式启动车险综合改革，以"保护消费者权益"为主要目标，短期内将"降价、增保、提质"作为阶段性目标，提升交强险保障水平，拓展和优化商业车险保障服务，健全商业车险条款费率市场化形成机制，改革车险产品准入和管理方式，推进配套基础建设改革，全面加强和改进车险监管，强化保障。自综合改革全面落地实施以来，车均保费大幅下降，消费者支出下降，但保障程度显著提高，车险功能作用得到更加充分地发挥，市场秩序也明显好转。

二、非车险发展历程

经过长足发展，目前中国非车险市场已拥有企财险、家财险、责任险、信用保险等险种，其中，企财险、责任险、农业保险及信用保险等险种发展迅速。

企财险虽然发展曲折但在强大的经济基础支撑下前景广阔。保险业恢复初期企财险发展迅速，成为财险中的第一大险种，随着中国汽车市场的逐步扩展，车险跃升至第一，而企财险却未跟上固定资产投资增长速度，增长相对缓慢。但是，改革开放后，中国经济迅猛发展，GDP 保持高速增长，增长率大多在 5%以上，而且固定资产投资也保持了较高的增长率，2014 年之前增长率超过 10%，2015年到 2022 年则基本在 5%左右波动，这些都为企财险未来的增长奠定了基础。

法律体系不断健全，责任险前景广阔。在 1979 年全国保险会议做出恢复我国保险业的具体部署后，责任险以汽车三者为主开始缓慢发展起来。《中华人民共和国民法通则》《中华人民共和国消费者权益保护法》等民事法律法规日益完善，公众法律意识与责任意识增强，为责任险发展奠定了基础。2003 年，最高人民法院颁布《关于审理人身损害赔偿案件适用法律若干问题的解释》，三年后，国务院发布《关于保险业改革发展的若干意见》，大力支持责任险的发展，两项政策发布后，责任险开始迅猛发展，根据银保监会公布的数据，2020 年财产保险公司责任险保费收入达到 901 亿元，成为财产保险第二大险种。

农业保险受政策性补贴迅猛发展。2004 年，国家首次提出试点政策性农业保险，开始施行对农业保险的补贴政策，带动了农业保险的需求；2007 年，中央一号文件正式提出"政府引导、政策支持、市场运作、农民自愿"的原则，中央与地方联动补贴，覆盖范围涵盖种植业等多产业，农业保险保费收入大幅提升，由2004 年的 4 亿元上升至 2020 年的 815 亿元，复合增长率 39.42%。

信用保险的发展经历了四个阶段。1988 年至 1993 年开始试点经营出口信用保险业务；自 1994 年开始的第二阶段，中国进出口银行与中国人民保险公司共同开展进出口信用保险业务；21 世纪初中国出口信用保险公司成立，专门从事政策性出口信用保险业务，前述两家机构的业务均全部转至中国出口信用保险公司；2013 年开始进入政策性机构与商业性机构共存的第四阶段。

第二节　中国财产保险周期度量

一、指标选取与数据说明

参考图 3.1，2000～2020 年中国财产保险保费收入的增速呈现出明显的周期性。因此对于财险周期的测度，我们选取财险保费收入作为衡量指标，并且对其进行指数化处理。1995 年，在《中华人民共和国保险法》的指导下，产、寿险开始分业经营。故选取 1996～2020 年各年中国财险保费收入数据作为基本数据，其中，1996 年至 1998 年数据来源于《中国保险年鉴》，1999 年至 2020 年数据来源于银保监会官方网站。

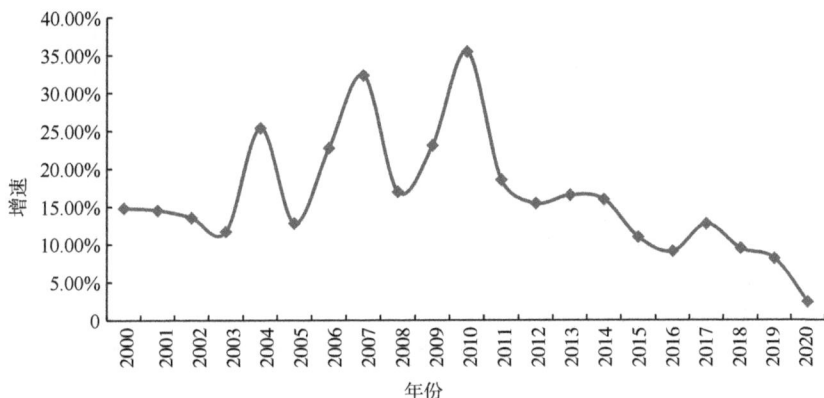

图 3.1　财产保险保费收入增速

资料来源：国家统计局

二、度量方法与周期识别

对于财险周期的测量方法，本章借鉴了前文寿险的测量方法，具体测量方法、趋势与周期项分解及参数设置可以总结为表 3.1。

表 3.1　模型构建与主要参数设置

方法	趋势与周期项分解	参数设置
H-P 滤波法	趋势项：$\ln(P^*) = \{\ln(P_1^*), \ln(P_2^*), \ln(P_3^*), \cdots, \ln(P_n^*)\}$	$\lambda=25$
		$\lambda=50$
		$\lambda=75$
		$\lambda=100$

方法	趋势与周期项分解	参数设置
H-P 滤波法	$$\ln\left(P_i^*\right)=\arg\ \min\left\{\begin{array}{l}\sum_{i=1}^{n}\left[\ln(P_i)-\ln(P_i^*)\right]^2\\+\lambda\sum_{i=2}^{n-1}\left\{\left[\ln\left(P_{i+1}^*\right)-\ln\left(P_i^*\right)\right]-\left[\ln\left(P_i^*\right)-\ln\left(P_{i-1}^*\right)\right]\right\}^2\end{array}\right\}$$ 周期项：$\mathrm{Cycle}_{P_i}=\ln(P_i)-\ln\left(P_i^*\right)$, $i=1,2,3,\cdots,N$	$\lambda=25$ $\lambda=50$ $\lambda=75$ $\lambda=100$
B-K 滤波法	周期项：三种频率选择滤波在中国的应用 $$\mathrm{Cycle}_{P_i}=a(L)\ln(P_i)=\sum_{k=-K}^{K}a_k\ln(P_{i-k}),\quad i=1,2,3,\cdots,N$$ 其中，滞后算子 L 满足 $L^k\ln(P_i)\equiv\ln(P_{i-k})$ 和 $a(L)=\sum_{k=-K}^{K}a_kL^k$	$K=2$ $[P_L,P_U]=[2,8]$
C-F 滤波法	周期项：$\mathrm{Cycle}_{P_i}=B_j^{p,f}\left(L\right)\ln(P_i)$ 其中，带通滤波 $B_j^{p,f}\left(L\right)$ 满足 $B^{p,f}(L)=\sum_{j=-f}^{p}B_j^{p,f}L^j$; 滞后算子 L 满足 $L^h\ln(P_i)\equiv\ln(P_{i-h})$ $$B_j^{p,f}=\arg\min_{B_j^{p,f},j=-f,\cdots,p}\int_{-\pi}^{\pi}\left|B^*\left(\mathrm{e}^{-i\varpi}\right)-B^{p,f}\left(\mathrm{e}^{-i\varpi}\right)\right|^2f_{\ln(p)}(\varpi)\mathrm{d}\varpi$$	$[P_L,P_U]=[2,8]$

三、产险波动周期的度量与分析

遵循上述模型设计，运用 EViews 10.0 分别得到对数化财险保费收入在三种不同方法下的周期波动图（图 3.2）。

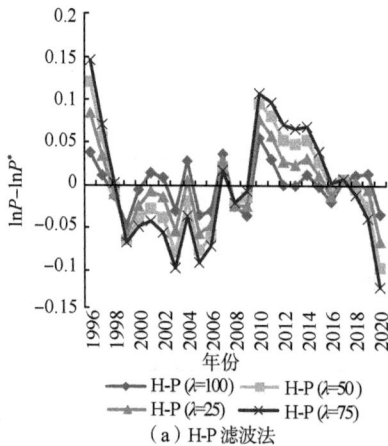

（a）H-P 滤波法

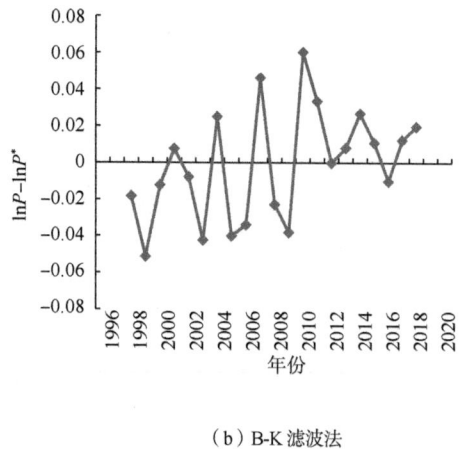

（b）B-K 滤波法

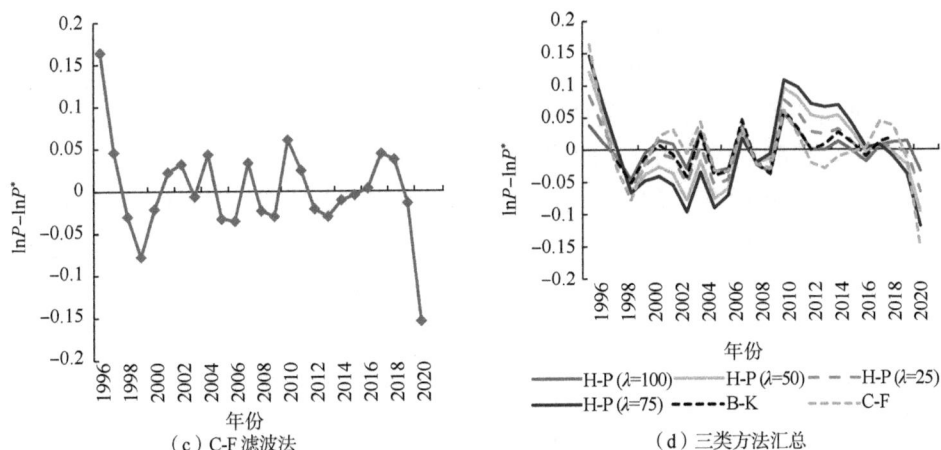

（c）C-F 滤波法　　　　　　　　（d）三类方法汇总

图 3.2　对数化产险保费收入在三种不同方法下的周期波动情况

从而，我们可以根据"谷—谷"方法依次得到不同周期测度方法下的周期测度结果，如表 3.2 所示。

表 3.2　三类方法测度的保险波动周期起讫时间对比结果

方法		第一次财险波动周期	第二次财险波动周期	第三次财险波动周期	第四次财险波动周期	第五次财险波动周期
H-P 滤波法	$\lambda=25$	1999～2003 年	2003～2005 年	2006～2009 年	2009～2016 年	2017～2020 年
	$\lambda=50$	1999～2003 年	2003～2005 年	2006～2009 年	2009～2016 年	2017～2020 年
	$\lambda=75$	1999～2003 年	2003～2005 年	2006～2009 年	2009～2016 年	2017～2020 年
	$\lambda=100$	1999～2003 年	2003～2005 年	2006～2009 年	2009～2016 年	2017～2020 年
B-P 滤波法	B-K 滤波法	1999～2003 年	2003～2005 年	2006～2009 年	2009～2012 年	2013～2016 年
	C-F 滤波法	1999～2003 年	2003～2005 年	2006～2009 年	2009～2013 年	2014～2020 年

从周期的测度结果来看，不同滤波法下的周期在 2009 年后稍有不同，样本期内，中国财险市场共经历了五个周期，平均长度约为 5 年。我们可以发现，2021 年测算时中国的财险行业正处于第五周期，但因未来数据不可得，具体周期阶段有待继续探讨。此外，在 H-P 滤波法下，第一到第四次财险波动周期的持续时间依次为：5 年，3 年，4 年，8 年，第五周期大于 5 年；在 B-K 滤波法下，前三次波动周期相同，第四次波动周期为 4 年，第五次波动周期为 4 年；在 C-F 滤波法下，第四次周期为 5 年，第五周期的持续时间则大于 8 年。相对而言，H-P 滤波的局限性在于低频的长期趋势可以被过滤，但是高频的季节性波动及随机干扰波动无法完全去除，但是 C-F 滤波则很好地弥补这一点，同时相对于 B-K 滤波，C-F

滤波也放松了 B-K 滤波对于变量平稳性和对称性的假设；此外，随机游走假说也被 C-F 滤波法得到的周期性波动成分满足（吴杰和粟芳，2014）。基于这些原因，C-F 滤波法得到的财险周期更具参考价值。因此我们可以推测，随着财险市场逐渐成熟，中国财险周期的持续时间正呈现出逐期增长的态势。

对 1994～2019 年美国财产保险保费收入做同样的处理（图 3.3 和表 3.3），可以发现，美国财险周期的持续时间普遍较长，财险周期的持续时间同样呈现出逐期增长的态势。

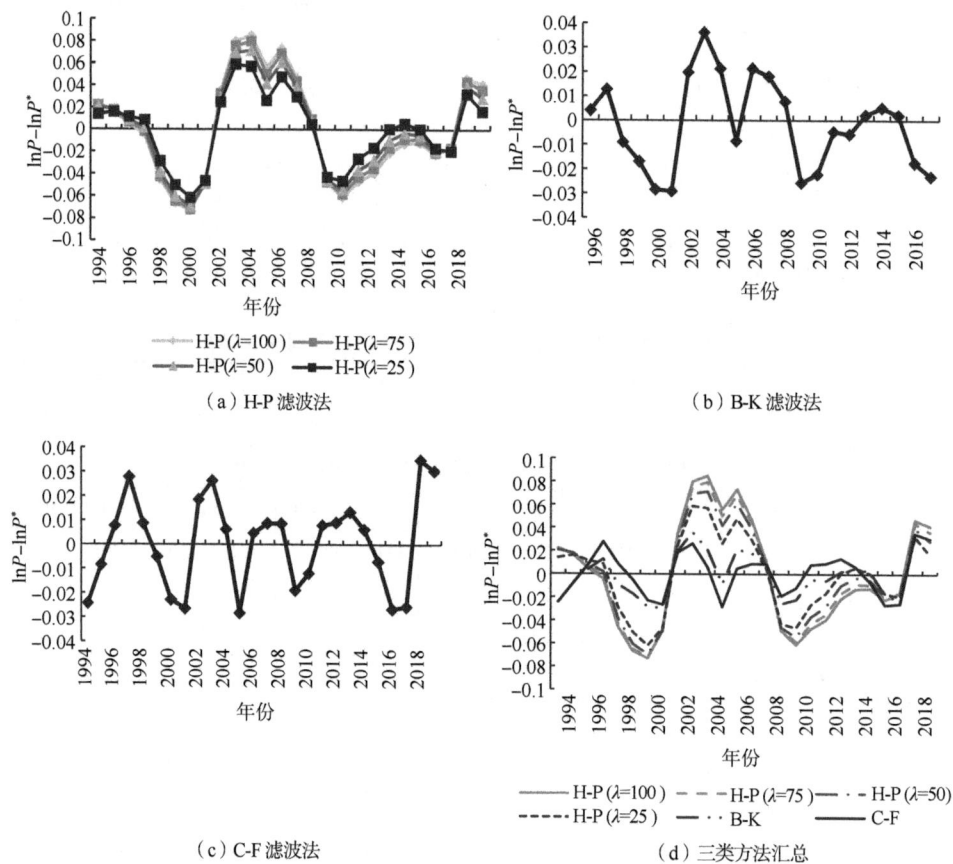

（a）H-P 滤波法

（b）B-K 滤波法

（c）C-F 滤波法

（d）三类方法汇总

图 3.3　对数化美国财险保费收入在三种不同方法下的周期波动情况

表 3.3　三类方法测度的美国保险波动周期起讫时间对比结果

方法		第一次财险波动周期	第二次财险波动周期	第三次财险波动周期	第四次财险波动周期
H-P 滤波法	$\lambda=25$	1994～2003 年	2003～2006 年	2006～2014 年	2014～2018 年
	$\lambda=50$	1994～2004 年	2004～2006 年	2006～2014 年	2014～2018 年

方法		第一次财险 波动周期	第二次财险 波动周期	第三次财险 波动周期	第四次财险 波动周期
H-P 滤波法	λ=75	1994~2004 年	2004~2006 年	2006~2014 年	2014~2018 年
	λ=100	1994~2004 年	2004~2006 年	2006~2014 年	2014~2018 年
B-P 滤波法	B-K 滤波法	1996~2003 年	2003~2006 年	2006~2014 年	2014~2019 年
	C-F 滤波法	1997~2003 年	2003~2007 年	2007~2013 年	2013~2018 年

第三节　财险影响要素与周期

一、政策与周期

在经济监管政策大背景下，财险与寿险面临相似的发展轨迹，这已在寿险部分进行了详细的阐述，此部分不再赘述。但因财险与寿险的产品特点不同，财险监管也有自己的发展历程。

第一是阈值监管，财险行业费率灵活性更高，费率战、价格战频发，这也成为监管机构对财险的关注重点。以车险为例，2001 年 10 月，全国车险市场产品费率改革率先于广东省试点；2002 年 3 月，保监会下发了《关于改革机动车辆保险条款费率管理办法有关问题的通知》；2015 年启动第一次商业车险改革，赋予保险公司费率定价的部分主动权；2017 年 6 月和 2018 年 3 月分别启动商业车险费率第二次和第三次改革。在车险费率市场化改革过程中，市场多次出现恶意压低价格等不正当竞争现象，保险市场的秩序被严重扰乱。监管机构也多次出手，对扰乱市场秩序的多家保险公司进行处理，其中标志性事件为 2016 年 5 月 31 日对 6 家公司下发修改车险条款费率的监管函。

第二是关注对偿付能力的监管。2003 年中国开始第一代偿付能力监管制度体系建设，到 2008 年真正建立起一套完整的偿付能力监管制度体系。2012 年保监会发布《中国第二代偿付能力监管制度体系建设规划》，经过 3 年的努力，于 2015 年正式发布第二代偿付能力监管制度体系，并进入第二代偿付能力监管制度体系的过渡时期。两套偿付能力监管体系的实施和更新，都系统性强化了财险的监管，要求财险公司自主加强风险管理体系建设，降低系统性风险。

第三则是从严监管贯穿财险发展历程。监管机构通过发布多项政策文件对监管对象划分、监管职责分工和监管协同联动进行了明确规定，充分完善财险公司监管工作体制机制。

有效的监管提升了财险业发展质量，营造出更具公平性和竞争性的市场环境，为财产保险市场注入了活力，利用看不见的手推动财产保险行业逐步走向成熟，成为影响财险周期的重要因素。

二、宏观经济与周期

宏观经济基本面作为财险发展的外在经济基础，对中国财险的周期性也起着关键性作用。中国宏观经济总量的增长会直接提升人民可支配收入，进而推动财险保费的提升，同时与经济发展相伴的经济政策也会间接地影响中国财险的发展。

首先，中国经济发展的宏观大势。改革开放正式实施后，中国财险业首先得到恢复，并且借助这一发展契机逐渐成长。紧接着另一个经济发展的起飞点则是2001年中国成功入世。外资带着充足的资金和先进的经验进入中国财险市场，进一步激发了财险市场的发展潜力，促进了财险业新一波的增长。值得一提的是入世时中国在财险市场中给予外资更大的自由度，允许外资设立分公司，且加入两年内允许设立全资子公司，这一区别使得入世初财险获得了更多的资源，发展速度更快。在之后的六年内，财险业收获了扎实的外在经济基础。这一阶段经济高速增长，人民逐渐富裕，可支配收入持续上升，消费者购买力也不断加强，不仅推动了人民购买更多所有财产，扩展了财险的保障范围，也提高了人们对财险的消费意愿。2008年爆发严重金融危机，国家财政政策虽然及时调整推动经济恢复，经济基本面得到维持，但居民消费意愿下降，把资产配置在财险上的意愿也随之降低。随着中国经济发展逐渐进入新阶段，中国GDP增速自2012年开始告别往年平均近10%的增速，逐渐转为中高速增长，进入经济新常态。这一发展态势也融入中国财险发展中，一方面是中国财险从整体经济中得到的助力稍许减少，另一方面财险业的转型升级也在不断推进，结构逐渐优化。

其次，从中国经济发展总量增长上来看，为了更直观地观察宏观经济的发展情况，图3.4描绘了GDP指数增长率的变化。数据显示，在财险第一周期（1999~2003年）GDP指数增长率先小幅下降再大幅上升，并在第二周期（2003~2005年）仍保持强劲的增长，在第三周期（2006~2009年）中的2007年达到高峰，为14.23%。而第三周期后半段和第四周期（2009~2016年）GDP指数增速则迅速下降，虽然2010年有10%的小高峰，但在2015年增速就已经下降至7%。最后一个周期（2017年至今）中增速则向6%收敛。GDP指数在整体呈现从高速增长到中高速增长的转变的同时也有许多细小的波动，这为财险的增长增加了周期性的可能。

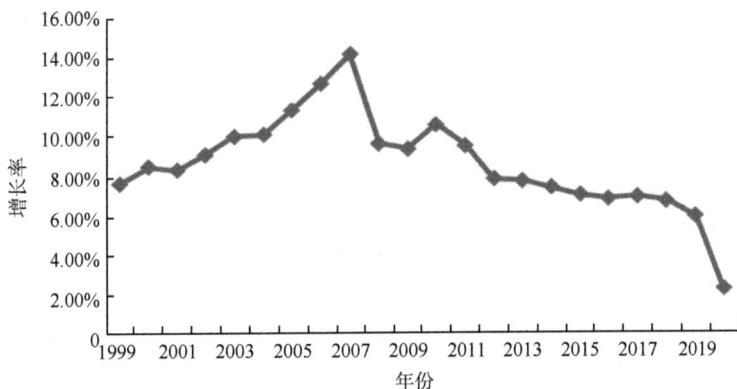

图 3.4　GDP 指数增长率

资料来源：国家统计局

三、汽车市场

车险作为财产保险的第一大险种，是影响财产保险保费收入的主要变量。而汽车与车险属于互补品，汽车保有量与汽车销量的快速增长是拉动车险保费收入增加的重要因素。根据中国汽车工业协会（以下简称"中汽协"）的数据，我国民用汽车保有量在 2010 年前基本可以保持 25% 以上的增速，但增速整体呈现下降趋势（图 3.5）；汽车销量增速波动较大，2009 年与 2010 年分别实现 45.62% 与 32.35% 的高速增长。但二者均在 2011 年出现明显的下滑，其中汽车销量增速下降最为显著，此外受近年中美贸易摩擦以及疫情的影响，汽车销量 2018 年至 2020 年呈现负增长态势，在滤波法运行结果的周期项近年也呈明显的下降趋势（图 3.6）。

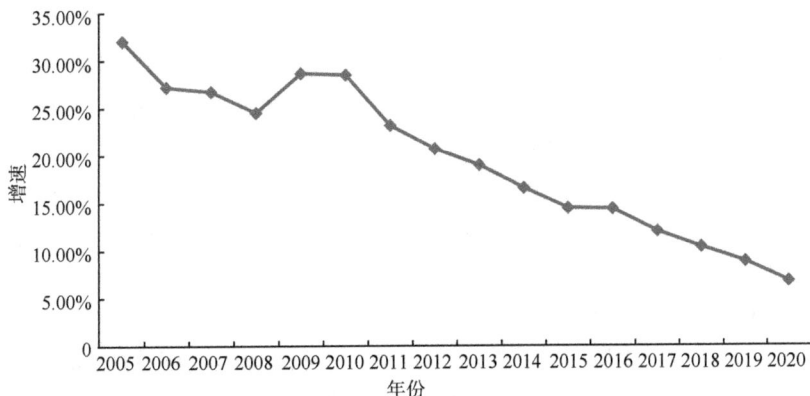

图 3.5　2005～2020 年民用汽车保有量增速

资料来源：Wind 数据库

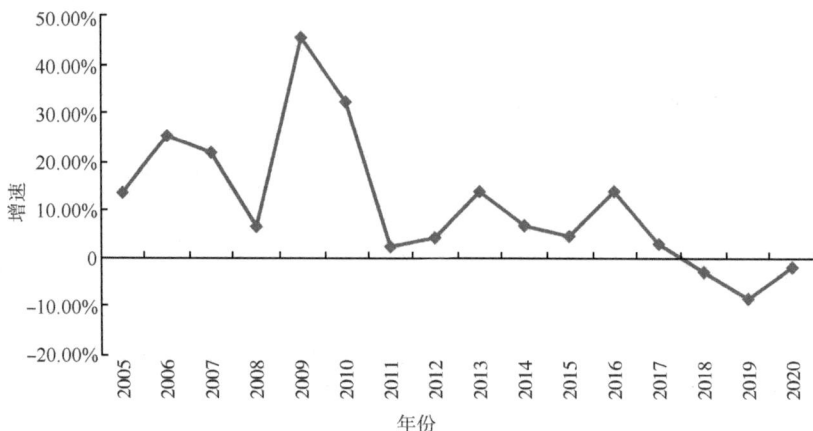

图 3.6　2005～2020 年汽车销量增速

资料来源：Wind 数据库

整体来看，汽车销量以及保有量增速放慢，汽车销量下降成为车险保费增长道路上的一大难题，并持续影响着财产保险的周期特征。

四、科技教育因素与周期

财险的发展中科技教育同样至关重要。科技更迭不仅能更新财险所覆盖的保险责任，更重要的是科技可以带来财险在核保、理赔、风险控制及定价等各环节深层次的核心转变，从而提升财险的内在增长力。因此科技教育也对财险的周期性发展产生影响。借助寿险分析契机，第二章第三节已经对科技教育自 1997 年至 2020 年的发展进行了详细的阐述，本部分则在此基础上结合财险发展周期进行分析，有以下结论。

科技+财险周期：如图 3.7 所示，在财险发展的前三个周期，科研经费支出都基本保持了 20%以上的增长率，而在第四周期，科研经费支出增长率迅速下降，逐渐向 10%的速率收敛，增长趋于稳定。

教育+财险周期：财险的第一周期中，每十万人中接受本科教育的人数增长率大幅上升，在 2001 年达到 28.77%的顶峰。在之后的第二周期中，大学普及率有所下降，但在 2008 年前基本维持在 6%以上，第三周期及第四周期增长率继续下降，直至 2018 年增长率则又迎来另一波提升。

至此，本部分对中国财险周期背后的成因进行了较为全面的探讨，从政策、宏观经济、汽车市场、科技教育等四个方面挖掘各个阶段财险发展面临的机遇与挑战，表 3.4 对以上分析进行了总结。表 3.4 更加清楚地显示了伴随中国财险各阶段的要素特征，进一步证明了中国财险确实存在周期性特征，且周期背后是多要

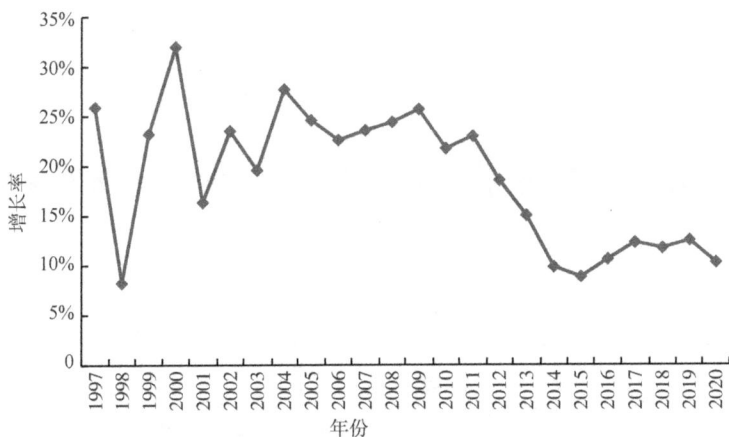

图 3.7 1997～2020 年研究与试验发展经费支出增长率

资料来源：国家统计局

表 3.4 财险周期影响成因分析

财险周期	宏观经济	科技教育	政策	汽车市场
1999～2003 年	+	+	+/–	+
2003～2005 年	+	+	+	+
2006～2009 年	–	+	+/–	+
2009～2016 年	+	+	+/–	+/–
2017～2018 年	+	+	+/–	+/–

注："+"表示正向影响，"–"表示反向影响

素的作用。

高质量增长是跨越周期的关键，但同时周期的波动也对高质量增长提出了更高的要求。财险周期下必须依旧坚持高质量发展路线不动摇，树立发展信心。继续坚持转型升级，优化市场布局，推动车险和非车险均衡发展，既要贯彻车险综合改革要求，也要挖掘非车险市场的发展潜力，在经济基础的支撑下迅速提高保险深度和保险密度。同时，也要以科技为基石全方位促进财险升级，积极利用外资、先进经验等外部力量，内外双管齐下，充分抓住中国财险市场的巨大发展潜力。

第四章　新开放格局下的保险市场新特征

2017 年，习近平在党的十九大报告中首次提出"全面开放新格局"[①]。新格局"新"在突出以"一带一路"建设为重点上，"新"在拓展对外贸易强调培育贸易新业态新模式上，"新"在要求坚持引进来和走出去并重上，"新"在创新对外投资方式上，"新"在优化区域开放布局上。在新开放格局下，保险市场也紧抓时代发展机遇，整合所有资源，深化改革升级，不断扩大对外开放，推动保险市场的"新发展"。新发展就有新特征，本章将从保险生态，产品创新与优化定价，保险中介结构多元、素质提升，精准营销，增值服务满足多样需求，科技赋能公司运营等六个角度观察保险市场的新特征。

第一节　保险生态

在经济的发展和社会的进步下人民群众对保险行业的需求越发多元化，要求不断提升。不仅对保险行业风险转移、保障管理有更加全面的诉求，对保险服务等配套行为也有了更高的要求。在供给侧结构性改革的背景下，为了满足人民群众的消费需求，保险业需要转换发展思路，用系统性的眼光去探索前进。同时，伴随着人们对保险业需求的变化，科技为保险业注入了新的发展活力，保险科技为人民群众需求的满足提供了技术支持和解决方案。在必要性与可行性的双重功能加持下，保险业探索出构建保险生态圈的发展战略，为人民群众提供场景化、专业化、全链路的保险保障与服务。多元业务结构下，保险生态也多方面布局，健康生态、养老生态、汽车生态、消费金融生态及农业生态成为诸多公司的发力点。

一、健康生态

党的二十大报告中，习近平总书记强调"推进健康中国建设"，提出"人民健

[①] 习近平：决胜全面建成小康社会 夺取新时代中国特色社会主义伟大胜利——在中国共产党第十九次全国代表大会上的报告[EB/OL]. http://news.cnr.cn/native/gd/20171027/t20171027_ 524003098.shtml[2023-07-18].

康是民族昌盛和国家强盛的重要标志。把保障人民健康放在优先发展的战略位置，完善人民健康促进政策"[①]。当下，中国面临严峻的人口老龄化形势。第七次人口普查数据显示，中国 60 岁及以上人口占比为 18.7%，其中 65 岁及以上人口占比为 13.5%。老龄人口和慢性病人口规模逐渐扩大，且持续支出大额的医疗健康管理费用，居民对健康管理的需求迅速增加。为响应国家号召，解决社会发展难题，中国保险业纷纷提出"保险+健康+科技"的健康保险生态圈建设理念，即以保险为抓手和出发点，依托逐渐发展的科学技术，联合保险、医疗机构、健康管理机构、科技公司等多行业，为人民群众提供全面的健康管理，打造医养结合新模式。健康保险生态圈作为目前保险业发展的关注重点，用技术变革传统产业，抓住时代发展痛点，下好保险业增长的先手棋。

中国保险市场上多个头部险企率先启动健康保险生态圈建设，制定长远发展战略。中国平安优先启动管理式医疗服务模式，自建医疗团队，同时加强与外部合作，保险和健康管理业务相辅相成；友邦开始着力为客户提供覆盖健康管理前中后期的全方位保障和服务；2020 年，中国人寿与万达信息签署战略合作协议，致力于构建大健康保险生态的闭环，促进产业协同发展。在一系列动作中可以发现，健康保险生态圈的建设主要围绕汇集健康数据、保险精准投放、提供医疗管理服务三大板块，借助保险科技提高产能。

依托大数据、云计算等科学技术，借助保险公司可观的客户规模优势，汇集更多健康数据，为后续服务开展提供底层支持。万达信息依托"3+1+N"的智慧城市战略，依托政务云、企业云和市民云搭建城市一体化平台，提供垂直行业解决方案。万达信息帮助政府建立了覆盖 6 亿人口的健康档案，汇集了医保、医疗、医药三个层次的众多数据，进而为后续的健康管理服务和保险投放提供了丰富的数据基础，为保险科技的进一步应用提供了底层支持。

依托人工智能等科学技术，基于医疗健康数据分析，刻画用户画像，反哺保险产品营销，实现精准投放。中国平安集中采购平安好医生服务，实现客户引流，在好医生平台流量上升的同时反哺保险产品。一方面，前期搜集的大量数据可以帮助保险产品进一步精准定价，降低成本，控制赔付率；另一方面，在 App 中嵌入保险板块，可以加快从医疗咨询到保险的引流速度，为保险产品提供更加直接、便捷的营销渠道，也为保险产品的精准投放提供数据支持。

依托保险科技，孵化全方位医疗人工智能辅助工具，提高医疗管理服务效率及精准度。在大量健康档案的基础上，万达信息逐步建立了从疾病筛查到健康分

① 习近平：决胜全面建成小康社会 夺取新时代中国特色社会主义伟大胜利——在中国共产党第十九次全国代表大会上的报告[EB/OL]. http://www.qstheory.cn/yaowen/ 2022-10/25/c_1129079926.htm[2023-07-18].

析预测再到风险管控的全套流程，为医保和商保早日清查风险提供支持；中国平安通过建立自有医疗团队，加以人工智能辅助，实现医院、药房、保险等的多方联动，为客户提供问诊、续方开药等多种医疗管理服务。健康保险生态圈并不止步于此，而是融汇人民医疗、健康管理、养老管理等多种需求，打造内涵丰富的大保险生态。

二、养老生态

医养结合大背景下，保险产业逐渐延伸至养老服务领域，逐步加深养老服务业的参与度，构建自己的"保险+养老"产业版图。保险公司纷纷发力，持续深化养老生态，通过以高端养老社区为核心接入场景、以股权形式进入养老领域以及加强养老保险产品创新三方面搭建生态。

泰康人寿作为国内最早布局养老生态的保险机构，已经做出了诸多尝试。2009年泰康人寿成为第一家获批养老社区投资计划的保险机构，依托养老社区，保险机构搭建"保险产品+养老社区+养老服务"的产业链，整合保险、医疗等资源，建设多层次的养老服务体系。养老中另一关键的要素则是医疗资源，泰康人寿于2015年9月收购南京市仙林鼓楼医院80%的股权，并逐步建立泰康仙林鼓楼医院等多个医学中心，同时还控股多家医疗机构，建立了自身的医疗版图，也成为最早布局实体医疗的保险公司之一。此外，在政府引导下，养老保险产品也在持续创新，2021年6月浙江省和重庆市开启了专属商业养老保险试点工作，7月16日医保局办公室和民政部办公厅联合印发了《长期护理失能等级评估标准（试行）》，逐渐丰富养老保险产品及服务的供给。

三、汽车生态

蓬勃发展的数字经济下，汽车产业智能化、网联化也成为新的发展点。保险作为汽车市场的重要参与者，也在科技的深度应用下积极打造"保险+汽车"的生态圈。运用物联网等技术积极获客，并提供更加便捷的保险服务。以众安在线财产保险股份有限公司（简称众安保险）为例，"保骉车险"是众安保险与中国平安产险合作共保的一款车险产品，众安保险主要负责前端互联网获客，中国平安产险则负责理赔，充分利用二者优势，提高服务效率。除了传统车险领域，新能源车、UBI车险也成为汽车生态扩大布局的新机会。

四、消费金融生态

在互联网与金融紧密合作的当下，消费金融生态应运而生。聚焦小额、分散、短期的互联网消费金融资产，以保险行业领先的技术和丰富的风控经验来确定费率、控制风险，保障消费金融安全。2021年众安保险消费金融生态保费达到44.47亿元，同比增长105.7%，这也显示出消费金融生态的巨大潜力。

五、农业生态

农业保险在国家政策的大力支持和引导下成为财险的一大增长点，构建农业保险生态也势在必行。各大保险机构依托保险科技优势，整合农业创新技术，研发丰富农险产品，为农民提供多样化的数字农险服务。中国平安产险以自身技术优势为基础，成立科技农险、智慧农业生态项目等专项团队，从数字农险产品到农险服务再到智慧农险，大幅度提升"三农"保险业务占比，推进"保险+期货"模式走向多元化、个性化，探索农作物风险管理之路，保障农民收入稳定。大连商品交易所通过不断探索，从原始的农产品价格保险过渡至保障更为全面的收入保险，不断丰富覆盖品种与参与主体，有效推动了农业生产的持续进行。农业生态的构建助推农业保险的高质量增长，提升服务宽度，提高了农业的风险管理、保障及服务能力，真实践行乡村振兴战略。

第二节　产品创新与优化定价

作为保险公司最核心的要素，产品的发展一直是保险业发展关注的重点。在第二章关于寿险周期的讨论中，详细说明了保险产品如何对寿险市场的发展产生影响。产品不同的结构、不同的保障风险都会吸引不同的人群，影响到保险业功能的发挥。自保险业改革升级以来，保险产品也面临产品内容、种类等各方面的优化。纵观中国保险市场，产品创新既包括新产品和新责任的扩展，也包括产品定价、服务等迭代更新。

其一，是新产品和新责任的出现。社会的变化使我们面临的风险更加复杂，技术的进步、人们需求的更迭使已有的风险责任发生了变化，而时代的发展也催生了新的风险责任。伴随着可保风险的扩充和更新，新的保险产品种类应运而生，如2020年随着新冠疫情的出现涌现了众多新冠险，为人们在突发事件来临时提供了及时的保险保障。人身险市场中，慢性病保险和特病保险等新产品不断涌现。在保险业发展前期，因技术不成熟无法控制相关风险，慢性病和特病一直被排除在可保风险之外。但近几年，慢性病及其并发症逐渐成为主要死亡原因之一，在国家政策的引导下，商业保险逐渐发力，同时科学技术的进步为慢性病风险的控制提供了技术支持，因此慢性病保险逐渐涌现。特病保险也同样如此。例如，镁信健康和国内外制药公司开展战略合作，获得稳定、低价的药品供给，通过药康付等子平台打造"药品保障+直付"新模式，推出和完善特病保险，2019 年就曾推出华夏医保通（特药版）。财险市场中，新能源车险等新型保险产品也不断推出。

其二，是产品定价和服务的迭代更新。"保险+科技"的硬核模式，使得保险依托大数据、云计算、人工智能等科技不断更新产品的定价基础和服务效能，推动保险产品降价提质。正如 2020 年推出的车险综合改革，强调提升交强险保障水平，健全市场化条款费率形成机制，推进配套基础建设改革，更好地满足人民日益增长的美好生活需要。在这一改革的推动下，车险的定价、费用率等都有所下降。2021 年 10 月，银保监会发言人表示，车险综合改革累计为车险消费者减少支出超过 1900 亿元（国务院新闻办公新闻发布会，2021）。人身险市场也依托保险科技进一步精准化、差异化定价，并通过建设生态圈提供更多服务。

新开放格局下，事物瞬息万变，保险业的高质量发展离不开产品内核的创新。越来越高的保障要求和逐渐扩展的保障范围都催生着创新型保险产品，对消费者权益的保护也要求产品精准定价和服务优化。保险科技潮流下，更多人工智能、网络安全领域需要保险来管控风险，市场潜力巨大。以网络安全为例，根据国家工业信息安全发展研究中心测算，2021 年我国网络安全保费规模应在 7080 万元，同期增长 3.2 倍以上[①]，而且全球范围内中国网络安全保险市场仍处在探索阶段，未来具体市场体量不容小觑。因此，随着市场的更新迭代，网络安全保险、自动汽车驾驶保险等新型保险产品也将层出不穷。

第三节　保险中介结构多元，素质提升

在保险业恢复初期，保险公司更多依靠兼业代理开展业务，发展体系不成熟，规模也较小。自 1992 年保险营销员制度被引入中国，保险代理中介不仅迅速扩大了规模，也形成了包含专业代理、兼业代理和个人代理在内等更多元的结构。

传统的保险代理人以依靠保险公司进行独家专门服务为主，随着保险代理人市场的发展，进入保险中介公司代理多家保险公司产品也成为许多保险代理人的新选择。此外，独立个人保险代理人也进入了大众视野。2020 年 11 月，银保监会发布《保险代理人监管规定》，为各类型保险代理人建立了相对统一的基本监管标准和规则，并首次提出建立独立个人保险代理人制度。之后银保监会发布《关于发展独立个人保险代理人有关事项的通知》，细化和补充了这一制度的具体内

---

① 【网络安全保险专题】网络安全保险缘何推广难？[EB/OL]. http://www.cbimc.cn/content/2022-03/21/content_ 458555.html [2022-03-31].

容，明确了独立个人保险代理人自主独立开展保险销售，不依赖于保险机构的本质特征。这一制度的加入丰富了保险代理人的职业选择和未来规划，同时完善了传统的保险代理人发展结构，促进结构的扁平化发展，也在一定程度上改善了金字塔式保险代理人结构带来的薪资分配困境——新进保险代理人的销售收入需要进行多级分配，薪资增长不集中。

在促进保险中介结构多元化、扁平化的同时，保险机构也开始聚焦代理中介人力资本的提升。2021年，银保监会下发了《人身保险销售管理办法（征求意见稿）》，对销售人员进行规范管理。文件中进行了详细的销售人员分级及产品分级，对不同等级销售人员能够销售的保险产品进行了明确的规定，如新入职的保险代理人只能售卖一些简单的普通型产品，同时也要求保险机构详细记录销售人员从业信息和诚信评价情况，定期报送行业协会。在以上两个举措的要求下，高素质保险代理人成为保险机构抢占市场的关键因素。这也要求保险公司在如下三方面共同发力：一是要提升保险代理人专业化素养，通过注重招聘、加大培养、定期考核、清虚置换等措施优化代理人结构，提升专业度；二是要降低代理人脱落率，通过关注代理人待遇、设置合理的薪酬晋升体系等留下高质量的代理人，充实代理人的积累；三是提升代理人职业道德，诚信为本，减少欺瞒等行为。未来的保险代理人一定是一支专业化素质高、职业前景广阔、职业道德高的队伍。这一方面离不开政府、学校、险企三大主体的联合发力，从源头加大专业人才培养的力度，并且引导社会正确认识保险代理中介的社会地位和工作价值。另一方面，对于已经进入队伍的代理中介，要开展丰富多样的培训课程，丰富代理人专业知识储备，提升全面服务的能力，也要加强考核，清除低素质、低道德代理人，同时也要关注通过保险科技优化代理中介展业工具，提升获客精准度，提高业务管理能力，进而全方位发力更新生产工具。强化代理中介人力资本积累，提升资本产出，进而推动保险业的发展。除保险代理以外，保险经纪与保险公估也在高质量发展的窗口期内积极消化和解决存量问题，提升自身实力和积极转型，更好地服务保险市场与经济社会。

第四节　精 准 营 销

作为连接保险机构与保险客户的环节，营销一直是各大险企集中发力的关键。保险产品复杂多样，保险客户需求不同，为了让保险发挥最大的效益，同时促进保险的可持续发展，必须追求精准对接保险供给与保险需求，这就强调营销精准化。精准营销在针对不同人群时内涵也不一。

针对存量客户，精准营销则更加关注挖掘现有客户需求，唤醒脱保客户。第一，挖掘现有客户需求，依托微信等接口通过社交场景精选符合客户需求的保险产品，并且灵活调整产品组合，形成用户需求与转化场景高度适配的矩阵式产品清单，更大限度地提高续保率、实现交叉销售。第二，保险机构积累了大量的沉默客户，如果能激活沉默客户实现多次销售则能大幅度提升客户有效性。基于历史投保数据，结合用户标签对客户进行精准画像，通过实时推送最大限度挖掘历史数据价值。例如，众安保险通过 MGM（member get member，顾客介绍客户）模式的裂变活动最大限度地触达更多的人，实现保险业务的线上转介绍。

针对未来客户，精准营销包括精准引流和精准投放两部分。

首先是精准引流。保险营销的第一步就是找到潜在客户。在保险市场发展过程中，最简单直接的引流方法就是发挥营销员的作用，通过营销员对接潜在客户，并通过后续的深入了解构建信任关系，进而转化为保险客户。互联网和新媒体等的兴起带来了新的引流方式，即"公域流量"引流。进一步解释，保险机构入驻淘宝、支付宝等公域流量平台，进而实现流量变现。这一平台的好处是相对容易获取，可以瞬间就将营销信息发送到千万人手里。但随着公域流量被越来越多企业注意，其成本也逐渐提升，而且公域流量平台黏性较差，对于保险业的转化价值相对较低。在这一情况下，众多保险机构转而关注私域流量。私域流量是指从公域、它域引流到自己的私域，如官网、公众号等。虽然私域平台的完善和引流需要一个较长的过程，但是如果建设较好，则可以用非常低的成本绑定众多潜在客户，黏性较强，变现也会相对容易一些。目前发展中，保险机构基本都公域私域两手抓，利用公域流量的投放拓展流量，利用私域流量的裂变能力拓展和巩固客户，为后续产品营销提供流量基础。

其次是精准营销。精准营销的数字化，可以通过活动策划、营销触达、用户洞察、数据分析、产品配置等形成完整的服务链条，进而形成闭环。依托大数据、云计算及人工智能等保险科技，保险机构可以搜集用户使用轨迹和需求数据，产生全面的人物画像，进而为保险产品投放提供画像参考，实现精准营销。例如，众安科技通过 X-Flow、X-Man 及 X-Dmp 搭建智能营销全链路，为数十家保险公司实现了提升客户价值、提升业务人员效率、提升内部运营效率和透明度的目标。

第五节　增值服务满足多样需求

保险生态圈的构建使得增值服务逐渐成为保险产品的一部分，也有利于满足人们多样化的保险需求，同时还有助于挖掘人们潜在的保险需求。保险生态圈的构建也要求保险产品向外扩展，基于"保险+科技"的模式，以数字化技术为手段，打造专属的增值服务。增值服务的全面布局有利于充分发挥其重要作用，因此保险机构在保险营销的前、中、后期都提供多样的相关服务，尽力挖掘和满足人们的保险服务需求。前期，以丰富的活动策划和贴心的线上服务捕捉潜在客户，不断培养提升其保险意识；中期，专业的保险知识普及、便捷的保单管理等减少保险客户的担忧；后期，则是提供丰富的、专业化的风险管理服务，控制风险，提升保险客户体验满意度。增值服务贯穿保险公司各业务环节，提升核心竞争力。下文将以健康生态、汽车生态、农业生态为例阐述保险增值服务的高质量增长。

　　"保险+健康"生态下，以中国太保为例，其坚持构建"保险+健康+医养"的服务生态圈。首先，加强科普教育，中国太保旗下的"太医管家"通过在线直播形式进行免疫治疗科普教育。其次，控制风险，依托数字化管理平台"太保妙健康"，推出健康互动保险计划，与穿戴式设备数据相结合，对客户健康进行实时跟踪和引导。最后，提供丰富的配套服务。中国太保通过"太保妙健康"打通线上线下，与更多医疗健康专业机构联合为客户提供全面的健康管理服务；同时推出太保蓝本为保险客户提供覆盖诊前、诊中、诊后的健康增值服务，如健康管理、就医绿色通道和高端医疗服务等；建立生命银行，为中高端客户提供利用高保真技术将健康的种子细胞储存的服务，可以在未来用于肿瘤治疗、抗衰老等；建设医养社区，为客户的老年生活提供健康管理及护理服务。

　　"保险+汽车"生态下，中保车服搭建的共享增值服务平台也是行业典型，借鉴共享经济成功模式，通过区块链、大数据、反欺诈等保险科技的深入应用，面向多款"新基建"保险产品，引入软件即服务（software as a service，SaaS）合作模式和应用程序接口（application program interface，API）对接模式，打造了"保险公司+车主+服务提供商+平台管控"的增值服务闭环，智能整合、调度保险公司增值服务，帮助保险公司打破资源限制，降低经营成本，快速提升服务能力。

　　"保险+农业"生态下，阳光农险计划在2022年加大无人机遥感技术的业务投入，以保险科技助力保险服务，从防灾减损资金中提取一部分用于标准农田改造，既能提高水稻田抗灾能力，也能更加适应现代农业生产，保障防灾增产，助力春耕春种。

第六节　科技赋能公司运营

　　在保险公司产业链之外，保险公司运营在新时代下也迸发出了新的活力。这一活力的主要来源则是科技与保险的深度融合。"保险+科技"能给保险机构运营带来新的优势。纵览保险科技的应用层次，依托科技，可以通过提升系统运营能力、提高业务开展效率、加强企业风险控制、降低企业综合成本、强化监管合规要求五大方面构筑保险企业综合竞争力。第一，保险科技可以搭建高效运转的工作平台，将保单管理、理赔服务等都纳入系统管理，为扩大业务、提升经营效益提供基础，同时也能帮助公司团队提升工作效率，增强协调力，从而达到高效管理的目标，提升保险公司整体运营能力。第二，将科技应用到保险业务中，能精准构建消费者画像，科学筛选并精细划分客户信息，进一步实现精准营销，争取做到产品精准投放，促进保险营销业务高效推进。第三，科技在风险控制上有非常大的优势，目前保险科技的运用可以帮助保险公司精准掌握和分析数据，为确保公司科学发展提供数据参考，减少错误战略的产生，特别是对风险评估与分析而言，科技的运用可以帮助保险公司提高安全层次，最大限度地降低保险公司的系统性风险。第四，科技的运用可以帮助保险公司收集更多精准的客户数据，为大数定律的实施提供丰富的数据支持，进而提高定价效率，控制企业综合成本。第五，保险产业的数字化可以加强保险公司对于每一个环节的监管和控制，从源头出发满足合规要求。

第二篇

保险与经济发展

2020 年底，保险资金持股总市值为 1.52 万亿元，约占 A 股流通市值的 3.44%，是仅次于证券投资基金的第二大机构投资者。但是，受 2016 年"险资举牌""宝万之争"等负面事件的影响，保险公司经营属性的异质性问题引起了公众和监管部门的广泛关注，监管机构出台了一系列措施，严格限制保险资金的投资行为。2020 年 12 月，国务院常务委员会在部署人身险重点工作时指出，"提升保险资金长期投资能力，防止保险资金运用投机化"①。与社保基金、信托基金等机构投资者相比，保险公司的资金运用除了追求投资收益，还受经营属性及监管规定的影响。反之，保险公司因其业务性质而面临风险时，保险公司的困境或失败原因可能是赔款准备金不足或资本不足，无法承受保险事件或其持有资产的波动造成的意外损失。部分以保险公司为载体的活动也会提高保险公司发生损失的可能性。例如，2008 年，由于其一家非保险附属实体及其证券借贷业务出售信用违约掉期而产生的损失，美国国际集团（American International Group，AIG）几乎破产。第五章阐述了保险公司可能对金融稳定产生影响的两个主要原因，并侧重于保险风险影响金融稳定的关键传递渠道。我们将从正反两个方面阐述保险对金融市场稳定的重要影响，以及后者如何凸显监管的重要性。

本篇将分别从保险与金融市场稳定、产业升级以及工业 4.0 与智能制造之间的关系出发分析保险对经济发展的影响。在第五章中，我们主要探讨了保险促进金融市场稳定和加剧金融市场波动的机制。其中，稳定机制主要包括险资持股的相对稳定性、险资持股增强内部控制有效性和偿付能力监管制度的客观作用等，而保险放大市场波动的机制则主要在于可能中断关键的保险服务（包括分散风险和储蓄转投资）以及加剧金融市场风险，后者的原因在于保险机构是重要的金融交易对手和金融周期参与者。

第六章主要分析保险如何助力实体经济产业升级，采用实证分析与案例分析相结合的方法。我们首先使用中国小微企业调查数据 CMES②数据库进行了实证分析，在保证样本可比性的基础上，我们发现小微企业为员工购险可以显著地促进企业的产品创新和研发支出的增加。在案例研究部分，我们重点介绍了保险在支持新能源汽车、绿色经济和现代农业方面的具体案例和作用。

第七章首先简要介绍了中国当前工业 4.0 和智能制造的发展情况，进而主要从打造全链条式保险产品支持行业与公司发展、个性化创新产品与传统产品升级、保险资金积极服务智能制造与创新企业以及保险保障留住创新型人才四方面以案例的形式介绍了保险在工业 4.0 和智能制造中可以发挥的作用，进而从产品、保险资金运用、风险管理与监管以及再保险等角度提出了保险进一步服务工业 4.0 与智能制造的政策建议。

---

① 国常会部署人身险发展举措，支持开发更多针对大病的保险产品[R/OL]. http://www.gov.cn/zhengce/2020-12/10/content_5568720.htm[2023-04-12].

② CMES，China Micro and Small Enterprise Survey，中国小微企业调查。

第五章　保险与金融市场稳定

第一节　保险与金融市场稳定的关系

保险作为国家金融体系的三大支柱之一，尽管与银行和证券在运营上存在较大差别，但资金融通是其天然属性，只是受宏观经济、政策法规和行业发展的制约而不断变化。对保险公司股东而言，只有在负债端出售产品不断扩大保费规模，在资产端投资股票等金融工具或是不动产实现保值增值才能维持盈利（仲赛末和赵桂芹，2018）。因此，魏华林（2018）强调，保险应该是金融属性和保障属性的统一，保险公司过分强调金融属性忽视保障属性时，才会干扰市场发展的方向。AIG 就曾因为过度重视保险经营的金融属性而出现危机，引发了学者对保险公司是否会触发系统性风险的广泛探讨。目前学界和业界的普遍共识是，人身险、财险和再保险公司的传统业务不会危害金融系统的稳健性，但是和资本市场相关联的非核心业务可能会加剧风险传染效应（Cummins and Weiss，2014；Eling and Pankoke，2016）。

最近几年，一些研究从机构投资者视角对保险公司持股如何影响资本市场进行了分析。比如，韩浩等（2017）认为，险资举牌对上市公司的短期股价波动产生了显著影响，特别是以战略投资为名的举牌，更是引发了市场震荡。夏常源等（2020）认为，保险资金持股加剧了股价崩盘风险，大型寿险公司是公司股价崩盘的"加速器"。此外，刘璐等（2019）、余海宗等（2019）则认为，保险公司参与上市公司治理可以降低上市公司股价波动。这些研究主要按照规模、所有权性质或是产险、寿险行业对保险公司进行简单分类，未有学者考虑保险公司经营属性的异质性。从以上文献可以看出，关于保险资金对资本市场的影响，学者主要分析保险资金对上市公司股价波动的影响，但是对保险机构影响金融稳定的内在机制缺乏讨论，对影响金融市场的路径缺少全面的分析。本章将针对这两方面展开更多深层次的分析，一是研究保险公司如何通过资本市场持股、提高内部控制有效性和偿付能力监管等机制增加金融市场稳定性，二是探讨保险公司经营失败风险和放大金融交易市场冲击等可能会放大金融市场风险的渠道。

第二节　保险公司增强金融市场稳定性的机制

自 2012 年以来，中国保险监管部门陆续发布了多项保险投资新政，放松了对保险资金运用的限制，拓宽了投资范围和比例限制；2014～2016 年的险资举牌风暴更是引起了资本市场、学界以及监管部门的极大关注。2019 年 1 月，银保监会进一步明确，为更好发挥保险机构投资者作用，维护上市公司和资本市场稳定健康发展，鼓励保险公司积极利用长期账户资金增加对优质上市公司股票持有的比例，拓宽保险产品投资范围，发挥保险公司长期性投资、价值投资的战略性机构投资者的作用，研究推进保险公司长期持股的资产负债管理监管评价机制。目前，保险机构与公募基金、私募基金、社保基金、合格境外机构投资者（Qualified Foreign Institutional Investor，QFII）等一并成为中国资本市场上最重要的机构投资者。近年来，保险机构持股市值在 A 股总市值中的占比一直处于 4.5%左右（魏华林，2018），保险机构的发展对于资本市场来说是不可或缺的重要力量。

一、资本市场持股

目前，机构投资者持股行为对股价波动的影响研究主要分为三个方向。

一是将机构投资者作为一个整体，研究机构投资者整体是否能够稳定股市，目前尚未得出统一的结论，主要观点如下。第一，机构投资者持股可以稳定股市。公募基金存在较少的羊群效应，有利于股市的稳定发展；股票市场行情不好、风险较高时，机构投资者偏好持有波动率小的股票，促进资本市场的整体稳定（盛军锋等，2008；王咏梅和王亚平，2011）。第二，机构投资者持股会加剧股价波动。机构投资者巨额交易量会引起一定的羊群效应，加大股市的波动性；中国机构投资者是动量交易者，对市值小的公司的股票波动率影响大；机构投资者持股比例增加会加剧股价波动，也会增加下期的股票收益；在不同的宏观经济背景下，机构投资者都不能起到稳定市场的作用（陈国进等，2010；吴晓晖等，2019）。第三，机构投资者持股与股价波动关系不确定。公司发放的股利是影响机构投资者持股与股价波动关系的一个因素，有股利发放的公司其机构投资者持股与股价波动率是正相关关系；反之，机构投资者持股行为可以稳定资本市场；长期价值投资者可以稳定股市，而短期机会主义者显著加剧了市场的波动。

二是分析异质性机构投资者持股对股价波动的影响。薛爽和王禹（2022）表明，当预测市场行情好时，投资者意见分歧大，会导致股票收益上升；当市场行情不好时，投资者意见分歧大，会导致股票收益下降。基金在一定程度上起到了稳定资本市场的作用，但基金的跨越式发展并未对我国的股市起到稳定作用。在证券投资基金快速发展阶段，大盘表现好时，基金持股会带来好的影响；反之，则会加剧市场的波动。徐新华等（2021）的研究显示，相比于稳定性的机构投资者，交易性的机构投资者能更好地降低股价波动，稳定市场；长期来看，基金、私募和QFII会稳定市场，保险、社保、券商和信托会加剧市场波动。

三是更多学者着重考虑不同机制下，机构投资者对股价崩盘风险的影响，主要包括以下三点。①持股比例：机构投资者持股比例较高能否通过参与公司治理，从而降低（提高）股票崩盘风险（杨海燕等，2012；曹丰等，2015）。②"羊群效应"：机构投资者信息趋同，并没有掌握有价值的私有信息，从而表现为"羊群效应"，加剧了金融市场的脆弱性（许年行等，2013）。③持股周期：中国的机构投资者具有短期投机倾向，恶化了市场环境，造成股价崩盘（Jiang and Kim，2015）。

保险资金形成机理的特殊性、保险机构和保险产品对保险资金运用的内在要求以及监管部门对保险资金的约束和规制决定了保险机构的股票投资行为也具有特殊性，对股票价格的波动也存在特殊的影响。第一，保险机构承保业务经营的基本逻辑在于其先取得保费收入，后产生赔付成本，即收取保费与赔付保险金之间会有时间差，这样，就总会有沉淀下来的资金可以进行运用。这是保险公司因保障型业务承保而产生投资资产的核心逻辑。第二，对于长期寿险合同等储蓄型业务，因为其赔付保险金几乎是必然的（终身寿险和两全保险），其分期缴费特征形成的现金价值使得投资业务已经内化为产品定价的一个重要因素。

可见，保险机构资金运用管理的核心要求是资产负债匹配管理。保险资金运用的过程就是资产负债匹配的过程，利用收取保费和赔付保险金的时间差使得积淀的保险资金可以保值增值，进而实现保险机构稳健经营。所以，相对于其他机构投资者，保险机构（特别是寿险机构）的资金主要是长期性的资金。保险机构是长期投资者而不是短期的机会主义者，其目的主要是覆盖掉负债端（承保端）预定收益率的资金成本。它不是简单地追求高风险、高收益，而是更关注投资回报的稳定性和持续性，它要求在投资端有长期性、风险适中、收益稳定的资产与其相匹配。具体而言，保险机构在保险资金投资运用上，一方面，十分重视战略投资，即与其产业链特征或金融集团化全牌照等需要相整合；另一方面，也很注重财务投资，以获取稳定的股利现金流，而不是更多关注股价的短期波动。

股权投资在保险资金组合中是不可或缺的。保险资金股权投资可以有效缓解资金负债不匹配的问题。保险资金一直面临着"长期债务短期配置"的再投资风险，但是具有稳定回报的中期和长期股权投资项目与保险资金的特征更匹配。保险机构进行股权投资可以获得高额回报、控制资产负债匹配风险、提高规模经济效益、通过协同效应增强企业竞争力。

二、增强内部控制有效性

保险资金在规模和回报上的稳定性能够缓解其"搭便车"问题，从而有动机发挥治理效应以监督和约束经理人，提升内部控制质量。根据华西证券的统计，截至 2021 年三季度末，保险机构作为我国股票市场的第二大机构投资者，持有 A 股总市值占比在 2.92% 左右[①]。更为重要的是，《关于进一步加强保险资金股票投资监管有关事项的通知》对我国保险资金的权益类投资有较为严格的限制，审慎保险监管政策下我国保险资金的投资风格更趋稳健。与此同时，保险资金的治理角色也得到监管部门的重视，银保监会 2018 年 10 月 24 日发布的《关于保险资产管理公司设立专项产品有关事项的通知》明确指出，要发挥保险资金长期稳健投资优势。因此，资金的规模性和价值投资理念的长期性这两大优势促使保险资金更愿意参与公司治理，发挥"股东积极主义"，协助公司建立健全内部控制体制并监督其有效运行，从而提升内部控制有效性。

保险资金独特的内在属性及来源优势，使管理资金的保险机构有能力利用自身专业人员和风险管理经验协助公司建立健全内部控制机制并监督其有效运行。保险资金是负债资金且有刚性成本，投资资金平均可使用年限达十年以上，追求长期平稳且逐步增长，风险偏好低，这就要求运用保险资金时更加注重资产负债管理和大类资产配置，与基金、证券、银行理财等有显著差别。因此，在保险资金运用高度风险管控的要求下，保险机构能够坚持稳健审慎的投资理念以防范风险，在以价值投资为导向的前提下逐步参与目标公司治理，促使经理人不断提高风险控制意识，优化内部控制制度并监督其有效运行，以更好地实现公司全面风险管理，从而降低保险资金投资可能面临的各项风险。综合以上分析，长期、稳定和规模较大的保险资金更易秉持价值导向的投资理念，更有动机和能力参与公司治理，发挥"股东积极主义"以提升公司内部控制质量。由此，我们认为保险资金持股比例（上市公司前十大股东中保险机构的股权占比）越高，上市公司内部控制质量越高。

三、偿付能力监管制度体系的作用

监管政策导向对保险资金投资风格和方向具有重要指引作用。保监会 2012 年 4 月发布《中国第二代偿付能力监管制度体系建设规划》，正式启动第二代偿付能力监管制度体系的建设。2015 年 2 月 13 日，保监会印发《保险公司偿付能力监管规则（1—17 号）》，保险业进入第二代偿付能力监管制度体系过渡期，并从

---

① 资料来源：https://m.gelonghui.com/p/503542。

2016年1月1日开始正式运行。第二代偿付能力监管制度体系将资产类别进一步细分，要求风险较高的资产相应占用更多的最低资本，从而引导保险资金注重资产负债匹配，做长期资金提供者而不是短期资金炒作者。需要注意的是，第二代偿付能力监管制度体系是以风险为导向的偿付能力监管体系，要求保险公司在结合业务发展战略和当前风险状况下，确定各类风险容忍度和风险限额来控制保险资金运用中的风险问题。在第二代偿付能力监管制度体系的监管要求下，保险资金持股上市公司可降低自身资本消耗，减轻偿付能力压力，督促保险机构在举牌前要"瞻前顾后"，既要全面深入研究拟投资公司所处的行业发展前景、公司内部风险控制等流程的设计和运行，还要在上市公司中拥有知情权、话语权，能够对其经营管理、风险管理等业务活动提出具体要求，以通过监督上市公司建立健全内部控制来加强投后管理，最终保障保险资金自身权益并确保资金稳定安全，降低投资风险。这意味着，第二代偿付能力监管制度体系对保险资金投资上市公司提出了更高的风险管控要求，要求保险机构更加关注并提升被投资公司的风险管理水平和能力，因而也会相应强化保险资金对被投资公司内部控制设计和运行有效性的作用。

2021年12月30日，银保监会发布《保险公司偿付能力监管规则（Ⅱ）》，标志着第二代偿付能力监管制度体系二期工程建设顺利完成。二期工程的核心是在坚持风险导向的基础上，立足业务实质，解决资本不实、数据不实、底层资产不清、风险保障功能发挥不足、服务实体经济不够等问题，更准确地反映保险公司的风险暴露情况，更科学地评估资本占用需求，进一步提高偿付能力监管的科学性、有效性、全面性，更好地适应我国保险业发展改革、风险防控和金融安全的要求。基于此，本书认为第二代偿付能力监管制度体系建设的顺利完成，增强了保险资金持股对上市公司内部控制质量的影响。

第三节　保险公司风险传播渠道

保险业在提供关键金融服务方面发挥着重要作用。首先，保险帮助家庭、公司和公共部门转移风险。例如，一般保险公司帮助公司和家庭降低其实物财产、法律责任和杂项财务损失的财务成本。其次，保险公司将储蓄转化为投资。例如，人寿保险公司帮助个人承担因健康和寿命不确定而产生的风险，其中一种方法是从投保人那里筹集资金，并将其投资于债权、股权和其他资产。

为了提供这些服务，保险公司经营的业务模式不同于其他金融机构，包括银行（Thimann，2014）。例如，保险公司从投保人处提前收取保费，这些服务可能只能在几年后提供，即所谓的"反向生产周期"。图5.1总结了保险公司风险向实体经济和金融系统传播的潜在传播渠道。如果一家或几家保险公司的经营困境或破产导致保险公司提供的关键服务中断，则可能会影响金融稳定（图 5.1，第 1列），此处适用于现有和未来的投保人。

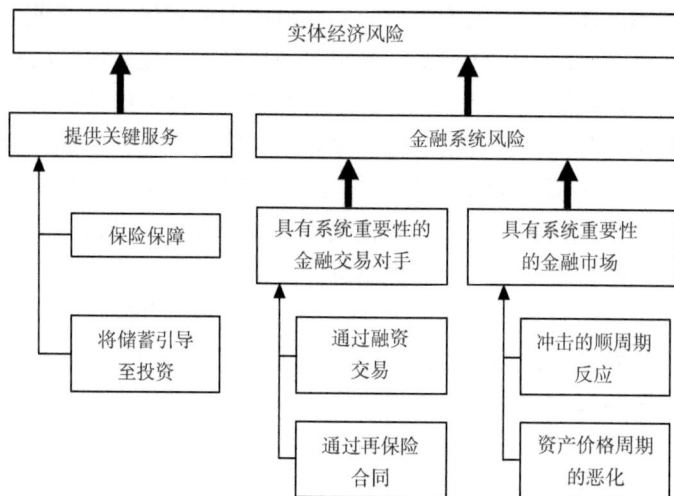

图 5.1　保险公司风险向实体经济和金融系统传播的潜在传播渠道

保险公司的商业模式在资产负债表的两侧都面临着各种风险（Breckenridge et al.，2014）。金融市场状况恶化后，保险公司的资产价值可能会下降。同时，如果保险公司低估了自然灾害等保险事故可能造成的损失，其负债价值可能会大幅增加。当风险发生率将其财务资源降低到可行水平以下，并且随后无法恢复其头寸时，保险公司可能会发生破产。当然，作为严监管的行业，保险公司破产风险尽管理论上是可能的，但在充足资本金和偿付能力、市场监管等作用下，实际发生保险公司破产的情况在全球范围内并不多见。

如果保险公司的行为方式会对金融系统造成冲击，那么它们也可能造成系统性风险（Debbage and Dickinson，2013）。如果它们的行为威胁到足够数量或具有系统重要性的金融交易对手的恢复能力（图 5.1），或者如果它们的行为导致具有系统重要性的金融市场的运作中断（图 5.1），则可能发生金融系统风险。

一、保险服务供应中断

在没有其他保险供应商的情况下，保险公司的倒闭也可能会中断向投保人提供关键服务的过程。服务的重点首先是提供保险，然后是将储蓄用于投资。当一家或几家保险公司主导某个行业的供应时，这一问题更有可能出现。因此需要考虑保险供应商之间的高市场集中度和低替代性如何阻止投保人获得关键服务。我们还将考虑保险公司脆弱性的主要来源，包括准备金不足、不完全风险转移、期限错配。

（一）行业集中度的影响

保险公司在支持经济活动方面发挥着重要作用。某些形式的保险，如交强险，是强制性的，其他如人寿险、海运险、航空险、过境货物险和财产保险等，往往是经济交易合同的必要条件。例如，在很多发达国家中当银行提供抵押贷款时，它通常要求购房者为房产购买保险。因此，对于许多保险市场而言，由于市场高度集中，供应商之间缺乏足够的替代性，可能会放大保险公司的经营困境或破产对实体经济的影响。在保险公司破产的情况下，保险供应商的集中度是影响潜在投保人寻找其他保险供应商的能力的主要因素之一。根据2021年我国人身险保费收入前十名的公司分布情况，可以观察中国保险公司的行业集中度情况。

表5.1表明中国人身保险行业的集中度尚可，即使市场份额占比最高的中国人寿经营失败，也不会导致保险市场的服务中断。虽然在单一保险公司发生潜在危机或失败时缺乏可替代性的风险并不高，但不可忽略的是具有类似商业模式的公司之间存在传染风险的可能性。例如，当一家保险公司宣布与运营风险相关的损失时，会对其他保险公司发行的股票价值产生负面溢出效应。如果几家保险公司的倒闭导致对实体经济提供关键金融服务的中断，可能会对金融稳定产生不利影响。

表5.1　2021年我国人身保险公司保费收入前十名

排名	公司名称	保费收入/亿元	同比增长	市场份额
1	中国人寿	6183	0.99%	19.89%
2	平安人寿	4570	−4.01%	14.70%
3	太保人寿	2096	0.53%	6.74%
4	新华人寿	1635	2.51%	5.26%
5	泰康人寿	1544	7.22%	4.97%
6	太平人寿	1487	2.98%	4.78%
7	人保寿险	968	0.62%	3.11%
8	中邮人寿	858	4.63%	2.76%
9	富德生命	808	32.68%	2.60%
10	前海人寿	718	−8.30%	2.31%

资料来源：《2021年中国保险年鉴》《2022年中国保险年鉴》

（二）保险公司的潜在脆弱性

1）准备金不足

相对于资产负债表上的资产价值和股本，保险公司通常很少发行债券。然而，保险公司可以通过降低未来负债准备金来实现类似于杠杆的效果，这使得保险公司能够签订更多的合同，但它降低了资产负债表上每单位风险的资本额，因此使保险公司更容易受到冲击。此问题通常在以下情况出现：保险公司在价格上竞争激烈，保费压缩到无法积累准备金；或者说，冲击比预期的要大得多，现有储量因索赔而受到侵蚀。例如，英国保险公司德雷克保险（Drake Insurance）的失败原因主要是定价过低导致资本不足。日本保险公司大成火灾海上保险株式会社（Taisei Marine and Fire）因损失远大于预期、准备金不足、再保险不足和回报不佳而倒闭。然而，这些公司规模相对较小，因此它们的倒闭对金融稳定或实体经济活动的总体水平影响有限。

2）不完全风险转移

不完全风险转移是指被认为已转移给另一方的风险仍然导致最初转移风险的一方遭受损失的情况。保险公司可能面临本应由附属实体承担的风险。当附属实体的资源不足以满足其负债时，这种风险就会具体化。例如，在2008年金融危机爆发的前几年，AIG和瑞再的非保险子公司都出售了大量债务抵押债券保护。在许多结构性债务证券发行人违约后，两家子公司都无法履行其出售行为所产生的义务，因此该损失对更广泛的集团成员构成了威胁。美国当局将AIG潜在的无序破产视为对金融稳定的重大威胁，部分原因是它与金融市场有着深刻的关联。AIG不得不接受救助，并从美国财政部（通过问题资产救助计划）和纽约联邦储备银行（Federal Reserve Bank of New York）承诺的780亿英镑中受益。另外，伯克希尔·哈撒韦公司收购了价值约16亿英镑的瑞再股份。

3）期限错配

保险公司资产的平均预期期限可能短于其负债，从而导致到期日错配和所谓的正"期限缺口"。如果保险公司的资产期限与预期负债期限相匹配，则持有资产产生的收入流和到期资产将在负债产生时可用。正"期限缺口"的存在可能不是一个孤立的问题，这意味着有长期负债的保险公司需要在投资到期时对新资产进行再投资。因此，如果一家保险公司发行的债务担保回报高于前一项投资到期时的可用资产收益率，则可能会对其偿付能力造成威胁。

国际货币基金组织（International Monetary Fund, 2015）强调，许多国家的国内保险业作为一个整体面临着再投资风险，这是由于期限缺口、保证回报和低流动收益率可能会引起金融稳定担忧。德意志联邦银行的估计表明，如果2015年至

2023 年间资产回报率保持在 2.5%左右，85 家德国寿险公司中有 12 家将无法满足德国保险监督法中偿付能力Ⅰ"自有资金"要求。如果同期收益率逐渐趋向于1.5%，那么 32 家银行将面临违约风险（Kablau and Weiß，2014）。

二、对系统性风险的冲击放大

为了提供保险服务，保险公司经常与银行和其他金融机构等交易对手进行交易。保险公司可以签订多种类型的金融合同和买卖证券。包括证券借贷合同在内的一些合同通常会产生短期债务。其他风险，如债务证券投资或某些类别的衍生品合约（如长期利率互换），可能会导致更长的风险敞口。这意味着保险公司可以通过其个人和集体行动传播或放大对交易对手或市场的冲击（图 5.1 第 2 列和第 3列）。本部分描述了冲击可通过哪些渠道从保险传播到具有系统重要性的金融交易对手，然后再传播到市场。

（一）对具有系统重要性的金融交易对手的直接干扰

1）通过融资交易传输

银行和其他主要金融机构通常通过发行股票和债务证券筹集资金。它们也可以通过签订回购协议交易等抵押融资协议来实现这一目标。在回购协议中，借款人以现金出售一种证券或一篮子证券，并同意按约定的日期和价格回购这些证券。

保险公司持有金融机构发行的大量债务证券和股票。例如，International Monetary Fund（2015）估计，欧洲保险公司持有欧洲金融公司发行债券的 30%～35%。在美国，保险公司持有金融部门发行的约 1950 亿英镑的公司债券，其中约50%由银行发行（图 5.2）。保险公司向银行存款，一些保险公司通过回购向银行

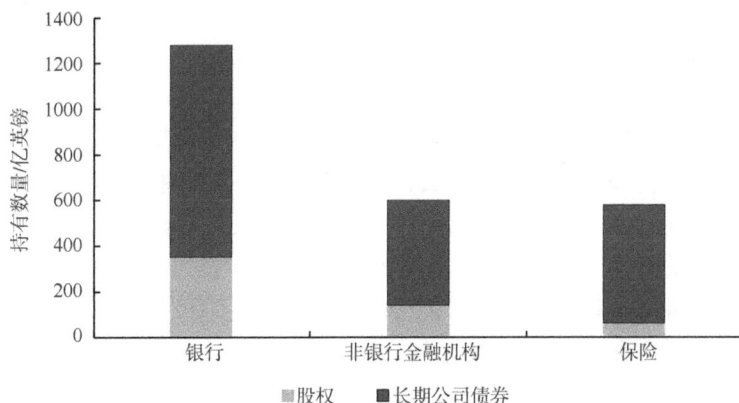

图 5.2　美国保险公司持有金融机构发行的股票和债券

资料来源：French 等（2015）

贷款。因此，如果保险公司将其股权和债务融资组合从金融部门剥离，金融机构就有可能面临严重的融资困难。快速再分配更有可能反映交易对手对信用风险的担忧。在这种情况下，银行已经陷入困境，保险公司的行动可能会加剧问题。如果保险公司担心其风险敞口集中于金融交易对手，也可以将其资产在金融部门内重新进行配置，但这必然是一个渐进的调整过程。

2）通过再保险合同传输

再保险公司是保险业的重要组成部分，它们通常在全球范围内运营。数据显示，2020 年再保险总市场达到 3200 亿美元，占保费总额的 5%[①]。相比之下，全球保险公司的总保费收入约为 3 万亿英镑。再保险公司为非寿险公司和寿险公司提供保险。再保险有助于保险公司管理其承保的风险并分散其责任，如再保险实现了不同地区的保险公司之间的风险分担。在特定地区销售风暴防护的保险公司可以通过购买再保险来降低其面临的集中风险。当一家保险公司购买再保险时，它保留就其所签订合同支付索赔的义务，但购买再保险也会产生"再保险资产"，当保险事故发生时，这些资产会得到回报。这将补偿原保险人的损失，并帮助其履行索赔义务。因此，原保险公司面临其再保险公司的交易对手信用风险。大型再保险公司的经营困境或破产可能会给保险公司带来重大后果。如果这些风险集中，这可能会产生再保险公司的信用风险。保险公司的良好做法是将再保险风险分散到多家再保险公司，van Lelyveld 等（2011）、Park 和 Xie（2014）的研究表明，发达经济体的保险业似乎能够抵御再保险公司违约的风险。

（二）对具有系统重要性的金融市场的破坏

1）冲击的顺周期反应

当某一资产类别的价值上升时，投资者增加其风险敞口的行为是顺周期的。总体而言，这种行为可能导致资产价格"泡沫"的形成，金融资产的价格不再准确反映其风险。因此，突然重新评估风险可能导致资产价格大幅下跌。反过来，如果投资者在资产价格下跌时出售资产，他们的行为也是顺周期的。这可能是因为投资者希望出售和投资更安全的资产，而不是冒进一步损失的风险，或者他们可能面临流动性约束，迫使他们出售资产（Shleifer and Vishny，2011）。虽然这不是保险业特有的行为，可能反映出个别保险公司的审慎风险管理，但当相当一部分投资者以这种方式行事时，它可能会放大冲击。上述顺周期行为可能加剧金融市场经历"繁荣"和"萧条"的趋势。例如，金融机构资产负债表上的工具按市价计价会影响公司的资本状况；证券融资和衍生品交易中公布的抵押品价值的波

---

① 资料来源：https://www.atlas-mag.net/en/article/global-reinsurance-market-2022-special-renewal。

动可能导致抵押品赎回和传播流动性冲击；"逃往安全"行为（即市场参与者只投资低风险资产）可以降低用于评估负债的无风险资产的利率，从而影响长期保险负债公司的偿付能力。

保险公司通常持有长期且大部分为非流动性的负债。原则上，这应该使他们能够观察资产价格的短期波动，因此，人们可能期望他们的行为能够抑制或者至少不会放大冲击。例如，如果资产价格因其他投资者的抛售而大幅偏离基本面，保险公司这类以价值为驱动的长期投资者理论上可以抓住这种偏离带来的长期利润机会，或者至少不会感到抛售的压力。

2）资产价格周期的恶化

与银行一样，人寿保险公司可以利用保单的现金价值直接向家庭或企业部门发放贷款，常见的做法是保单质押贷款。保险公司的直接贷款应该对经济增长做出积极贡献，但如果保险公司增加信贷供应导致放款人之间的竞争加剧，而这反过来又导致向借款人收取的利率被压缩，那么这也可能加剧信贷周期的波动。

如果保险公司担保的定价水平不能反映被保险借款人的信用风险，那么发放担保可能会加剧信贷周期的波动。2008年初，美国和欧盟的单一险种保险公司因其资本充足率被降级，它们所承保的贷款也被降级，导致信贷和贷款资产大量抛售。Chen等（2013）的实证研究表明，单一险种保险公司的评级下调对保险工具的价值产生了显著的负面影响。

保险公司也可以通过出售信用违约互换（credit default swap，CDS）来产生收入。CDS买家购买保护，以防止一个或多个借款人在约定期限内违约，交换条件是定期支付保费。CDS市场通过使CDS买家能够更好地管理其信用风险来支持融资供应。如果CDS卖家收取的溢价不能反映所承担的信用风险，这种行为可能会降低基础信贷市场的融资成本进而加剧信用周期波动。作为全球CDS的活跃卖家（图5.3），保险和金融担保公司更容易引起信用周期的大规模波动。

最后，如果保险公司大量购买资产支持证券（asset-backed securities，ABS）等由抵押贷款、汽车贷款或其他应收款等贷款支持的证券化产品，也可能加剧信贷周期的波动。简单、透明、高质量的ABS对实体经济和金融市场参与者都有很多好处。但di Iasio和Pozsar（2015）表明，在低收益率环境下，保险公司和养老基金对高收益资产的需求可能会增加，这促使银行"制造"更多更复杂、收益率更高的信贷工具，从而使经济更容易在受到冲击时进行深度去杠杆化。

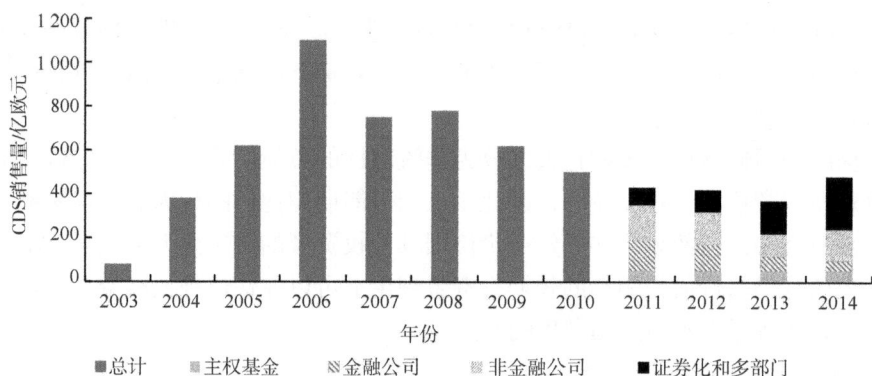

图 5.3　保险和金融担保公司全球销售的 CDS

资料来源：French 等（2015）

第四节　总　　结

从 2014 年开始，部分保险机构将保险作为筹资工具和筹资平台，偏离保险主业经营，导致中国保险市场乱象丛生，继而在 2018 年引发了一场中外保险史上较为罕见的保险业强化监管。"保险乱象"到底会给中国保险业的发展造成什么影响，强化监管最终会给中国保险业带来怎样的变化，其深远影响还有待进一步观察。值得庆幸的是，在这场监管博弈中，监管部门严明政治纪律和政治规矩，全面重塑保险监管理念和监管文化，几家"问题公司"的风险处置顺利推进，保险风险防控得到加强。保险市场运行由"无序"转向"有序"，保险行业的整体净现金流、偿付能力、盈利能力三大核心指标趋于稳定，整体实力大幅提升。2020 年 5 月中国银保监会召开偿付能力监管委员会工作会议，会中提出"2019 年末，纳入会议审议的 178 家保险公司平均综合偿付能力充足率为 247.7%，平均核心偿付能力充足率为 236.8%"[1]。保险业总体风险可控，处置风险也具备了一定物质基础。中国"保险乱象"导致的可怕后果是社会降低了对保险的信任度。因此，需要客观评价中国保险行业发展的功与过：巨大的成就与难解的问题同时存在，成就的作用大于问题的影响，但不能因为成就巨大而忽视问题的存在。

保险公司是实体经济关键服务的重要提供者。本章主要探讨了保险促进金融市场稳定和加剧金融市场波动的机制。其中，稳定机制主要包括险资持股的相对稳定性、险资持股增强内部控制有效性和偿付能力监管制度体系的客观作用等。因此，保险的高质量发展以及"保险姓保"的本质回归，一方面可以更好地发挥

---

[1] 资料来源：https://www.cbirc.gov.cn/cn/view/pages/ItemDetail.html?docId=904329&itemId=915&generaltype=0。

其在资本市场上的"输血能力",另一方面可以通过帮助企业和家庭管理风险来支持产出增长,并在这一过程中将储蓄转化为投资,其提供的风险保障以及托底作用,也是实体经济中更为重要的"造血能力"。

保险放大市场波动的机制则主要在于可能中断关键的保险服务(包括分散风险和储蓄转投资)以及加剧金融市场风险,后者的原因在于保险机构是重要的金融交易对手和金融周期参与者。但正如前文提到的,保险业可能会对金融稳定产生不利影响。保险公司从事的活动可能导致脆弱性的形成,如果一家或几家公司倒闭或陷入困境,这可能导致实体经济关键服务的中断。此外,保险公司的活动和行为可能通过金融市场或直接通过金融交易对手放大对金融体系的冲击,这更加凸显了保险业高质量发展,并且与金融体系和实体经济形成正向反馈、良好循环的重要性。由此,监管机构应当特别注重本章提及的一些风险,包括因提供金融担保等活动而产生的风险,进一步评估与证券借贷相关的现金抵押再投资计划或信用违约掉期等活动的风险,因为这些活动可能通过杠杆或到期转换增加脆弱性,并通过相互联系促进冲击的传播。另外,保险业的高质量发展一方面需要坚守初心,诚意奉献;另一方面,人类对自然灾害风险和生命科学风险的认知不足,对此不能心存侥幸,应依靠现代科技力量,运用人类共同智慧,在与风险共舞的同时,切实做好风险防范。

第六章 保险服务实体经济发展产业升级

保险作为重要的金融工具，在实体经济发展中发挥着独特且重要的作用。在保险与实体经济方面，梁风波等（2018）将中日两国进行对比，认为保险发展处于初期及成长期的经济体，保险发展水平与经济增长之间联动性不显著，而发展成熟的经济体的保险发展水平对经济增长具有显著积极影响；王桂虎和郭金龙（2019）使用欧洲国家数据进行实证检验，认为保险深度、保费结构与保险业服务实体经济的效率呈显著的正相关关系，而保险公司投资组合规模与服务实体经济效率之间呈现倒"U"形关系；王军辉（2019）认为保险资金具有规模大、期限长、来源稳定的特点，在积极服务供给侧结构性改革、推进实体经济转型升级、助力民营和小微企业融资等方面具有重要作用。此外，农业是实体经济的重要组成部分，农业保险在支持农业发展中起着重要的作用。在农业保险相关文献方面，侯玲玲等（2010）的研究表明农业保险补贴政策推动了农业保险发展，但保险补贴政策仍有待完善；庹国柱和朱俊生（2014）分析了我国农业保险制度存在的问题，认为需要加速建立农业保险大灾风险分散制度并加大财政支持力度；邵全权等（2017）通过数值模拟验证了农业保险补贴、农业保险投资和农业保险产品对农民终身效用的影响，认为在发展农业保险的同时需要关注农民消费和终身效用水平；侯煜庐和张峭（2019）构建了农业保险风险保障评价的指标，对农业保险风险保障现状与问题进行了分析。对于保险业如何支持实体经济与产业升级，鲜少有文献总结实践经验并进行实证检验。基于以往研究，我们提出研究假设：企业为员工购买保险可以促进企业创新和产业升级。

第一节 保险与产业升级

产业升级是我国制造业转型、实体经济高质量发展的必然要求，而创新能力是产业升级中必备的能力。提升创新能力需要高质量的人才、激励政策，保险作为人们日益重视的风险保障手段，在企业的创新能力提升中也起着日益重要的作用。本部分采用实证的方法，对保险是否提高企业创新能力进行考察，为保险的创新激励作用提供技术与理论支撑。

一、数据与基本事实

（一）数据

本书借助中国小微企业调查对 2014 年中国小微企业的生产、经营、融资和研发等基本情况进行了抽样调查。中国小微企业调查中包括个体工商户 6500 余家，虽然原国家工商行政管理总局发布的《全国小型微型企业发展情况报告》指出中国个体工商户视作小型微型企业，但对本书所研究的企业购险和产业升级行为而言，个体工商户不适合作为研究对象。在对其中的制造业样本关键变量（收入、员工人数）数据缺失值进行剔除后，共得 3521 家企业样本。

（二）实证分析策略

构建基准回归模型如式（6.1）所示：

$$y_f = \alpha_0 + \alpha_1 \text{ComLns}_f + \lambda_{\text{ind}\times\text{prov}} + X'_f\beta + \varepsilon_f \tag{6.1}$$

其中，y_f 为 f 企业的研发活动等；ComLns_f 为 f 企业为员工购险的情况；$\lambda_{\text{ind}\times\text{prov}}$ 为省份乘以行业固定效应，用以控制地区和行业层面的冲击；X'_f 为 f 企业层面的可能影响研发的其他控制变量；ε_f 为误差项。本节使用省份层面的聚类标准误。控制变量包括：是否为员工交社保、营业收入、企业年龄、销售收入中的政府采购比例、人均固定资产、劳动生产率以及是否有电子商务活动等。

变量的描述性统计如表 6.1 所示。

表 6.1　变量的描述性统计

变量名	含义	均值	中位数	标准误	最小值	最大值	样本数
invt1	有产品创新与否	0.374	0	0.484	0	1	3521
invt2	有产品及其他创新与否	0.506	1	0.500	0	1	3521
invt_person	研发人员	0.230	0	0.421	0	1	3521
invt_fee	研发支出（对数）	2.844	0	4.990	0	18.42	3521
invt_risk	研发风险	2.860	3	1.074	1	5	694
comins	是否为员工投保	0.325	0	0.468	0	1	3521
comins_oth	是否为员工投保（除意外险）	0.076	0	0.265	0	1	3521
socins	是否为员工交社保	0.576	1	0.494	0	1	3521
turnover	营业收入	14.49	14.51	2.079	2.303	22.52	3521
age	企业年龄	8.744	7	6.922	1	34	3521
sale2gov	政府采购比例	0.032	0	0.139	0	1	3521

续表

变量名	含义	均值	中位数	标准误	最小值	最大值	样本数
k2l	人均固定资产	7.668	9.115	4.947	−6.789	16.63	3521
labor_prod	劳动生产率	11.70	11.82	1.621	1.204	20.44	3521
e_com	是否有电子商务活动	0.113	0	0.317	0	1	3521

二、实证结果分析

（一）基准回归结果

对数据进行一般最小二乘法回归。如表 6.2 所示，从回归结果来看，商业保险的购买对企业产品及其他方面的创新具有显著的正向促进作用，购险让公司进行产品创新的可能性平均提高了约 6%~9%，研发支出平均提高了约 54%。此结论与我们的预期设想一致。

表 6.2　基准回归结果

变量	(1) invt1（有产品创新与否）	(2) invt2（有产品及其他创新与否）	(3) invt_fee [研发支出（对数）]	(4) invt_person（研发人员）
comins（是否为员工投保）	0.0676*** (0.0171)	0.0850*** (0.0208)	0.5391** (0.1983)	0.0146 (0.0223)
socins（是否为员工交社保）	0.0538*** (0.0189)	0.0678*** (0.0171)	0.5998** (0.2194)	0.0578*** (0.0172)
turnover（营业收入）	0.0705*** (0.0079)	0.0883*** (0.0088)	0.8955*** (0.0929)	0.0757*** (0.0072)
age（企业年龄）	−0.0042*** (0.0014)	−0.0058*** (0.0014)	−0.0326** (0.0136)	−0.0026* (0.0013)
sale2gov（政府采购比例）	−0.0281 (0.0581)	−0.0454 (0.0642)	−0.5661 (0.7959)	−0.0550 (0.0431)
k2l（人均固定资产）	0.0031 (0.0019)	0.0055*** (0.0019)	0.0806*** (0.0229)	0.0025* (0.0014)
labor_prod（劳动生产率）	−0.0679*** (0.0086)	−0.0771*** (0.0096)	−0.7719*** (0.1162)	−0.0712*** (0.0082)
e_com（是否有电子商务活动）	0.2154*** (0.0315)	0.2304*** (0.0294)	2.8339*** (0.3521)	0.2034*** (0.0345)

续表

变量	(1) invt1 （有产品创新与否）	(2) invt2 （有产品及其他创新与否）	(3) invt_fee [研发支出（对数）]	(4) invt_person （研发人员）
constant（常数项）	0.0836* (0.0447)	0.0444 (0.0567)	−2.2559*** (0.6455)	−0.0893 (0.0606)
observations（样本数）	3439	3439	3439	3439
R^2	0.2659	0.2279	0.2763	0.2630
Industry × Province FE （企业和省份固定效应）	Yes	Yes	Yes	Yes

注：括号里为标准误，Yes 表示模型回归中加入了对应变量

*代表 $p<0.05$，**代表 $p<0.01$，***代表 $p<0.001$

（二）内生性问题与处理

以上回归分析可能存在遗漏变量等内生性问题，如能够为员工购买商业保险的企业可能比较看重人才、注重员工福利等，这激励高素质人才愿意为公司做更多的研发工作。为了解决这些问题，我们做了两项工作，一是将只购买意外险的企业剔除了，原因是出于工作危险性为员工投保，可能起不到激励作用；二是用倾向评分匹配（propensity score matching，PSM）去匹配了更可比的样本。

1）PSM 方法与过程

我们使用是否为员工交社保、营业收入、企业年龄、销售收入中的政府采购比例、人均固定资产、劳动生产率以及是否有电子商务活动等几个控制变量作为进行 PSM 的特征变量，表 6.3 和图 6.1 分别显示了匹配前后的变量统计情况，可以从表 6.3 发现匹配前后每个特征变量之间的差异都不再显著。图 6.1 的结果则显示了处理组和控制组的平衡性，两组之间的倾向得分非常接近，进一步证明了PSM 的合理性以及处理组和控制组的可比性。

表 6.3　匹配结果

变量	是否匹配	对照组	控制组	偏误	t	$p>|t|$
socins （是否为员工交社保）	U	0.63433	0.57506	12.1	1.89	0.059
	M	0.63433	0.66791	−6.9	−0.81	0.416
turnover（营业收入）	U	14.868	14.459	19.5	−3.1	0.002
	M	14.868	14.965	−4.6	−0.53	0.6
age（企业年龄）	U	8.5485	8.7823	−3.5	−0.53	0.596
	M	8.5485	8.2649	4.2	0.5	0.614

续表

变量	是否匹配	对照组	控制组	偏误	t	p>|t|
sale2gov（政府采购比例）	U	0.03862	0.03159	5	0.79	0.427
	M	0.03862	0.04067	−1.5	−0.16	0.875
k21（人均固定资产）	U	8.3908	7.6191	15.4	2.46	0.014
	M	8.3908	8.2366	3.1	0.37	0.711
labor_prod（劳动生产率）	U	11.953	11.686	17	2.6	0.009
	M	11.953	12.017	−4	−0.46	0.645
e_com（是否有电子商务活动）	U	0.13433	0.11228	6.7	1.09	0.275
	M	0.13433	0.13806	−1.1	−0.13	0.9

注：U 为不匹配，M 为匹配

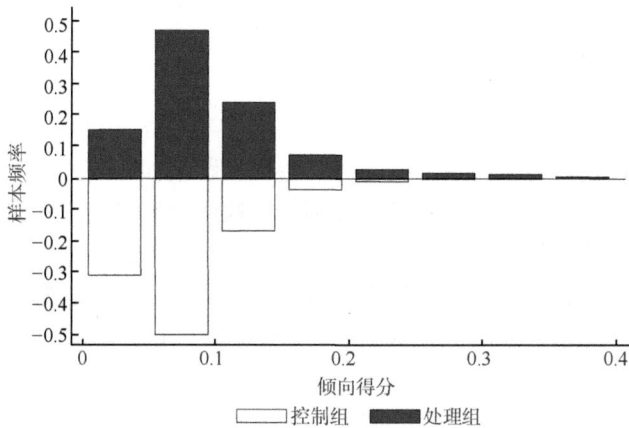

图 6.1　匹配结果

2）匹配样本的回归结果

经过内生性处理，我们发现去除意外险购买后，其余商业保险的购买对企业的创新行为、研发支出、研发人员增加都有积极影响，不过主要是对产品创新等有显著的影响，具体结果见表 6.4。其他方面，社保的购买对企业的创新行为、研发行为仍然具有显著的激励作用。将企业范围限定在制造业后，除意外险外的商业险的购买与社保的购买均提高了企业的创新能力与研发能力，但购买社保的作用相对更加显著（表 6.5）。

表 6.4　PSM 回归结果

变量	(1) invt1 （有产品创新与否）	(2) invt2 （有产品及其他创新与否）	(3) invt_fee [研发支出（对数）]	(4) invt_person （研发人员）
comins_oth [是否为员工投保（除意外险）]	0.0445* (0.0241)	0.0532* (0.0302)	0.5985 (0.3821)	0.0517 (0.0323)
socins（是否为员工交社保）	0.0552*** (0.0194)	0.0694*** (0.0175)	0.6033** (0.2229)	0.0579*** (0.0172)
turnover（营业收入）	0.0723*** (0.0080)	0.0911*** (0.0088)	0.9175*** (0.0961)	0.0760*** (0.0076)
age（企业年龄）	−0.0041*** (0.0014)	−0.0057*** (0.0014)	−0.0319** (0.0142)	−0.0025* (0.0013)
sale2gov （政府采购比例）	−0.0298 (0.0582)	−0.0477 (0.0653)	−0.5835 (0.7940)	−0.0560 (0.0423)
k21 （人均固定资产）	0.0035* (0.0019)	0.0059*** (0.0019)	0.0822*** (0.0231)	0.0025* (0.0015)
labor_prod （劳动生产率）	−0.0682*** (0.0089)	−0.0780*** (0.0098)	−0.7870*** (0.1205)	−0.0718*** (0.0087)
e_com （是否有电子商务活动）	0.2207*** (0.0323)	0.2371*** (0.0305)	2.8718*** (0.3583)	0.2040*** (0.0337)
constant（常数项）	0.0764* (0.0424)	0.0338 (0.0540)	−2.2870*** (0.6369)	−0.0855 (0.0597)
observations（样本数）	2415	2415	2415	2415
R^2	0.2626	0.2227	0.2750	0.2634
Industry×Province FE （企业和省份固定效应）	Yes	Yes	Yes	Yes

注：括号里为标准误

*代表 $p<0.05$，** 代表 $p<0.01$，***代表 $p<0.001$

表 6.5　PSM 回归结果（制造业样本）

变量	(1) invt1 （有产品创新与否）	(2) invt2 （有产品及其他创新与否）	(3) invt_fee [研发支出（对数）]	(4) invt_person （研发人员）
comins_oth [是否为员工投保（除意外险）]	0.0953** (0.0372)	0.1169** (0.0469)	1.3763** (0.5493)	0.0923 (0.0648)

续表

变量	(1) invt1（有产品创新与否）	(2) invt2（有产品及其他创新与否）	(3) invt_fee [研发支出（对数）]	(4) invt_person（研发人员）
socins（是否为员工交社保）	0.1122***	0.0951***	1.4310***	0.1481***
	(0.0308)	(0.0279)	(0.3448)	(0.0306)
turnover（营业收入）	0.0793***	0.0758***	1.2468***	0.1116***
	(0.0154)	(0.0156)	(0.1581)	(0.0157)
age（企业年龄）	−0.0046**	−0.0048**	−0.0380**	−0.0043**
	(0.0019)	(0.0019)	(0.0138)	(0.0018)
sale2gov（政府采购比例）	−0.0428	−0.0479	−0.9841	−0.0831*
	(0.0564)	(0.0649)	(0.7843)	(0.0442)
k2l（人均固定资产）	0.0053*	0.0078***	0.1418***	0.0029
	(0.0028)	(0.0026)	(0.0415)	(0.0036)
labor_prod（劳动生产率）	−0.0707***	−0.0644***	−0.9205***	−0.0975***
	(0.0174)	(0.0200)	(0.1551)	(0.0211)
e_com（是否有电子商务活动）	0.2113***	0.2384***	2.6422***	0.1824***
	(0.0318)	(0.0302)	(0.3338)	(0.0351)
constant（常数项）	0.0350	0.0467	−6.1359***	−0.3072*
	(0.1076)	(0.1093)	(1.8996)	(0.1627)
observations（样本数）	1071	1071	1071	1071
R^2	0.1622	0.1833	0.2206	0.2001
Industry×Province FE（企业和省份固定效应）	Yes	Yes	Yes	Yes

注：括号里为标准误

*代表 $p<0.05$，** 代表 $p<0.01$，***代表 $p<0.001$

与基准回归相比，商业保险的作用明显减小，主要是由于许多企业为员工添置的商业保险以意外险为主，而意外险不如健康险、年金险等具有更强的保障作用，对员工的激励作用有限。

（三）深入探讨

进一步的研究中，我们重点探讨了为员工购买商业保险促进企业创新的影响路径。研发活动具有较强的不确定性，较强的研发风险提高了研发人员的离职率，而企业为员工配置商业保险提高了员工的福利和覆盖健康与收入风险的能力，使得员工愿意继续从事研发活动。回归模型中加入企业研发风险变量、研

发风险和除意外险外的商业保险的交叉变量后，可以发现，研发风险显著降低
了企业的研发能力，但是商业保险在扭转这种不利影响方面发挥了积极而显著
的作用（表 6.6）。在那些研发风险很高的企业，商业保险的购买有效增加了企
业研发产出。

表 6.6　研发风险

变量	(1) invt1 （有产品创新与否）	(2) invt2 （有产品及其他创新与否）	(3) invt_fee [研发支出（对数）]	(4) invt_person （研发人员）
invt_risk（研发风险）	−0.2499***	−0.2062***	−2.0627***	−0.1664***
	(0.0056)	(0.0071)	(0.0645)	(0.0058)
comins_oth [是否为员工投保（除意外险）]	0.0206	0.0399	0.2058	0.0150
	(0.0250)	(0.0355)	(0.3452)	(0.0228)
c.invt_risk#c.comins_oth[研发风险与是否为员工投保（除意外险）的交互项]	0.0288***	0.0314***	0.0002	0.0052
	(0.0083)	(0.0105)	(0.1562)	(0.0185)
socins（是否为员工交社保）	0.0182	0.0389**	0.2950	0.0330**
	(0.0180)	(0.0182)	(0.2319)	(0.0154)
turnover（营业收入）	0.0532***	0.0755***	0.7546***	0.0631***
	(0.0082)	(0.0081)	(0.1147)	(0.0082)
age（企业年龄）	−0.0031**	−0.0049***	−0.0229	−0.0018
	(0.0013)	(0.0012)	(0.0142)	(0.0013)
sale2gov（政府采购比例）	−0.0053	−0.0271	−0.3932	−0.0417
	(0.0434)	(0.0589)	(0.7090)	(0.0410)
k21（人均固定资产）	0.0024	0.0050***	0.0722***	0.0017
	(0.0017)	(0.0018)	(0.0212)	(0.0012)
labor_prod（劳动生产率）	−0.0542***	−0.0664***	−0.6684***	−0.0625***
	(0.0088)	(0.0095)	(0.1279)	(0.0091)
e_com（是否有电子商务活动）	0.0135	0.0670***	1.1276***	0.0653**
	(0.0159)	(0.0213)	(0.2631)	(0.0241)
constant（常数项）	0.0915*	0.0444	−2.0992***	−0.0708
	(0.0473)	(0.0530)	(0.5743)	(0.0538)
observations（样本数）	694	694	694	694
R^2	0.4810	0.3616	0.4173	0.3951

续表

变量	(1) invt1 （有产品创新与否）	(2) invt2 （有产品及其他创新与否）	(3) invt_fee [研发支出（对数）]	(4) invt_person （研发人员）
Industry×Province FE （企业和省份固定效应）	Yes	Yes	Yes	Yes

注：括号里为标准误

*代表 $p<0.05$，** 代表 $p<0.01$，***代表 $p<0.001$

第二节　保险支持新产业与新业态发展

新产业是指通过运用新科研成果、新科学技术产生的新行业或新经济部门，抑或是对原有产业的延伸和扩展。新业态指的是为了服务于当代多元化、多样化、个性化的产品和服务需求，借助互联网、大数据等技术创新和应用，将新形式、新环节赋予原有的产业，带给当代消费者更加具有时代性、更好的体验。

新产业、新业态，离不开"新"字。创新具有极其重要的战略意义，《中共中央关于党的百年奋斗重大成就和历史经验的决议》于党的十九届六中全会发布，其中强调了在经济建设中"实现创新成为第一动力、协调成为内生特点、绿色成为普遍形态、开放成为必由之路、共享成为根本目的的高质量发展"，同时"坚持实施创新驱动发展战略，把科技自立自强作为国家发展的战略支撑"[①]。在经济社会发展的各个方面、各个环节中创新能力都具有决定性的意义，要实现高质量发展，必须坚持以创新为主线，这也正是对新产业、新业态的要求。

在绿色发展、低碳发展呼声日益高涨的今日，新能源汽车由于采用低碳环保的动力来源和新型科技，可以看作新产业的代表，备受社会各界青睐。保险作为重要的金融工具，在其中发挥的作用不容小觑。因此，本节将通过保险助力新能源汽车产业、支持绿色经济发展两方面对保险支持新产业、新业态进行叙述。

一、助力新能源汽车产业

在当今能源和环境的双重压力下，新能源汽车由于采用了清洁能源，能源压力与环境压力相较传统汽车来说都更小，因此新能源汽车产业被各界看好，发展日益迅速。数据显示，2022 年中国新能源汽车持续超预期增长，产销分别完成 705.8 万辆和 688.7 万辆，同比分别增长 96.9% 和 93.4%，市场占有率达到 25.6%，高于

---

① 资料来源：http://www.mofcom.gov.cn/article/zt_sjjlzqh/ghjd/202112/20211203222582.shtml。

上年 12.1 个百分点[①]。2020 年以来，中国新能源汽车产量和销量双高速增长，到 2022 年分别上升了 5.17 倍和 5.04 倍。新能源汽车的渗透率正在稳步提高[②]。

国家对新能源汽车的发展给予了政策支持。2011 年，我国逐步开启新能源汽车示范推广试点；2014 年，决定免征新能源汽车车辆购置税；2020 年，国务院办公厅印发《新能源汽车产业发展规划（2021—2035 年）》，要求深入实施发展新能源汽车国家战略，推动我国新能源汽车产业高质量可持续发展，加快建设汽车强国[③]。

新能源汽车发展增速加快、汽车保有量持续增加，但保险产品的发展仍然较为滞后，其原因在于，目前新能源汽车的专属保险体系还没有建立起来，因此大多仍沿着传统汽车的保险体系。但是，新能源汽车的能源系统、车身结构、部件组成等都与传统汽车有很大区别[④]，如新能源车的核心部件"三电"——电驱动、电池和电控，都没有研发出合适的保障体系。此外，新能源汽车由于技术尚未完全成熟，偶尔会发生自燃、"三电"非事故损坏等情况，对于传统汽车保险来说属于除外责任，因此并不能得到赔偿。

我国早在 2018 年便开始了对新能源汽车保险的构建设想。2018 年 8 月，中国保险行业协会首次就《中国保险行业协会新能源汽车综合商业保险示范条款（征求意见稿）》征求业界意见。2021 年 8 月，《中国保险行业协会新能源汽车商业保险专属条款（2021 版征求意见稿）》出台，其示范条款对新能源汽车痛点有了较好的解决方案：为"三电"系统提供事故保障、增加专属附加险、保障更多使用场景等。

保险公司对新能源汽车的保障与支持，正在政策支持下逐步展开。2021 年 11 月，中国太保、松下电器（中国）及三井住友海上（中国）签订合作协议，目标是将保险与新能源汽车的电池科技创新融合，在推出相关产品的基础上，逐步构建完善的风险管理方案。截至 2021 年上半年，中国太保为新能源汽车客户提供商业车险保障近 550 万亿元，提供交强险保障近 85 万亿元，在新能源汽车保险方面处于领头地位；松下作为全球锂电池三大巨头之一，能够提供先进成熟的技术经验，为新能源汽车保险的产品与服务提供技术支持；三井住友作为日本规模最大的保险公司之一，在财产损失险、再保险等业务方面积累成熟。三者的合作将专业技术与承保经验相结合，将为新能源车险的发展提供有力的帮助，其合作的产品与服务方案将为后续保险公司的产品设计提供经验借鉴[⑤]。

---

① 资料来源：http://finance.people.com.cn/n1/2023/0124/c1004-32611645.html。
② 资料来源：国家统计局、《中国汽车工业发展报告（2023）》。
③ 资料来源：http://www.gov.cn/zhengce/content/2020-11/02/content_5556716.htm。
④ 资料来源：https://baijiahao.baidu.com/s?id=1711758818859562977&wfr=spider&for=pc。
⑤ 资料来源：https://baijiahao.baidu.com/s?id=1717727359021238303&wfr=spider&for=pc。

新能源汽车专用保险的推出，有利于保护新能源汽车消费者的利益，进一步促进新能源汽车购买量的增加，推动新能源汽车产业良性发展。

二、支持绿色经济发展

绿色经济既是新兴产业的重要组成部分，也是中国实现高质量经济发展的重要保证。保险作为金融的重要分支，有实力也有义务大力支持绿色经济发展。

保险产业支持绿色产业可以分为产品和资金两方面。在产品方面，一方面是为普通企业提供创新型绿色保险产品，包括绿色建筑保险、环境污染责任险等，引导企业重视环境风险管理，促进企业绿色生产、节能减排；另一方面是为绿色企业与低碳项目提供专属保险，如首台（套）重大技术装备保险、首批次和首版次软件保险，降低绿色企业研发成本，提高企业创新研发积极性。在资金方面，主要是运用保险资金为绿色产业发展提供资金支持。

从产品端来看，绿色保险为绿色经济发展提供了诸多帮助。绿色保险是绿色经济发展中重要的风险管理工具，根据中国保险行业协会的统计数据，2018 年至 2020 年，我国保险行业提供绿色保险保额达到 45.03 万亿元[1]，包括清洁能源建设、绿色农业发展等领域，同时也涉及高铁等城市交通的绿色建设[2]。

我国众多保险公司在支持绿色产业发展方面做出了诸多实践。以中国平安为例，作为我国头部保险公司之一，中国平安坚守可持续发展理念，致力于构建可持续的保险产品体系，2021 年上半年，中国平安在新能源汽车保险、绿色建筑保险、绿色增信保险、气候和绿色大宗商品指数保险等领域发力，开发相关产品、推出后续服务，充分体现了在支持绿色产业方面的布局谋篇。此外，对于从事绿色产业的保险客户，中国平安也推出相应优惠政策，支持绿色减排产业发展。太平财险承保了超 300 个绿色能源项目，其中代表项目包括支持国家电投集团的海上风电保险项目，目的是支持环境压力更小的海上风电产业发展。太平财险对这些绿色能源项目提供的风险保障金额达到近 500 亿元，除了海上风电保障之外，对于一些地区的光伏电站项目也提供了财产保险支持[3]。不难看出，保险公司在绿色产业支持方面积极推进布局，通过提供相关产品与服务，有力支持绿色产业发展和"双碳"目标实现。

从资金端来看，保险资金规模大、期限长、来源稳定，是金融市场上重要的长期资金提供者，在服务实体经济、为企业提供长期融资方面有着得天独厚的优

---

① 资料来源：https://new.qq.com/omn/20210925/20210925A00KSF00.html。
② 资料来源：https://news.bjx.com.cn/html/20211103/1185596.shtml。
③ 资料来源：http://insurance.hexun.com/2021-08-18/204179810.html。

势。随着碳达峰、碳中和目标的提出，绿色技术革命、产业变革日益趋近，对于世界各国来说，这既是挑战，也是机遇——碳达峰、碳中和目标对各国的技术创新与应用能力提出了更高的要求，而把握住这一机遇，不仅能推动国家向高质量、可持续发展迈进，也能大大激发市场积极性，为各个市场主体提供更加丰富的潜在投资机会。2021 年 7 月 16 日，全国碳排放权交易市场正式启动，保险资金应抓住机遇，聚焦绿色投资，一方面，优质绿色资产有助于满足保险资金资产负债匹配水平要求，降低资产负债错配风险；另一方面，稳定长期的保险资金同样能更好地满足绿色低碳项目的投融资需求，有助于新兴绿色项目的长期良性发展。

在参与绿色项目投融资之外，保险公司也可以发行绿色主题保险资管产品。例如，2021 年 5 月，长江养老发行了 ESG（Environmental, Social and Governance，环境、社会和公司治理）主题组合类保险资管产品，该产品的部分管理费收入将用于支持绿色公益和低碳事业发展。截至 2020 年底，长江养老在绿色环保行业累计进行了近 160 亿元的公开市场与非标市场投资。[①]同样地，新华保险也逐步建立 ESG 投资思路，在减少对高碳排放项目投资额度的同时，加大对清洁能源、绿色出行等项目的发掘和投资。

保险产品、保险资金的综合运用，在支持绿色产业发展方面发挥着更加全面性的作用，以中国太保为例，其创新推出多款碳减排相关产品，并收获了多个碳减排首单保险。除了创新型产品之外，2021 年 11 月，在上海环境能源交易所指导下，太保产险与交通银行及申能集团下属申能碳科技公司达成"碳配额+质押+保险"合作，促进了全国首单碳排放配额质押贷款保证保险业务的实施。这种合作模式，不仅为绿色企业提供了创新型产品保障，还与银行等金融机构结合，提高了融资方资产的流动性，为后续保险服务绿色经济提供了全新的经验[②]。

除此之外，保险对于其他新兴产业也有诸多支持，如核保险为核能发展保驾护航，为我国核技术的研发与应用提供保障。综合来看，保险行业在支持新产业发展方面大有可为、前景可期。

第三节　保险助力农业现代化

"三农"工作关乎国计民生，是国家政府工作的重要部分。农业保险是保障农业发展、降低农业经营主体在农业风险中所遭受损失的重要手段，站在新的历史时期，面对各种农业经营主体各不相同的风险保障需求，保险业需要做的不仅

---

① 资料来源：https://news.cnstock.com/news,jg-202109-4758536.htm。
② 资料来源：https://new.qq.com/omn/20211112/20211112A0COME00.html。

是扩大农业保险的覆盖面，更要积极推动农业保险产品向着农业现代化的方向创新发展，提高对农户的保障水平，同时，推动建立农业巨灾风险分散制度也显得日益重要。发挥支持农业、保障风险的独特作用，推动共同富裕的实现，保险业义不容辞。

自 2007 年国家拨出 10 亿元专项资金补贴粮食作物保险以来，农业保险乘着政策扶持之风，呈现着良好的发展势头，得到了国家政府的诸多支持。2019 年，财政部、农业农村部、银保监会、国家林业和草原局联合印发《关于加快农业保险高质量发展的指导意见》，明确提出面对当今日益增长的风险保障需求，提高农业保险服务能力，优化农业保险运行机制，加强农业保险基础设施建设[①]。2021年，中央财政拨付农业保险保费补贴资金 333.45 亿元，同比增幅达到 16.8%，为农业保险的发展提供了坚实的支持。

一、发展新型农业保险产品

我国农业日益向现代化转型，专业化、市场化水平快速提升，因此现代农业相较以前面临的风险更广，风险产生的损失更大。相对地，开发高质量创新型农险产品、加强对现代农业的风险管理、提高现代农业保障水平是农业未来发展的必然要求。

（一）保障型农险产品

1）农业指数保险

农业指数保险在美国、法国、印度等国家有着广泛的应用。常见的农业指数保险主要有区域产量指数保险、气象指数保险，2011 年起，我国陆续推出蔬菜、生猪等价格指数保险。农业指数保险并不以被保险人的损失为赔付基准，其赔偿与否与预先设定好的指数相关，若指数达到触发值，则进行赔偿，指数型保险的赔偿并不考虑被保险人是否遭受实际损失。对于农户而言，农业指数保险费率相对较低，条款构成更简单、易于理解；对于保险公司来说，指数保险依据客观指数决定赔付，降低了道德风险，理赔程序也更加简单。

此外，一些新型的指数保险产品也相继问世。2021 年 5 月，浙江省第一张耕地地力指数保险落地桐乡市。与其他政策性农险不同，耕地地力指数保险将保险模式由传统的发生损失后赔付，转化为对于农民经营成果的正面激励：这种模式将根据农民土壤中的有机质含量判断地力水平，土壤中有机质含量越多，说明地力越好、农户的经营水平越高，保险给予的补偿也越多。这种创新型产品跳出了

---

① 资料来源：http://www.cbirc.gov.cn/cn/view/pages/ItemDetail.html?docId=848659&itemId=928& generaltype=0。

传统的"发生损失后赔付"的保险定义，扩展了保险的内涵，对提高农户生产积极性来说无疑是更进一步的激励。

2）完全成本保险和收入保险

完全成本保险和收入保险是近年来新兴的农业保险险种，完全成本保险的保障对象涵盖了农业生产过程中的总成本，包括种子和肥料等原料成本，以及工资等在内的人工成本、土地维护成本等[①]；收入保险的保障对象则是农产品实际收入低于保单保障收入时发生的损失。2018年起，我国在内蒙古、辽宁、安徽、湖北等省区对玉米、水稻、小麦三大粮食作物展开这两种保险的试点工作，取得了较好的成果。2021年，湖北多地受到暴雨等自然灾害以及病虫害的影响，部分水稻产量下降，甚至绝收。面对农业经营中的损失，试点的完全成本保险发挥了其补偿作用，人保等承保公司对受灾农户进行了高达5.15亿元的理赔，赔付金额相较往年翻了一番[②]。同时，中国平安产险在襄阳谷城和枣阳对玉米收入保险进行试点，承保的玉米作物面积达到3.16万亩，风险保障额度达到3161万元，试点形势良好，在面对自然灾害导致农产品产量下降的损失时，有效保障了农户的利益，对于提高农户的生产积极性来说有着重要的意义[③]。

3）"保险+期货"模式兴起

"保险+期货"项目从2016年开始试点，中央一号文件也已经连续八年提到"保险+期货"模式，体现出政府对"保险+期货"模式服务农业、农村、农民的高度认可。如果说一般农业保险产品的目的在于抵御自然灾害等难以预测的"天灾"导致的损失，那么"保险+期货"便是用于抵御农产品市场价格波动的手段。"保险+期货"的运作模式将保险公司与期货公司联系起来，农户通过保险公司买入期货价格或收入保险产品，保险公司购买期货公司的场外期权，期货公司再利用期货市场将农产品价格波动的风险进行对冲，由此将农业生产中的风险通过保险公司和期货公司两个金融主体进行分担和分散。保险和期货尽管在工作原理、运作模式上有非常大的区别，但本质上都属于风险管理工具，"保险+期货"模式将两种风险管理工具巧妙联结，实现了较好的风险抵御功能。"保险+期货"试点以来发展态势持续向好，截至2023年上半年，根据中国期货业协会数据，共有73家期货公司为大豆等18个品种提供风险管理服务，覆盖31个省（自治区、直辖市）的1224个县，从效果上看来，该模式已为538.7万农户提供保障，总保费超67亿元[④]，为保障农业经营主体的收入做出了独特的贡献。

① 资料来源：http://www.gov.cn/xinwen/2018-09/01/content_5318332.htm。
② 资料来源：https://news.hubeidaily.net/hubeidailyshare/#/news_detail?contentType=5&contentId=879764&cId=0。
③ 资料来源：https://www.sohu.com/a/504852454_120479147。
④ 资料来源：https://finance.sina.com.cn/jjxw/2023-10-26/doc-imzskyas6394990.shtml。

以中国人民保险集团股份有限公司（简称中国人保）为例，人保财险在黑龙江省桦川县开展"保险+期货"玉米收入险经营，在政府给予财政补贴之下，农户仅需支付少量保费便可以获得保障。保险公司向期货公司购买看跌期权，到约定的时间后，若玉米收入低于约定收入水平，则农户可以得到实际收入与约定收入之差的保险赔偿。2019 年，人保财险对桦川农户的玉米收入险赔款达到 8787 万元。成功的案例表明，这种新型合作模式运用保险公司和期货公司两个金融主体的力量，为农户提供了更为坚实的保障①。

（二）信贷型农险产品

在保护农业面临的自然风险与市场风险之外，保险公司同时积极推进"保险+信贷"，为农户提供充分的资金支持。通过农业保险与信贷相结合，降低农民信贷门槛，丰富农户资金来源。

以涉农贷款保证保险为例，将保险产品与信用体系结合，致力于为农户的贷款行为提供保障。农民购买保险后，如因各类天灾人祸导致不能按时偿还贷款，保险公司将负责赔偿对贷款银行造成的经济损失。出于扩大农业经营规模、升级农业技术的需求，农户对资金的需求与日俱增。得益于涉农贷款保证保险对借款的担保，农户可以获得更多融通资金，有利于扩大规模、更新技术进而推动农业现代化的实现。

除了专门保险产品可以提供保障之外，保险公司也积极推进综合型产品服务"三农"发展，"农业保险+信贷"的概念不仅落实在保险产品中，更是发展成为综合性的惠农金融服务。2021 年 5 月，中华财险肇庆中心支公司联合农联中鑫科技股份有限公司在肇庆市展开"农业保险+经营贷"综合金融服务，在这种模式下，农户无需其他抵押品，只需要提供保单，便可以申请到农业经营贷款，大大降低了申请贷款的难度，同时，从提交申请到收到款项的效率也大幅提升。通过这种方法，可以有效解决中小型农业生产经营主体的贷款难、收款时间长等问题，为农业发展提供了更加稳定的资金支持②。

（三）服务创新，"扶"农变"服"农

随着保险业的发展，服务日益成为保险公司提升客户黏性、提高公司口碑的重要方式，也是打造高质量保险公司的必行之路。险种、产品的创新，同样离不开服务机制的更新，特别是对于信息传达便利程度相对较低的农业经营者来说，服务的不断创新升级，有利于将更好的产品用更高的效率带给农户。

---

① 资料来源：http://lw.news.cn/2021-11/16/c_1310313466.htm。
② 资料来源：https://baijiahao.baidu.com/s?id=1701445100692261893&wfr=spider&for=pc。

中国大地财产保险股份有限公司浙江分公司联合当地热心人士,确立一县一地推、一乡一团队、一村一代理的发展策略,选取农民信任的社区热心人、村医、村教等担任该村镇的保险代理人,提高保险服务的覆盖面,并精准触达与服务农业经营者。对于农业,保险不仅需要在产品和资金方面提供支持,更要深入广大农民群众、认真考察农户的经营方式,运用贴近农户生活实际的方式,实现保险产品和保险服务的有效下沉和精准供给,与此同时也能在第一线考察到农民的真正需求,为保险公司的产品服务创新提供第一手材料。

二、建立完善农业保险巨灾风险分散制度

当前,全球各地都面临着气候变化带来的风险,伴随着极端天气的出现频率增加,尽管农业防范手段技术水平不断提升,但面临的农业风险的损害仍然不容小觑。

2021 年 7 月,河南出现罕见极端强降雨,对当地农业造成严重打击。截至 2021 年 8 月 10 日,河南全省有 1474 万亩农作物受到不同程度的损害,占秋作物总面积的 12.4%[1]。作为河南本土保险公司的中原农险,其主营的农业保险业务主要集中于河南地区。暴雨灾害中,中原农险展现了高效的执行力和强大的保障能力,截至 8 月 3 日,中原农险赔付达到 1.05 亿元,估计损失金额 2.1 亿元[2]。而在专业保障背后,中原农险 2021 年的第三季度净现金流–0.68 亿元,净利润为–0.65 亿元。这次大灾对一家以农险为主要业务的中小型公司的压力不言而喻。由此看来,农业保险的大灾风险分散机制和农业再保险体制的完善是必需的。

早在 2014 年,国家就在国务院印发的《关于加快发展现代保险服务业的若干意见》中指出,"落实农业保险大灾风险准备金制度","大力发展'三农'保险,创新支农惠农方式"。2020 年 12 月,中国农业再保险股份有限公司(简称中国农再)在京成立。中国农再的发起人包括财政部、中国再保、中国人寿财险等 9 家单位,经营农业保险的再保险及转分保业务。中国农再的成立标志着我国农业保险建设迈出了重要一步,中国农再继承了农共体的经营经验和运作基础,有助于构筑在直保公司大灾风险准备金制度之外的有政府支持的再保险制度,推动建立国家农业保险大灾风险准备金,为我国农业发展建设坚不可摧的风险分散机制。

三、保险资金支农支小

在提供日益丰富的保险产品与保险服务的同时,保险资金也在积极发挥资金

---

① 资料来源: http://china.cnr.cn/gdgg/20210813/t20210813_525562527.shtml。

② 资料来源: https://baijiahao.baidu.com/s?id=1708217781708295882&wfr=spider&for=pc。

融通功能，为农业发展提供资金支持。以中国人保为例，在国家政策支持下，在业内率先开展保险资金"支农支小"融资业务，致力于减少农业经营主体在融资方面遇到的困难、降低获取融资的成本。截至 2020 年底，中国人保"支农支小"业务已在全国 30 个省区市开展，为农民发放超过 310 亿元的融资贷款。保险公司除了能为农业经营提供风险保障之外，也能为农户发展业务注入资金力量，全方位助力"三农"工作的开展[①]。

第四节　总结与展望

综上看来，保险业在支持新产业、助力"三农"工作发展方面都做出了巨大的贡献，并且还在持续优化和进步。在"十四五"建设时期，保险业应坚持高质量发展道路，以继续发挥其经济"减震器"和社会"稳定器"功能，并从全方位、多角度为实体经济建设与产业升级提供更加充分的保障。

保险业的高质量发展，不仅是我国产业升级、实体经济高质量发展的必然要求，也是我国当前保险发展的必然趋势。目前，我国保险业支持产业升级与实体经济发展，应先从产品与服务入手，进一步编织完善风险管理体系，与此同时，保险资金可以进一步发挥支持作用。

一、创新产品与服务形式，加强外部合作

综合前文来看，保险产品的创新与升级为新能源汽车等新兴产业、以农业为代表的实体经济提供了坚实的保障后盾。保险产品作为保险公司提供服务的核心，应与时俱进，伴随着新兴产业发展、实体经济进一步升级，相应的风险也在不断更新，保险公司需要敏锐捕捉风险升级带来的新需求、对新风险点进行针对性研究，提供具有针对性的保险产品。与此同时，国家法规政策、社会基础设施也需要更多配合，让保险产品更好地落地。

在新产业方面，我们应该看到的是，面对新兴产业的快速发展与庞大需求，当前的保险产品在保障广度和深度、经验数据积累、产品供给方面存在着较大的不足，仍然有很大的进步空间。保险公司应顺应时代潮流，紧跟国家政策，充分理解行业与政策内容，有条件的保险企业应积极与相关企业深入交流实践经验，并充分利用当前各种新技术，为新兴产业与中小微公司提供符合其需求的创新型保险产品，同时，对于传统产品也需要进行符合时代与需求的提升与改造，有能力的保险公司在保险产品的基础上可以进一步提供完善的配套服务，打造全产业

---

① 资料来源：http://finance.sina.com.cn/jjxw/2021-11-16/doc-iktzscyy5800621.shtml。

链服务，提升服务价值、履行社会责任。

在农业保险方面，农险产品创新在近年来得到了较快发展，但整体上仍然呈现出系统性不强、产品针对性不足的状况。农险产品的创新需要适合我国农业制度和体系，并且有完整的思路和专门规划，始终坚持创新为农业、保障为农民。此外，国家政府支持对于农业保险的发展来说至关重要，财政需要给予农险产品更多补贴和扶持，提高农民购买农险产品的意愿；政府农业部门、统计部门等相关单位在数据采集、整合公布方面应与保险公司加强合作，为农业指数保险的发展提供更加完善的数据基础。

二、完善巨灾风险管理体系

农业保险大灾风险准备金制度的完善、中国农再的建立，都表明我国日益重视农业巨灾风险的管理，但目前来看我国的巨灾风险管理体系并不完善，当前巨灾风险分散机制的建立相对比较缓慢。未来我国需要进一步积极推进再保险和巨灾风险管理体系的建设，建设之路上，不仅需要各保险公司积极参与大灾风险分散机制建设、完善大灾风险准备金制度，而且需要发挥强大的政府力量，政府在提供足够的财政支持之外，还需对新建立的中国农再进行统筹管理，推动农业再保险服务的深入开展，同时也需要推动保险公司与各灾害预报部门的合作，增加农业保险数据信息的积累，为农险的未来发展提供坚实丰富的信息基础。

在中国农再之外，再保险体系的构建离不开其他再保险公司的建设，中国太平再保险有限公司、人保再保险股份有限公司等再保公司的陆续建立，有利于再保险能力的提升，与此同时，应适当放开国外再保险机构的进入，有利于利用更加成熟的国际再保险市场支持我国农险市场的风险分散，同时为我国农业再保险的发展提供先进经验。

三、多种方式运用保险资金

保险资金的高效灵活运用，是保险业高质量发展的内在要求，更是支持实体经济与产业升级的必然要求。随着保险资金的使用途径不断拓宽，保险公司可以更加灵活地运用充足的资金，在支持绿色产业和农业发展方面做出更多贡献。在支持绿色经济方面，保险公司可以灵活配置绿色环保行业的股权、债券及其他金融产品；在支持农业发展中，积极推进险资"支农支小"，为农户的融资服务提供更多便利，推动农业现代化发展。

需要注意的是，在保险公司投资渠道拓宽的同时，监管部门需要进一步完善对保险资金投资途径的引导与监管，保证资金的安全性是保险资金做出长期贡献的基础。

第七章　保险服务工业 4.0 与智能制造

第一节　工业 4.0 与智能制造的概念与背景

一、工业 4.0 与智能制造的概念

改革开放至今，中国制造 40 余年来取得了瞩目的成就，在规模和技术上都取得了卓越的进步，经历了由注重规模到注重质量的重心转变，科技创新及技术应用在制造业中发挥的作用日益重要。工业制造升级、迈向智能化，是制造业发展到一定程度的必然要求。因此，工业 4.0 和智能制造是社会和制造业发展的必然结果，也是推动制造业进一步转型升级、实现制造业价值链创新的必由之路。

工业 4.0，也可以称为第四次工业革命，这一概念最早出现在德国，在 2013 年的汉诺威工业博览会上正式推出。根据四次工业革命的特征，工业 4.0 的核心——信息物理系统的深度融合，使其与前三次工业革命有着根本性区别。工业 4.0 的目标不同于以往，并不仅仅是创造新工业技术，而是着重于现有的工业相关技术，将技术与销售推广环节、消费者产品使用环节进行整合，通过先进的智能技术创建互联互通、效率更高的智能工厂，力求做到在整个商业链条中紧密连接生产商、销售商、消费者等众多商业主体。工业 4.0 是产业的技术转型和变革，不仅要求使用先进技术实现生产的规模化、自动化和智能化，提高生产制造效率，还要求企业融入互联网中，实现企业之间的互联互通，在整体上提高企业的运营效率、降低运营成本，营造良好的市场竞争环境。因此，工业 4.0 不仅是技术进步的大跨越，更是致力于运用先进技术打造融会贯通的"整合"思维。

从智能制造的概念来看，广义而论，智能制造是新一代信息技术与先进制造技术的深度融合，智能制造贯穿于商业流程的全过程，包括设计、生产、销售、服务等。在设计与制造过程中，致力于实现数字化、网络化、智能化；在产品上，努力提高产品质量与创新程度，提供满足日益多元化需求的产品；在销售环节，提高服务效率与服务水平。综合来看，智能制造的目的是推动制造业创新、绿色、

协调、开放、共享发展[①]。

因此，要实现工业 4.0 的愿景，则要求使用先进的生产技术赋能商业全链条，这种要求落在企业层面即要求企业具备良好的智能制造能力，而智能制造是企业、市场迈入工业 4.0 阶段的必要条件，同时也是推进城镇化建设与社会发展、实现经济高质量发展的重要动力。

二、工业 4.0 与智能制造的现状

受益于互联网、物联网及其他数字智能技术的不断发展，和产业政策的不断推动，中国智能制造步入快速扩张发展阶段。如图 7.1 所示，中国智能制造产值规模逐年上升，到 2020 年，中国智能制造业产值规模达到 2.5056 万亿元[②]，相当于当年全国 GDP 的 2.47%，规模较上年同比增长 18.85%；智能制造行业投融资金额约为 253 亿美元，较 2019 年同比增长约 148%[③]。

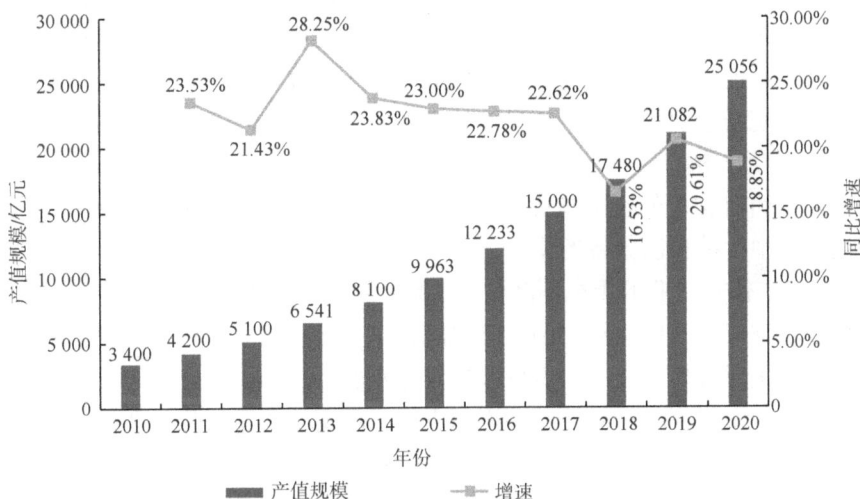

图 7.1　2010～2020 年中国智能制造业产值规模及增速[②]

根据 2020 年发布的《中国智能制造企业百强榜暨中国智能制造业发展与趋势》白皮书，老牌大型公司在排行榜中名列前茅，但中小型企业的力量也不容忽视。行业分布中，智能制造企业向计算机通信、其他电子设备制造业集中，信息化、智能化趋势非常明显。

① 资料来源：https://zhuanlan.zhihu.com/p/595206641。

② 资料来源：https://baijiahao.baidu.com/s?id=1723282531460601298&wfr=spider&for=pc。

③ 资料来源：https://baijiahao.baidu.com/s?id=1687020051487210140&wfr=spider&for=pc。

同时，各省市出台了一系列政策文件，全力支持智能制造的发展。北京、上海、天津、广东等省市陆续出台了支持智能制造的发展规划，上海市作为我国经济发展排头兵之一，智能制造的发展基础和支撑能力都很强，各重点行业的智能制造水平在不断提升，新能源汽车、工业机器人制造等产业强力发展。

三、工业 4.0 与智能制造面临的挑战

国内工业化起步时间相对较晚，尽管近年来得到了迅猛发展，但在智能制造这类新兴产业中仍存在技术、经验方面的不足，因此在智能时代建设上面临着较大的挑战。

首先，智能制造企业在技术上仍然面临技术发展不充分、技术水平受限的困境。其次，制造业智能化转型中面临着较多的困难：一方面，传统型企业在智能化转型中，伴随着产业链的扩展、创新型业务增多，在原有环节和扩展后环节面临的原有风险加大，且增添了复杂多样的新型风险；另一方面，许多创新型制造业为中小型企业，尽管具备较强的研发能力，但受困于资金不足而发展缓慢，难以将研发创新能力完全变现为产品，同时中小企业在风险管理方面的经验相比较大规模的传统企业更为不足，抗风险能力较差，规模较小的风险便足以对新生企业产生毁灭性打击。

因此，面对这样的风险与挑战，保险作为风险分摊的工具，需要在工业 4.0 和智能制造中发挥自己独特的作用。

近年来，保险行业的规模不断扩大，保险在各行各业发挥着日益重要的作用，上至对于航空火箭等国家战略的保险保障，下至为老百姓提供更多平价实惠保险产品，保险正向着多元化、高质量方向快速发展。

制造业的发展离不开保险的多方面支持，国家非常重视保险业对新型制造业的支持作用。2017 年，《关于金融支持制造强国建设的指导意见》提出大力发展多层次资本市场，发挥保险市场作用，助推制造业转型升级。2017 年，《关于上海创新智能制造应用模式和机制的实施意见》中提出"鼓励保险机构通过首台（套）重大技术装备保险、贷款保证保险等产品为智能制造企业提供保险保障"。2021 年 4 月，银保监会发布《关于做好 2021 年制造业金融服务有关工作的通知》，一方面强调"鼓励保险资金通过市场化方式投资产业基金，加大对先进制造业、战略性新兴产业的支持力度"，另一方面也要求"持续推进首台（套）重大技术装备保险和新材料首批次应用保险补偿机制试点，支持制造业高质量发展"。

第二节　保险当下如何服务工业 4.0 与智能制造

智能化在推动经济转型发展、经济主体扩张的同时，客观上也扩展了风险的规模与类型，使得对保险保障支持能力的要求有所提高。目前，保险行业正从下述各个方面为智能制造业提供支持。

一、打造全链条式保险产品支持行业与公司发展

智能时代的一个重要特点是打通生产、流通、销售等环节，各个环节之间的联系日益紧密，形成完整的产业链条。此时，仅针对一个环节的保险产品便会显得单薄，不能更好地保障企业所面临的风险，且在联系紧密的产业链中，一个环节出现问题，其他环节受到的影响相较从前来说也进一步加深，风险标的规模的扩大意味着发生风险事故时，企业承受的损失也将进一步扩大。

在这种情况下，单一险种很可能无法满足企业的需要，且企业在配置单一险种时难免因经验不足、缺乏战略性思维导致保险种类配置不足或保险组合选择失误，不能全方位覆盖风险。此种情况下便要求保险对不同生产要素、不同的生产制造环节与流程所涉及的风险进行"全链条"式保障，既包括事故后的保险赔偿，也包括事故预防的防线管理服务，达到综合性风险管理的目的，以更好地支持工业制造业发展。

2021 年 11 月，瑞再宣布与百度达成合作，为 Apollo 自动驾驶计算平台及自主泊车等自动驾驶相关产品提供风险研究和保险产品创新服务[①]。本次合作中，瑞再将为该自动驾驶平台提供覆盖全产业链的保险服务方案，如风险因素筛选、产品定价、理赔与核保数据标准等。瑞再在自动驾驶领域的风险管理产品充分体现了保险公司在新兴产业中的强力支持作用，有助于汽车产业生态完善，为其他保险公司支持新兴产业发展做出表率。

二、个性化创新产品与传统产品升级

在提供全链条式保险解决方案的同时，一些险企也通过设计新型保险产品以及升级传统保险产品，针对当前创新技术企业不同的专业风险点展开针对性保护。

（一）故障损失保险、营业中断险保障停工风险

众所周知，智能制造企业的产品生产与服务提供依赖于高附加值的生产设备，一旦这些生产设备发生故障或损坏，在智能时代生产环环相扣的情况下，极有可

---

① 资料来源：https://mp.weixin.qq.com/s/NpkUOHSY3RTX-J8oYqhDqg。

能中断生产链条，甚至导致营业中断，一旦发生停工停业，将给企业利润造成较大损失。为防止这种情况带来过大的损失，需要保险保障新技术企业的机器故障损失与营业中断损失两大风险。我国营业中断险包括适用于非制造业的利润损失险和适用于制造业的机损利损险①，通常在投保财险、机器损坏险的时候，将这两个险种当作附加险，扩大保障范围。

比如在过去三年中，疫情为众多企业带来较大损失，由此产生了旺盛的经营风险防控需求，进一步提升了保险企业销售停工与营业中断险的热情。这类保险同样可以适用于新兴产业。传统营业中断险对火灾、暴雨或洪水等极端自然灾害发生后产生的企业损失进行保障，那么智能化时代风险事故可以进行相应更新，如新型制造业所需高端仪器或互联网系统出现故障失灵。对于这种可能会对智能制造业产生较大打击的风险，保险公司应设计相应产品予以保障。

2021年7月，上海辉度智能系统有限公司（简称辉度智能）与东京海上日动火灾保险（中国）有限公司［简称东京海上日动（中国）］达成战略合作②，东京海上日动（中国）为辉度智能定制专属保险产品。辉度智能专注于为旋转类设备提供故障预警解决方案，东京海上日动（中国）将其监测旋转机械设备的振动传感器是否做出准确故障预测及诊断作为保险保障的触发点，与将"意外事故产生的物损"作为保障触发点的传统财险存在明显不同。对于辉度智能来说，其故障预警系统功能没有得到充分发挥相当于传统制造业的设备发生损失，将对其主营业务的收益产生严重影响，因此这种针对企业量身定制的创新型机损利损险具有重大意义，值得推广。

（二）专利执行保险维护技术创新积极性

专利是科技企业盈利与进一步技术创新道路上的重要环节。当下许多创新均来自中小企业，因此知识产权对于中小企业来说至关重要，不仅是对其技术成果的肯定，更是其获得盈利的重要保障。没有专利保护的中小企业，其知识产权容易受到侵犯，而当受到来自大型公司的知识产权侵犯时，势单力薄的中小企业又难以追偿损失，保护自身合法权益，这将大大打击技术创新的积极性。同时，中小企业将资金主要用于生产研发，遇到专利侵权行为时很可能没有足够的资金和经验应对。专利执行保险便是针对这一风险设置的险种，该险种的保险责任是被保险人（专利权人）受到专利侵权行为时，为了维护自身权利产生的诉讼费用等支出③。

---

① 资料来源：https://china.findlaw.cn/info/baoxian/bxflw/317407.html。

② 资料来源：https://www.tokiomarine.com.cn/cn/news/detail_65-526.htm。

③ 资料来源：https://baike.baidu.com/item/%E4%B8%93%E5%88%A9%E6%89%A7%E8%A1%8C%E4%BF%9D%E9%99%A9/19863295?fr=ge_ala。

2012 年，专利执行保险正式进入试点阶段，近年来随着创新型企业的不断涌现，得到了更好的发展。专利执行保险显著促进了企业的技术创新能力，企业绩效也得到了大幅提高。

2020 年 7 月，株洲真创环保科技有限公司以 1600 元保费向人保财险石峰支公司投保专利执行保险。此后，该公司"真空排泄阀"发明专利遭到苏州某公司侵权，在开展诉讼维权后，人保财险及时审核并进行了理赔，展现了保险公司和保险产品对具有新技术的中小微企业的支持与保障作用，增强了企业的研发信心。

（三）网络安全保险保障企业信息安全

随着信息化、数字化技术的发展，网络安全涉及人们生活的方方面面。对于智能制造相关公司来说，网络安全的重要性更是不言而喻。以"云"资源为代表的网络应用具有扩展性强、使用方便、存储量大等优点，但一旦发生网络风险，则会导致信息泄露、业务系统故障甚至业务中断，对公司的经营将造成严重打击。在此背景之下，网络安全保险的保障对于智能制造企业而言必不可少。网络安全保险旨在分散和转移企业面临的网络安全风险，提高抵御网络安全事件的能力。它往往还要求保险公司提供相应服务，包括承保后的风险管理服务、险情出现后的相应应急服务和日常网络安全维护服务。2021 年 11 月 26 日，众安科技宣布成立众至网络安全联合共创实验室，探索网络安全保险新业态和新模式，力求在提供网络安全保险的同时，推出网络安全解决方案与数据安全解决方案，打造一体化、一站式网络安全产品[1]。

（四）责任险维护新型公司利益

新型科技公司的发起人和员工通常是充满热情的管理和技术人员，在公司经营的前期面临着技术开发、筹集资金、战略决策等重要任务，董监事及高级管理人员责任险（D&O，directors & officers insurance）也随着创新公司的增多而日渐时兴。据安达保险统计，截至 2019 年中期，有 13 家科创板公司投保了董监高责任险，占当时科创上市公司数近一半，而安达保险在科创板企业上市过程中为 3 家企业提供了董监高责任风险保障[2]。与传统大公司相比，新型科技公司经营经验不足，因此风险点更多、力量更加薄弱，一旦产生董监高责任相关的高索赔，对公司的经营打击重大。因此，董监高责任险对于新型科创公司来说是值得考虑的保险配置。

随着新技术的应用和新产业的发展，采用高新技术的创新型产品亦如雨后春

---

[1] 资料来源：https://www.sohu.com/a/503684175_485557。

[2] 资料来源：https://baijiahao.baidu.com/s?id=1643928365228401108&wfr=spider&for=pc。

笋般涌现。尽管新型产品的问世令人兴奋，但很多产品由于缺少先前经验借鉴或技术存在不成熟之处，难免存在设计缺陷。近年来，高新技术产品研发责任险的诞生旨在保护因研发成果设计缺陷造成意外事故导致的财产损失和人身伤亡的赔偿责任。高新技术产品研发责任险是对传统产品责任险的具有针对性的拓展，根据时代的需要而对产品做出升级改进，是保险公司持续提供保障的必然要求。

三、保险资金积极服务智能制造与创新企业

保险资金主要来自保险责任准备金，因此保险资金具有规模较大、期限较长、来源稳定的特点。由此，为企业提供长期融资，支持实体企业发展，保险资金具有天然优势。从保监会 2010 年出台《保险资金投资股权暂行办法》，到 2018 年出台《保险资金运用管理办法》，再到银保监会 2021 年出台《关于保险资金投资公开募集基础设施证券投资基金有关事项的通知》，保险资金运用途径得到了更加广泛的拓展，因此，保险公司也可以运用旗下资金对智能制造与创新企业进行扶持。

保险可以通过两种方式对智能制造企业提供资金援助，第一种方式是通过购买债券、股票等金融工具对创新型企业进行投资，目前许多大型创新科技、智能制造企业具有股票发行资格，保险公司可在考察公司背景、做好风险控制的前提下进行相关股票的配置；第二种方式是通过股权、债权、私募基金等方式对新型制造业公司或项目进行直接融资。新兴产业的发展离不开资金支持，由于部分企业以轻资产为主缺少抵押品，又缺少信用积累，从银行获取足够融资较为困难，因此股权融资在此类产业发展中起着至关重要的作用，而保险资金可以成为股权融资的重要资金来源。我们认为，对于新型智能制造企业的投资体现了对力量尚为弱小但具有高创新能力的公司的支持，意义更加重大。

2021 年 9 月，太平人寿投资成立科技发展公司，注资 26.6 亿元。众安保险定位 "保险+科技"，在科技发展上投入丰富的资源。几乎与太平人寿同时，众安保险向众安科技推进 20 亿元增资，为众安科技成立以来众安保险的最大手笔投资。由于母公司的大力支持，众安科技在成立的五年时间里迅速发展，在大数据、云计算、人工智能等方面积累了丰富的经验并形成自身的技术优势。

四、保险保障留住创新型人才

工业 4.0 和智能制造的实现，实质上是高质量人才驱动带来的智能时代的实现。未来对高素质人员的需求将进一步增加。随着生活水平的提高，高质量人才不仅对薪资水平的要求提高，对各类配套福利的要求也随之提升，其中包括是否有完整的社会与商业保险、员工健康计划是否完善等。优秀的创新型企业通过提供完善的职工福利保障计划吸引人才。对此，友邦人寿为各类创新型企业提供员工

福利保障专区服务。既有针对大型企业的专属福利保障计划，也有对于中小企业的优选福利保险计划，还有企业员工的自选福利保险计划。这些计划中包含了定期寿险、意外险、医疗险、重疾险、生育保险等，为员工提供全面的福利保障。

第三节　保险服务工业 4.0 与智能制造的未来之路

保险业凭借着自己的独特优势，在产品、服务、资金等方面为工业 4.0 和智能制造时代发展提供了诸多支持。在未来的发展道路中，保险行业服务还可以从以下方面进一步完善。

一、多方助力打造创新概念产品

尽管创新型保险产品的设计有着光明的未来，但必须明确的是，保险产品在研发设计过程中面临着较多困难。首先，新产品的研发设计必然遇到定价科学性不足、险种覆盖面有所不足的问题，如网络安全保险承保前需要对公司进行全面的风险评估，准备工作涉及公司的组织架构、制度体系、技术措施等方面；其次，新型产品的设计往往需要大量资金投入，许多盈利微薄的中小保险公司即使有意进军新型产品，也会因资金短缺而无法实现。由于以上所述问题的存在，全链条型和创新型保险产品的设计与销售都存在着较大困难，尽管市面上的创新型保险产品有较快发展，但总量仍然较少、发展仍然不充分。

因此，在新型保险产品的设计与推广中，政府需要发挥"看得见的手"的作用，进行积极的政策引导与教育宣传，既让保险公司设计保险产品不必过于顾虑费用问题，又提高创新公司购买新型保险产品的积极性。例如，日本政府于 2003 年主导推行知识产权许可保险，不仅在推行该保险方面出力，也为其设置了再保险制度，增强了该保险的风险承受能力和大众的接受程度。

同时，银保监会对于新型保险产品应尽到监管与规范职责，防止出现设计明显不合理、空有噱头或风险较大的保险产品，维持市场秩序稳定，引导新型保险产品顺利进入市场。

可以看到，许多创新型险种都来自中国人保、众安保险等规模大、市场占有率大的保险公司，一般中小型保险公司可能是"心有余而力不足"，现有资金技术并不支持它们开展传统保险之外的业务。如何扶持鼓励中小型保险公司开展创新业务、升级传统产品，也是监管部门需要着力的地方。

二、险资与创新企业深度合作，互利共赢

随着保险资金投资范围扩大和投资形式日益丰富，创新型公司的融资需求不断扩展与变化，未来保险资金运用模式有着进一步创新优化的空间。保险公司需要改变"投保+理赔"的传统二元观念，推进保险公司对科技企业的深度支持。

保险公司可以通过投融资方式支持创新型科技公司，给予其更多支持。同时，保险公司与科技公司可以通过达成战略协议，进行直接合作，有利于保险公司吸取新技术，获得新经验。一方面，保险公司可以更加直接地了解相关领域的专业细节，更好地从细节入手研发新型产品，为创新公司提供更加切合痛点的产品，提高保障能力；另一方面，保险公司可以利用所投资公司的创新成果，推动保险公司数字化转型，在产品研发、营销推广、定损理赔、客户服务等方面提高质量与效率。双方相互交流学习，有利于实现保险公司与科技公司的相互促进、互利共赢。

根据国外的经验，大型保险公司可以用风险投资者的身份直接介入科研开发活动，与企业和其他投资者利益共享、风险共担。但此举措的风险相对较大，保险公司需要雇佣专业人士、谨慎操作，在观察市场动向的同时谨慎施行。

需要注意的是，保险公司在进行投资时需要谨慎筛选标的，控制投资规模，不能影响正常保障性资金的安全性，避免产生较大投资亏损。与此同时，由于科技型投资监管规则与法案还处于完善之中，因此需要银保监会及相关组织对保险资金的投资方向进行一定的监督与引导，才能实现保险资金长期良性循环。

三、提高风险管理能力，完善监管政策

产品创新和资金支持，需要以坚实的风险控制为基础。一方面，保险公司在设计新型保险产品时难免面临数据资源缺乏、定价科学性不足等问题，利用现有数据与精算模型进行定价较为困难，且定价与实际损失情况相比经验丰富的传统险种来说具有较大偏差，因此若发生风险事故，保险公司可能面临较大经营风险；另一方面，保险资金日益涌入新兴制造业投资，在促进新兴产业发展的同时，也面临着投资行为不规范的问题，且在新兴企业的投资过程中，很有可能出现因新兴企业缺乏经验、经营不善导致的投资负收益，给保险公司资产造成损失。因此，保险公司应增强风险管理能力，完善偿付能力体系建设，坚持资产负债匹配的基本原则，提高应对新型风险的能力。

保险公司投资行为的规范离不开监管政策的支持。监管方面应进一步加强对保险资金服务新兴制造业的引导，我国保险资金扩展投资领域的历史并不长，保险公司对市场风险、投资标的风险情况的把握等仍有待提高，需要引导保险公司

将投资的安全性与稳定性置于最重要的地位，才能切实为投资能力的提高打下坚实基础，在服务工业 4.0 与智能制造的道路上稳步前行。

四、完善再保险市场等风险转移举措

工业 4.0 和智能化时代在带来诸多新产品、新服务的同时，也必然会扩大风险范围和提高风险程度。这种情形下，新型风险的承保必然为保险公司带来更多未知且数额更大的风险，发生较大风险事故时，当前保险公司的偿付能力体系可能不能支撑其赔付，因此再保险制度的完善是必须之举。

我国再保险应用与发达国家相比仍存在相当大的差距，需要政府积极引导和支持国内外再保险公司为设计创新型保险产品的公司提供再保险保障，提高保险公司的风险承受能力和信用水平，更好地服务智能化时代的发展。

第三篇

保险与社会发展

保险业是我国国民经济重要的支柱行业，其发展是我国社会进步和经济发展的典型缩影，其功能演进也受特定的社会文化背景与经济环境影响。当前，我国面临内外部环境变革的挑战。一方面，新冠疫情对社会经济带来的影响仍部分存在、全球第四次产业革命加速、国际贸易格局变化等外部环境变化使得我国经济发展面临更多不确定性；另一方面，老龄化与少子化带来人口结构变化、脱贫攻坚成果长远巩固等内部问题急需解决。在"十四五"新发展时期，保险业应在做好损失补偿、风险保障的基础上，更多地探索功能边界，发挥重要职能。本部分从新冠疫情期间保险功能发挥、普惠保险发展概况、老龄化时期保险破局之路三方面展开研究。

第八章探讨了新冠疫情期间保险业发挥的功能。本部分选取 2003 年非典和 2020 年新冠疫情两个公共卫生事件，检验我国保险业的功能发挥与发展演进。研究发现，在应对公共卫生事件中，保险业除了发挥常规的损失补偿、风险保障和风险管理功能外，同时也发挥着社会责任、类社会保障、社会管理等延伸功能。

第九章和第十章探讨了普惠保险的发展水平和具体案例。普惠保险是我国完成决胜脱贫攻坚战的重要手段，普惠保险发展水平的指数化测度，是研究普惠保险助力脱贫攻坚机制的基础。第九章从保险渗透性、可得性和使用性角度选取指标，使用变异系数法确定权重，构建了我国 2007～2020 年省级普惠保险指数。第十章以 2020 年保险业现象级"惠民保"产品为例，探究了普惠健康保险在我国发展的背景、进程、商业模式、意义。

第十一章以我国老龄化为背景，探究在基本养老保险、企事业单位补充养老保险可能承压，居民差异化养老需求恐难以满足的情况下，商业养老保险作为第三支柱，构建多层次养老服务体系，提高养老风险保障水平，更好地满足人民对于养老服务高品质、多元化追求的破局之路。

第八章　保险保障与重大风险防范

　　保险业作为我国国民经济重要的支柱行业，在新冠疫情这一公共卫生事件中及时借助医疗渠道为医疗机构提供防护物资和捐款，为患者救治提供后端保障，同时通过产品创新和扩容将保险责任延伸至新型冠状病毒的感染和身故，减少患者后顾之忧，减轻社保和国家财政压力，并在帮助中小企业恢复正常的生产经营，提振经济方面发挥了重要作用。2020 年至 2023 年初，疫情完成由原来的突发公共卫生事件向"乙类乙管"的常态化管理转变，在这期间保险行业一直发挥风险分担机制作用，为可能的"隔离风险"提供保障。审视重大风险防范下的保险功能的发挥有助于检验保险业发展及其对社会的作用。总体来讲，保险业在应对公共卫生事件中，除了发挥常规的损失补偿、风险保障和风险管理功能外，同时也发挥着社会责任、类社会保障、社会管理等延伸功能，并在后公共卫生事件时期继续发挥社会"稳定器"的功能。

第一节　疫情下保险业在公共卫生体系中的功能发挥

一、保险业功能演进

　　最早关于保险的功能是进行经济补偿，这也是现代保险业赖以诞生的基础。当时亚当·斯密认为保险只有经济补偿一个功能，即"单一保险功能说"。亚当·斯密在《国富论》中对保费的阐释是，保险费必须足以补偿通常的损失、支付管理费，并提供一份同额资本在任何通常的贸易中所能获得的相等的利润。实际上这种经济补偿的功能，其主要目的是帮助有困难的个体在特定的风险发生时得到补偿，所以，这一功能同时也具备了社会管理的作用。随着社会的进一步发展，在18 世纪末 19 世纪初，由于保险主体的增加和市场规模的扩大，许多大型保险公司凭借其积累的巨额保费形成的资金池成为投资市场的重要力量。保险功能逐渐由原来的"单一保险功能说"拓展成为"相互金融说"。日本的米谷隆三提出"相互金融说"等一系列新理论，强调保险的资金融通功能。Modigliani（莫迪利亚尼）

的生命周期假说将消费者行为从静态引向动态，保险学也将保险的功能从静态领域转变为动态领域，寿险和年金产品的购买成为一个人终身收入与消费的选择，因而保险学更多地将财富管理也定义为保险的功能之一，保险功能向更加多元化的方向发展。20 世纪 70 年代，伴随着中东石油危机的产生与发展，世界上越来越多的国家特别是西欧福利国家逐渐调整社会福利政策，进行市场化改革，社会保险的替补产品商业保险日益发挥着重要的作用。主流的学术观点认为，保险的功能主要为三个方面：损失补偿、资金融通和社会管理。随着现代经济的发展，保险通常被认为可以在改善风险分配状况、保护现有财富、积累资本、促进资金融通、提供管理建议和缓解财政压力等领域发挥作用。

在我国保险功能的研究领域，损失补偿被认为是保险最基本的功能。袁宗蔚（2000）认为保险的基本功能是损失补偿，这种损失补偿具体表现为组织经济补偿和给付保险金。实际上，损失补偿是指风险发生以后保险公司的责任赔付，当风险没有发生时，保险所发挥的功能也是保险提供风险保障的这一本质。随着中国保险业的发展，保险公司（尤其是寿险）对资金的积聚和运用能力逐渐显现，保险开始从原来的保障功能进一步派生出资金融通的功能。伴随着社会的发展，保险所发挥的作用以及功能在不断地深化和拓展。郭金龙和周小燕（2014）提出了保险应该具备有风险管理的功能，要将保险的功能从事后损失补偿向事前的风险管理推进。卓志和孙正成（2014）也提出，保险业作为现代服务业的一种，对于提振经济、解决失业的问题有重要作用，强调了保险的社会管理功能。周延礼和清华大学五道口金融学院中国保险与养老金研究中心（2020）则提出，伴随着我国国民财富水平和财富管理意识的不断提高，保险的财富管理的作用日益凸显并成为保险的另一重要功能。可见，对保险功能的认识是随着保险业的深入发展不断演进的，保险由原来基本的保障功能逐渐进行拓展，在不同的历史阶段所发挥的作用也不同。不过，鲜有文献针对公共卫生事件这一特殊风险，检验以上文献所提及的功能是否均发挥作用，探讨是否存在除了以上功能之外的延展功能。

二、本次疫情中保险业核心功能的发挥

新冠疫情这一公共卫生事件中我国保险业一直全心投入疫情相关的风险保障工作，充分发挥保险业损失补偿、风险保障和风险管理等功能。

（一）损失补偿功能

损失补偿是保险最基本的功能，也是保险发挥其他功能的基础。保险业在应对新冠疫情中反应迅速，效率提升，且从多方面、多层次共同保障人民的生活状况。各大保险公司在疫情刚开始发生即制订出了相应的赔偿计划，开通赔偿绿色

通道，积极承担赔偿责任。2020 年 1 月 31 日晚，泰康人寿完成了针对新型冠状病毒的首次赔偿，赔偿额度为 11 万元，历时 2 小时 51 分钟。中华财险等财险公司也纷纷将新型冠状病毒纳入赔偿的责任范围，充分保障人民的生命财产安全。

（二）风险保障功能

风险保障是保险的本质特征。这种保障不以风险的发生为前提，即当风险没有发生时，保险合同就提供风险保障，转移可能发生的损失。公共卫生事件由于覆盖面广、影响人群众多等特点，容易造成民众恐慌和对风险保障的渴望，因此，保险所发挥的这一功能更加明显[1]。突发公共卫生事件中，保险首要的也是最主要的功能是针对新涌现的社会风险提供增量风险保障。2020 年新冠疫情期间，保险公司一是以现存产品保险责任扩展为主，赠送新冠相关产品为辅的方式为社会增量风险提供保障。截至 2020 年 2 月 14 日，有 56 家保险公司拓展原有产品的理赔范围至新型冠状病毒的感染和身故，同时也为新冠患者打开理赔绿色通道。保险公司采取拓展已有产品保险责任代替销售短期新冠产品的方式，能够让消费者知晓保险是长期风险保障的有效手段，是对保险行业长期风险管理者形象的塑造。同时有助于鼓励消费者通过健康险等险种对未来风险进行预防，即使出现类似新冠疫情和非典等"黑天鹅"公共卫生事件，保险业也能够通过扩展保险责任对增量风险进行保障。二是借助互联网手段下沉市场，将增量风险保障更快地覆盖到更广泛的人群。保险公司通过微信、支付宝等工具，将保险产品责任拓展的消息和新冠相关产品的赠送快速传递至全国各线城市居民手中，快速与全国疾病防治定点医院对接并为一线医护人员赠送相关产品。三是积极配合政府为人民提供社会保障。海南推出了复工复产企业疫情防控综合保险，以保障企业由政府疫情防控要求进行封闭或隔离所导致的在产品损失、员工工资及隔离费用方面的支出风险；宁波推出了小微企业复工防疫保险，以保障由法定传染病导致企业停工停产的风险，为复工复产与经济复苏发挥重要支撑作用。

（三）风险管理功能

商业保险的功能并非局限于风险保障，也含有重要的风险管理功能。以健康险为例，保险公司将健康服务与健康险相结合，帮助居民更快速地获得更高质量的健康管理服务，日常健康咨询和健康提醒能帮助民众管理自身健康状态，以此提高社会保障的质量。伴随着保险的深入发展，保险的功能愈发地从事后赔付向事前风险控制与风险管理的方向发展。在新冠疫情期间，保险公司的举措逐步从

---

[1] 风险保障作为保险业应对公共卫生事件的主要功能可以从 2020 年 2 月 15 日银保监会副主席梁涛在国务院联防联控机制举办的新闻发布会上所介绍的保险提供总保额约 9 万亿元中得到进一步的佐证。

病后向病前转移，如平安人寿和泰康人寿分别在其"平安好医生"和"爱心保"平台上开展口罩派送服务，以保障人们能获得足量的口罩，从而降低新型冠状病毒的患病率。这反映出我国保险业逐步具备了事前风险管理的功能，保险业正向更高的层面发展。

三、新冠疫情中保险业延伸功能的发挥

在新冠疫情公共卫生事件中，保险行业还表现出强烈的社会责任、类社会保障功能和社会管理功能，是保险功能的拓展和延伸。

（一）社会责任

保险业作为一个经营风险的行业，在经营特征上具有经济属性，但是在业务特征上又具有一定的公益属性。保险业社会责任的这一功能，在和平年代和正常的商业社会中并不显著，但是在突发公共卫生事件中却是保险功能的一个共性体现。通常在公共卫生事件中，保险业会利用捐赠和社会救助等形式参与公共卫生管理，体现保险行业的社会责任。保险公司在应对新冠疫情中的社会责任行使体现出覆盖面广、效率高、响应快的特征。一是覆盖面广和捐款金额大，截至2020年2月25日，保险行业累计为抗疫一线人员捐赠总计保额11.58亿元的保险保障[1]，此外截至同年4月10日行业为抗击新冠疫情捐款、捐物总额达3.76亿元[2]。二是救助效率高，保险公司健康服务渠道建设帮助打通自有全球健康渠道，保险机构能够发挥渠道优势收集医护物资直达湖北，解决物资紧缺的燃眉之急。三是响应速度快，2020年1月19日晚在钟南山接受采访肯定新冠病毒的人传人风险后，到2月3日，包括保险行业协会在内的23家保险机构对湖北进行了捐款。

同时保险公司踊跃参与社会公益活动，承担企业社会责任的同时提升行业形象。新冠疫情中，保险公司款项捐赠更为踊跃，通过自身医疗健康渠道为湖北疫情严重地区直接捐赠医护物资。截至2020年2月19日，包括保险行业协会在内的保险机构捐款、捐赠物资累计达3.15亿元，捐赠风险保障额累计达15.7万亿元，专属赔付达5015万余元[3]。

（二）类社会保障功能

公共卫生事件由于涉及整个社会，需要全方位地覆盖所有群体的保障，因此，

[1] 资料来源：https://www.gov.cn/xinwen/2020-02/25/content_5482822.htm。
[2] 资料来源：https://baijiahao.baidu.com/s?id=1663932878043863041&wfr=spider&for=pc。
[3] 资料来源：https://mp.weixin.qq.com/s?__biz=MzU3MDg5NjkxMQ==&mid=2247606353&idx=3&sn=56031364115f619f863961d016fea565&source=41#wechat_redirect。

要求商业保险与社会保险进行更好的衔接和功能发挥，商业保险也因此在应对公共卫生事件中具备某种程度的与社会保障类似的功能。新冠疫情期间，确诊和疑似患者的医疗费用由国家完全负担，但患者在临床检测前的医疗门诊和住院费用可通过商业保险获得理赔。符合重大疾病保险理赔条款要求的患者可通过重大疾病保险申请理赔，不幸感染新型冠状病毒身故的患者也可通过人寿保险获得理赔。商业保险市场的发展使得我国以社会保险为基础、商业保险作补充的多层次社会保障制度日渐成熟，更高质量地保障居民的日常生活。

（三）社会管理功能

突发性社会事件易带来公司破产、失业等一系列社会问题，从而引发一定的社会动荡，对社会关系、社会信用等产生巨大威胁。保险作为社会的"稳定器"，具有维系与重构社会稳定的社会管理功能，并且伴随保险业的发展，这一功能会愈发明显。2020 年 2 月 3 日，银保监会财险部下发《关于做好财产保险业新型冠状病毒感染肺炎疫情保险理赔服务和保险产品开发有关工作的通知》，建议财产保险公司对雇主责任险扩展相应责任，将新型冠状病毒引发的雇主责任等纳入保障范围内，从国家层面向保险业维护社会稳定、发挥社会管理功能提出要求。保险业通过营业中断险、雇主责任险、企财险、信用保证保险等险种为企业提供有效的风险保障，弥补企业在"黑天鹅"事件下的直接损失和间接损失，保证企业在事件后融资和资金流通的通畅性，有助于中小企业提振经济。例如，保险业通过信用保证保险为中小企业增信，帮助其获得间接融资；通过保险资产给予直接融资，保证日常经营活动和技术开发；通过开发"小微企业复工防疫保险"，弥补企业由停工、停产造成的利润损失，减小疫情对企业日常经营活动的负面影响。

第二节　疫情下保险推动国家公共卫生治理完善方向与路径

保险业的发展是我国社会进步和经济发展的典型缩影，其功能发挥也受特定的社会文化背景与经济环境影响。2003～2018 年，中国的保险业位于发展的高速通道中，保费规模从 2003 年的约 3880 亿元提升至 2018 年的约 3.8 万亿元①，复合年增速约达 16.4%，成功超越日本成为全球第二大保险市场。我国保险业持续

---

① 资料来源：银保监会关于 2018 年和 2003 年保险业经营数据的统计（2018 年：http://www.cbirc.gov.cn/cn/view/pages/ItemDetail.html?docId=367745&itemId=954&generaltype=0。2003 年：http://www.cbirc.gov.cn/cn/view/pages/ItemDetail.html?docId=367710&itemId=954&generaltype=0）。

发挥着国民经济稳定器作用，通过风险分摊和风险管理为社会减压，同时在创造财富、增加就业、管理社会等方面发挥着积极的作用，保险业的形态也逐步地发生了变化。同时，近20年中国保险业快速发展，保险的功能不断拓展和延伸，在应对公共卫生事件中展现出了更好的担当，发挥了更好的作用。本部分通过对比2003年非典和2020年新冠疫情两个卫生公共卫生事件下保险功能发挥的差异，为后疫情时代保险业在推动我国公共卫生治理体系建设和完善方面提供思路。

一、保险业核心功能发挥的差异

（一）损失补偿功能

新冠疫情期间与非典疫情期间相比，保险的损失补偿功能有了明显的优化和改善。突发性社会事件被列为保险赔偿范围成为社会共识。在非典发生期间，针对非典是否属于保险的赔偿范围，社会各界其实有着较为激烈的讨论。在非典发生初期，一些大型保险公司往往以医学界还在研究、保险公司无法获得充实的相关数据为由并没有制订出关于非典的相关计划，对非典的赔付进行冷处理。直到2003年4月24日保监会向保险公司发文指示被保险人患非典应当纳入保险赔偿的范围，各大保险公司才制订相应的非典保险计划。在非典之后，针对这一问题的讨论与反思愈发激烈，最终，学界和业界普遍认为，对突发性社会事件进行赔付，应该是保险损失补偿功能的内涵之一。新冠疫情期间，各大保险公司在疫情刚开始发生时就制订出了相应的赔偿计划，开通赔偿绿色通道，积极承担赔偿责任。从实际案例的角度来看，新冠疫情自2019年12月暴发，而在2020年1月31日晚，泰康人寿完成了针对新型冠状病毒的首次赔偿，赔偿额度为11万元，历时2小时51分钟。在非典期间，非典的暴发时间为2002年11月，以深圳市为例，其保险业的第一例赔案却是在2003年5月14日，期间间隔约6个月，而该赔案的保险事故发生在2003年2月，时间间隔约3个月。根据上述案例可以清楚地看到，针对非典、新冠疫情等社会突发事件进行保险赔偿已经成为社会共识，成为保险损失补偿功能的内涵。同时，保险业在这些突发事件下，履行其损失补偿功能的效率在不断提升，在应对和解决类似非典突发事件中发挥着更大的作用。

同时，保险损失补偿的内部结构也在不断地优化。在非典时期，人身险对于抗击非典，补偿人们遭受的损失起到了巨大的作用，但是相对应地，财险由于内部结构以及市场规模相对较小的原因产生的作用有限，但是在新冠疫情期间，我们可以看到多险种共同对抗疫情，从多方面、多层次共同保障人民的生活状况。在我国，人身险一直居于主导地位，这也使得在面临突发性社会事件时，往往是人身险发挥着更加重大的作用。在非典疫情期间，人身险的增长率约为32.3%，远超同期水平，而与之相对应的财险的增长率却只有 11.7%，与历史增长率并无明显差异。究其原因，主要是非典本身是疾病性灾害，针对人的生命健康有更加直接的危害，因而会刺激人身险的飞速发展。但是，人身险本身与财险并非替代品，所以人身险的高速发展并不会对财险起阻碍作用。在 2003 年我国的财险市场中，车险占比约 70%[①]，居于主导地位，即整个财险的发展状况很大程度上取决于车险的营运状况。在非典发生期间，整个社会在进行大规模隔离的状况下，人们对于汽车的需求以及使用都被明显抑制，这对于车险市场是较为不利的。在此期间本应发挥巨大作用的企财险、责任险等财险却因为较小的市场发展规模并没有产生相应的影响力，这都导致了财险在非典疫情期间发展得相对缓慢以及社会影响力较小。在 2019 年上半年，车险的占比已经下降到约 59%[②]，责任险、农业保险、家财险以及企财险都有了一定程度的发展，在新冠疫情期间，中华财险等财险公司也纷纷将新型冠状病毒感染纳入赔偿的责任范围，充分保障人们的财产安全。我国财险结构优化正使得保险补偿结构不断优化，保险在突发性社会事件中保障财产安全的功能得到进一步实现。

（二）风险保障功能

表 8.1 列出了保险对非典和新型冠状病毒感染的具体风险保障功能，主要集中在身故、住院津贴、疾病患病、医疗费用补偿和疾病传播责任五大方面。除 2020 年新冠疫情期间国家承担疑似和确诊病人所有治疗费用外，其他四项风险保障方式与非典期间大致相同。保险公司通过全方位风险覆盖消除居民恐慌，维持正常的生产和医疗救援活动。

表 8.1 保险对非典和新型冠状病毒感染的风险保障功能

新产品保险责任	非典期间	新冠疫情期间
身故	对非典引起的身故进行理赔	对新型冠状病毒引起的身故进行理赔
住院津贴	对因非典而住院的被保险人每日提供一定的住院津贴，每日津贴一般为 100～200 元	部分保险公司扩展医疗险保障范围至新型冠状病毒感染
疾病患病	对患非典的被保险人根据保险金额进行给付	对被新型冠状病毒感染的被保险人根据保险金额进行给付
医疗费用补偿	在保单限额内对非典医疗费用进行补偿	由国家承担相关费用
疾病传播责任	主要针对医疗机构和公共交通系统承运人推出	部分保险公司扩展至相关雇主（部分保险公司）

---

① 资料来源：《2003 年中国保险年鉴》。

② 资料来源：https://www.sohu.com/a/331009324_465408。

相比于非典疫情时期，保险业的风险保障功能有三方面的进步，一是保险市场建设日益成熟使得保险公司更关注于培养消费者的长期风险保障意识；二是互联网渠道建设帮助保险公司在短时间内将增量风险保障产品下沉到三四线城市和一线抗疫人员处，使得风险保障功能发挥更为高效；三是政府对保险这一社会风险管理者的关注度更高，倾向于利用保险机制和财政支出相配合的方式应对公共卫生事件。

保险公司借助新冠疫情激发的消费者健康保护意识，进一步培养消费者从未来长远视角出发的健康风险保障意识，有助于保险业长期健康有序发展。2020 年新冠疫情与非典疫情相比，响应银保监会号召，更多的保险公司将部分现存产品保险责任扩展至新型冠状病毒感染和身故，截至 2020 年 2 月 11 日已有超 500 款保险产品扩展保险责任[①]，为社会增量风险提供保障。与非典期间开发大量非典相关新产品有所不同，拓展已有产品保险责任而不是商业化销售短期新冠产品能够让消费者知晓保险是长期风险保障的有效手段，是对保险行业长期风险管理者形象的塑造，鼓励消费者通过健康险等险种对未来风险进行预防，即使出现类似新冠和非典等"黑天鹅"公共卫生事件，保险业也能够通过扩展保险责任对增量风险进行保障。

相比于非典时期，目前的互联网渠道建设和互联网保险发展使得保险业增量风险保障能更迅速地传递至非一二线城市和一线医护人员手中，大大提升风险保障功能的实施效率。与非典疫情集中于北京和广东不同，新冠疫情快速在全国范围蔓延，这对保险公司传统业务全面展开提出了挑战。保险业迅速调整行业战略，充分使用微信等社交工具，推送保险产品责任拓展和新冠产品赠送等业务消息至更广泛群体，将保险保障覆盖范围扩展到全国各线城市居民，并且为全国疾病防治定点医院及一线医护人员提供针对性保障。此外，互联网渠道能有效防止线下保险聚集性销售可能带来的感染风险，提升保险展业的安全性。

政府对保险业的风险保障功能给予高度重视，使用保险和财政相配合的方式为人民提供社会保障。非典疫情时期保险公司主要为自发推出新险种，而新冠疫情期间银保监会和部分地方政府均对保险业的功能发挥提出要求。银保监会一方面严禁保险公司依靠新型冠状病毒感染主题进行恶意炒作，维护消费者权益；另一方面要求各财产保险公司要认真研究分析已有的保险产品，能为疫情防控提供保险保障的产品，要及时推出，有效提高保险供给。此外，可在重疾险等短期健康保险产品中，扩展承保新型冠状病毒感染责任，为保险消费者特别是广大医护人员提供保险保障，做好新冠疫情期间的风险保障工作。地方政府方面也通过推

---

① 资料来源：https://baijiahao.baidu.com/s?id=1658302380689576574&wfr=spider&for=pc。

出"复工复产企业疫情防控综合保险"（海南）、"小微企业复工防疫保险"（宁波）等疫情风险防控产品，为企业提供更加充实的保障。

（三）风险管理功能

在非典疫情期间，保险公司的举措主要体现在两个方面：一是研发新型的保险产品，将非典纳入保障范围内，并对非典患者进行损失赔偿；二是针对非典疫情进行捐赠，如 2003 年 4 月泰康人寿设立"非典"专项慰问基金 500 万元[①]，中国人寿绥化分公司在 2003 年 5 月向奋战在抗非一线的医务人员和新闻记者代表捐赠价值 680 万元的非典保险[②]。但是，这些措施都是针对已感染非典的患者以及非典疫情后重建所做的举措，对于降低非典的发生率并没有明显的帮助。在新冠疫情期间，保险公司的举措逐步从病后向病前转移，通过口罩派发、物资捐赠等措施为更多百姓提供疫情防护，降低新型冠状病毒感染的得病率。这反映出我国保险业在应对公共卫生事件中逐步具备了事前风险管理的功能，保险业正向更高的层面发展。

二、保险业延伸功能发挥的差异

（一）社会责任

随着保险行业体量的高速增长，保险公司在突发公共卫生事件中社会责任行使的覆盖面更广、效率更高、响应更快。①响应速度更快。疫情发生后，保险业迅速响应，积极履行社会责任。以腾讯微保为例，紧急成立"医护保"项目团队，24 小时上线疫情防控新险种，为医护人员提供保障。②覆盖面和捐款金额更大。相比于非典期间中国人寿为北京六家非典定点防治医院捐助 600 万元，新冠疫情期间，截至 2020 年 2 月 3 日，保险机构累计捐款超过 3 亿元[③]。③救助效率更高。保险公司通过整合自有资源，打通全球范围内的健康服务渠道，充分发挥资源配置优势，令医护物资直达疫情重灾区，为疫情防控保驾护航。因此相比于非典时期，保险业的快速发展让保险公司有更充足的能力和更广泛的渠道履行社会责任。

（二）类社会保障功能

随着商业保险市场的发展和完善，多层次社会保障制度建设日益完善，商业保险作为社会保险的补充，为居民提供社会保障功能。社会保障的覆盖面、保障

---

① 资料来源：https://www.jiaodong.net/news/system/2003/05/02/000569828.shtml。

② 资料来源：https://suihua.dbw.cn/system/2003/05/31/050299889.shtml。

③ 资料来源：https://mp.weixin.qq.com/s?__biz=MzU3MDg5NjkxMQ==&mid=2247606284&idx=1&sn=165b48f8ac9cf88124d6666d30d9dc50&source=41#wechat_redirect。

程度和质量均大幅提升。随着我国保险业的发展与创新，社会保险和商业保险的边界变得相对模糊，如大病保险就是我国的一种创新，也是新冠疫情中发挥理赔作用的保险产品之一。大病保险是我国多层次医疗保障体系的重要环节，在基本医疗保障的基础上，对大病患者高额治疗费用进行进一步补偿。大病保险采取地方卫生系统和政府向商业保险机构购买大病保单的特色承办方式，将商业保险机构优秀的保单管理服务能力和地方卫生系统对医疗费用的管控能力相结合，减轻城乡人民的医疗负担，减少因病致贫的现象，是商业保险在社会保障中发挥补充作用的重要体现。与非典疫情时期不同，新冠疫情期间商业保险可惠及所有购买其保单的居民，且伴随互联网渠道的建设，三四线城市和农村居民均可通过商业保险获得风险保障，大大拓展了社会保障的覆盖面。商业保险与社会保障的合理衔接使得各阶段和各状态的患者都可以获得相应的风险保障，如确诊患者医疗费用由国家承担，而临床检测前的门诊费用则可通过商业保险进行理赔。因此，商业保险的类社会保障功能在扩大保障覆盖人群的基础上进一步提升保障质量，更高水平地维持居民的日常生活。国家财政支出配合商业保险赔付使得新型冠状病毒感染患者获得的社会保障程度大幅提升，很大程度上解决了患者家庭可能面临的经济困难。

（三）社会管理功能

传染病等公共卫生事件往往使得社会采取强有力的隔离措施，导致社会消费需求和社会劳动力严重不足，从而降低企业效益。为了尽可能保障劳动者的利益，无论是非典期间，还是新冠疫情期间，企业单位都被要求支付给劳动者因为疫情误工的工资，这在加重企业负担的同时也导致社会失业问题。2003 年时，我国保险市场中雇主责任险并没有得到充足的发展，失业风险主要是依靠人力资源和社会保障部等有关部门的强制干预来保障，如禁止疫情严重地区随意裁员、扶植劳动密集型企业发展等，保险业没有明显的作为。在新冠疫情期间，保险悄然发挥着作用。在银保监会财险部发文要求下，相应责任被纳入雇主责任险，财险保障范围进一步扩大，这说明国家愈发重视保险在微观层面上维护社会稳定的作用，保险的社会管理功能日益明显。

三、保险推动国家公共卫生治理完善方向与路径

保险的功能发挥具有鲜明的社会特征，重大的历史与风险事件推动了保险功能的完善。2003 年非典推动了国家公共卫生治理水平的提升，也推动了保险业在国家公共卫生治理中功能的发挥。保险作为应对突发性社会事件的重要手段，将非典疫情、新冠疫情等突发公共卫生事件纳入保险的保障范围之内已经成为社会

共识，并且伴随着经验的积累，我国保险业在发挥相应功能、处理此类问题上的效率日益提高。同时，我国保险业日益具备提振经济等社会管理功能，成为灾后重建的重要保障和动力。因此，保险业首先应进一步优化保险产业结构，保障保险产寿平衡发展和产险内部各险种平衡发展，用多样化而均衡的保险产业结构推动保险功能向多样化的方向发展。其次，注重推动宏观上财政手段与保险的平衡。在面对各项社会问题时，既要实行强有力的财政措施来应对危机，也要注重发挥保险的作用，使保险能更充分地发挥其功能，成为财政措施强有力的辅助手段。最后，严格把控保险创新。既要鼓励保险公司进行各种产品、技术创新，使得保险更好地发挥风险管理等方面的功能，也要警惕过度创新以及从中衍生的欺诈欺骗等行为，维护我国保险业的形象。落实以上举措对于有效增强保险业在应对公共卫生事件和其他重大风险方面的能力、更好地推动保险发展与功能发挥，具有重要意义。

第三节 后疫情时期保险业在公共卫生体系中的功能发挥

2023年1月8日起，对新型冠状病毒感染实施"乙类乙管"，不再实行隔离措施。但在这之前早发现、早报告、早隔离、早治疗一直是疫情防控要求，精准管控要求依法依规、科学划定防控区域范围至最小单元〔如楼栋、病区、居民小区、自然村（组）等〕，果断采取限制人员聚集性活动、封锁等措施，切断传播途径，尽最大可能降低感染风险，因此"被隔离"是疫情管控时期人们最广泛面临的风险因素。

一旦被确定为密切接触者等可能的病毒感染人群，就可能面临着隔离风险。一是出行受限，按照隔离的一般要求，在指定地点集中隔离或居家隔离期间不可以离开隔离地点，因此早前计划的出行将被迫延误或取消；二是产生间接的损失，在隔离期间由于出行受限，因此很难继续工作、生活和学习，且隔离时间较长，将会对被隔离人的收入造成一定的负面影响，这种影响对按天计薪的体力劳动者来说尤为巨大；三是产生隔离成本，根据疫情期间政策要求，被隔离人在隔离期间的费用需自理，这意味着被隔离后在集中隔离点产生的住宿费和餐费是个人负担成本。因此，被隔离实际上面临着原有工作和生活被完全打断并在收入减少的基础上承担较大经济损失的风险。

保险将成为隔离风险很好的分担机制。显然，这种隔离风险符合可保风险的定义：在之前国内疫情偶发、零散这一基本条件下，个人被隔离的风险实际上是偶然的，且是意外的，很难被人为地操控，同时这种风险的损失是可计量的，其概率是可观测的，更重要的是，这种风险拥有大量的同质标的。保险的分担机制将会很好地化解这一风险对单个个体造成的巨大灾难与损失，更好地发挥风险共担功能。当疫情进入常态化管理以后，我国商业保险公司相继推出了针对隔离风险的产品：一是航班（车次）改退及延误险；二是新冠隔离险，这一险种对因新冠隔离而产生的住宿和餐饮费用予以定额给付，同时有些产品也会对确诊新冠这一事件予以触发赔付；三是新冠检测及疫苗险，检测险主要针对检测费用予以赔付，而疫苗险则针对注射新冠疫苗后可能产生的不良反应予以赔付。这些险种都在一定程度上分散了疫情期间常态管控下的风险，体现了社会共担共助的机制，有效地成为疫情时期的社会"稳定器"。

这些发展也为保险业在后公共卫生事件时期推动国家公共卫生治理的完善方向与路径提供了很好的思路。在后公共卫生事件时期，由公共卫生事件引起的直接人身和财产损失的频率和损失程度都将会有明显的下降，风险因素将由公共卫生事件本身转变为持续防范公共卫生事件再度发生而采取的措施，这在后新冠疫情时期表现为各地方的隔离和防疫措施，由此类风险因素造成的风险损失一般为间接的人身和财产损失。这要求保险公司要对公共卫生事件的发展进程保持敏感，要对可能变化的风险因素采取应对措施，灵活地转变经营策略并创新产品，同时创新承保、核保、风控等经营手段，以满足后公共卫生事件时期社会对风险管理、风险分担和风险融资的需求，从而使得保险行业能够继续发挥社会"稳定器"的功能。

第四节　总　　结

随着我国保险业的快速发展，保险业功能不再局限于损失补偿、风险保障和风险管理等核心职能，不断向社会责任、类社会保障、社会管理等功能延伸。新冠疫情的暴发给人民生产生活带来了深重的灾难，也对保险业参与应急管理体系提出了更高的要求。保险业通过优化险种结构、着眼创新并结合国家宏观经济，在负债端和资产端共同发力，为国家应急管理体系完善发挥支撑作用。

第九章　普惠保险发展与脱贫攻坚

第一节　普惠保险定义与发展

"普惠金融"这一概念由联合国于"2005年国际小额信贷年"首次提出，并在2006年3月亚洲小额信贷论坛上被我国正式使用。根据国务院印发的《推进普惠金融发展规划（2016—2020年）》中的定义，普惠金融指立足机会平等要求和商业可持续原则，以可负担的成本为有金融服务需求的社会各阶层和群体提供适当、有效的金融服务。小微企业、农民、城镇低收入人群、贫困人群和残疾人、老年人等特殊群体为普惠金融重点服务对象。目前这一概念已经得到了社会各界的广泛关注。在学术研究方面，国内外学者对普惠金融的测度、意义、影响因素等方面都进行了积极的探索，也得出了诸多颇具现实意义的研究成果。

我国向来重视普惠金融的发展，对普惠金融的认识经历了一个不断深化的过程，强调重点服务小微企业、农民、城镇低收入人群等弱势群体。2015年国务院印发《推进普惠金融发展规划（2016—2020年）》，指出"大力发展普惠金融，是我国全面建成小康社会的必然要求"。2017年全国金融工作会议上，习近平总书记明确指出："要建设普惠金融体系，加强对小微企业、'三农'和偏远地区的金融服务，推进金融精准扶贫"[1]，强调普惠金融是推进我国经济社会发展战略的关键发力点。当前，党中央、国务院高度重视普惠金融发展，2023年中央金融工作会议中继续强调要"做好科技金融、绿色金融、普惠金融、养老金融、数字金融五篇大文章"。因此，普惠金融持续发展仍是后续金融工作的核心重点。

在我国，保险作为金融的重要组成部分，正以其独特的增信功能发挥着越来越重要的作用。保险业作为依靠大数法则进行经营的行业，使得千家万户的个体风险得以分散，具有经济补偿、资金融通和风险管理等功能，因此保险本身就具有普惠属性。普惠保险应当在普惠金融的发展中扮演重要的角色，为普惠金融提供有效的支撑。然而，虽然近年来保险业积极承担社会责任，助力脱贫攻坚取得

---

① 资料来源：https://www.gov.cn/xinwen/2017-07/15/content_5210774.htm。

全面胜利和推动实体经济发展，但是我国保险业的覆盖面仍然偏小，且保险业发展水平具有明显的区域差异性，普惠保险区域发展不平衡、不充分，这就阻碍了我国普惠保险的协调可持续发展，也在一定程度上对普惠金融的进一步推进产生了消极影响。因此，我们非常有必要深入研究我国普惠保险发展的区域现状，探索促进我国普惠保险发展的有效路径，着力打造广覆盖、高效率的普惠保险服务体系。

鉴于此，本章搭建了普惠保险指标体系，并运用变异系数法、阈值法和欧氏距离变换法对全国 31 个省区市 2007～2020 年普惠保险发展指数进行测度。

第二节　普惠保险文献回顾与研究不足

一、普惠金融发展水平的测度研究

关于普惠金融发展水平测度方法的研究，起始于国外学者。Beck 等（2007）首次提出测度一个国家（地区）普惠金融发展水平的指标体系，该体系包括银行机构的渗透性和银行服务的使用性两大维度，具体覆盖了八个评价指标（每百平方公里金融机构网点数、每万人金融机构网点数、每百平方公里 ATM[①]机数、每万人 ATM 机数、人均贷款/人均 GDP、人均储蓄/人均 GDP、每千人贷款账户数和每千人储蓄账户数）。Beck 使用该指标体系对 99 个国家的普惠金融发展水平进行了测度和比较。Sarma（2008）继承和发展了 Beck 的体系，提出了测度普惠金融发展水平的三个维度——金融机构的地理渗透性、服务可获得性和使用情况，并运用等权重法对国家层面进行测度。具体来说从三个维度测算了 55 个国家的金融包容性指数（index of financial inclusion，IFI），从服务可获得性和使用情况两个维度测度了 100 个国家的 IFI。Arora（2010）从金融服务的范围、便利性和服务成本三个方面对 2007 年发达国家和发展中国家普惠金融发展水平进行了比较，忽略了金融服务的使用情况。Chakravarty 和 Pal（2013）引入了包容性敏感度参数，改进了 Sarma 的测算方法，使其满足单调性、有界性等公理化条件。Cámara 和 Tuesta（2014）从供给端和需求端两个角度，以及金融服务的使用性、可及性和障碍三个维度对普惠金融发展水平进行测度，运用主成分分析法确定权重。

不少国内学者借鉴国外学者的研究，结合我国国情，对我国普惠金融发展水平进行了测度。王业斌（2018）从金融服务的渗透性和金融服务的使用有效性 2 个维度合成普惠金融指数，测度广西 14 个市普惠金融发展水平的变动趋势。马彧

[①] ATM 即 automated-teller machine，自动柜员机。

菲和杜朝运（2017）从宏观、银行和保险 3 个维度，用 11 个细分指标构建普惠金融指数，并对我国各省份 2005～2013 年的普惠金融指数进行测算。

二、普惠金融发展的影响因素研究

关于影响普惠金融发展的因素，总结来看，大多国外学者的研究体现在居民个人、金融机构和宏观环境三方面。居民个人因素是指居民个体的某些特征，如年龄、收入、教育等因素。Kempson 和 Whyley（1999）认为老龄人口会直接降低金融包容性水平。Devlin（2005）指出，金融机构的首要目标客户是高收入的居民，且居民受教育程度会通过影响居民的认知和学习能力而影响整体的金融普惠水平。Al-Hussainy 等（2008）通过实证研究，证明居民的年龄、受教育程度和家庭人口数等都会影响普惠金融水平。Sarma 和 Pais（2011）发现人均收入和识字率的提高均会促进金融的普惠性。金融机构因素是指金融机构本身具有的特征，包括产品种类多样性、价格水平等因素。Honohan（2004）认为银行体系的竞争能够提高金融服务的可及性。宏观环境因素是指整体社会环境，包括收入分配、技术水平等因素。Kempson 和 Whyley（1999）指出收入分配的不平等会导致低收入人群长期被金融机构排斥。

三、普惠保险发展水平的测度以及影响因素研究

国内外一些学者已经认识到 IFI 中将金融服务仅仅定位为银行服务是不全面的，有必要将保险也纳入金融服务的范围中。Demirgüç-Kunt 和 Klapper（2012）基于储蓄、借款、支付和保险四个方面测度了 148 个国家的普惠金融发展水平。Ambarkhane 等（2016）从银行、非银行金融机构和保险机构的供给与需求角度测算了印度 21 个邦的普惠金融指数，其中保险维度的指标包括每平方公里保险机构（寿险机构、非寿险机构）数、每十万人拥有的保险机构（寿险机构、非寿险机构）数、每平方公里保险代理人数、每十万人保险代理人数、每平方公里小额保险渠道（micro insurance channels）数、每十万人拥有的小额保险渠道数、保险密度、保险深度。国内也有学者将保险维度纳入普惠金融指数的测算中，如马彧菲和杜朝运（2017）。

在此基础上，我们认为专门针对普惠保险的发展水平进行研究是非常有必要的。目前国内已经有少部分学者对此做出了尝试，但是有关文献非常不足，研究也不够深入全面。中国保险监督管理委员会青海监管局课题组和谢磊（2013）通过对青海省普惠制保险发展情况的调研，分析了青海省普惠制保险发展的现状和存在的问题，并提出了对策建议。张艳萍（2016）借鉴 Sarma（2008）的 IFI 的构建方法建立了普惠保险发展指数，根据 2013 年全国 31 个省区市的 217 个截面数

据样本，测算出我国 31 个省区市的普惠保险发展指数，划分出 5 个梯队，并通过逐步回归法分析了保险发展指数的影响因素。董冬（2017）从保险供给、保险需求、经济环境 3 方面综合选取了多个指标，测算了全国以及部分省份 2006～2015年普惠保险发展水平衡量指标体系。孙蓉等（2019）重新界定了普惠保险的概念和范畴，并使用等权重法分别测量了我国 31 个省区市 2008～2016 年普惠保险发展水平与包容性保险发展水平。关于影响保险普惠性的因素，张艳萍（2016）提出了收入水平、年龄构成、地理特征、市场竞争程度、教育程度、民族、就业状况、性别构成、社会保障水平和城市化水平。

四、普惠保险研究不足

由此可见，目前国内有限的研究仅对普惠保险发展指数的横截面数据进行了测算，数据不够全面，只能反映出某一时点上不同区域普惠保险发展水平的差异，无法反映出普惠保险发展水平随时间变化的趋势。在衡量普惠保险的因素方面，国内研究大多混淆了区域保险发展水平和普惠保险发展水平之间的差异，并没有针对中低收入人群构建特定的指标衡量体系，缺乏针对性，并不符合普惠的定义。在普惠保险发展的测度方法方面，尚未建立统一的评价指标体系，指标选取随意性较大，且主要采用保守的等权重法，忽略了不同指标所能代表的保险普惠程度不同的事实，且现有研究对于普惠保险发展水平影响因素的分析不够全面，忽视了城乡发展差距、互联网新渠道等因素的影响。

第三节　我国区域普惠保险的测度与比较

一、普惠保险衡量指标的构建

从定义出发，由于普惠保险主要是面向中低收入人群，因此准确的普惠保险衡量体系应当针对中低收入人群进行构建。本节选取农村为普惠保险实施区域，由于农村的小额保险数据难以获得，且小额保险占农村保费的比例相对较低，因此着重以农业保险的各项数据衡量普惠保险的发展情况。

指标构建框架方面，本节的普惠保险指数框架参考 Sarma（2008）提出的被广为采纳的普惠金融三个测度维度：渗透性、可得性和使用性。以此为基础，本节借鉴 Ambarkhane 等（2016）的构建方法，选取了刻画普惠保险水平的三个维度的五项指标，分别用 D_i 表示每类指标的观测值：D_1 表示每百万公顷农用地面积拥有的农业保险公司数；D_2 表示每百万农村人口拥有的农业保险公司数；D_3 为农村人均农业保险赔款/农村人均可支配收入；D_4 为农村人均农业保险保费支出/农村人均可支配收入；D_5为保险赔付率，用以刻画保险服务的使用水平（刘伟等，2018）。

其中，前两个指标的加成计算代表了保险业的渗透性，既考虑了地理维度的渗透性，又考虑了人口维度的渗透性；人均农业保险赔款和人均农业保险保费支出在一定程度上可以反映消费者接触到保险产品的程度与比例，本节将农村人均农业保险赔款/农村人均可支配收入和农村人均农业保险保费支出/农村人均可支配收入作为D_3和D_4，其加成计算代表了保险业的服务可得性；D_5代表了保险服务的使用性。具体的指标体系如表9.1所示。

表9.1　我国普惠保险的指标体系

指标维度	具体指标	符号
保险服务渗透性 A_1	每百万公顷农用地面积拥有的农业保险公司数	D_1
	每百万农村人口拥有的农业保险公司数	D_2
保险服务可得性 A_2	农村人均农业保险赔款/农村人均可支配收入	D_3
	农村人均农业保险保费支出/农村人均可支配收入	D_4
保险服务使用性 A_3	保险赔付率	D_5

二、普惠保险指数测算与区域比较

目前关于普惠金融的测算在确定各类指标权重的方法上存在一定争议，存在等权重法、变异系数法、主成分分析法、因子分析法等方法。值得说明的是，理想的指标构建应当体现出各个指标的重要性差异，对于具有较高普惠性的保险活动直接赋予更高的权重。因此，本部分参照 Wang 和 Guan（2017）、Goel 和 Sharma（2017）、Sethy（2016）、王婧和胡国晖（2013）、王业斌（2018）等的研究，选取变异系数法测度普惠保险发展水平，直接利用各指标的客观信息，衡量各观测值的变异程度，从而减少主观因素对权重的影响。变异系数法中取值差异越大的指标越难实现，越能反映被评价对象之间的差距，便赋予越高的权重。在权重已知的基础上，借鉴联合国开发计划署提出的人类发展指数（human development index，HDI）的计算方法，对不同量纲的指标进行标准化处理。

除了指标权重的确定方法存在差异以外，指数的合成方法也存在差异。Sarma（2008）、Yorulmaz（2013）等采用算术平均加权法合成指数，Nathan 等（2008）采用欧氏距离变换，这种基于距离的测算方式可以满足单调性、一致性等许多数理特性。本节采用后者对指数进行合成。

各个指标的原始数据来自 2007~2020 年的《中国保险年鉴》、各省区市的金融运行报告、各省区市统计年鉴、国泰安数据库以及 Wind 数据库。其中，值得说明的是，农村人口采用常住人口而非户籍人口进行衡量；各省区市农民人均可支配收入指标仅有 2013 年及以后的数据，2013 年前的统计口径为农民人均纯收入，故 2013 年以前的数据采用农民人均纯收入的增长速度进行倒推；各省区市农业保险公司数通过计数历年《中国保险年鉴》统计各省区市有农业保险保费收入的公司数而得。

本节构建普惠保险发展指数的具体步骤如下。

（一）无量纲化处理

由于各指标存在量纲差异，不同指标的绝对值相差较大，因此必须采用无量纲化处理，无量纲化函数的选取，一般要求严格单调、取值区间明确、结果直观、意义明确、不受指标正向或逆向形式的影响。本节使用联合国开发计划署提出的人类发展指数所用的线性功效函数法，得到无量纲指标 d_{ijt}，从而映射到[0，1]区间中。计算公式为

$$d_{ijt} = \frac{D_{ijt} - \min_{jt}}{\max_{jt} - \min_{jt}} \quad (j = 1, 2, \cdots, 5;\ 2007 \leqslant t \leqslant 2020) \quad (9.1)$$

其中，D_{ijt} 为 i 省份在 t 年度 j 指标的实际值；$\max_{jt}$ 为 j 指标在 t 年度的最大值；$\min_{jt}$ 为最小值；d_{ijt} 一定满足 $0 \leqslant d_{ijt} \leqslant 1$，$d_{ijt}$ 越大，表明年度 t，i 省份在 j 指标上表现得越好。

（二）计算各个指标的变异系数

在得到每个指标每年的无量纲化处理的数据后，应进行权重确认工作。考虑到普惠保险指数研究仍处于初级阶段，学界尚未形成统一的普惠保险指标权重意见，本节采用变异系数法确定各指标的权重，即尊重数据本身规律，不添加主观权重。

$$CV_{jt} = \frac{S_{jt}}{\bar{D}_{jt}} \quad (j = 1, 2, \cdots, 5;\ 2007 \leqslant t \leqslant 2020) \quad (9.2)$$

其中，S_{jt} 为 t 时期各个指标 d_{ij} 的标准差；$\bar{D}_{jt}$ 为 t 时期各个指标 d_{ij} 的均值；CV_{jt} 为 t 时期的变异系数。

（三）计算各个指标的合理权重

得到变异系数后，为使指标呈现方式更加直观，本节进行归一化处理，使得所有指标归一化后的变异系数之和为 1。

$$\omega_{jt} = \frac{CV_{jt}}{\sum_{1}^{n} CV_{jt}} \quad (j = 1, 2, \cdots, 5; \ 2007 \leqslant t \leqslant 2020) \tag{9.3}$$

各个指标按照变异系数确定的权重如表 9.2 所示，从横截面来看，以 2020 年为例，保险服务可得性所占权重较高，约 52%，权重第二的是保险服务渗透性，权重约 41%，保险服务使用性权重较低，约 7%。从时间序列来看，2007 年至 2020 年，保险服务可得性权重不断提升，权重自约 46% 提升至约 52%；保险服务渗透性权重呈降低趋势，自 2007 年的约 48% 下降至约 41%；保险服务使用性的权重自 5.7% 上升至 7%。变异系数是对数据波动性的客观测度，其大小可以反映各省保险服务水平的差异，2007 年至 2020 年，保险服务的可得性和使用性的区域间差异变大，而保险服务的渗透性的区域间差异减小。

表 9.2　2007～2020 年普惠保险发展指数各指标权重

年份	ω_1	ω_2	ω_3	ω_4	ω_5
	保险服务渗透性		保险服务可得性		保险服务使用性
2007	0.106	0.378	0.237	0.222	0.057
2008	0.130	0.382	0.232	0.222	0.035
2009	0.112	0.350	0.234	0.220	0.085
2010	0.073	0.342	0.255	0.260	0.070
2011	0.112	0.325	0.256	0.255	0.053
2012	0.123	0.308	0.275	0.254	0.040
2013	0.104	0.299	0.278	0.271	0.049
2014	0.076	0.328	0.280	0.253	0.062
2015	0.072	0.342	0.274	0.250	0.062
2016	0.079	0.338	0.275	0.255	0.053
2017	0.081	0.316	0.285	0.249	0.070
2018	0.080	0.322	0.285	0.241	0.071
2019	0.085	0.329	0.272	0.235	0.079
2020	0.089	0.324	0.280	0.237	0.070

（四）计算普惠保险发展指数

本节使用公式（9.4）即算术平均和计算得到 i 省份 t 年度的普惠保险发展指数 IID_{it}，具体的计算结果如表 9.3 所示。

$$\text{IID}_{it} = \sum_{j=1}^{5} \omega_{jt} \times d_{ijt} \quad （2007 \leqslant t \leqslant 2020） \tag{9.4}$$

表 9.3　2007～2020 年全国 31 个省区市普惠保险发展指数

地区	2007 年	2008 年	2009 年	2010 年	2011 年	2012 年	2013 年	2014 年	2015 年	2016 年	2017 年	2018 年	2019 年	2020 年
安徽	1.13	1.50	1.52	1.49	1.26	1.56	1.63	1.60	2.09	2.28	2.39	2.68	2.76	3.21
北京	2.54	2.10	1.98	2.34	3.36	3.33	3.21	3.47	3.45	4.31	5.52	5.78	6.01	6.11
福建	1.62	1.89	2.02	2.02	2.09	3.21	3.28	3.93	4.66	4.52	4.03	4.09	4.32	4.62
甘肃	1.55	1.94	2.17	1.71	1.88	2.39	2.56	2.79	3.06	4.00	4.36	4.78	5.12	5.68
广东	1.39	1.56	1.59	1.71	1.78	2.32	2.35	2.55	3.25	3.81	3.78	3.98	4.57	4.89
广西	1.51	1.47	1.88	1.96	2.18	3.36	3.34	2.70	2.33	2.35	3.12	3.89	4.58	5.97
贵州	1.07	1.10	1.17	1.25	1.32	1.48	1.70	2.66	3.04	3.18	3.63	3.79	4.98	6.14
海南	1.76	4.60	4.42	2.89	2.76	2.78	2.07	2.02	2.21	2.48	3.28	4.51	5.68	6.78
河北	1.44	1.53	1.43	1.42	1.41	1.57	1.42	1.53	2.48	2.46	2.63	2.78	2.98	3.51
河南	1.34	1.41	1.67	1.44	1.69	2.09	2.48	2.84	3.63	4.49	4.35	5.75	6.47	7.21
黑龙江	1.99	2.19	2.28	2.33	2.24	2.69	2.85	4.07	5.74	6.69	6.43	7.12	7.85	8.12
湖北	1.67	1.72	1.59	1.57	1.55	1.97	2.59	3.44	4.02	4.58	5.08	5.85	6.45	6.05
湖南	1.51	1.66	1.64	1.69	1.61	1.70	1.80	2.50	2.24	2.59	2.77	3.21	3.75	4.05
吉林	2.19	2.28	2.30	2.28	2.30	3.20	3.35	3.30	3.55	4.03	4.06	4.48	4.85	5.32
江苏	1.10	1.42	1.74	1.96	2.40	2.74	1.29	2.71	3.48	5.04	4.56	4.98	5.45	5.98
江西	3.05	3.89	5.78	8.38	3.40	4.45	7.34	4.24	3.74	3.73	8.18	8.28	8.81	9.12
辽宁	1.40	3.19	2.78	2.74	2.34	3.36	3.83	3.76	4.02	4.52	4.13	4.35	4.85	5.12
内蒙古	3.00	3.51	3.76	3.66	3.54	3.68	4.44	5.90	7.31	8.37	8.41	9.26	10.36	11.25
宁夏	2.31	2.57	2.54	2.55	2.64	2.65	2.67	3.73	5.57	7.10	8.75	9.12	9.78	10.26
青海	1.73	1.90	1.87	1.52	2.02	2.00	2.17	2.17	2.16	2.15	2.29	2.68	3.12	3.48
山东	1.64	1.75	1.71	1.62	1.52	1.92	2.25	2.92	3.68	3.88	4.18	4.25	4.85	5.12
山西	1.56	1.61	1.37	1.35	1.39	1.61	2.10	2.75	3.47	4.53	4.80	5.65	5.98	6.54
陕西	1.77	1.82	2.22	1.62	1.41	1.89	3.00	3.28	4.05	4.59	4.81	5.12	5.36	5.87
上海	2.29	1.55	1.52	2.32	3.58	3.78	3.71	3.50	3.61	3.75	4.01	4.57	4.86	5.47
四川	1.30	1.39	1.21	1.17	1.25	1.73	2.02	2.52	2.60	2.99	3.30	3.89	4.67	5.21
天津	1.86	1.96	1.45	1.35	1.02	6.75	1.84	2.05	3.00	2.57	4.04	4.54	4.89	5.21
西藏	0.62	1.82	2.44	1.37	2.39	1.51	1.44	1.34	1.34	1.36	1.36	1.48	1.89	2.21
新疆	3.20	3.19	3.06	3.41	3.41	3.31	3.55	3.43	3.67	5.17	5.39	6.14	6.78	7.81
云南	1.38	1.43	1.59	1.16	1.84	2.30	3.32	3.90	4.13	4.10	4.29	4.43	5.18	5.50
浙江	2.96	5.68	5.36	2.99	3.12	3.90	4.41	4.72	4.65	6.06	5.24	5.78	6.12	6.38

续表

地区	2007 年	2008 年	2009 年	2010 年	2011 年	2012 年	2013 年	2014 年	2015 年	2016 年	2017 年	2018 年	2019 年	2020 年
重庆	0.87	0.97	0.94	1.04	1.24	1.35	1.07	1.17	1.38	1.51	1.61	2.14	2.87	3.45

资料来源：数据来自 2007~2020 年的《中国保险年鉴》、各省区市的金融运行报告、各省区市统计年鉴、国泰安数据库以及 Wind 数据库

总体而言，2007 年至 2020 年，我国各省区市普惠保险发展水平均有所提高，2007 年，我国普惠保险平均发展指数为 1.77，而 2020 年为 5.86，是 2007 年的 3.3 倍，反映出我国普惠保险发展的良好趋势。分区域来看，各区域的普惠保险指数也呈现总体上升态势，区域差异也有所缩小，但中西部普惠保险指数于 2017 年首度超过东部及东北地区普惠保险指数（图 9.1）。具体数据显示，共 17 个省区市普惠保险发展指数增长倍数超过全国均值，2007 年普惠保险发展水平前三的省区是新疆、江西以及内蒙古，排名前十的有 4 个中西部[①]省区市，发展水平较低的最后三个省区是贵州、重庆以及西藏。2020 年普惠保险发展水平前三的省区是内蒙古、宁夏以及江西，排名前十的有 7 个中西部省区，发展水平较低的最后三个省区市是重庆、安徽以及西藏。

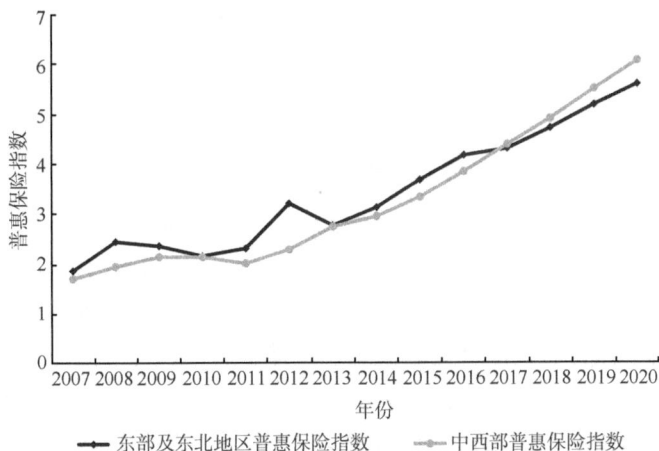

图 9.1　2007~2020 年我国普惠保险发展地区差异

资料来源：2007~2020 年的《中国保险年鉴》、各省区市的金融运行报告、各省区市统计年鉴、国泰安数据库以及 Wind 数据库

---

① 根据国家统计局标准，东部、中部、西部和东北地区的具体划分为：东部 10 省市包括北京、天津、河北、上海、江苏、浙江、福建、山东、广东和海南；中部 6 省包括山西、安徽、江西、河南、湖北和湖南；西部 12 省区市包括内蒙古、广西、重庆、四川、贵州、云南、西藏、陕西、甘肃、青海、宁夏和新疆；东北 3 省包括辽宁、吉林和黑龙江。

第四节 普惠保险的重要性讨论及其发展建议

一、发展普惠保险的重要意义

（一）中国保险业高质量发展需要发展普惠保险

发展普惠保险是保险业实现高质量发展的重要策略。过去，保险业经常忽略部分群体，这些群体往往是社会中的弱势群体，如低收入群体、从事特定职业的群体、老龄群体等。保险业可能无法为以上群体提供较多保障，主要是由于保险机构往往无法精准判断该群体风险并且以合适的成本为其提供服务。保险机构往往仅关注实质上低风险的客户，为其提供保障，并以价格战争夺用户，但保险公司也在价格战中失去利润以及转型发展的动力。例如，部分寿险公司简单堆积代理人人力，部分健康险公司针对某个细分险种过度营销，部分财险公司仍通过各种手段参与车险价格战等。中国保险业若要实现高质量发展，势必要摆脱这种局面，扩大保险业的服务范围以及风险覆盖种类，这要求保险业提高风险控制能力以及降低运营成本。发展商业可持续的普惠保险业务，可以激励保险业转变粗放的堆积人力的发展模式，提高管理水平，倒逼保险业提高风险控制能力，并降低运营成本。因此，推动保险业发展普惠保险，也是推动保险业实现高质量发展的策略。

（二）实现共同富裕需要发展普惠保险

发展普惠保险为中国实现共同富裕贡献力量。共同富裕是中国特色社会主义的本质要求，是中国实现现代化强国的重要特征。实现共同富裕，社会需要关注弱势群体的福利情况，因为他们在受到健康或者财务上的灾难性冲击后，更容易陷入贫困陷阱，而普惠保险可以降低弱势群体受到灾难性冲击的损失。理论上，保险天然具有共济性，它通过构建风险池，使得风险池中的被保险人互帮互助，这与共同富裕的要求不谋而合。然而，在没有国家政策引导的情况下，由于逆向选择，保险往往忽略弱势群体，将弱势群体当作高风险类别客户，保险服务供给不足。共同富裕要求政府发挥更好的作用，而推广普惠保险则是政府发挥作用的典范。普惠保险强调保险业以无歧视原则为全社会提供保险，强调保险业从普惠的角度，以较低的成本在弱势群体中实现服务覆盖面的扩容，通过科技更加精准地识别风险，而不是简单地把弱势群体与高风险连接在一起，在商业可持续的原则下，让弱势群体也能享受到保险保障，免于陷入贫困陷阱。

二、发展普惠保险的具体建议

（一）实施乡村振兴战略，缩小城乡收入差距

我国应当继续深化改革开放，加大对农村地区的财政投资和补贴力度，为农民的创收提供良好的环境与技术支持，从而有效提高农民收入，缩小城乡贫富差距，减少保险机构对于低收入的农民群体的忽视。

（二）加强基础保险教育，增强居民的保险意识

不少农民缺少风险意识，对于农业保险的信任度不高，参保意愿不强。提高大众的基础保险知识认知和保险意识，对于营造良好的普惠保险生态环境非常有必要。我国应加强保险教育投入，重视保险教育宣传工作，开展保险教育宣传活动，从而培养消费者正确的保险观念，提高消费者的风险意识，让更多的消费者积极理性地选择保险产品，促进保险普惠。

（三）细化保险的客户群体，增强保险普惠的精准性

加大保险产品开发设计的创新力度，针对低收入贫困人群、小微企业等保险服务获取不足的群体开发更多精准有效的产品，定向解决保障需求，增加保险覆盖率。例如，针对农业保险，我国保险公司可继续深入开发养殖保险、农业指数保险、农资农具保险、农产品品质保险等险种，保障农民在农业生产各方面的投保需求。同时伴随着我国老龄化进程的加快，保险公司应当为老年群体推出更多的健康和养老保险险种，成为社会保障的有力补充。

（四）完善交通基础设施，以交通便利带动保险普惠

乡村振兴需要交通先行。加强农村交通基础设施建设，完善农村路网体系，可以为保险机构深入偏远农村设点提供硬件支持，便于保险机构与农民之间的沟通衔接，增加保险服务的可得性。

（五）提升互联网普及率，大力发展保险科技

虽然从全国角度的实证结果来看，现阶段互联网的普及对于普惠保险的发展并没有显著的正向作用，这可能是因为我国互联网保险的发展仍处于初级阶段，促进保险普惠的效果并没有完全显现，但是互联网保险模式的发展无疑是互联网领域的重要创新。消费者可通过互联网比对不同的保险产品，增加对保险的了解，从而减少信息不对称，增加信息透明性，使得消费者更加方便地获取网上咨询、投保、缴费、理赔等保险服务。同时互联网保险也可推动农产品大数据平台和农业地理信息技术系统的落地，推动农业信息化，为农产品价格走势的预判和农业

保险提供重要支撑。因此，应该提高网络在农村及偏远地区的覆盖率，更加积极地发展互联网保险模式和保险科技，以互联网为重要工具，与金融科技结合，弥补传统保险受时空限制的短板，使得保险更加易得，推动实现普惠保险的社会价值。

（六）增强保险机构的渗透强度

鼓励更多的保险机构在农村地区开设营业网点，在落后的城镇增设保险机构，完善郊区网点布局，并配备高素质的保险业务人员，提供更加便捷的保险服务，增加保险服务的渗透性。

（七）加大政策扶持力度，提高各方积极性

一方面，农业保险的高风险决定了农业保险的高费率，会加大低收入农民的经济负担。因此政府应当加大对农户的保费补贴力度，提高农户参保的积极性。另一方面，农业保险的准公共产品性质意味着其并不以营利为目标，而是属于社会福利产品，保险机构开展农业保险业务的利润率低，无法保证盈利可持续性，因此政府需要给予保险公司一定的财政补贴，才能提高保险公司开展农业保险业务的积极性，使农业保险在广大农村地区得到全面推广。

第十章 惠民保险发展与人民健康

第一节 "惠民保"出现与发展

一、萌芽期：2015 年

2015 年深圳市推出的"重特大疾病补充医疗保险"，是在深圳市政府指导下，平安养老保险公司设计推出的首款针对特定城市定制的医疗保险，是惠民保产品的雏形（表 10.1）。该险种以低廉的保费撬动高额的保险保障，2015～2020 年，项目参保人数分别达 486 万、504 万、625 万、705 万、752 万，最高覆盖全市基本医疗保险参保人总数的 50.4%（罗葛妹，2021）。

表 10.1 深圳市重特大疾病补充医疗保险产品（2020 年）

险种名称	深圳市重特大疾病补充医疗保险
参保要求	参加深圳市基本医疗保险的居民
保障范围	1. 在同一社会医疗保险年度内，参保人住院时发生的医疗费用，按《深圳市社会医疗保险办法》规定属于社会医疗保险目录范围内且应由其本人自付的部分累计超过 1 万元的，超出部分由承办机构支付 70% 2. 在同一社会医疗保险年度内，患重特大疾病的参保人在深圳市社会医疗保险定点医疗机构和定点零售药店、已办理转诊、备案的市外医疗机构购买使用《深圳市重特大疾病补充医疗保险药品目录》内药品所发生的费用，由承办机构支付 70%，支付金额最高不超过 15 万元；其中在市外医疗机构购买的药品按不高于本市供应价格的标准，由承办机构按上述比例支付
筹资方式	个人账户划扣+企业团体投保+个人自愿出资
参与主体	深圳市政府+平安养老保险公司

二、探索期：2015～2020 年

自深圳市推出"重特大疾病补充医疗保险"之后的两年内，惠民保市场并未

出现如今的爆发增长态势。2018 年 12 月 17 日，平安健康保险公司在南京市推出了惠民保产品，针对医保内住院医疗费用进行补偿。2019 年 1 月 1 日，中国人寿保险公司推出了珠海市惠民保产品"大爱无疆"，该产品对医保内超高额医疗费用、医保内住院医疗费用、恶性肿瘤自费项目以及 10 种重疾进行保障，保障范围广、保障水平较高。之后，平安健康保险公司再次针对广州市基本医疗保险参保居民推出广州惠民保产品，该产品对医保内住院费用以及 15 种特定高额药品进行保障（表 10.2）。自此，惠民保产品呈现出点状城市探索的趋势，为后续惠民保产品的爆发式增长提供可能。

表 10.2　南京、珠海、广州惠民保产品

险种名称	参保要求	保障范围	参与主体
南京惠民保	参加南京市基本医疗保险的居民	医保内住院医疗费用	平安健康保险公司
珠海大爱无疆	参加珠海市基本医疗保险的居民	医保内超高额医疗费用；医保内住院医疗费用；恶性肿瘤自费项目补偿；10 种重疾定额给付	中国人寿保险公司
广州惠民保	参加广州市基本医疗保险的居民	医保内住院医疗费用；15 种特定自费药品	平安健康保险公司

三、爆发期：2020 年之后

2020 年初惠民保市场迎来了迅猛的增长期，呈现出"多地开花、逐步下沉"的趋势，截止到 2020 年 12 月 31 日，全国共有 23 个省 82 个地区上线 111 款产品，累计超 4000 万人参保，保费收入超 50 亿元（罗葛妹，2021）。随着惠民保产品的爆发式增长，其产品统筹方式、费率厘定、保障责任、参与主体等呈现出一定的规律性。

第二节　"惠民保"发展元年

一、发展背景："战略选择+人民需求"

（一）医疗保障制度要求

2016 年 10 月，中共中央、国务院印发《"健康中国 2030"规划纲要》，表明党和国家历来高度重视人民健康，并要求全社会要增强责任感、使命感，全力推进健康中国建设。建设健康中国，要由原来的医疗保障转向健康保障，更好地提

高全国人民的健康水平。《"健康中国 2030"规划纲要》指出，到 2030 年，个人卫生支出占卫生总费用的比重预期从 2015 年的 29.3%降低到 25%左右。然而当前我国基本医疗保障尚存缺口，仅在最高支付限额下对医保目录范围内发生的费用按比例报销，对于价格昂贵的癌症靶向药、罕见病用药报销种类较少、上限较低，在实际医治过程中个人承担的医疗费用比例仍然较高。该目标对商业健康保险提出了更高的期望，在医保基金赔付压力增大的前提下降低个人卫生支出占比，则要求商保基金发挥更大的作用。《"健康中国 2030"规划纲要》中还明确提出推进特殊人群基本药物保障，完善罕见病用药保障政策。惠民保产品良好地对标了纲要的战略要求。一方面，惠民保产品的参与主体除了政府部门和保险公司外，有更多的保险经纪公司、健康管理公司参与进来，为被保险人提供健康管理等增值服务，有助于弥补我国在健康管理方面的短板，在一定程度上有助于实现疾病的事前预防；另一方面，大部分惠民保产品所包含的特药保障能够针对费用较高的恶性肿瘤、罕见病等重特大疾病用药给予费用补偿，且惠民保产品在基本医保和大病保险之后再次报销，有助于弥补医保基金报销局限，提升整体医疗费用报销比例，降低居民个人卫生支出。

2020 年 2 月，中共中央、国务院印发《关于深化医疗保障制度改革的意见》，全面建立中国特色医疗保障制度，减轻群众就医负担、增进民生福祉、维护社会和谐稳定。同时《关于深化医疗保障制度改革的意见》要求加快发展商业健康保险，丰富健康保险产品供给，促进各类医疗保障互补衔接，提高重特大疾病和多元医疗需求保障水平。惠民保作为一种新业态的商业健康保险，是社商融合健康险的典型模式，是完善医疗保障制度的重要探索，符合国家关于健全多层次医疗保障体系的政策要求。

（二）人民健康意识提高与医疗需求增加

伴随着人民生活水平的提高，其医疗需求呈现出不断增加的态势，主要体现在人们对于医疗保健消费的重视。2019 年居民人均可支配收入为 30 733 元，其中居民人均医疗保健消费支出为 1902 元。图 10.1 中人均医疗保健消费支出占人均可支配收入的百分比从 2013 年的 4.98%上涨到 2019 年的 6.19%，人民医疗需求逐年增加，个人卫生支出不断上升。此外，人们住院费用的支出也在不断上涨。根据卫生健康委发布的《2019 年我国卫生健康事业发展统计公报》，2019 年医院次均门诊费用 290.8 元，按当年价格比上年上涨 6.1%；人均住院费用 9848.4 元，按当年价格比上年上涨 6.0%（中华人民共和国国家卫生健康委员会，2020）。而人均住院费用的上涨也意味着个人医疗支付负担不断上升，缓解人民日渐增长的医疗费用支出迫在眉睫。

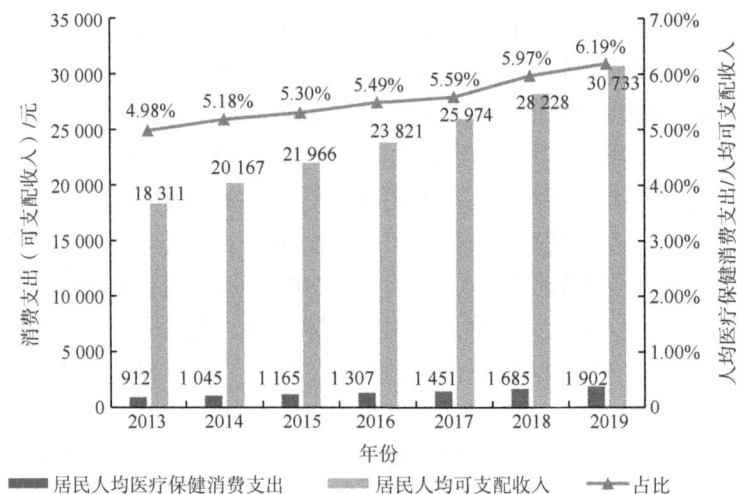

图 10.1　我国居民医疗需求趋势变化

资料来源：国家统计局

同时，我国老龄化程度不断加深，人口老龄化带来的医疗保险需求增大。如图 10.2 所示，我国 65 岁及以上人口从 2015 年的 1.44 亿人上升至 2019 年的 1.76 亿人，占总人口的比例从 10.5% 上升到 12.6%。据央视财经报道，2023 年我国已进入中度老龄社会①，我国人口老龄化的趋势正在不断加剧。老年人健康状况是人

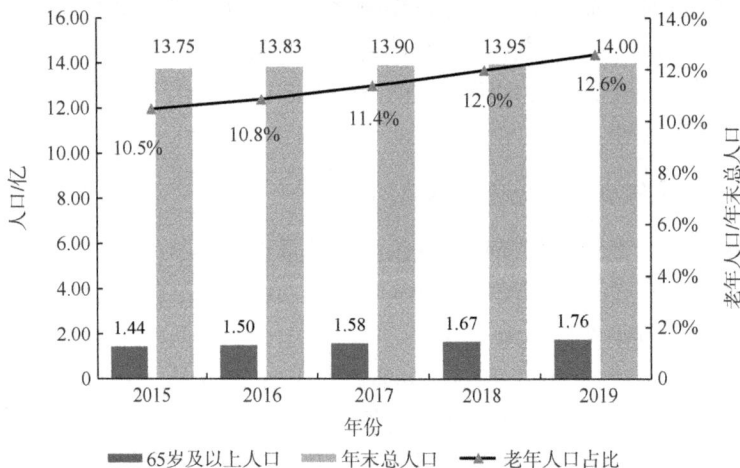

图 10.2　我国人口老龄化趋势

资料来源：国家统计局

---

① 资料来源：https://baijiahao.baidu.com/s?id=1780538153054592105&wfr=spider&for=pc。

口老龄化过程中最突出的问题。老年人机体免疫能力下降，患病风险增加，医疗费用负担更重，对于商业健康险的需求也更高，然而当前大多商业健康保险具有严格的年龄限制和健康告知限制，老年人作为患病率极高的特殊群体，往往无法参保商业健康保险，因此老年人健康保障需求与供给存在明显的缺口。

突发公共卫生事件对人民健康意识的提升在 2020 年新冠疫情中再次显现。疫情的暴发极大地提升了人民对公共卫生安全的重视程度，强化了健康管理意识和健康风险防范意识，激发了人民对于保险的需求，尤其推动了健康保险的发展（图 10.3），越来越多的消费者期望通过购买保险来分散健康风险。

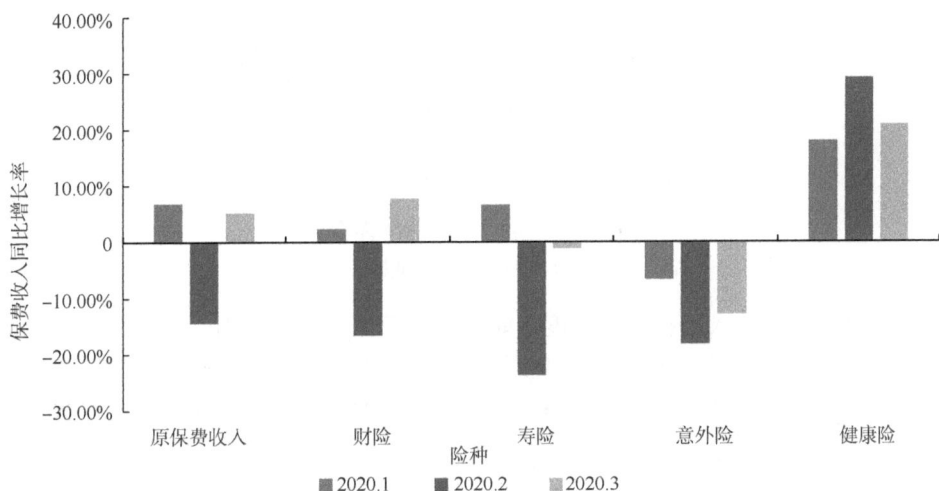

图 10.3　2020 年第一季度各险种保费收入同比

资料来源：国家统计局

人民健康管理意识的提高、医疗支付费用的上涨、人口老龄化带来的老年群体医疗费用难题以及突发公共卫生事件都极大地催生了人民医疗健康保障需求，搭建惠民保险方案，通过"低保费、低门槛、高保障"的产品特性拓宽产品覆盖面，附加多维度的健康管理服务打造居民健康管理网络，分层次解决医疗民生问题，对于缓解人民医疗费用压力、满足医疗需求与弥补医疗保障缺口具有重要意义，有助于切实保障人民的健康安全。

（三）国家医保基金赔付压力增大

根据国家医保局发布的《2019 年全国医疗保障事业发展统计公报》，2019 年135 407 万人参加全国基本医疗保险，参保率稳定在 95%以上。全国基本医保基金（含生育保险）总支出 20 854 亿元，比上年增长 12.2%，占当年 GDP 比重约为2.1%。如图 10.4 所示，2009 年至 2019 年，居民医保基金结余率总体下降趋势明显，国家医保基金面临极大的赔付压力，整个国家医疗体系也置于风险之下。

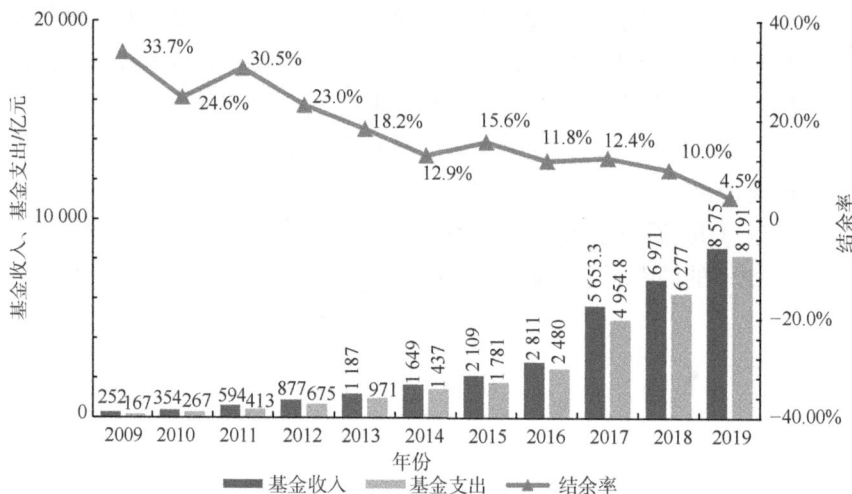

图 10.4　2009～2019 年居民医保收支情况

资料来源：2019 年全国医疗保障事业发展统计公报

　　商业健康险的入局在一定程度上能够缓解医保压力。然而，普通商业健康险由于投保门槛高，限制条件多，目前的覆盖率仍然不充足。根据银保监会发布的《2019 年 1—12 月保险业经营情况表》，健康险赔付支出为 2351 亿元，在整个医疗支出结构中占比仅为 6%（图 10.5）。

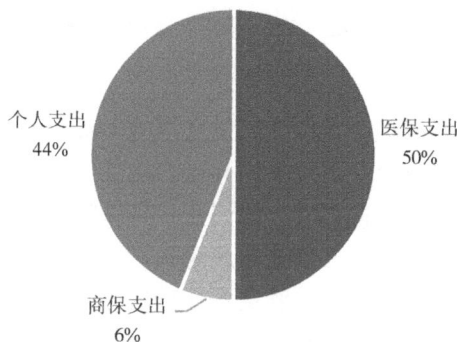

图 10.5　2019 年医疗支出结构

资料来源：2019 年全国医疗保障事业发展统计公报、2019 年中国卫生健康事业发展统计公报、银保监会

　　具有普惠性质的惠民保险所能覆盖的人群更为广泛，能够有效合理地将基本医疗保险与商业健康保险衔接起来，提高商业医疗保险参与度。同时能够对医保目录内个人承担部分进行进一步赔付，弥补基本医疗保险的赔付缺口，缓解医保

基金压力。因此，惠民保作为填补基本医疗保险与商业保险保障隙缝的产品，是构建我国多层次医疗保障体系的重要探索，能够满足居民对于提高保障水平、升级健康管理、降低投保门槛的需求，对于降低居民医疗支付水平具有重要意义。

二、发展特色："特定模式"

（一）产品模式："低价格+低门槛+高保障+附加服务"

1）产品定价低

惠民保一大特色为低廉的保费，保险产品以风险损失为基础，运用大数法则进行费率厘定。由于统筹方式的不同，各产品费率存在差异。"一城一策"下的惠民保产品多对所有参保人实行统一价格，产品价格大多在 100 元上下。基于各城市惠民保产品保障范围、承保责任存在差异，各产品价格水平在每年 29 元到 190 元之间浮动。也有个别城市的产品采取分年龄段定价的策略，如 2020 年长沙星惠保对 50 岁及以下居民定价为 48 元/年，50 岁以上居民定价为 138 元/年。"一省一策""全国可保"的惠民保产品中分年龄定价更加常见。广西惠桂保将参保人年龄分为三个区间，设定了每年 46 元、66 元、96 元三种差异化的价格。全国城惠保同样将参保人年龄分为三个区间，设定了每年 19 元、39 元、199 元三档价格。总体来讲，无论是"一城一策"，还是"一省一策""全国统筹"，惠民保产品价格均相对低廉，能够覆盖各收入人群，体现其"惠民"属性。对于消费者而言，极低门槛的惠民保填补了基本医疗保险和商业健康保险之间的空白，在使医疗保险供给端更加多元化的同时，也为消费者提供了更为全面的保障。

2）投保门槛低

惠民保的"普惠性"同样表现为极低的投保门槛。无年龄限制、无职业限制，无须健康告知，既往症种类较少，凡是当地基本医保参保人皆可投保。这也是惠民保在产品形态上与纯商业性质的健康保险最为显著的差异。表 10.3 展示了惠民保与百万医疗险产品的差异。百万医疗和重疾险产品对被保险人的年龄、职业、既往症都限制较严，投保门槛较高。此外，对于年龄在 65 岁以上的老年人，尽管市场上已经推出针对老年群体的健康保险，但此类产品可获得的医疗保障水平远远低于同等保费水平的百万医疗险产品，加之老年人本身的保障需求较高，现有的商业健康险产品远远不能满足庞大的老年群体在健康保障方面的要求。

表 10.3 惠民保与百万医疗险投保门槛对比

对比项目	百万医疗险	惠民保
年龄限制	通常为 0~60 周岁	无年龄限制
职业限制	对从事特殊职业的投保人不予承保	无职业限制

对比项目	百万医疗险	惠民保
不保既往症	通常有 40 种以上	通常在 10~12 种 部分城市无不保既往症
核保状况	核保严格，稍不符合健康告知即被拒保	社会医疗保险参保人均可投保

对于不符合健康告知而被普通商业健康险拒保以及存在医疗保障需求但保费预算有限的消费群体而言，低投保门槛的惠民保为他们提供了合适的折中保障选择，能够减少个人及家庭在医疗费用方面的后顾之忧。

3）保障水平高

惠民保作为医疗保险，主要对住院医疗费用及特定药品费用进行补偿。表 10.4 展示了惠民保产品的一般保险责任。惠民保主要补充保障医保报销后的个人承担部分，即医保内普通住院医疗，部分产品还可保障医保外住院医疗以及普通门诊，多数惠民保产品加入了特定高额药品保障。

表 10.4　惠民保产品的一般保险责任

保障项目	免赔额/万元	赔付比例	保险金额/万元
医保内住院	1~3	50%~100%	30~无封顶线
医保外住院	1~3	50%~80%	50~150
特殊门诊	特病门诊、慢性病门诊		
特定高额药品	0~2	70%~100%	12.6~150
增值服务	药品服务、重疾服务、慢病服务、体检服务等		

截止到 2020 年 12 月 31 日，共有 102 款产品对医保目录内住院费用进行补偿，且医保目录内住院费用的保险金额大多在 100 万元及以上。同时珠海、佛山和株洲等地对医保目录内高额医疗费用进行补偿，能够在一定程度上缓解基本医疗保险保障额度低、保障范围有限的痛点。

医保目录外项目及费用同样是居民看病就医的一大重要支出，惠民保产品将医保目录外住院费用、质子重离子检测费用、恶性肿瘤自费项目、特定高额药品费用纳入保障范围（表 10.4 和表 10.5）。截止到 2020 年 12 月 31 日，共有 34 款产品对医保目录外住院费用进行补偿，83 款产品对特定高额药品费用进行保障，山东"齐鲁爱心保"等产品对质子重离子检测费用进行补偿，珠海"大爱无疆"对恶性肿瘤自费项目、自费药等进行费用补偿，并对 10 种重疾进行定额给付。惠民保产品将保障责任范围扩大到医保目录外对于缓解居民"看病贵"具有重要意义。但可以看到，惠民保产品对医保目录外住院费用保障责任仍有限，未来惠民保产品保障责任应更加注重医保目录外费用补偿，切实缓解居民看病压力。

表 10.5　特定产品保障责任举例

保障项目	特定产品	起付线/万元	赔付比例	支付限额/保险金额/万元
医保内高额医疗费用补偿	珠海"大爱无疆"	60	90%	40
	佛山"平安佛医保"	20	90%	27
	株洲"神农惠民保"	0	50%	22
医保外质子重离子费用补偿	南通"医保南通保"	0	80%	100
	山东"齐鲁爱心保"	2（与医保内共用）	80%	100
	沈阳"盛京保"	2	50%	100
其他特定保障责任	珠海"大爱无疆"	1. 恶性肿瘤自费项目补偿：PET-CT（Positron Emission Tomography-Computed Tomography，正电子发射计算机断层显像）检查补偿 60% 2. 自费药：1 万元以上、30 万元（含 30 万元）以内的部分，支付 90%（带病体 60%） 3. 定额给付：10 种重疾定额给付 2 万元		

注：医保内高额医疗费用补偿第五列为支付限额，医保外质子重离子费用补偿第五列为保险金额

保障水平方面，惠民保在免赔额和报销比例上也设置了一定门槛。其中，住院保障项目的免赔额通常在 1 万至 3 万元，特定高额药品的免赔额则在 2 万元以内。不同保障项目的赔付比例存在较大差异，医保内住院的赔付比例为 50%～100%，医保外住院的赔付比例则相对较低，在 50%～80%，具体还会根据异地就医、既往病症、团体参保等情况进行调整。保险金额方面，惠民保产品相较于基本医保的保障金额更高，医保内住院项目的保额基本在 30 万元以上，一些产品甚至没有封顶线。

4）新增附加服务

惠民保产品附加的健康管理服务是其又一大特点，目前上线的惠民保产品中绝大多数产品提供多项健康服务，包括向被保险人提供药品服务、重疾服务、慢病服务、体检服务等增值服务，从诊前、诊中、诊后为参保人员提供尽可能多的帮助。这些健康服务的获得也相对便利，通常在投保页面会明确标注相关服务，并在健康管理服务手册中提供服务获取途径，通常只需在微信公众号等渠道进行预约并通过审核即可获得。健康管理服务的增加是保险公司由事后赔付向事前风险管理观念转变的体现，有助于降低保险公司赔付率，长远来看有助于全社会健康意识的提高，助力"健康中国 2030"的实现。

（二）主体模式："政府部门+保险公司+平台公司"

相较于一般商业医疗保险，惠民保的一大重要特征是各级政府的参与。惠民保的参与主体包括了政府和保险公司、保险经纪公司、健康管理公司等各类市场主体。各个参与主体为惠民保的产品设计、风险保障、产品宣传及增值服务等提供了不同程度的帮助，一方面有助于惠民保产品的健康发展，以及不同产业间的融合发展；另一方面也推动了政府与企业间的信息共享与合作，是政企合作促进商业健康保险发展的重要尝试。

1）政府部门

政府部门掌握着当地民生、就医等相关情况与数据，可以为惠民保产品设计提供数据支持。同时，借助政府公信力为惠民保背书，加强了民众对惠民保产品的信任度，有助于推动惠民保的发展和民众保险意识的普及。

基于惠民保产品具有医疗保障、健康管理的特性，参与政府部门呈现出多样化的特点，涵盖了医保局及卫生健康委、银保监局、民政局、总工会等各类部门。其中，医保局以及银保监局参与程度最高。同时，各地政府对惠民保的参与程度也存在差异，基于参与程度的不同，可分为浅层参与、中层参与、深层合作三类。浅层参与的政府仅提供场外指导，政府更多起到信用"背书"的作用。中层参与的政府可以为产品提供部分医疗数据支持，使产品定价更为合理、风控更为精准且符合当地实际情况。政府浅层与中层参与的产品在投保方式上多是实行自愿投保。此外，深圳、珠海等地政府部门通过出台相关文件、参与产品设计与营销推广等方式更深层次地参与惠民保项目。在购买方式上，这些地区也支持通过医保个人账户余额购买，提高了医保个人账户使用率。

2）保险公司

保险公司作为产品设计、产品宣传、保险保障、损失赔付的主体，是惠民保产品存在和发展的基础。随着惠民保产品的发展，参与的保险公司呈现出两大趋势。一方面，惠民保产品由一家公司承保逐渐出现多家公司共保的情况，多家公司共保能够提高保险公司承保能力，但共同承保带来的利益分割、责任认定可能存在一定问题；另一方面，惠民保属于短期健康险产品，各类保险公司均积极参与惠民保产品市场，参与保险公司类别包括财险公司、寿险公司、健康险公司、养老险公司及农险公司，其中财险公司参与最多，其次为养老险公司和寿险公司。截至 2021 年 5 月，具体到公司来看，人保财险参与 31 款产品承保，平安养老参与 25 款产品承保，中国人寿参与 15 款产品承保。

3）平台公司

除了政府与保险公司外，第三方平台也是惠民保中重要的参与方。惠民保产品看似简单，但产品设计、宣传推广、后续服务的诸多环节需要各方共同参与实施。目前参与惠民保的第三方平台主要可以分为两类。一类是保险经纪公司、保险科技公司及医疗科技公司。这类平台发挥其营销、引流的优势，通过线上、线下多渠道的方式触达更多用户，同时运用技术手段优化流程的各个环节，提高惠民保产品的服务水平。第二类参与平台主要为健康管理公司。健康管理公司为被保险人提供专业化、多元化的健康管理服务，通过前置风险管理环节，更好地控制风险与降低赔付支出。长远来看，健康管理公司的加入对于全民健康意识提高、健康管理网络构建具有重要意义。同时，越来越多第三方平台的参与使得惠民保的运营模式逐渐由"政府+保险公司"过渡到"政府+多元化公司"，保险、医、药、健康管理等多个产业、环节的融合将进一步加强。

（三）发展状况："保障+理赔"

1）参保人群数量

参保人数反映了惠民保在各地的火爆程度，也决定了惠民保产品的后续发展。表10.6展示了已上线已披露产品的参保人数（截至2021年），其中深圳、广州、成都、重庆、北京、淄博、东莞、湛江、珠海、海南、湖南参保人数均超过100万人。从各省情况来看，广东全省参保人数最高。

表 10.6　参保人数统计

排名	地区	人数/万人	排名	地区	人数/万人
1	广东深圳	852	16	浙江衢州	70
2	广东广州	366	17	江苏徐州	70
3	四川成都	310	18	广东茂名	60
4	重庆	290	19	广东河源	50
5	北京	150	20	广东揭阳	40
6	山东淄博	121.36	21	江苏南京	39.4
7	广东东莞	114	22	四川自贡	38
8	广东湛江	114	23	浙江台州	35
9	广东珠海	113	24	广东韶关	34
10	海南	102	25	广东梅州	30
11	湖南	100	26	四川宜宾	30
12	广东佛山	96	27	山东烟台	30
13	浙江宁波	92	28	广东潮州	20
14	江苏苏州	77.5	29	山东	20
15	浙江杭州	75	30	黑龙江哈尔滨	20

排名	地区	人数/万人	排名	地区	人数/万人
31	广东云浮	16	35	四川德阳	10
32	江苏连云港	15	36	福建厦门	10
33	江西南昌	15	37	福建福州	3
34	广东惠州	10			

资料来源：罗葛妹（2021）

2）理赔案例描述

随着惠民保产品的推进，各地陆续发布惠民保理赔报告及多起理赔案例。"广州惠民保"产品官方发布的理赔报告显示，2020年第一季度申请理赔人数为277人，单笔最高理赔金为3.5万元，线上理赔从申请递交到赔款到账最快仅需9小时。值得关注的是，2020年第一季度共有1236位参保人使用产品健康管理服务，健康服务能够在24小时内响应，处理时效在48小时以内，有助于保险公司风险管理前置与居民健康管理网络的打造。2020年第三季度理赔数据显示，该产品累计总结案案件已达到3777件，单笔最高理赔金达8.87万元，线上理赔占比96%，整体理赔结案平均时效为5.37天，累计服务用户9238人。"宁波甬惠保"产品官方发布的理赔简报显示，自2020年9月1日起正式进入承保运营期后，最高赔付案件金额为3.2万元，赔付年龄上至93岁，下至15岁，充分体现惠民保保障属性和惠民属性，有效地减轻了民众就医负担。

第三节　惠民保险发展意义

一、消费者角度

作为"城市普惠型医疗保险"，惠民保产品的初衷以及核心理念即为"普惠"，产品意义在于填补"低水平、广覆盖"的基本医疗保险和"高门槛、高保障"的商业健康保险之间的空白地带，使得普通百姓在个人与家庭医疗保险的配置方面多一份门槛低、负担低、保障高的优质选择，从而获得更为全面的医疗保障，少一分后顾之忧。

（一）投保门槛降低、覆盖人群增加

惠民保的"普惠性"同样表现为极低的投保门槛。无年龄限制、职业限制，无须健康告知，凡是当地基本医保参保人皆可投保，且保费水平较低，多数产品不超过一百元。这也是惠民保在产品形态上与纯商业性质的健康保险最为显著的

差异，其基于整体风险状况进行统一定价，充分体现了"普惠"的核心理念。对于消费者而言，极低门槛的惠民保无疑填补了基本医疗保险和商业健康保险之间的空白地带，在使医疗保险供给端更加多元化的同时，也为消费者提供了更为全面的保障选择。

2022年我国商业健康险覆盖率尚不足10%[1]，健康险保险深度和保险密度相比发达国家依然相差甚远，作为医疗保障的"第三支柱"，商业健康险尚未发挥出其该有的力量，在医疗费用方面的承担力仍有较大不足。除了公众保险意识有待提升、产品结构有待优化等原因，商业健康险投保门槛较高，使得很多有能力、有意愿投保的消费者无法投保，也是其覆盖率较低的一个重要原因。

以百万医疗险为例，作为健康险市场中的"网红"产品，百万医疗险一经面世便受到了市场的极大关注，其低保费、高保额的产品模式可谓健康险市场的一大创新，也吸引了无数消费者的目光，但是其过高的投保门槛却也将众多投保人拒之门外。首先，百万医疗险对被保险人的年龄和职业均有限制，通常只对 0～60 周岁的被保险人予以承保，60 周岁以上的老年人将无法获得百万医疗险的保障；而百万医疗险不予承保的特殊职业种类覆盖范围也较广，其中不乏搬运工人、沿海养殖工人、营业用货车司机、交通警察、消防队员等从业人员不在少数的职业。其次，百万医疗险产品的不保既往症通常多达 40 种以上，其中包括胃溃疡、椎间盘突出等现代生活方式下发病率不断攀升且较为常见的疾病，这使得相当大数量的群体在投保百万医疗险或申请理赔时将会遇到障碍，而百万医疗险产品通常又有极为严格的健康告知要求，且多数产品不支持人工核保，在智能核保的模式下，投保人如稍不符合健康告知要求，即被拒保。最后，百万医疗险的保费随着被保险人的年龄、性别以及有无社保保障而变动，以有社保保障的 30 岁男性为例，其保费通常约 300 至 400 元；而未参加社保且年龄较长的投保人，年保费可达 4000 元以上，投保必要性以及投保人的投保动力将大大下降。上述原因极大地抬高了百万医疗险的投保门槛，成为阻碍商业健康险快速展业的重要原因之一。

同样，百万医疗险以外的商业健康险产品也存在投保门槛较高的问题。例如，重疾险同样通常要求投保人年龄在 65 岁及以下，对于从事特定职业的投保人不予承保，不保既往症种类较多、健康告知严格等。相比之下，零投保门槛的惠民保可谓直击商业健康保险的痛点，为不符合健康告知而被商业健康险拒保以及存在医疗保障需求但保费预算有限的消费群体提供更为合适的折中保障选择，在提高保障水平的同时，尽可能减少个人及家庭在医疗费用方面的后顾之忧。同时，作为社会医疗保险和商业医疗保险的中间过渡形态，惠民保的低门槛、低保费将会

---

① 资料来源: https://baijiahao.baidu.com/s?id=1602701322521689613&wfr=spider&for=pc。

吸引更多消费者投保，使得健康保险的覆盖人群增加，从而进一步推动健康保险在我国医疗保障体系中发挥更为显著的作用。

（二）赔付水平提高、保障范围扩大

我国基本医疗保险制度近些年来改革稳步推进，发展稳健前行，参保覆盖面稳定在95%以上，但我国居民医疗支出结构中个人自费依旧占很大比例（图 10.6），"看病难、看病贵"依然是受社会关注的热点民生问题，防止"因病致贫""因病返贫"也是我国基层的重要工作，而医保报销水平有限是造成这一现象的重要原因之一。

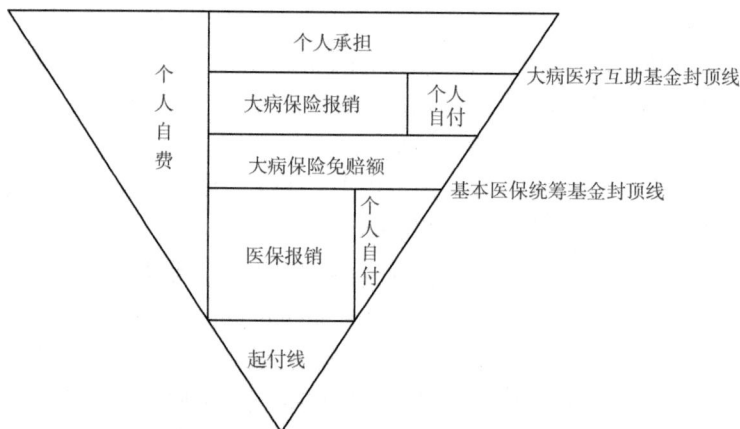

图 10.6　我国居民医疗支出结构

一方面，基本医保保障范围有限，其仅对医保目录内的药品及住院医疗费用进行报销，而对于医保目录之外的药品及住院医疗费用，则需要居民自费。对于罹患大病的居民而言，很多疗效显著、副作用较小但价格高昂的特效药不在医保目录范围内，此类特效药的高额药费往往需个人承担，而无法从医保中得到任何报销与补偿。另一方面，对于医保目录范围内的住院医疗费用，各地均对医保统筹基金支付部分设有起付标准和最高支付限额，起付标准以上、最高支付限额以下部分由基本医保统筹基金和个人共同负担，如 2020 年发布的《长沙市人民政府办公厅关于印发〈长沙市职工基本医疗保险办法〉的通知》中规定，一个结算年度内，长沙市基本医保统筹基金最高支付限额为 8 万元，而对于超过基本医保统筹基金最高支付限额的医保内费用，在扣除大病保险免赔额后，还可由大病保险进行二次报销，但绝大多数城市的大病保险仍然存在报销额度限制，且居民需承担一定的自付比例。超过大病保险报销上限的医保内费用，则需全部由个人承担。对于医保目录范围内的药品部分，分为甲乙两大类，其中使用甲类药物所发生的费用全部纳入基本医保基金给付范围，按基本医保办法的规定支付费用，而使用乙类药品产生的费用，则需先由参保人员自付一定比例，剩余部分再纳入基本医保基金给付范围。因此，基本医保可进行报销的范围和比例都十分有限，对于罹患大病的居民，基本医保以及大病保险准予报销的额度远不足以弥补其治病所需的巨额医疗费用以及药品费用，一场大病就使得一个中产家庭从小有积蓄到负债累累的现象屡见不鲜，"看病贵"仍是居民就医的重要问题。

惠民保的出现则在很大程度上缓解了基本医保保障额度低、保障范围有限的痛点。截止到 2021 年 11 月 5 日上线的 69 款产品总保额均在 100 万元及以上，部分城市住院医疗费用和特药报销总额甚至达到 300 万元。对于罹患大病的居民，其在医保范围内发生的医疗费用在经过基本医保及大病保险报销后，扣除一定的免赔额，剩余部分即可通过惠民保进行再次报销，且报销额度可达百万级。作为普惠型的补充医疗保险，以低廉的保费撬动高额的保险保障，充分体现了"普惠"的理念，也更容易被消费者接受和选择。此外，相比基本医疗保险，惠民保还有一大优势，即将医保目录外的若干种特定高额药品（通常是常见大病的特效药及靶向药等）纳入保障范围，在扣除免赔额后给予一定比例的报销。这在基本医保的基础上进一步扩大了消费者可获得的保障范围，也在一定程度上减轻了不幸患病的消费者在用药方面的负担，增加保障维度的同时也提高了保障水平，使得惠民保产品可实现更大范围的对基本医保的补充。

（三）政府信用背书、销售误导减少

与纯商业性质的健康保险相比，惠民保将更容易获得展业以及达到较高的覆盖率，其中的重要原因之一即地方政府的参与。在目前已经上线的惠民保产品中，几乎所有产品背后都有地方医保局或是地方金融办以及相关医疗管理部门等背书、站台或指导，而政府的参与程度也对惠民保产品的参保率、投保人数有着直接影响。对于消费者而言，在销售误导屡禁不止、理赔纠纷层出不穷的健康险市场中，一款有政府背书、站台或指导的惠民保产品毫无疑问意味着更高的可靠性与可持续性，而惠民保的"普惠"性质也意味着该产品不以营利为目的，从而存在销售误导的可能性更小，这些均可在一定程度上使得消费者打消顾虑，愿意投保，从而获得更为全面的保险保障。

在行业早期发展阶段，单纯追求保费规模、忽视保险服务质量以及代理人队伍的专业素质建设等的粗放式发展模式已为整个行业留下了顽疾，使得消费者对保险市场的信任度始终不高，尤其对保险产品的履约赔付持有怀疑。直至现在，保险公司为了扩大市场份额、增加保费收入，依然存在设立高佣金政策等相对短期的行为，这也使得保险市场上的销售误导现象屡禁不止。尤其对于近些年来逐渐兴起的健康险而言，一方面，由于产品性质，大多数身体健康的投保人对产品服务没有切实的获得感，从而难免会对健康险产品配置的必要性以及产品的可靠性存疑；另一方面，受限于产品设计及产品结构等因素，理赔时效慢、理赔金额争议、理赔资料烦琐等理赔纠纷与投诉层出不穷，使得群众对商业健康险的信任度更加摇摆不定。同时，无论是通过代理人进行展业，还是目前健康险展业很大程度上依托的互联网销售渠道，都存在免赔额及除外责任告知不清、不保既往症及相关投保限制告知不清等问题，这使得消费者可能对产品存在误解，为可能的理赔纠纷埋下了隐患，也会在一定程度上影响消费者对于保险产品的信任度，使得消费者不敢消费、不愿消费，从而也无法获得相关保险保障。

相比之下，惠民保由于本身产品结构并不复杂，保险公司相对容易培训出具备一定专业素质的客服团队，使之对消费者的咨询及投诉做出快速高效的应答，从而有效减少销售误导，提高产品的可靠性。再加之有政府的参与，在产品设计、销售推广环节都或多或少有政府相关部门的介入与监督，产品相对更加透明，消费者的权益更能得到保障。惠民保在容易获得消费者信任的同时，也在一定程度上鼓励消费者进行健康保险的配置，弥补个人和家庭的保障空白，提高保障水平。

（四）健康管理升级、健康意识提高

随着我国《"健康中国 2030"规划纲要》的提出，无论是国家层面还是家庭层面，人们对健康状况的关注度都在不断上升。2020 年上半年，由于疫情冲击，群众对健康保障的需求得到了最大限度的刺激，在健康管理方面的期望也有所提高。然而，我国健康管理市场存在较为严重的信息不对称，对于可提供系统健康管理服务的机构来说，虽然市场前景广阔，但可触达的消费群体有限，需要借助保险公司等相关平台对其产品和服务进行推广展业；对于消费者而言，虽然存在较大的健康管理需求，如定期体检、健康咨询以及了解基本疾病知识等，但往往找不到合适的渠道或途径来满足该需求，一方面是对从事相关产业的机构及其产品服务信息无从知晓或无从选择，另一方面也可能因为价格等原因而无法获得符合预期的健康管理服务。这对市场供需双方都是不利的，同时也对健康服务行业在全社会健康管理中发挥其应有的作用产生了一定阻碍。

惠民保的出现则为该问题的解决提供了新的思路。在目前已经上线的惠民保产品中，绝大多数产品均提供多项健康服务，包括健康体检、用药咨询、慢病药品配送以及专病讲堂等，直击消费者核心需求，而这些健康服务的获得也相对便利，通常在投保页面会明确标注相关服务，并在健康管理服务手册中提供服务获取途径，一般只需在微信公众号等渠道进行预约并通过审核即可获得。因此，惠民保在健康服务的提供方与消费者之间搭建起了一道非常高效的桥梁，考虑到惠

民保参保门槛较低，覆盖面预期较广，毫无疑问其将为健康管理机构带来一定的客户资源，帮助其触达更多消费群体，实现更大范围的展业。消费者同样获益良多，在以惠民保参保人身份免费享受相关服务、进行健康管理的同时，也可通过该渠道了解到相关服务提供商，由此可进一步发掘适合自己的健康管理方案，满足健康管理需求，这也将对全社会健康意识的提高起到推动作用，助力"健康中国 2030"的实现。

二、保险公司角度

作为"城市普惠型医疗保险"，惠民保"普惠"的核心理念充分体现在其高保额、低保费、低投保门槛等特点中，旨在为消费者带来更为全面的医疗保险保障。但不可忽视的是，在为消费者带来好处的同时，对于承保的保险公司而言，"普惠"即意味着更高的理赔风险和不确定性，对保险公司的定价能力、偿付能力等均提出了更高的要求。事实上，惠民保产品可为保险公司开拓的利润空间非常有限，尤其是相比百万医疗险等商业健康险而言，作为民生保障型产品，惠民保仍需本着"保本微利"甚至"平本微亏"的原则进行经营。即便如此，各大保险公司依然纷纷入局，抢占惠民保这一健康险新赛道，试图打破健康险发展瓶颈。

（一）通过政企合作提升品牌形象

如前文所述，惠民保的一大亮点在于政府参与。对于消费者而言，政府背书可增强产品公信力，减少销售误导；而对于保险公司而言，惠民保带来的深入政企合作机会也是其积极入局的重要原因。

目前绝大多数已经落地的惠民保项目着力于打造"一城一策"模式，即以各个城市的医疗支出、医保赔付等实际情况为基础，设计产品责任以及医保外特定高额药品的保障目录，使得产品更加符合各个城市的定位与特点，为居民提供"量身定做"的医疗保障。"一城一策"可谓惠民保产品最大限度发挥其"普惠"功能的重要前提，而"一城一策"的落实则要求保险公司与医保局进行深入合作，获取前端数据，合理设计产品。这也为进一步深化政企合作、推进政企关系提供了新的契机。

目前，深圳、珠海、连云港等多座城市的惠民保产品已支持通过基本医保个人账户划扣的方式支付保费，这也意味着在政府参与程度较深的情况下，惠民保作为基本医疗保险和商业健康保险的过渡形态，将会更多地向政策性保险方向倾斜，对于保险公司而言，一方面有利于丰富与政府合作的经验、积累政府资源，另一方面也可与现有经办政策类业务实现资源整合、技术共享，优化政策类业务储备。

另外，由于惠民保产品的"普惠"特性以及产品宣传过程中政府的背书与站台，经营惠民保产品对保险公司品牌形象的树立与优化也起到了一定的积极作用。我国保险市场早期采取的粗放式发展模式及其造成的负面影响，令部分公众依然对保险公司留有不佳印象。而惠民保产品的产品设计以及其中体现出的"普惠"理念，则从民生视角出发，切实为百姓提供低门槛的医疗保障，这体现出保险公司主动分摊民众风险的社会担当以及协助构建多层次医疗保障体系的责任担当，有利于扭转民众对于保险公司的负面印象，重塑良好的企业社会形象。同时，在惠民保产品的推广过程中，发挥重要作用的政府宣传环节在增加产品公信度的同时，也从政府层面上对保险公司的社会形象给予一定程度的支持，这将有利于保险公司进一步走近民众、获取民众信任，对做好品牌宣传、提升品牌形象具有一定意义。

（二）开辟新的短期健康险市场

惠民保作为带有普惠属性的前端窗口，将为健康险市场打开新的思路，助力健康险行业突破发展瓶颈。

作为保险业的新蓝海，商业健康险已经成为我国保险市场上发展潜力最大、增长速度最快的险种之一，健康险市场也在不断吸引着各大保险公司进行战略布局，从健康险板块挖掘新的业务增长点，为自身的业务结构优化、保费收入增长以及客源获取提供动力。

然而，我国健康险市场目前所能提供的服务水平依然非常有限，其中的一个重要表现即为产品结构较为单一，专业度不够，使得服务供给在很大程度上不能匹配服务需求。目前我国的商业健康险主要集中在疾病保险和医疗保险两类，市场能够提供的健康险产品同质化较为严重。例如，众安保险在2016年推出以"高保额、低保费"为特点的百万医疗险以后，该产品迅速席卷医疗险市场，各大保险公司紧随其后推出类似产品，并不断进行迭代升级。然而，各大保险公司的百万医疗险在产品设计方面大同小异，多数情况下仅是在覆盖病种、保费水平以及保险金额和免赔额方面有所差别，自家产品的迭代升级更是着眼于医疗服务的扩充，并未有效扩大百万医疗险可触达并转化的客户群体。

同时，健康险业务的发展还面临着定价难度高、控费困难等问题，而这主要与医疗数据的缺乏有关。在我国以公立医院为主体的医疗体系下，社保部门及公立医院对医疗数据具有一定的垄断性，对于保险公司而言，数据可得性较低且已有数据同质化严重，因此健康险产品的定价依据有限、维度粗糙，导致产品经营面临着较大的不稳定性。同时，由于我国医疗信息标准化水平仍有待提高，个人电子健康档案缺少可得性，健康险产品将无法规避较高的逆选择风险，也无法通过介入医疗服务来控制医疗费用支出，加之一些中小型保险公司在赔付成本控制以及理赔方面经验不足，控费困难也是健康险经营过程中的一大挑战。健康险领域产品创新压力较大，保险公司亟待新的产品模式出现，以使服务更加专业化、多元化，拓宽获客渠道，提高服务质量，打破行业发展瓶颈。

惠民保的出现无疑为健康险市场带来了新的火花。作为一种新业态的商业健康保险，惠民保打破了纯商业运作的模式，以基本社会医疗保险与商业保险的中间过渡形态出现，在丰富产品结构的同时，积极探索健康险领域社商融合的新可能。由于投保门槛低、逆选择风险较高，为保证产品的稳定与可持续运营，惠民保对定价的要求以及数据的依赖性也更高，这使得其研发设计离不开政府部门的参与。通过与当地政府的深度合作，保险公司可获得本地居民相关疾病发病率、社会保险赔付情况以及居民医疗支出等数据，并基于这些数据进行合理定价，使得惠民保产品可与当地医保进行无缝衔接，真正提供百姓所需的医疗保障。在惠民保的经营过程中，保险公司可积累大量医疗数据，这在一定程度上可解决商业健康险数据获取受限的痛点，为其他相关产品的研发提供高质量的数据支持，有助于提高风险管控能力与专业经营能力。

此外，由于互联网平台以及提供健康管理服务的第三方科技公司的加入，惠民保产品也已经在产业链模式创新上开始了积极探索，这将为保险公司在健康领域的整体布局提供新的思路与借鉴经验。在新的行业环境与挑战之下，打造大健康、大养老等差异化服务体系，通过优质服务吸引更多客户，已经成为各大保险公司突破发展瓶颈、拓宽利润空间的最优选择。例如，中国平安提出"医疗生态圈"概念，发挥巨大的战略协同效应，将保险服务与健康服务相结合，打造有场景、有温度、有服务的保险。作为最早试水惠民保的保险公司，中国平安的惠民保业务已经在多个城市落地，并与多家从事健康咨询、健康科技的第三方公司建立了合作关系。事实上，作为惠民保重要参与方的第三方平台同样有强烈的意愿将药企、健康管理公司、保险公司以及互联网流量平台等多方资源进行整合，以打通产业链，发挥强大的协同效应，创造出更大的商业价值。这与保险公司的利益与战略部署不谋而合，而惠民保作为连接保险公司与第三方平台的媒介，无疑蕴含着双方深入合作的良好契机。

同时，惠民保在获客端也具有较为明显的优势。由于产品本身保费较低，且投保门槛较低，加之政府的宣传与背书，惠民保更容易为广大群众所接受，从而达到较高的覆盖率，以贴近民生、走入百姓的形式拓宽商业健康险的触及面。保险公司可以此为切入点向群众普及商业保险知识，提高群众保险意识，对于一些规模较大的保险公司而言，还可结合公司自身的健康产业布局，提供系统性的健康管理方案，从而实现客户的转化，带来新的客户资源。

（三）增加客户触点、挖掘客户需求

我国健康险行业之所以遇到发展瓶颈，其根本原因还是在于供给与需求的不匹配。目前的健康险产品主要以赔付功能为主，发挥的是"事后补偿"的功能，如"确诊即赔"的重疾险以及"事后报销"的百万医疗险，而在事前预防以及健康风险管理方面并未发挥其应有的作用。健康险产业发展的原动力应该是群众健康的促进与改善，从消费者的健康诉求出发，整合健康管理及医药服务资源，在此基础上进行精细化的产品结构与服务方案设计，开发出能够真正满足客户需求的健康险产品。因此，对于一个成熟的健康险市场而言，客户触达与客户需求的剖析扮演着产业链起点的角色，意义重大。

但是，对于我国目前的健康险市场而言，客户触达依然是一个有待进一步优化的问题。以最前端的销售渠道为例，目前健康险销售仍以个人代理渠道为主，多依附于人身险进行售卖；另外，由于产品结构较为简单且期限较短，互联网渠道也在健康险的销售中发挥着重要作用。从个人代理渠道而言，代理人壁垒依然存在，市场覆盖程度有限且与寿险市场重合度较高。与寿险产品的捆绑销售虽然会在一定程度上增加健康险的保费收入，但同时也使得健康险销售的针对性不够强、并不能为客户提供真正符合其需求的健康保障，也会淡化对健康险作用的强调，使得消费者产生"健康险只是对寿险的补充与拓展"的印象，不利于商业健康险消费意识的培养。从互联网渠道而言，其更多可触达的是 80 后、90 后客户群体，而 60 后、70 后等中老年群体由于对互联网的接受度较低，较少通过互联网渠道找到适合自己的健康险保障。另外，货架式的互联网销售模式更多是将有关保险产品的信息单向输出给消费者，而缺少与消费者之间的互动，从而无法从消费者处得到反馈，也就无法通过该途径深入挖掘其在已有产品之外可能存在的健康管理需求。

相比之下，惠民保的社商合作模式则凸显出了其优势。政府与第三方流量平台的加入与宣传有力地打破了商业险销售中代理人渠道天然存在的壁垒。多家政府通过其官方公众号平台对惠民保产品进行宣传，如成都市医保局的微信公众号在产品上线期间每天均推出有关惠民保的推文，而东莞市市教委的微信公众号首次转发外部文章，为东莞市惠民保产品做宣传，这在很大程度上铺开了惠民保的触及范围，极大地促进了产品推广，同时政府平台的公信力也会为产品带来较高的转化率，达到非常好的宣传效果。除了官方公众号，通过当地新闻对惠民保产品进行介绍与推广也一举击中了代理人及互联网渠道在中老年群体（尤其是老年群体）中的盲区，使得惠民保的主要受益对象——老年群体，对产品能够有所了解并愿意进行投保，更好地实现"普惠"理念。另外，第三方流量平台也通过多

渠道对产品进行宣传，如城市传媒广告等，即使并不能直接获客，高曝光度也对惠民保产品的推广与转化起到了极大的推动作用。

同时，惠民保补充基本医疗保险的产品定位和其运作模式使得保险公司可以获得更为优质的医疗数据，从而对各地区百姓的就医住院以及用药情况有更加全面深入的把握。通过惠民保经营数据的积累，保险公司可对当地居民的看病就医支出以及住院费用报销水平有更加全局化的了解，从而对居民医疗自费水平有更加准确的认知，可用于后续对惠民保产品进行升级与改进，如对免赔额、报销比例等进行调整，在普惠市民与保险公司的保本微利之间找到更好的平衡。另外，惠民保经营过程中积累的特定疾病靶向药数据，一方面能为保险公司其他产品的设计与定价提供一定数据支持，另一方面也能为医保局调整医保目录、将疗效显著且价格合理的医保外用药纳入医保目录提供参考。惠民保产品为参保人提供的健康管理服务同样也可为各家健康管理公司和保险公司相关业务部门打开流量入口，积累第一手数据，使其知悉消费者对哪些健康服务更为需要、更感兴趣，在消费这些健康服务时有何意见与反馈，从而进一步洞悉消费者需求，调整产品与服务结构，助力大健康产业链的打造。

三、政府角度

健康是促进人的全面发展的必然要求，是经济社会发展的基础条件。实现国民健康长寿，是国家富强、民族振兴的重要标志，也是全国各族人民的共同愿望。深化医疗保障制度改革是我国当前深化医药卫生体制改革的重点任务，而加快发展商业健康保险作为医疗保障制度改革的一个重要方面，尽管市场潜力无穷，但目前在我国医疗卫生体系中发挥的作用却依然有限，商业健康保险行业亟待寻找到新的突破口，以实现其在国家医疗保障制度中应有的价值。惠民保作为社商合作的全新尝试，也将为完善多层次医疗保障体系、推动医疗保障层面政府治理能力现代化发展等提供新的思路。

（一）完善多层次医疗保障体系

2020年2月，中共中央、国务院印发《关于深化医疗保障制度改革的意见》，提出"到2030年，全面建成以基本医疗保险为主体，医疗救助为托底，补充医疗保险、商业健康保险、慈善捐赠、医疗互助共同发展的医疗保障制度体系"的改革发展目标，要求"强化基本医疗保险、大病保险与医疗救助三重保障功能，促进各类医疗保障互补衔接，提高重特大疾病和多元医疗需求保障水平"。事实上，政府长期以来非常重视多层次医疗保障体系的完善和商业健康险的发展，如《"健康中国2030"规划纲要》中即明确提出，要完善全民医保体系，健全以基本医疗保障为主体、其他多种形式补充保险和商业健康保险为补充的多层次医疗保障体系，并强调要积极发展商业健康保险，丰富健康保险产品，鼓励开发与健康管理服务相关的健康保险产品。

政府和业界也已推出若干政策与措施，以推动多层次医疗保障体系的建设，尤其是从政策层面支持商业健康险的发展，如税优健康保险等，然而，必须看到的是，目前我国的医疗卫生支出依然在相当大的程度上依赖于国家基本医疗保障，百姓看病的费用主要由基本医疗保险、大病保险与医疗救助进行报销与补偿，商业健康保险的覆盖率并不高，其他层次的补充性医疗保障的作用更是微乎其微。因此，在进行多层次医疗保障体系建设的实践探索中，产品创新、模式创新、体制创新都有非常大的发展空间。

目前已经推出的社商合作的商业健康险——税优健康险，由于保费较高、保额较低、参保途径有限、节税效应不明显等原因，加之其并不能为保险公司带来合理利润，进展十分缓慢，并未为我国健康险的发展注入新的动力。而惠民保作为社商合作模式的全新探索，在保留了税优健康险无年龄限制、免除健康告知、投保门槛极低的优势的基础上，同时具备了低保费、高保额、与第三方平台合作以优化投保理赔流程等特点，在"普惠"层面做出了实质性探索，使得保险保障作用能够真正落实到百姓的医疗健康管理中。此外，由于惠民保产品与各地基本医疗保障制度高度衔接，部分产品保障可看作基本医保制度的进一步外延与拓展，结合其商业保险公司承办、居民自愿参保等特点，惠民保表现出从基本医疗保险到商业健康保险的过渡形态，发挥着连接国家基本医疗保障、企业补充医疗保险、个人商业健康保险这三个层次的医疗保障体系的桥梁作用，为各层次之间的相互补充、相互沟通提供了新的实现方法，助力多层次医疗保障体系的制度完善与效率提高。

（二）推动医疗保障层面政府治理能力现代化发展

在中国共产党第十九届中央委员会第四次全体会议通过的《中共中央关于坚持和完善中国特色社会主义制度　推进国家治理体系和治理能力现代化若干重大问题的决定》中明确提出，要坚持和完善统筹城乡的民生保障制度，注重加强普惠性、基础性、兜底性民生建设，保障群众基本生活，并着重强调应强化提高人民健康水平的制度保障，完善国民健康政策，深化医药卫生体制改革，健全重特大疾病医疗保险和救助制度。这是"民生保障制度"概念首次得到强调，而"普惠性、基础性、兜底性"这三个重要特征也成为民生建设的原则和导向。

在现有的医疗保障体制下，国家主办的基本医疗保险、大病保险和医疗救助在很大程度上体现了基础性、普惠性、兜底性三个特点，随着医保制度的不断健全，人民群众基本医疗权益在更深层次上得到了保证。但是，在健康层面的民生制度建设上，我们依然存在一定的短板，如对生命全周期、健康全过程的关注度仍可进一步提高等，且商业保险尚处在高速发展阶段，制度尚未成熟，在其本身的产品供给与运行机制内存在一些亟待解决的问题的同时，也使得市场的资源配置作用未得到充分发挥，商业保险未在民生保障制度中充分发挥其应有的作用。

惠民保作为"普惠型"商业健康保险的全新探索，将基本医疗保险和大病保险的普惠性特点外延至商业健康险领域，并提供贴合百姓生活、满足百姓需求的健康服务，提高人民群众对健康全过程与健康保险保障的认可度、接受度，在丰富民生建设形式、满足民生建设需求的同时，也弥补了社会保险"基础型"保障和商业保险"盈利型"保障中间的空白地带，通过与政府合作、将政府引入产品设计与推广，为政府功能和市场功能的结合挖掘出新的切入点，也为医疗保障层面政府治理能力的提高提供了全新的思路与解决方式。

（三）推动打造市民健康安全网、助力全面建成小康社会

"没有全民健康，就没有全面小康"[①]。党和国家历来高度重视人民健康。然而，结合我国目前的实际情况，尽管我国健康领域改革发展已取得显著成就，医疗卫生服务体系日益健全，为全面建成小康社会的实现奠定了重要基础，但维护和促进健康事业发展依然存在一系列的挑战，健康服务供给总体不足与需求不断增长之间的矛盾依然突出，健康领域发展与经济社会发展的协调性有待增强。

从医疗保障层面而言，尽管目前我国的基本医保覆盖率稳定在95%以上，但医保所覆盖的医疗方式及药品种类有限，报销额度也存在一定限制，居民依然面临着相当一部分的医疗风险敞口。此外，由于基本医疗保险和一般健康保险"事后报销"的运行模式，居民的健康安全意识并不能通过保险方式得到强化，相对较为薄弱的健康素养也将不利于居民整体健康水平的提高以及健康中国战略的落实。

惠民保的应运而生可认为是在市民健康安全网中加入的全新一环。作为基本医疗保险和商业健康险的过渡形式，惠民保有效填补了两个层次的医疗保障制度之间的空白，通过提高保险金额、拓宽赔付范围的方式进一步提高、夯实基本医疗保障制度的保障功能，同时以低保费、低投保门槛使得商业健康保险的服务对象向宽拓展，丰富了健康安全保险保障的供给端，使得市民健康安全网所能提供的产品与服务更加多样化，也更加符合百姓的实际需求。同时，有地方政府参与的惠民保有助于百姓突破对健康保险的认知盲区，在一定程度上扭转对商业健康

① 资料来源：http://theory.people.com.cn/n1/2020/0513/c40531-31706723.html。

险的偏见，从而提高健康意识与保险保障意识，进而从认知层面打造更为坚固的市民健康安全网。

四、社会管理角度

（一）保障民生的重要举措

增进民生福祉是发展的根本目的。必须多谋民生之利、多解民生之忧，在发展中补齐民生短板、促进社会公平正义。党的十九届四中全会中，首次强调"民生保障制度"这个概念，提出"坚持和完善统筹城乡的民生保障制度，满足人民日益增长的美好生活需要"。医疗保障与人民健康水平无疑是民生问题的重要一环。

民生问题强调公平。在我国当前的医疗保障体系中，在基本医疗保险之外，居民可获得的医疗保障存在明显的不公平现象，尤其是在商业健康险领域，对于年龄较大的老年群体以及带病体等，市场无法提供符合其健康管理需求的保险产品，使得这些本身存在一定健康风险的群体无法得到合理保障。这固然是由保险公司的商业经营模式决定的，但是因此而产生的医疗保障不足的民生问题也是切实存在且亟待解决的。

惠民保的出现则为该民生问题的解决提供了新的思路。从"普惠"角度出发，惠民保对投保人的年龄、职业均无限制，且免除健康告知，只要是当地社保参与者均可投保，这就补齐了非标体人群无法在商业健康险市场获得足够保险保障的缺口，使得非标体人群的需求在一定程度上得到满足，增大补充医疗保险覆盖面的同时，为医疗保障民生问题的公平推进提供新的解决方案。

（二）推动"六稳""六保"政策落实

2018年7月，中共中央政治局会议首次提出"六稳"。2020年4月，中共中央又提出"六保"任务，而"保基本民生"即为"六保"的重要工作内容之一，强调要切实做好民生保障工作，兜住民生底线。

惠民保作为基本医疗保险和商业健康保险的过渡形态，为多层次医疗保障体系的探索与完善提供了新的思路，通过产品形态的创新为百姓提供低门槛的切实保障，在医疗保障的民生问题上做出了新的探索，有助于推动"六稳""六保"政策的落实。

（三）提升人民获得感、幸福感、安全感

改革开放以来，我国综合国力显著提升，人民生活水平有了极大提高。现阶段，我国的主要矛盾已经成为人民日益增长的美好生活需要和不平衡不充分的发

展之间的矛盾。党的二十大提出，要"增进民生福祉，不断实现发展为了人民、发展依靠人民、发展成果由人民共享，让现代化建设成果更多更公平惠及全体人民"，推动"人民群众获得感、幸福感、安全感更加充实、更有保障、更可持续，共同富裕取得新成效"①。

保障和改善基本民生是提升获得感、幸福感、安全感的基础工作，也是重点工作。卫生健康与社会保障和人民群众的切身利益直接相关，而惠民保的出现，丰富了现有的医疗保障体系，使得个人与家庭可以较低的保费获得更高额度、更为全面的医疗保障，为人民群众最关心、最现实的"看病贵"问题提供了一种新的解决思路，使人们在卫生健康方面进一步减少后顾之忧，这无疑会切实提升人民的获得感与安全感。

第四节　总　　结

2020年以来惠民保产品呈现爆发式增长，表现出良好的发展势头。惠民保作为普惠保险在健康管理领域的重要探索，能够填补"低水平、广覆盖"的基本医疗保险和"高门槛、高保障"的商业健康保险之间的空白，为更广泛的人群提供保险保障，对于切实提高人民医疗保障水平具有重要价值。因此，惠民保的发展模式是普惠保险未来的重要发展方向，对于解决民生问题、完善多元化医疗保障体系、创造商业保险新的增长动力都有重要的意义。

---

① 资料来源：http://www.qstheory.cn/yaowen/2022-10/25/c_1129079926.htm。

第十一章　普惠保险发展与养老保障

第一节　我国人口老龄化现状及未来趋势分析

一、我国人口老龄化特征分析

（一）特征一：老龄人口基数大、增速快

2019 年我国 60 岁及以上人口约达 2.54 亿，占总人口的 18.1%，其中 65 岁及以上人口约达 1.76 亿，占总人口的 12.6%（国家统计局，2020）。按照联合国定义，当一个国家或地区 65 岁及以上老年人口数量占总人口比例超过 7% 时，就进入了老龄化社会；比例达到 14% 即进入深度老龄化，即老龄社会；比例达到 20% 则进入超级老龄化社会。我国于 2000 年开始进入老龄化社会，且老龄化程度不断加深，并于 2023 年进入中度老龄化社会。根据中国发展研究基金会（2020）所发布的《中国发展报告 2020：中国人口老龄化的发展趋势和政策》，到 2035 年后这一比例将达到 20% 以上，进入超级老龄化阶段，到 2050 年达到 27.9% 左右并持续高位发展（图11.1）。同时，我国人口结构由成年型转入老年型的速度快于最早进入老龄社会的

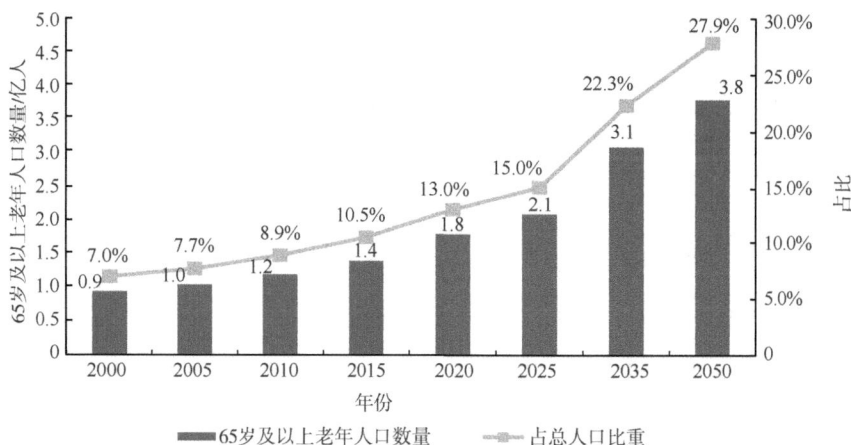

图 11.1　2000～2050 年我国老年人口数量及未来趋势测度图

资料来源：中国发展研究基金会（2020）

法国和瑞典，也快于其他主要的发达国家（孙祁祥和朱南军，2015）。

（二）特征二：老龄人口区域不平衡

我国人口老龄化还呈现出区域不平衡的特征。表 11.1 列出了我国 28 个省级行政区 2019 年末 65 岁及以上人口占比的状况。数据显示，2019 年末，65 岁及以上人口占比最高的是上海，达 24.93%；占比最低的是青海，仅为 8.31%。

表 11.1　2019 年末我国 28 个省级行政区老龄人口占比情况表

老龄人口占比排名	地区	65 岁及以上人数/万人	占常住人口比重
1	上海	363.07	24.93%
2	香港	131.26	17.50%
3	辽宁	706.10	16.20%
4	山东	1588.07	15.77%
5	重庆	470.40	14.96%
6	江苏	1185.50	14.69%
7	浙江	830.70	14.20%
8	安徽	886.80	13.93%
9	吉林	374.83	13.93%
10	黑龙江	515.80	13.80%
11	河北	1017.32	13.40%
12	湖南	922.90	13.34%
13	陕西	458.94	11.84%
14	甘肃	307.37	11.61%
15	天津	178.52	11.43%
16	北京	245.51	11.40%
17	海南	105.91	11.24%
18	澳门	7.62	11.21%
19	河南	1076.00	11.16%
20	江西	512.30	11.00%
21	内蒙古	280.10	11.00%
22	山西	409.14	10.97%
23	贵州	390.55	10.78%
24	广西	496.00	10.00%
25	云南	473.70	9.75%
26	福建	370.00	9.30%

续表

老龄人口占比排名	地区	65 岁及以上人数/万人	占常住人口比重
27	广东	1036.89	9.00%
28	青海	50.51	8.31%

资料来源：国家统计局、各地方统计局

除此之外，从三大经济带的老龄化程度来看，长三角地区人口老龄化程度已大于环渤海经济圈与港珠澳大湾区（表 11.2），处于长三角经济圈的上海、江苏、浙江等省市都已经进入深度老龄化社会（表 11.1）。

表 11.2　三大经济带的老龄化程度

老龄人口占比排名	地区	65 岁及以上人数/万人	占常住人口比重
1	长三角经济圈	3266.07	15.02%
2	环渤海经济圈	3735.52	14.51%
3	港珠澳大湾区	1175.77	9.53%

资料来源：国家统计局、各地方统计局

（三）特征三：空巢化与独居化趋势凸显

伴随着城镇化进程和大规模的城乡人口流动，一大批老年人脱离原有的熟人社会，进入城镇中的生人社会，导致老年群体的独居化。图 11.2 展示了我国 65 岁及以上独居老年人人口数及未来趋势情况，我国 2020 年约有 2540 万空巢老人，到 2050 年，这一数字将升至 5310 万人。

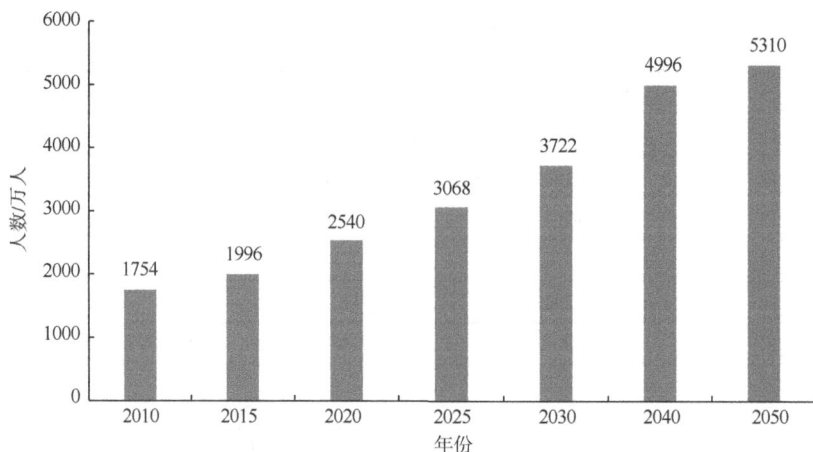

图 11.2　2010～2050 年我国 65 岁及以上独居老年人人口数及未来趋势测度图

资料来源：中国发展研究基金会（2020）

老龄化、空巢化、独居化带来的养老需求增加、养老服务需求多元化，将进一步推动养老产业的成熟。"十四五"时期，我国老年人口增长曲线相对平缓，经济社会不断发展，是积极应对人口老龄化、做好养老服务准备的宝贵窗口期（中华人民共和国民政部，2020）。

二、长寿时代与人口老龄化趋势分析

随着老年人口占比与人口预期寿命的提升，我国在走向深度老龄化的同时也步入了长寿时代，面临更为明显的长寿风险。长寿时代是指老年人口占比升高后人类社会的一种相对稳定状态（陈东升，2020）。在"长寿时代"，"长寿"表现为老年人口占比升高与人口预期寿命逐步提升两个方面；"时代"表现为老年人口占比高、人口预期寿命增长将会是一个长期的、相对稳定的趋势。长寿风险则是指人口未来的平均实际寿命高于预期寿命所产生的风险，长寿风险可以存在于个体和宏观两个层面上。个体层面的长寿风险是指个人未来的实际寿命可能会高于现在的预期，从而导致个人退休后的财务准备不充分而产生的收支缺口。宏观层面的长寿风险通常是指一个保险计划，如保险公司的养老年金保险计划、政府的社会保险计划、企业的养老保险计划等未来的实际支付可能高于根据目前对未来人均寿命的估计而做出的预测（陈秉正，2019）。

（一）"低生育率陷阱"日益凸显

自20世纪50年代起，生育率逐年走低成为全球大趋势。1950年至2017年全球各国和地区的总和生育率[①]都出现了不同程度的下降，全球总和生育率下降49.4%，活产婴儿也下降至2.4个（Murray et al.，2018）。在未来，全球生育率还将持续走低，预计到2050年每名妇女生育子女数将降至2.2个，到2100年将降至1.9个（陈东升，2020）。奥地利学者Lutz在2005年首次提出了"低生育率陷阱"的概念。"低生育率陷阱"是指与总和生育率处于1.5以上的国家相比，总和生育率降到1.3或1.4的国家想要提高生育率会面临更大的困难（Lutz and Skirbekk，2005）。因此，1.5被公认为总和生育率的重要警戒线。进入21世纪以来，16个陷入"低生育率陷阱"的国家和地区中，只有德国和奥地利摆脱了困境（吴帆，2019）。当前，全球范围内的"低生育率"风险正呈现出越发明显的趋势。1990年世界上总和生育率低于1.5的国家和地区仅为7个，2016年增加到28个（陈东升，2020）。除此之外，"低生育率"风险覆盖的范围也正由欧洲向东南亚各国扩散，由发达国家向发展中国家扩散。

---

① 总和生育率也称总生育率，是指该国家或地区的妇女在育龄期间，平均每个妇女生育的子女数。

中国的总和生育率自 1971 年计划生育政策开始之后总体上一直下降。2015年我国实施全面两孩政策，总和生育率短暂冲高。2017 年又开始下降，2021 年仅1.15，2022 年跌破 1.1，总和生育率处于低位水平[①]。

（二）医疗健康水平提升与低死亡率

第二次工业革命以后，医疗水平进步、人民生活水平的提高以及饮食结构的持续改善成为人口死亡率逐步走低的主要原因。第二次世界大战前后，公共卫生条件的改善降低了传染性疾病的发病率。以美国为例，通过加大净水过滤设施的建设，有效降低了通过水源传播的传染病的发病率和死亡率，使得 1900 年至 1940年美国整体的死亡率下降了 40%，这一时期全美的预期寿命也从 47 岁提升至 63岁（Stewart et al., 2009）。20 世纪 50 年代以来，伴随着现代医学的技术进步以及各类新型药物的研发，诸如癌症、肺炎、心血管疾病从致死性疾病向慢性疾病转变，进一步降低了老年人群的死亡率，也使得人类预期寿命得以延长。

（三）预期寿命持续增长

自 20 世纪 50 年代以来，人类的预期寿命得到了有效提升。其中，全球女性的预期寿命由 52.9 岁增长至 75.6 岁，全球男性的预期寿命由 48.1 岁增长至 70.5岁，并且人类预期寿命的增长还将继续（Dicker et al., 2018）。Foreman-Peck 和Zhou（2018）指出，到 21 世纪中期，全球男性与女性的预期寿命还将增长 4.4 岁。然而，人们预期寿命的持续增长也将使得"带病生存"问题变得日益严重。现代医学技术有效地将致死性疾病转化为慢性疾病的同时，也使得在长寿时代更多的高龄老人将与疾病共存。2020 年 10 月 17 日，国际医学期刊《柳叶刀》发布《2019全球疾病负担研究》（*Global Burden of Disease Study 2019*）特刊。报告显示，自1990 年以来，中国人群预期寿命从 68.1 岁增加到 2019 年的 77.6 岁，增加了近 10岁，预期寿命处于持续增长态势。

（四）人口年龄结构转变

低死亡率提升了人口预期寿命，提升了老年人口占总人口的比重，同时在低生育率的作用下，青少年人口占总人口的比重逐步减少。人口的年龄结构有望从传统的金字塔结构向柱状转变。图 11.3 至图 11.6 分别展示了 2020 年以及 2050 年世界人口结构情况和中国人口结构情况[②]。从长期来看，各年龄段的人口占比将朝着趋同的方向发展，老年人口与青少年人口的数量将越来越接近。

---

① 资料来源：https://baijiahao.baidu.com/s?id=1755779610192281897&wfr=spider&for=pc。
② 资料来源：https://www.populationpyramid.net/。

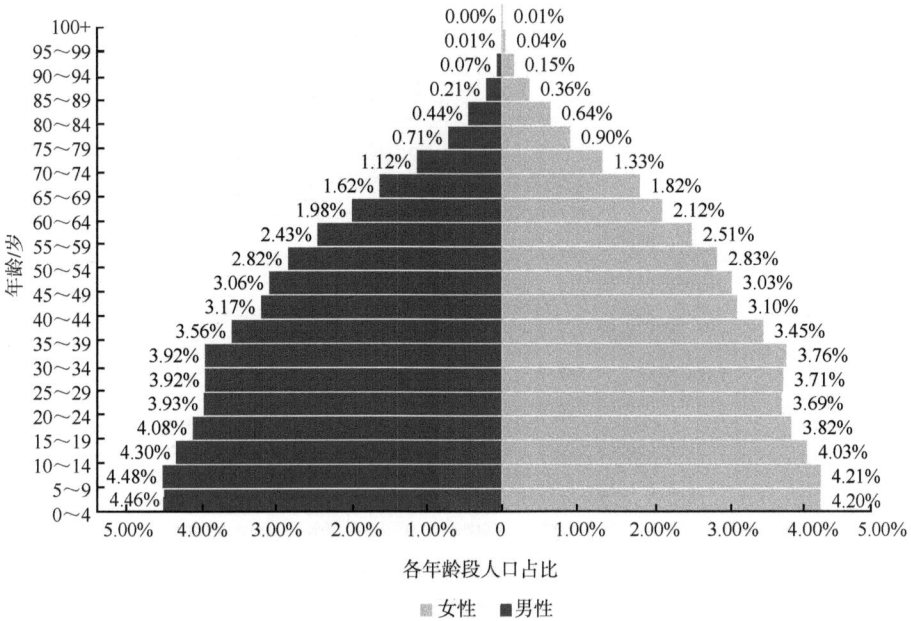

图 11.3　2020 年世界人口结构图

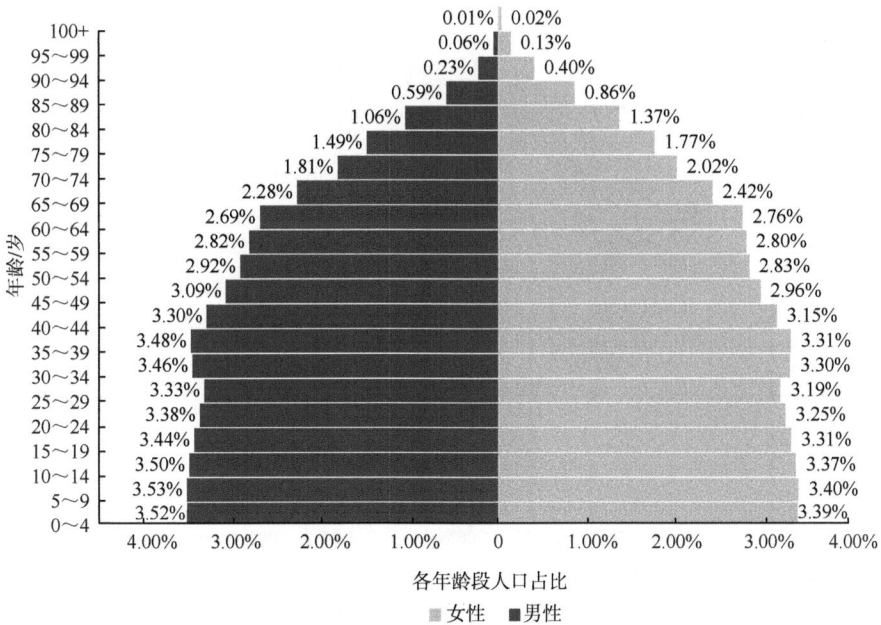

图 11.4　2050 年世界人口结构图

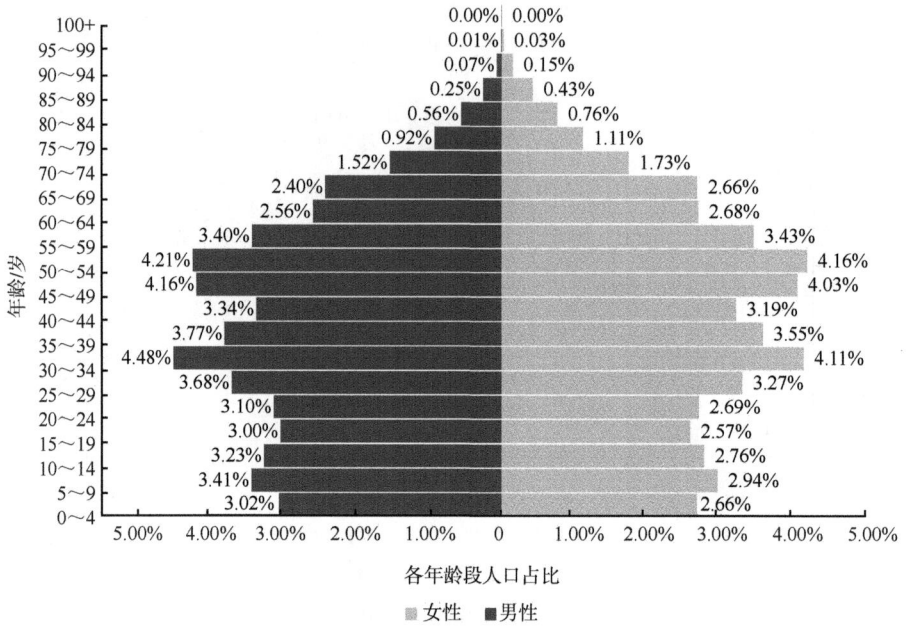

图 11.5　2020 年中国人口结构图

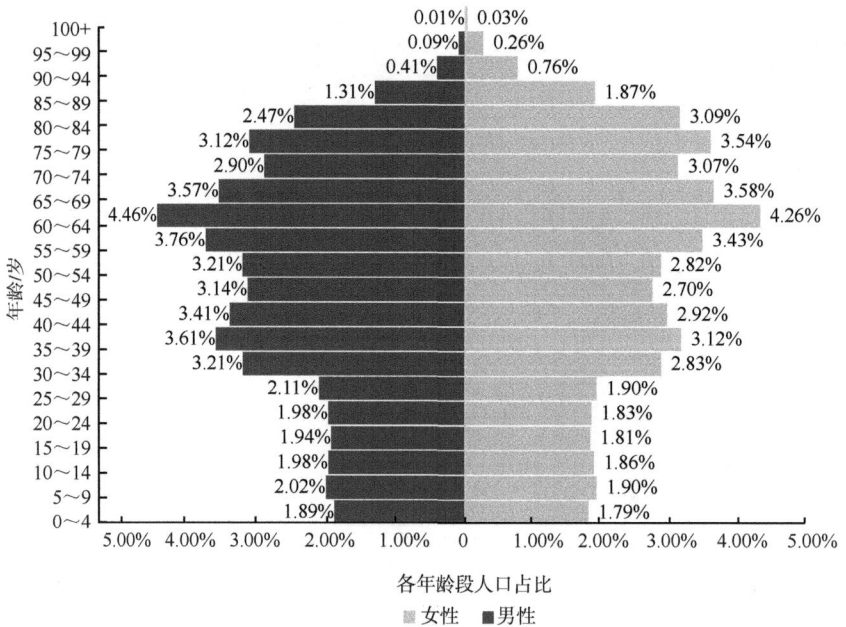

图 11.6　2050 年中国人口结构图

低生育率、低死亡率以及预期寿命的提高将带来人口结构的变化，逐步加深中国老龄化程度以及增加长寿风险，给国家养老保障及我国居民养老风险规划带来新的挑战。

三、我国养老保障情况分析

（一）养老资金承压

世界银行在 1994 年首次提出"三支柱养老金体系"概念，它强调政府、企业和个人共同分担养老金责任。其中，第一支柱为社会基本养老保险，第二支柱为企业年金或雇主年金，第三支柱为个人自愿储蓄的养老金保险。包括中国在内的很多国家也配套出台税收优惠政策鼓励人们自愿购买商业保险，支持第三支柱的发展。

我国养老保险体系以"三支柱"模式构建，第一支柱基本养老保险制度建设开始于 1991 年，实行社会统筹和个人账户相结合的运作模式。截至 2019 年末，我国参加基本养老保险人数达 9.68 亿人，第一支柱资金累计结余 6.29 万亿元，在三支柱中所占比例为 72.99%（王小平，2020a）。与此同时，我国的第一支柱养老金还出现了"空账"现象。伴随我国老龄化速度的加快，个人账户养老缴费逐步被用于支付当期退休者使用，这直接导致了职工个人账户成为空账，养老金权益债务实际上已经处于隐性负债状态（中国社会科学院，2019）。

我国养老保险体系的第二支柱主要是补充养老保险，即企业或机关事业单位在基本养老保险之外专门为职工建立的附加保险。企业年金是第二支柱的主要组成部分，于 1997 年建立。截至 2019 年末，参保企业年金的企业合计 9.6 万户，参与的职工人数仅为 2548 万人，占城镇就业人数的比例低于 6%。2019 年末，企业年金结余 1.8 万亿元（中华人民共和国人力资源和社会保障部，2020）。同时，我国 2015 年开始试点职业年金。中国社会保险学会会长胡晓义在 2019 年 7 月召开的中国养老金融 50 人论坛上表示，加入职业年金的机关事业单位工作人员有 2970 万人，覆盖率为 82%（王小平，2020b）。

我国商业养老保险起步较晚。中国保险行业协会发布的《中国保险行业协会养老保险 2020 研究报告——商业养老保险机构的责任与使命》显示，2018 年我国第三支柱占比小于 1%（中国保险行业协会，2020），第三支柱在整个养老保障体系中处于缺位状态。为缓解这一局面，2018 年 4 月 2 日，财政部、银保监会等五部门联合发布《关于开展个人税收递延型商业养老保险试点的通知》，明确了个税递延型商业养老保险将率先在上海市、福建省（含厦门市）和苏州工业园区实施为期一年的试点政策。与此同时发布的税延型养老保险产品开发指引对相关产品的类型、参保、收益、退保等环节的问题予以明确。2018 年 5 月 16 日，银保监会发布《个人税收递延型商业养老保险业务管理暂行办法》，对税延型养老保险相关税收优惠额度及其领取保险金额时的相关重要事项进行规范，推动税延型养老保险顺利试点。截至 2020 年 4 月末，共有 23 家保险公司参与试点，累计实现保费收入 3 亿元，参保人数 4.76 万人（王小平，2020a）。尽管如此，第三支柱在我国养老保险市场中发挥的作用依旧有限，其在三支柱中的占比仅为 5%左右（王小平，2020b）。

随着我国老龄化程度的逐步加深，单一靠政府第一支柱的社会基本养老保险将面临压力，因此补齐第三支柱商业养老保险短板，建立多层次养老保险体系，充分发挥商业养老保险在养老体系中的作用具有重要意义。

（二）老年抚养比攀升

老年抚养比是指非劳动年龄人口数与劳动年龄人口数之比，它表明每 100 个劳动年龄人口要负担的老年人数量占比，该比例越大，负担越重。随着人口老龄化加剧，劳动人口抚养负担不断加大。如图 11.7 所示，根据国家统计局（2020）《中国人口和就业统计年鉴 2020》的数据，2019 年末我国的老年抚养比已经攀升至 17.8%，也就是说每 6 个劳动年龄人口就要负担 1 名老年人。因此，仅仅依靠国家和企业来解决全民养老问题存在困难，充分发挥商业养老保险的第三支柱作用至关重要。

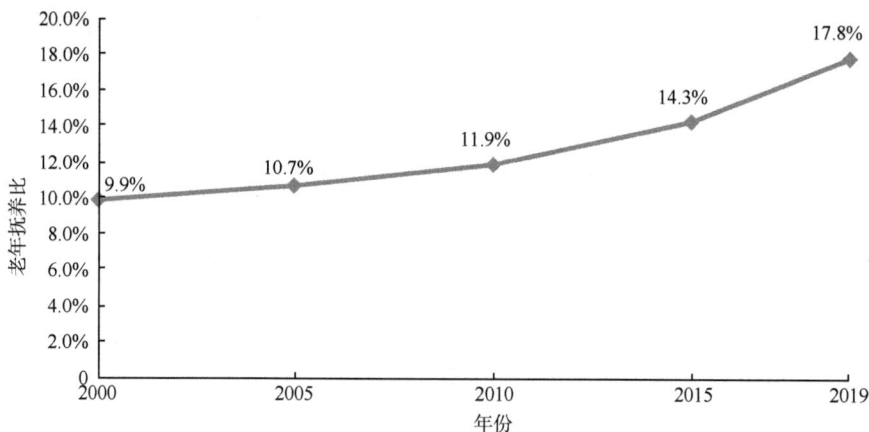

图 11.7　2000～2019 年我国老年抚养比情况

资料来源：国家统计局

（三）养老金替代率较低

养老金替代率是指劳动者退休后的养老金领取水平与退休前工资收入水平的比率。城镇职工养老金替代率从 1997 年的 76.40%下降到 2018 年的 45.90%（图 11.8），远低于世界银行提出的若要确保退休后，生活质量不发生显著下降养老金替代率应不低于 70%的水平，也低于国际劳工组织建议养老金替代率最低标准 55%的水平。考虑未来养老社保承压能力后，我国居民应通过合理、提前的配置，利用商业保险来管理自身风险。

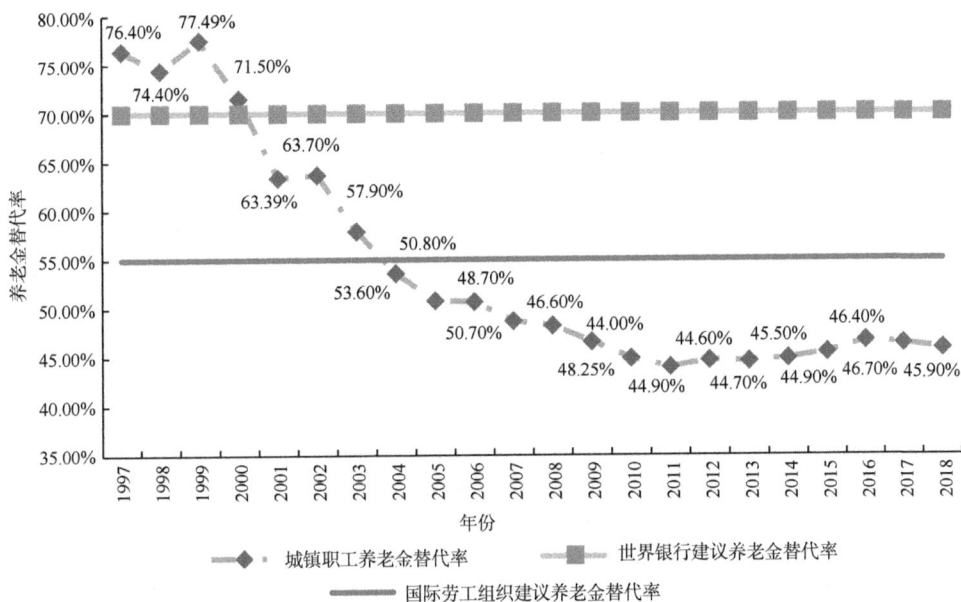

图 11.8　1997～2018 年我国城镇职工养老金替代率与国际水平对比情况

资料来源：国家统计局

（四）养老金缺口预测

我国养老保险体系建立时间短，应对养老风险的养老金储备不充分，个人积累的养老金与发达国家存在较大差距。2019 年我国养老年金责任准备金余额仅 4764 万元，占 GDP 比例不足 9%；在 2018 年，这一比例在美国和日本分别为 120.5% 和 60.8%（中国社科院世界社保研究中心，2019）。中国社科院世界社保研究中心发布的《中国养老金精算报告 2019—2050》指出我国未来养老金将存在缺口。

一是当期第一支柱养老金结余将于 2028 年出现赤字，且赤字不断扩大。2019 年养老金当期结余总额为 1062.9 亿元，报告模拟到 2028 年当期结余首次出现负数，为–1181.3 亿元，最终到 2050 年当期结余下降到–11.28 万亿元。

二是第一支柱养老金总结余将于 2027 年达到峰值并在 2035 年耗尽。2019 年全国城镇企业职工基本养老保险基金累计结余约为 4.26 万亿元，报告模拟到 2027 年达到峰值约 6.99 万亿元，然后开始迅速下降，到 2035 年耗尽累计结余。对比而言，累计结余占 GDP 比例变化趋势基本一致，2019 年这一比例为 4.4%，2024 年达到 4.9% 的峰值，然后到 2035 年归零（图 11.9）。

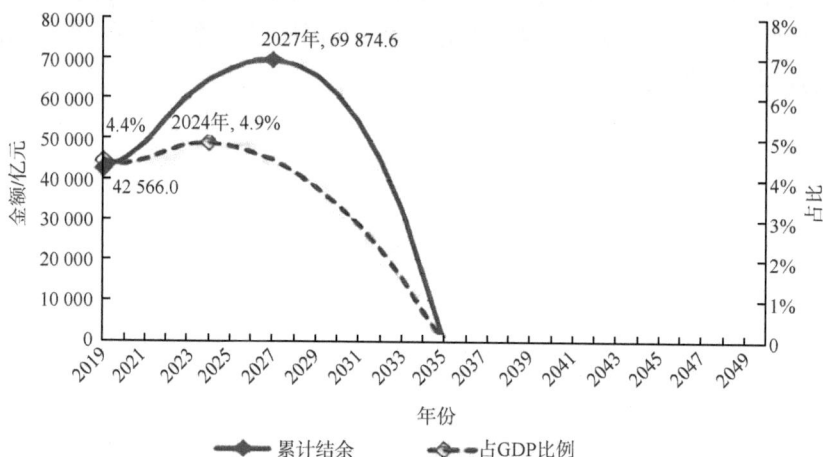

图 11.9　2019～2050 年全国企业职工基本养老保险基金累计结余模拟

资料来源：中国社科院世界社保研究中心（2019）

三是养老金缺口在未来将导致赡养率翻倍。2019 年中国的"参保赡养率"[①]和"缴费赡养率"[②]分别为 37.7% 和 47.0%，模拟这"两率"在 2023 年后平稳上升，到 2050 年分别达到 81.8% 和 96.3%。因此，从赡养率上看，城镇企业职工基本养老保险支付压力在不断提升，简单地说，2019 年有接近 2 个基本养老保险缴费者来赡养 1 个离退休者，而到了 2050 年则几乎 1 个缴费者需要赡养 1 个离退休者；2019 年有接近 3 个参保者来赡养 1 个离退休者，而到了 2050 年则几乎 5 个参保者需要赡养 4 个离退休者。

（五）小结

从我国人口老龄化特征分析与我国养老保障情况分析两个角度出发，我们可以预测在现有体制不变的前提下，未来基本养老保障将会由于老龄人口激增而承压，出现资金缺口；除此之外，尽管基本养老保障能够实现"雪中送炭"，但很难做到全面覆盖，随着人们日益增长的对美好生活的向往，基本养老保险越来越难

① 参保赡养率：已经退休领取养老金的人除以所有参保的人。
② 缴费赡养率：已经退休领取养老金的人除以所有缴费的人。

以满足人们对养老服务高品质、多元化的追求。与此同时，商业养老保险正处于积极发展阶段，商业养老保险的行业职能正在从"社会保障的补充"转变为"社会保障体系的重要支柱"。

四、商业养老保险发展指引

近年来，多部委数次出台鼓励养老第三支柱发展的相关政策，在国务院、原银保监会的各类会议上也多次提出进一步推动我国养老第三支柱发展，构建完善养老保险体系的意见，将"加快发展商业养老保险，优化养老保险结构"放到重要位置。2019年12月30日，国务院总理李克强在国务院常务会议上指出，要"积极发展社会服务领域商业保险，为更有力应对老龄化提供支撑，满足群众其他保险保障需求"[①]。2020年10月21日的2020金融街论坛年会上，银保监会主席郭树清也指出，应发挥金融优势，大力发展第三支柱养老保障，可以有效缓解我国养老保险支出压力，满足人民群众多样化养老需求。

2020年1月银保监会印发《关于促进社会服务领域商业保险发展的意见》，明确指出强化商业养老保险保障功能，积极发展多样化商业养老年金保险、个人账户式商业养老保险。力争到2025年，商业健康保险市场规模超过2万亿元。力争到2025年，为参保人积累不低于6万亿元养老保险责任准备金。表11.3梳理了近年来我国商业养老保险政策。

表 11.3　近年来我国商业养老保险政策总结表

年份	出台部门	政策名称	政策要点
2014	国务院	《关于加快发展现代保险服务业的若干意见》	构筑保险民生保障网，完善多层次社会保障体系
2016	中国人民银行、民政部、银监会、证监会、保监会	《关于金融支持养老服务业加快发展的指导意见》	大力完善促进居民养老和养老服务业发展的多层次金融组织体系
2018	财政部、税务总局、人力资源社会保障部、银保监会、证监会	《关于开展个人税收递延型商业养老保险试点的通知》	自2018年5月1日起，在上海市、福建省（含厦门市）和苏州工业园区实施个人税收递延型商业养老保险试点。试点期限暂定一年
2018	银保监会、财政部、人力资源社会保障部、税务总局	《关于印发〈个人税收递延型商业养老保险产品开发指引〉的通知》	试点期间，保险公司开发设计税延养老保险产品的基本要求和统一规范。规定"税延养老保险产品积累期养老资金的收益类型"

---

① 李克强主持召开国务院常务会议[EB/OL]. http://www.qstheory.cn/yaowen/2019/12/30/c_1125406037.htm [2024-06-13].

续表

年份	出台部门	政策名称	政策要点
2018	证监会	《养老目标证券投资基金指引（试行）》	提出目前发行的养老目标基金一般包括目标日期策略型和目标风险策略型
2020	中共中央、国务院	《中共中央　国务院关于新时代加快完善社会主义市场经济体制的意见》	全面推开中央和地方划转部分国有资本充实社保基金工作。大力发展企业年金、职业年金、个人储蓄性养老保险和商业养老保险
	银保监会、发展改革委、教育部、民政部、司法部、财政部、人力资源社会保障部、自然资源部、住房城乡建设部、商务部、卫生健康委、税务总局、医保局	《关于促进社会服务领域商业保险发展的意见》	鼓励商业保险机构适应消费者需求，提供包括医疗、疾病、康复、照护、生育等多领域的综合性健康保险产品和服务。力争到2025年，商业健康保险市场规模超过2万亿元

因此，在我国第一支柱负担过重、第二支柱增长受阻的大背景下，大力发展第三支柱，构建多层次养老服务体系，对于打破基本养老保险负担过重的局面，发挥商业养老保险对多元化养老需求的支持和补充作用，提高养老领域风险保障水平，化解我国社会老龄化风险具有重要意义。

同时，与第一、第二支柱相比，第三支柱个人商业养老保险具有市场化程度高、参保门槛低、产品设计灵活等优势，不仅能够为第一支柱"补缺口"，使基本养老保险专注于"保基本"目标，缓解基本养老保险支付压力，而且能够为第二支柱"补短板"，使更多居民享受养老保险保障、满足居民个性化的养老规划需求与实现全阶层、多元化的普惠养老成为可能。

第二节　我国居民养老风险管理新特征

一、当代与未来老年人群特点分析

伴随着老年人口的快速增加与新生婴儿数量的减少，我国老龄化程度呈现出不断加深的态势。社会进步、大众受教育程度提高、科技迅速布局、医疗水平及财富积累的变化带来了老年群体特征的巨大变化，也将带来养老产业模式的新变革。

（一）消费意愿的提高

随着我国经济水平的发展和老年人收入的提高，老年人的消费习惯发生了较大的变化。西南财经大学中国家庭金融调查与研究中心数据库显示，2017 年家庭月收入超过 4000 元的老人已超过 1.06 亿人，其中 1600 万名老人的家庭月收入超过了 10 000 元。收入稳定且拥有住房的老年人更愿意提高消费水平。红杉资本中国基金（2019）发布的《2019 年中国城市养老消费洞察报告》显示（图 11.10），老年群体消费比例最高的五大类养老产品为体检类、旅游类、文化娱乐类、保健品类、商业保险类。其中，50～60 岁群体偏好旅游类产品消费，60～70 岁群体倾向于保健品类消费，对于 70 岁以上群体而言体检成为刚需。老年人消费意愿的提高是银发经济增长的重要动力之一，未来银发经济市场的潜力巨大。

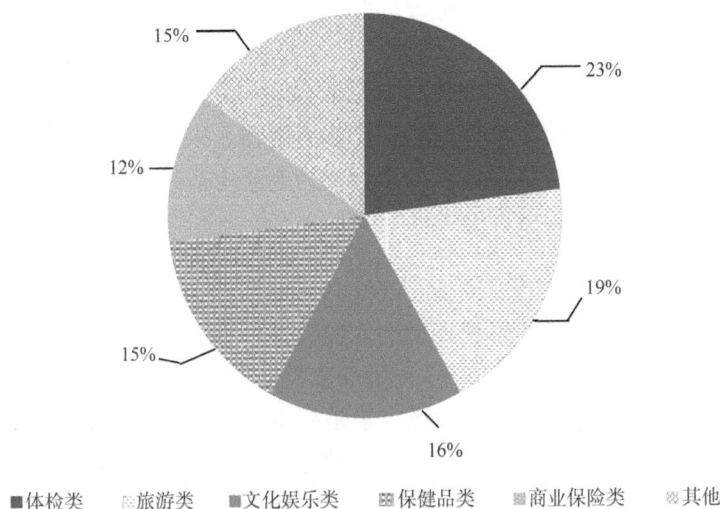

15%　23%　19%　16%　15%　12%

■体检类　旅游类　■文化娱乐类　保健品类　商业保险类　其他

图 11.10　养老产品消费比例

资料来源：红杉资本中国基金（2019）

同时养老支出呈现年轻化态势，中青年人群养老关注度及养老消费意愿呈上升趋势。中青年人群的养老需求包括为赡养父母而做出的养老消费以及为自己未来养老储备消费两部分。95% 的受访子女在赡养父母方面存在较大压力（红杉资本中国基金，2019），而生活工作压力带来的亚健康身体状态也成为养老风险管理前置的重要原因。

（二）网络科技的运用

互联网时代下的新兴科技实现了对老年群体的触达，改变了老年人的生活方式和生活质量。互联网的发达和智能手机的普及让更多的老年人开始"触网"。不同于之前老年人获取信息只能通过电视或收音机，现在老年人利用各种移动端 App 快速获取信息，微信公众号中各种养生文章是获取老年人流量的重要途径。

另外，各种 App 的普及，如短视频类 App、小游戏 App 也极大地丰富了老年人的娱乐生活，"触网"程度也越来越深。

同时，高科技在养老生活中的应用给老年人生活带来更多便利。高科技应用主要体现在医疗健康、智能家居等方面。科技与医疗的结合为老年人的疾病预测、健康管理带来很大帮助。以科技在"医学影像"的应用为例，影像识别和处理的软件可以帮助筛查和诊断医学影像结果，进行病灶识别与标注、靶区自动勾画与自适应放疗和影像三维重建，相比之前病灶识别率提高、用时更短。科技与家居的结合同样为老年人生活带来更多便利，如智能养老服务设备、家庭服务机器人等为老年人带来更贴心的陪伴。随着这些产品的流行，老年人对于高科技应用的接触也将越来越多。

对于未来的老年人群，即现在的中青年群体，由于他们对于网络的使用习惯已经养成，且对于新科技、新理念的接受能力更强，未来他们对网络科技的依赖会更大，因此可以预测网络科技在未来会成为老年生活越来越重要的一部分，而相应的产品和服务也会有更大的发展空间。

（三）品质生活的需求

随着老年人教育水平和思想观念的转变，其对于退休后的悠闲生活有了更高的要求。红杉资本中国基金（2019）对老年人群的购买决策考量因素的调查显示，当前我国城市老年群体消费首要考量因素是品质（占 50%），随后依次是功能（占49%）、安全（占 44%）、价格（占 28%），数据表明老年人对于品质消费越来越看重。同时，老年人更多关注养老健康领域的品质消费。养老基金、养老保险等养老金融产品逐渐成为老年人群热门的理财方式，而各种优质的医疗保健产品也受到越来越多老年人的青睐。此外，现在的老年人更加注重丰富其精神世界，图 11.11

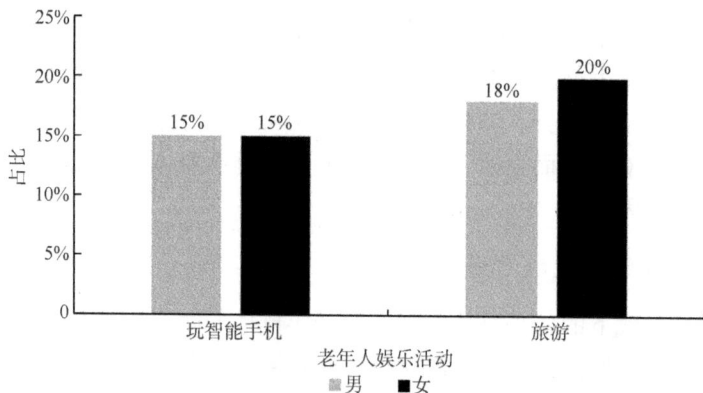

图 11.11　老年人喜欢的部分娱乐活动

资料来源：红杉资本中国基金（2019）

展示了红杉资本中国基金（2019）有关老年人娱乐活动的部分调查结果，从以前的看电视、跳广场舞到现在的玩手机，老年人也在积极地参与网络世界。老年人的娱乐活动变化也带动了新的产业发展，如各种老年大学的开办、老年旅游业的发达、老年人群 App 的开发等，都是银发经济的重要体现。老年人群作为一个逐渐庞大的群体，在社会上起到了越来越重要的作用。

　　未来的老年群体，对于养老生活的品质追求会更高。由于物质生活水平的提高和消费观念的转化，现在的中年人对于购买的产品和服务要求更高，作为未来老年群体的他们更有可能把这种消费观延续到养老生活。在老龄化和高龄化愈加严重的未来，品质生活必定是老年群体关注的重点。

二、养老风险管理年轻化

（一）养老风险管理呈现年轻化态势

　　清华大学老龄社会研究中心与腾讯金融研究院等共同发布的《2020 国人养老准备报告》显示，"80 后"和"70 后"进行养老规划的人群比例高达 80% 和 85%，而超过七成"90 后"已经开始考虑养老规划问题（图 11.12）。2020 年 9 月，中国保险行业协会发布的《中国保险行业协会养老保险 2020 研究报告——商业养老保险机构的责任与使命》显示，在人口结构调整的大背景下，中国正由"储蓄养老"向"全生命周期综合理财计划养老"迈进，公共和商业补充的养老金管理市场前景较为广阔。

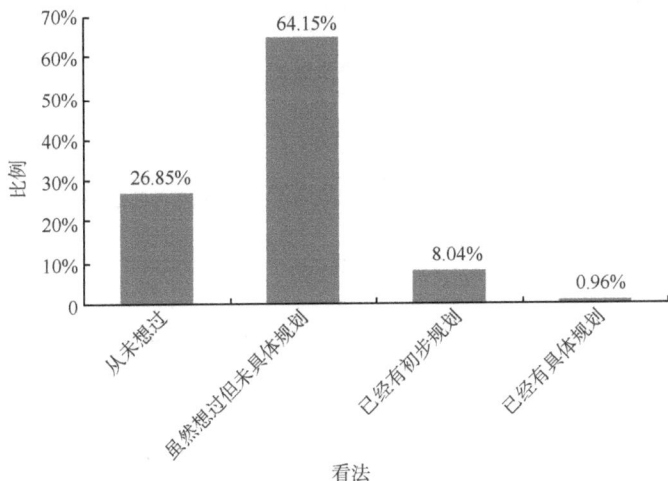

图 11.12　我国"90 后"的养老看法

资料来源：清华大学老龄社会研究中心等（2020）

（二）全生命周期养老保险制度

全生命周期养老保险制度将养老理念贯穿整个生命周期，将养老风险管理均匀分布在各年龄阶层，对于我国老龄化社会及长寿风险管理具有重要意义。养老风险管理的年轻化为全生命周期养老保险制度的建立提供了可能性。"90 后"甚至"00 后"对于自身养老的关注（清华大学老龄社会研究中心等，2020），不仅提醒我们年轻时做好充分准备以应对未来，更是提醒全社会人人行动起来，加强全生命周期养老准备，既重视年轻人口的健康准备，又重视老年人口的健康干预、常见病慢病治理和老年人体育健身事业发展，把应对人口老龄化的关口前移到了年轻人口和低龄老年人口，有助于从根本上降低应对人口老龄化的成本，提高养老水平，以应对我国老龄化社会及长寿风险。

日本的第三支柱养老金体系具有满足不同收入群体养老理财需求、不同年龄阶层养老理财需求的特征。表 11.4 为日本第三支柱养老金体系中个人储蓄账户（Nippon individual savings account，NISA），涵盖了所有年龄段的日本居民，不仅有利于养老风险管理前置，还有利于吸引更多资金促进日本金融市场稳定，应对日本低迷的经济环境对企业造成的资金压力，从而维护日本经济的稳定发展。具体而言，NISA 可以分为初级 NISA、普通 NISA 以及 NSTA（Tsumitate NISA，小额累积投资免税制度）三类不同的账户。对于 0 至 19 周岁的日本居民，设定年度免税投资限额 80 万日元，投资产生的股息、分红和转让所产生的收益均可免税。对于年满 20 周岁的日本居民，根据投资需求划分为支持长期、多元化投资，特别是少量投资的 NSTA 以及高额新增投资额的普通 NISA。

表 11.4　日本 NISA 养老保险制度具体规定情况表

项目	初级 NISA	普通 NISA	NSTA
适用人群	0～19 周岁的日本居民	年满 20 周岁的日本居民	
免税项目	股票、投资信托等投资产生的股息、分红和转让所产生的收益	股票、投资信托等投资的股息、分红和转让产生的收益	指定的投资信托的转让、分红和收益
可注册账户数	每人一个账户		
免税投资额度	每年最新投资额为 80 万日元	每年新增投资额最高 120 万日元	每年新投资额为 40 万日元
免税期	5 年		20 年
投资期	2016 年至 2023 年	2014 年至 2023 年	2018 年至 2037 年
特征	适用于青少年	5 年内免税最高金额达 600 万日元	支持长期、多元化投资

资料来源：宋凤轩和张泽华（2020）

NISA 这一模式的优点是，建立起针对未成年人的小规模投资制度，鼓励提早开始储蓄以应对未来养老风险。同时根据人群收入规模的不同设计了 NSTA 以及普通 NISA，对国内养老风险管理前置以应对长寿风险具有借鉴意义。

三、养老融资方式多样化

养老观念和养老方式的变化需要更充分的养老储蓄和更有针对性的金融安排（陈秉正，2020）。目前的养老融资方式呈现出多样化的特征，包括养老保险安排、银行养老理财、养老基金、养老信托、以房养老等方式。商业养老保险是养老金融的重要部分，具有保障性和金融性两种属性，在保障老年人养老风险的同时具有资金保值增值的能力，且产品的更新迭代为老年人的购买提供了便利。例如，万能寿险与养老社区相结合，提供较为灵活的缴费方式，一类是拉长保费交付期限，在年缴保费时间上给予较大的弹性，给投保人更多的自由选择权，更加人性化；另一类是在入住养老社区时采取简单灵活的月费制，可以根据个人需要选择不同的服务套餐，为投保人合理配置资金、安排养老方案提供便利。银行养老理财也逐渐成为老年群体的重要理财方式。银行拥有大量的中老年客户，且此类客户对于银行有着极高的信任度，客户群体对于养老金融产品的需求催生了相关产品的开发。银行养老理财产品投资期限整体较长，风险水平偏低，倾向于稳健安全的投资方式。以 2019 年发行的 152 只养老理财产品为例，其平均投资期限超过 1 年，达 428 天，而普通理财产品的平均投资期限约为 185 天；收益率相对较高，一般年化收益率可以达到 4%至 6%（赵萌，2020）。养老基金的养老融资方式也具有较大特色，部分养老基金产品的购买可以采取定投的方式。基金定期定额投资类似长期储蓄，能够平摊投资成本，降低整体风险，是一种既适合老年人又适合年轻人的养老金融产品。

总体而言，对于大部分收入水平一般的老年人群，养老资金安排的重要诉求是在保障本金的基础上再盈利，更偏好于风险较低、收益稳定的养老金融产品，随着老年群体的增加，其养老融资需求将催生出一批适合老年人投资方式的金融产品，推动养老金融市场的繁荣。

第三节　我国居民养老需求分析

随着人民日益增长的美好生活需要，居民对养老服务的需求呈现出差异化、多元化、高品质的特征。由于老年人群支付能力、教育水平和身体状况的差异，其养老需求存在较大的不同（原芸姿，2020）。因此，以老年人支付能力为基础，讨论不同人群对于养老金的期望、对养老服务需求的差异对于实现全阶层养老方案设计具有重要意义。

一、个人支付能力

个人支付能力是产生养老需求差异的根本原因。支付水平将限制人们对养老方式的选择，并影响其对养老产品给付金额的预期和对养老服务的要求（王天鑫，2018）。

西南财经大学中国家庭金融调查与研究中心[①]2017 年对 50 岁以上人群的调查数据显示，其个人可支配收入月平均水平为 3158 元，收入分布如图 11.13 所示[②]。数据显示 50 岁以上的调查对象月收入主要集中在 1000～5000 元的区间内，中位数在 3000 元左右；有 14.49% 的调查对象月收入在 5000 元及以上，有 7.68% 的老年人每月收入低于 1000 元，还有 1.08% 的调查对象没有收入。因此，月收入平均水平在 3000 元以下的人群可能面临更高的养老风险。

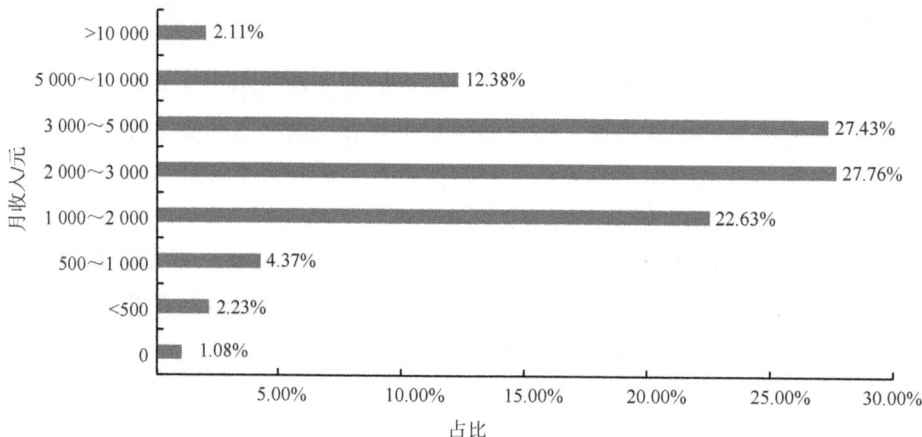

图 11.13　50 岁以上人群月收入水平分布

资料来源：西南财经大学中国家庭金融调查与研究中心

在养老金额不够充足的同时，物价也在不断攀升。2010～2019 年我国居民消费价格指数如图 11.14 所示。物价的不断上涨降低了居民的实际购买力，并且降低了人们的储蓄意愿，由此会导致养老资金储备无法覆盖养老生活所需支出。

---

① 中国家庭金融调查与研究中心由西南财经大学于 2010 年成立，旨在用科学的抽样方法采集中国家庭金融数据，并开展学术政策研究。截至 2021 年 12 月 31 日，该中心已经分别在 2011 年、2013 年、2015 年、2017 年成功实施四次调查。2017 年第四轮调查共采集有效样本 40 000 余户。在保证全国和省级代表性的前提下，增加了数据的副省级城市代表性，更全面详细地反映中国家庭金融的状况。

② 图中数据之和不为 100% 是数据修约所致。

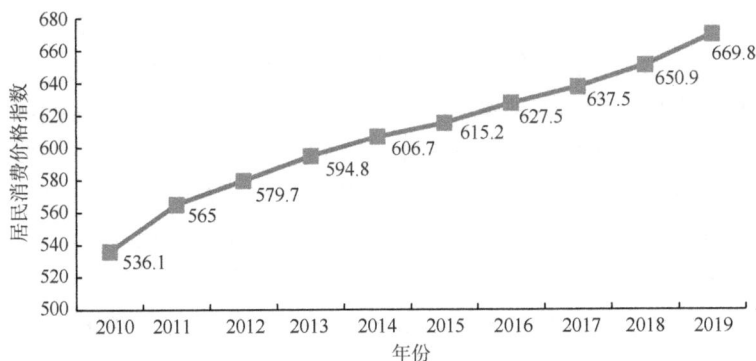

图 11.14 2010～2019 年我国居民消费价格指数

资料来源：国家统计局

二、养老资金需求

老年群体面临着收入减少与日常生活需求、看病需求、护理需求以及精神文化需求等支出增加的问题，存在明显的资金缺口。随着物价水平的不断上涨、医疗资源和护理资源的紧缺，对于收入较低的老年群体来说，目前的养老保障水平存在不足。

（一）基本养老保障水平低

西南财经大学中国家庭金融调查与研究中心 2017 年的调查数据显示，50 岁以上调查对象开始领取社会养老保险金的比例为 70.70%。图 11.15 展示了每月领取养老金的金额，数据显示超 95%的调查对象月领取养老金都少于 5000 元，58.66%的调查对象月领取保险金少于 2000 元。综合来看，50 岁以上调查对象的

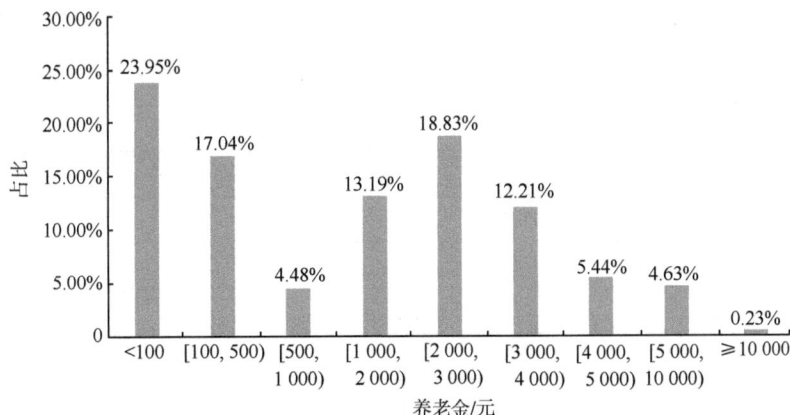

图 11.15 月领取养老金水平分布

月领取社会养老金的平均值为 1636.82 元，相比于其月收入平均水平的 3158 元存在一定的缺口，无法保证老年人退休生活与未退休时保持相同的水平。

对于小康人群，即享有基本的养老保障或收入能覆盖大部分生活成本的老年人群，其养老保障的充足性仍有待提升。对比图 11.13 和图 11.15，在西南财经大学中国家庭金融调查与研究中心 2017 年的月收入调查中，50 岁以上、月收入 2000~5000 元占比 55.19%，而 50 岁以上、月领取养老金金额在 2000~5000 元区间的调查对象占比 36.48%。因此，对于这部分老年人群，仅靠养老金不能维持退休前的收入水平，若要保持退休后的生活水平不下降，需要消耗积累的储蓄或寻找其他性价比高的养老保障方式。

中高净值人群，即收入较高、资产较多的老年人群，通常拥有较高学历，且对生活质量要求更高。对比图 11.13 与图 11.15，50 岁以上月收入超过 5000 元的群体占比 14.49%，而月领取养老金超过 5000 元的群体占比 4.86%，因此对于中高净值老年群体来说，仅靠养老金的给付不能带来原有的高收入，若要满足他们对养老生活质量的要求，需要更高端、给付更充足的商业养老保险。

除了人群间的差异，养老金给付的地区差异也很大。根据国家统计局披露的数据，2018 年全国 31 个省区市的城镇职工养老金和居民养老金发放的平均值如表 11.5 所示。

表 11.5　2018 年 31 个省区市退休人员每月养老金情况（单位：元）

地区	城镇职工	城镇非职工	差距
西藏自治区	8220.5	1203.7	7016.8
北京市	4313.5	443.4	3870.1
上海市	4289.7	1150.3	3139.4
安徽省	4210.9	125.7	4085.2
青海省	4133.1	202.5	3930.6
天津市	3996.6	420.7	3575.9
河北省	3696.9	119.2	3577.7
新疆维吾尔自治区	3634.3	163.2	3471.1
山西省	3618.7	121.9	3496.8
广西壮族自治区	3607.4	121.4	3486.0
贵州省	3543.8	103.6	3440.2
陕西省	3374.0	143.5	3230.5
云南省	3268.9	116.3	3152.6

续表

地区	城镇职工	城镇非职工	差距
江苏省	3253.2	210.8	3042.4
山东省	3221.0	151.1	3069.9
广东省	3207.9	197.8	3010.1
福建省	3168.1	146.5	3021.6
海南省	3165.5	199.3	2966.2
内蒙古自治区	3144.2	200.0	2944.2
宁夏回族自治区	3146.0	207.8	2938.2
河南省	3111.3	116.7	2994.6
湖北省	3002.0	144.4	2857.6
浙江省	2964.9	267.7	2697.2
湖南省	2952.3	120.8	2831.5
辽宁省	2865.1	138.3	2726.8
甘肃省	2725.2	121.3	2603.9
黑龙江省	2591.0	119.5	2471.5
江西省	2511.8	114.0	2397.8
四川省	2393.5	147.8	2245.7
重庆市	2343.3	139.7	2203.6
吉林省	2197.4	112.9	2084.5
全国	3153.5	152.3	3001.2

资料来源：国家统计局

从表 11.5 可以看出，2018 年我国平均城镇职工养老金每月给付 3153.5 元，居民养老金每月给付 152.3 元，全国最高的是地广人稀的西藏自治区，城镇职工养老金每月 8220.5 元，居民养老金每月 1203.7 元，除西藏自治区之外，北京市、上海市的养老金也很高，城镇职工养老金每月给付金额都在 4200 元以上，也和经济发展水平保持一致；全国最低的是吉林省，城镇职工养老金每月 2197.4 元，只有北京市、上海市的一半左右，吉林省的居民养老金也很低，每月 112.9 元，东北三省的养老金都很低，这可能与年轻劳动力的流失有关。由此可看出我国不同省份间养老金的给付差异很大，因此地区也是考虑养老需求的一个重要因素。除此之外，城镇职工养老金和居民养老金的差异也较大，居民养老金相对城镇职工养老金过低，对于仅有居民养老金的非城镇人群需要增加其他养老保障。

（二）养老支出逐年升高

2019 年 4 月 16 日，中国老龄协会在京发布的《需求侧视角下老年人消费及需求意愿研究报告》中指出，老年消费出现结构性变化，消费市场规模可期。2010年至 2014 年，我国城镇居民年人均消费支出增加了 48.23%；农村居民年人均消费支出增加了 91.35%。同时期我国城镇老年人年人均消费支出增加了 11.88%，农村老年人年人均消费支出增加了 75.88%。老年消费能力普遍提升，呈现出农村老年消费支出增速明显高于城镇的新趋势。2019 年工业和信息化部、民政部、国家卫生健康委员会、国家市场监督管理总局、全国老龄工作委员会办公室等五部门印发的《关于促进老年用品产业发展的指导意见》中指出"到 2025 年，老年用品产业总体规模超过 5 万亿元"。老年的消费规模呈现逐年上升的趋势，以老年服饰为例，图 11.16 为 2017～2027 年中国老年服饰市场总体规模模拟图，数据显示从 2017 年开始未来十年间中国老年服饰市场规模将上升 105.88%，从 1700 亿元上升至 3500 亿元。

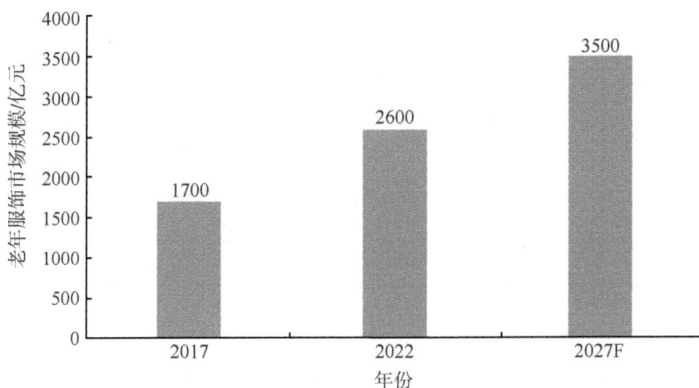

图 11.16　2017～2027 年我国老年服饰市场总体规模预测

消费方式上，2017 年，我国老年人的日常消费主要集中于娱乐社交、疾病管理、健康养生及日常生活等四个方面，具体占比如图 11.17 所示[①]。老年人年均消费约 22 600 元，其中日常生活 15 560 元，约占总消费的 69%；健康养生 2763 元，约占总消费的 12%；疾病管理 1665 元，占 7%；娱乐社交 2585 元，占 11%。因此，老年人主要消费支出为日常生活开支，其次是健康养生及娱乐社交，但不同人群具体开支各有不同。基于老年群体收入水平的差异，各类支出水平有所不同。

① 图中数据之和不为 100%是数据修约所致。

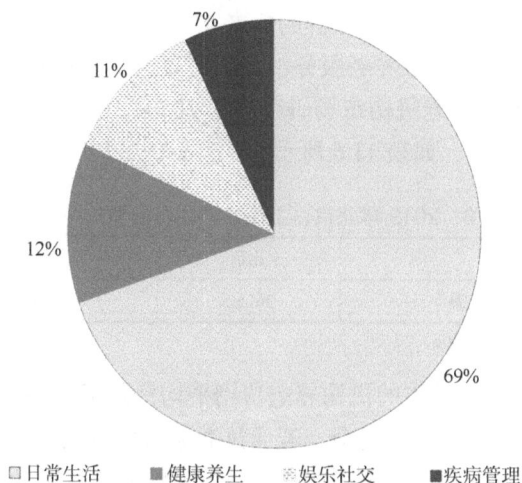

图 11.17　老年人消费项目占比

资料来源：幸福 9 号和普华永道思略特（2018）

　　小康人群的养老支出主要集中在日常生活开支、医疗必须开支和部分娱乐支出。其中，日常养老生活开支为主要消费支出。根据国家统计局的数据，我国城乡居民的人均消费支出不断增加，2016 年至 2020 年我国居民人均消费支出如图11.18 所示，2016～2020 年增长了 23.96%，其中城镇居民年人均消费支出增加了17.02%，农村居民年人均消费支出增加了 35.37%。消费支出的增加反映了老年人群养老支出的不断提高，未来如果仅将目前的养老金作为唯一收入，要进一步提升老年生活的质量还存在着较大的困难，需要更多收入来源以支持日渐高昂的养老支出。

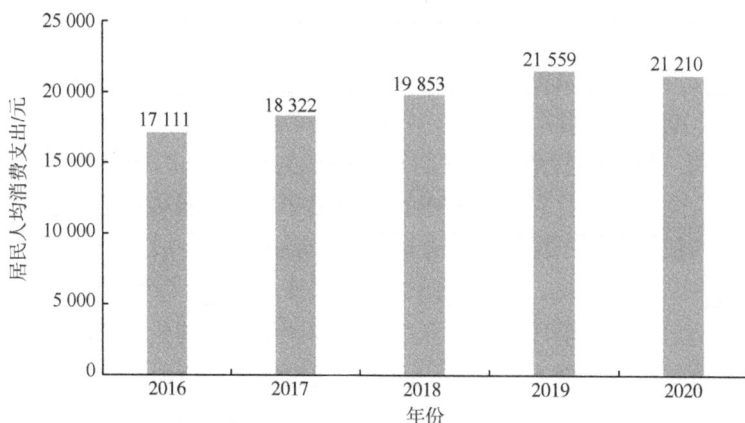

图 11.18　2016～2020 年我国居民人均消费支出

资料来源：国家统计局

以养老机构的价格衡量老年人群的养老支出具有一定的参考性，根据 60 加研究院 2020 年发布的《上海市养老服务市场研究报告 2020》《北京养老机构市场研究报告 2020》《广州市养老机构市场研究报告 2020》，得到北京、上海、广州三地的养老机构价格平均值，如表 11.6 所示。

表 11.6　2019 年北京、上海、广州养老机构平均价格

地区	北京	上海	广州
养老机构平均价格（元/月）	3615.5	3784	3822.8

资料来源：60 加研究院（2020a，2020b，2020c）

2020 年北上广一线城市的机构养老费用平均每月都在 3600 元以上，结合三地每年平均发放的城镇职工养老金，若通过养老机构方式养老，小康人群每月剩余的可支配收入很少。以上海为例，2020 年上海企业退休人员月人均养老金在 4321 元[①]，2019 年均价在 4000 元以下的养老机构占比为 66.78%[②]。上海养老机构平均价格约占平均每月退休金的 87.57%，仍存在对于居民其他生活开支的挤压较大的问题。因此，对于具有基本养老生活开支、普通医疗护理需求和娱乐需求的小康人群来说，其养老支出与收入间仍存在一定的缺口。

此外，2020 年中国养老金融 50 人论坛发布的《中国养老金融调查报告 2020》中提到，根据其调查，49.70% 的调查对象认为退休后每个月领取养老金水平应达到收入的 40%～60%，预期替代率为 59.99%，但我国企业基本职工养老保险的实际替代率为 45%，与调查结果的预期替代率还有差距，也侧面反映出此类群体养老支出与收入的缺口仍然存在。为了弥补这一缺口，我国也在积极推进养老第三支柱的发展，让商业养老保险作为社会养老保险的补充，满足不同人群的需求，如对于有税收优惠需求的人群可以购买个人税收递延型商业养老保险，对于追求养老资产的长期稳健增值的人群可以购买养老目标基金，对于医疗服务有更多需求的人群可以购买商业健康保险等，以此为养老提供更多保障资金。

中高净值人群对于资产的配置与管理非常关心。2020 年招商信诺人寿联合《商学院》杂志、胡润百富共同发布的《2020 中国高净值人群健康投资白皮书》中提到，高净值人群资产配置中，金融投资产品（理财、股票、基金、资管计划等）占比最高，达 73.6%；购买保险的人数居第二，多于选择存款的人群，尤其是在新冠疫情之后，保险成为未来高净值人群计划增加的核心产品之一。另外，财富的传承也是中高净值人群关心的问题。通过保险进行财富传承的方式在高净值人群中普及率最高，54.6% 的高净值人群认为可以通过保险进行财富传承，占比

---

① 资料来源：上海市人力资源和社会保障局。
② 资料来源：60 加研究院（2020b）。

高于设立基金（42.5%）、设立遗嘱（42.0%）。年金和终身寿险是主要的资产保值和财富传承工具。

身心健康需求主要指为保持心理和生理健康而进行的消费。根据《2020 中国高净值人群健康投资白皮书》，高净值人群最近一年就医及购药费用平均花费 2.1 万元，其中 3000 元至 1 万元占比最多（31.4%），其次是 1 万至 3 万元（24%）。中高净值人群的高端医疗需求较大，有近九成的高净值人群愿意购买与健康相关的增值服务，其中包括预防保健服务、日常就医服务、大病管理服务和康复养老服务。在基本医保服务之外，人们希望在健康管理上能有更多的专业服务满足他们的特殊需求。除了医疗健康支出，中高净值人群在文娱消费方面也追求质量更高、体验更好的服务。

（三）小结与长寿时代的展望

综上，我国目前普遍养老保障水平较低，但老年人的必要支出呈现上升趋势，养老金给付与养老支出的缺口成为老年群体必须面对的问题，如何为退休后的养老生活准备充足的养老金成为长寿时代下的新挑战。这个挑战面向的群体不仅是老年群体，还包括现在的中青年人即未来的老年群体，他们都要为未来暴露在长寿风险之下做准备，进行合理的养老财务安排。

三、养老服务需求

2016 年 10 月，中共中央、国务院印发《"健康中国 2030"规划纲要》，表明党和国家历来高度重视人民健康，并要求全社会增强责任感、使命感，全力推进健康中国建设。我国目前已进入快速老龄化阶段，老年群体服务需求的不断增长，将催生出我国健康养老服务市场的巨大潜力（张毓等，2020），而支付水平、身体状况、受教育程度等因素综合影响着老年人群的养老服务需求。

（一）小康人群

老年人中体量最大的是小康人群，这部分人群收入中等，能够满足基本养老生活的需要，但满足这部分人的养老服务也同样存在问题。一方面由于支付能力限制，小康人群无法享受高端养老服务；另一方面，基本养老服务无法满足其个性化的养老需求。以下内容以机构养老方式为例，衡量小康人群的养老服务需求实现情况。

养老服务主要分为物质照护服务和精神照护服务。对于小康人群来说物质照护服务除了饮食条件、环境条件，最重要的就是医护服务，如养老机构内是否设有保健站、护理站、门诊部、卫生所、医务室等部门。图 11.19 展示了上海市 2019

年养老机构内设医护部门类型占比。有 34.36% 的养老机构配置了医务室，仅一小部分养老机构配备了其他医护部门如保健站、卫生所，还有 46.84% 的养老机构任何医护部门都没有，而这些部门都对提升老年人的健康水平有重要作用。由此可见，上海目前还有将近半数的养老机构在医护服务方面无法有效保障老年医护需求。上海作为我国一线城市，养老水平相对发达，如果养老机构的医养结合做得不到位，其他城市或地区的养老机构也极有可能存在同样的问题。

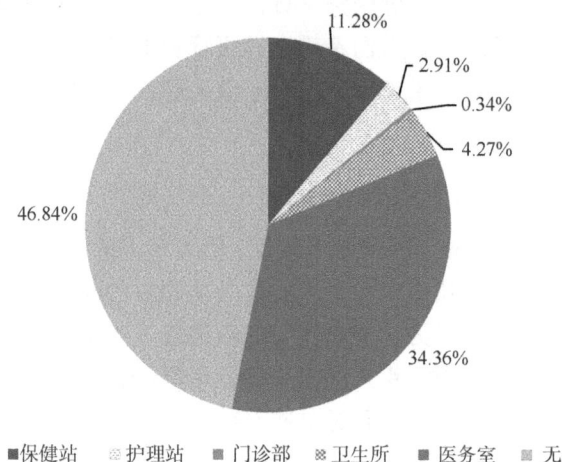

图 11.19　上海市 2019 年养老机构内设医护部门类型占比

资料来源：60 加研究院（2020b）

一般情况下，在其他服务一致时，医护部门越齐全，越能满足老年人的医护需求，入住的老年人越多，同时价格也会越高。表 11.7 是配有不同医护部门的养老机构价位对比，以及相应的入住率。由此可见，目前我国养老机构对于医护服务的提供并不齐全，而服务齐全的养老机构价格又偏高，并非大部分人能承受的价格。

表 11.7　上海市内设不同医护部门的养老机构价格表

对比项目	无	保健站	护理站	门诊部	卫生所	医务室
均价（元/月）	3428	3194	4064	3601	4820	4296
入住率	80.03%	84.20%	70.62%	81.07%	80.18%	77.87%

资料来源：60 加研究院（2020b）

精神照护服务主要体现在对老年人的专业心理疏导，组织活动丰富老年人的生活，但实际在精神照护上很多养老机构做得不到位。以上海市为例，上海市民政局 2017 年 12 月 14 日印发《养老机构护理型床位设置指引》（试行），要求每个机构至少配备两名注册护士（其中一名为主管护师），至少配备一名社工或心理咨询师（可兼职），至少配备一名康复人员，至少配备一名营养师。按照此要求，一半以上的养老机构需要加强相关专业技术人员的配置。

总之，从物质照护服务和精神照护服务的角度来看，养老服务水平参差不齐导致各机构价格也有差距，小康人群单凭养老金收入并不能得到个性化的养老服务，只能保障基本的养老生活水平，额外的服务需求仍需自行支付。因此，对于占老年人口大多数的小康老年人群，如何获得价格合理、服务优质、快速便捷的养老服务，是我国养老亟须解决的痛点，也是养老产业的发展着力点。

（二）中高净值人群

支付能力较高的中高净值人群通常拥有更多的财富和更开放的心态，对于老年生活有更高的品质要求。这部分人群对于养老保险的需求除了充足的给付金额还有到位的养老服务。以养老机构为例，养老服务主要包括物质照护服务和精神照护服务。物质照护服务包括环境设施、医护条件、营养餐饭等；精神照护服务是针对容易产生孤独感的老年群体进行心理疏导，丰富精神世界。如今针对中高净值客户很多保险公司推出了医养结合、高质量服务的养老方式，如保险公司将养老与地产相结合，建造专门的养老社区，为被保险人提供全方位的养老服务。

（三）长寿时代的展望

长寿时代下养老服务将进一步细化。针对老年群体的不同特点，养老服务应更加精细化发展。针对未来老年群体，即现在的中青年群体，由于他们具有更强的品牌和品质偏好，养老服务需要更加注重服务质量和服务多样化，能提供品质服务将会成为养老服务市场的竞争优势。另外，针对80岁以上的老年群体，养老服务需要更贴近高龄老年人的需求，如提供失能护理等更有针对性的服务。因此，长寿时代下未来养老服务不仅要根据人群收入提供差异化服务，更需要贴近不同老年群体的需求，更大限度地开发养老服务的市场空间，走向精细化发展之路。

第四节　普惠保险助力长寿时代我国居民养老模式前瞻

老年人群的新特征、养老需求的差异化、养老人群的划分对居民养老模式发展提出新要求，以养老金融为核心的养老资金安排、以地产为核心的养老产业布局、以科技助推的养老模式新发展成为未来养老模式发展的重要模式，而普惠保险的发展为长寿时代我国居民养老服务可及性提供了新的思路。

一、长寿时代各国养老模式比较分析

随着全球老龄化的深入及长寿时代的到来，各国为居民提供了差异化的养老模式。市场主导型、国家福利型以及个人储蓄型为国际社会三类不同的养老模式（表 11.8）。

表 11.8　长寿时代各国养老模式对比分析表

模式	典型国家	主导机构	具体特征
市场主导型	英国、美国	养老金投资机构	以市场竞争满足养老需求
国家福利型	澳大利亚、加拿大以及丹麦等北欧国家	政府	资金来源于国家税收和财政预算，该模式对政府管理体制和能力要求高、国家财政负担压力大
个人储蓄型	日本、新加坡	政府	政府负担小，老年人负担较重，政府对个人养老储蓄金进行集中管理，易受到宏观金融风险影响

（一）市场主导型

市场主导型养老模式主要存在于英国、美国等资本市场发达的国家。在这一模式下，老年人群的养老支出主要来自与劳动合同绑定的养老保险以及自身额外的商业养老保险。市场主导型养老模式的显著特征是通过市场竞争来满足老年人群的养老需求，这对国家养老产业的市场化和产业化程度有较高的要求。在这一模式下，政府不直接参与养老机构的运营，而只是负责有关机构的资格认定和税收征管。在美国，市场主导型养老模式主要表现为独立养老住宅、养老院、专业养老社区等种类繁多的养老设施。政府出具专门的监管法案对各类机构进行监督管理，同时国家积极引导政策性与商业性贷款向养老领域倾斜，推动各类私募基金以及信托基金参与对养老机构的投资与并购，这也使得美国的医疗健康类投资中对养老资产以及医疗机构的投资占比较大。采用市场主导型的养老模式，可以有效利用自身发达的资本市场与社会资源，在此情况下，长寿风险可以通过市场调节以及资本市场的运作来降解，因而能够有效缓解政府的财政负担。

（二）国家福利型

国家福利型养老模式主要存在于澳大利亚、加拿大以及北欧等高福利国家，其最大特点就是以国家养老保障为主体，其养老资金大多来自国家税收。国家福利型养老模式的资金依赖于国家财政，对全体社会成员提供从出生到死亡的国家福利养老服务。这一模式通常适用于人口规模较小、经济社会发达的国家。以瑞典为例，老年人的养老支出几乎完全由国家财政资金负担，政府通过直属的养老、医疗部门或通过采购的形式向老年人提供所需的家庭护理服务。国家福利型的养老模式，对政府管理体制和能力提出了较高要求。在长寿风险日益加剧的背景下，国家财政负担的压力较大。

（三）个人储蓄型

个人储蓄型养老模式主要存在于日本等超级老龄化社会，该模式最大特点是养老支出来源于老年人个人的强制储蓄。在这种模式下，老年群体养老的生活质量取决于投入的个人储蓄金以及投资回报，政府资金负担相对较小，而老年人自身和家庭的经济负担比较大。以日本为例，日本的 NISA 涵盖了日本所有年龄段的日本居民，以提前应对未来出现的养老风险。个人储蓄型养老模式，完全依靠个人积累的强制养老储蓄制度，要求公民都必须加入强制性的养老金储蓄计划，使得政府在这种模式下资金负担相对最小，而老年人个人和家庭负担较重。同时，政府对个人养老储蓄资金进行集中管理，使其易受到宏观金融风险影响，进而影响到老年群体的养老质量。

中国在应对老龄化和长寿风险的过程中，应注重政府引导下的养老保险制度与第二、第三支柱的保险补充，充分满足居民日益增长的高品质、差异化养老需求，满足人民对于美好养老生活的期待。

二、以养老金融为核心的养老资金安排

养老金融的发展是应对养老资金需求缺口的重要手段。养老金融是指个人、金融机构和政府等主体利用各种金融安排进行跨期资产配置，通过时间维度上的资源和福利分配，为老年生活提供经济收入和资产及财富的管理。近年来，政府先后出台多项政策推动养老金融产品发展。

如表 11.9 所示，2016 年 3 月，我国政府明确提出要建立完善的金融服务体系支持养老服务业发展，揭开了养老金融产品创新的序幕。随后我国政府先后对养老保障管理业务、养老目标基金、个人税收递延型商业保险等方面进行规范。2019年 4 月，政府支持银行、信托等金融机构开发养老型理财产品、信托产品等养老金融产品。至此，商业保险、公募基金、银行、信托都加入了布局养老型金融产品的战局。

表 11.9　养老金融支持政策梳理

时间	发布机构	政策名	主要内容
2015	保监会	《养老保障管理业务管理办法》	规范养老保险公司养老保障管理业务经营行为，保护养老保障管理业务活动当事人的合法权益，促进保险业积极参与多层次养老保障体系建设

续表

时间	发布机构	政策名	主要内容
2016	中国人民银行、民政部、银监会、证监会、保监会	《关于金融支持养老服务业加快发展的指导意见》	改进完善养老领域金融服务，加大对养老服务业发展的金融支持力度，促进社会养老服务体系建设
2018	证监会	《养老目标证券投资基金指引（试行）》	满足养老资金理财需求，规范养老目标证券投资基金的运作，保护投资人的合法权益
2018	银保监会	《个人税收递延型商业养老保险业务管理暂行办法》	对个人税收递延型商业养老保险产品经营提出具体要求
2019	国务院办公厅	《国务院办公厅关于推进养老服务发展的意见》	支持银行、信托等金融机构开发养老型理财产品、信托产品等养老金融产品；提升老年人金融服务的可得性和满意度

目前养老金融产品供给主要包括保险机构养老金融产品、公募基金养老金融产品、银行养老金融产品、信托养老金融产品，具体产品如图 11.20 所示。养老金融产业的发展和养老金融产品的丰富给基本养老金与养老需求存在缺口的老年人群带来了新的选择，提供更多的养老保障和养老服务。不同人群对于养老金融产品的选择有很大区别，不同于基本养老保险，养老金融产品价格差异明显，能够满足不同收入的老年人群对于养老金融产品的差异化需求。

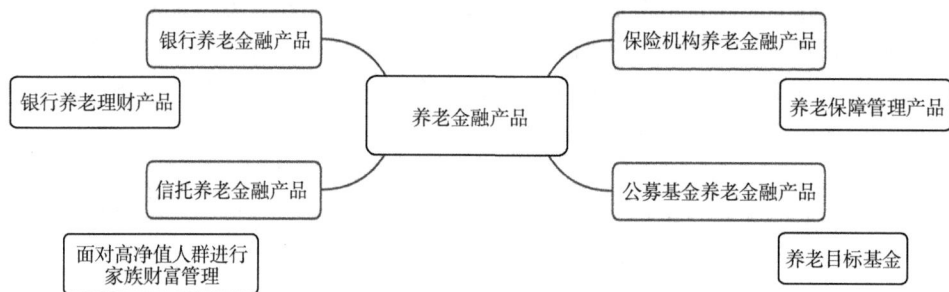

图 11.20　养老金融产品分类

（一）小康人群

小康人群支付能力一般，对于养老金融产品的购买力较差，更注重资金安全性和收益稳定性。2020 年中国养老金融 50 人论坛发布的《中国养老金融调查报告 2020》数据显示（表 11.10）[1]，收入水平在 3000 元以下的人群中有 67.80%的

---

[1] 表中数据之和不为 100%是数据修约所致。

人认为任何时候都不能出现亏损，收入水平在 3001 元至 5000 元之间的人群中有50.58%的人认为任何时候都不能出现亏损，对于风险的承受能力较弱。

表 11.10　不同收入的人群对于养老理财的投资风险承受能力

收入风险承受能力	3 000 元及以下	3 001~5 000 元	5 001~10 000 元	10 001~15 000 元
任何时候都不能出现亏损	67.80%	50.58%	37.81%	32.21%
可以阶段性承受 10%以内的亏损	24.37%	37.94%	48.17%	46.21%
可以阶段性承受 10%~30%的亏损	6.74%	10.26%	12.93%	20.01%
可以阶段性承受 30%以上的亏损	1.09%	1.22%	1.09%	1.58%

资料来源：中国养老金融 50 人论坛（2020）

中国养老金融 50 人论坛发布的《中国养老金融调查报告 2020》调查结果显示超过 70%的调查对象愿意将 11%~30%的收入投入养老财富储备中，如图 11.21所示，说明大多数人愿意将收入的一部分作为养老储备，养老金融的参与意愿相对较高。

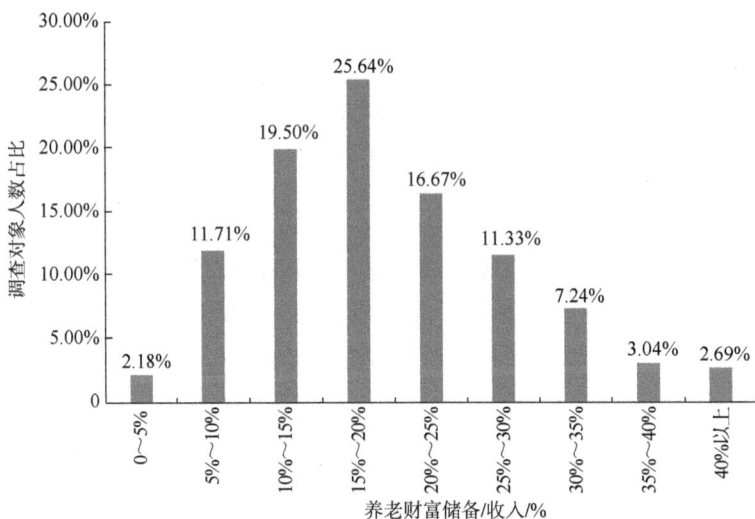

图 11.21　养老财富储备占收入比重

资料来源：中国养老金融 50 人论坛（2020）

关于小康人群对于养老金融产品的配置与选择，《中国养老金融调查报告2020》的调查结果显示，72.07%的调查对象选择银行存款/理财来进行养老财富储备，34.43%的调查对象采用商业养老保险、年金的方式进行养老财富储备，6.57%的调查对象没有进行任何的养老投资或理财，具体如图 11.22 所示。可见养老金融的实际参与情况呈现以银行存款或理财为主、商业养老保险或年金为辅的特点。

这样的保守配置与人们对养老金融的低风险偏好有关，更注重收益的稳定性与本金的安全性，这对养老金融资产的增值不利，另外由于专业金融知识的普及度在老年人群体中不高，老年人购买的养老金融产品往往是银行推荐的理财存款或养老保险，对专业公司不了解，对其他渠道信心不够充足。因此，一款收益稳健可实现保值增值且稳定、可靠、实惠的养老金融产品是目前老年人最迫切需要的。

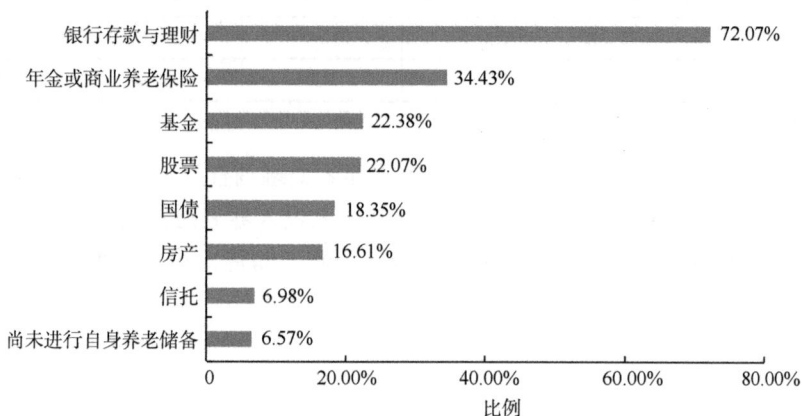

图 11.22　养老金融产品的配置与选择

此问题为多选，故加和大于100%

（二）中高净值人群

中高净值人群购买养老金融产品所追求的是财富的健康，包括财富增值和财富传承。2020年中国养老金融50人论坛发布的《中国养老金融调查报告2020》数据显示（表11.10），收入越高的人群对本金亏损的容忍度越高，且对于收益的要求更高。

《2020中国高净值人群健康投资白皮书》显示，高净值人群偏爱金融投资，重视中长期财富规划，他们的资产配置中金融投资产品（理财、股票、基金、资管计划等）占比最高，对于养老金融产品投资的风险承受能力更强，因此财富的增值能力也更强。此外，养老金融产品还可以帮助中高净值人群进行财富的传承。年金和终身寿险是主要的保值和传承工具，在养老与财富传承上，高净值家庭每年平均缴纳养老/传承类保险产品费用12万元，超高净值家庭的年均保费支出超过30万元，平均总保额超过700万元，具体分布如图11.23所示①。另外在已购保险类型中，高净值人群在养老传承保险类型（年金、终身寿险）上购买比例最

① 图中数据之和不为100%是数据修约所致。

高，占 76.6%，且配置比例接近一半，未来购买的意向也最高，为 75.4%（如图 11.24 所示），这说明中高净值人群未来养老保险的购买力度还会加大，面向中高净值人群的养老金融产品还会进一步发展。

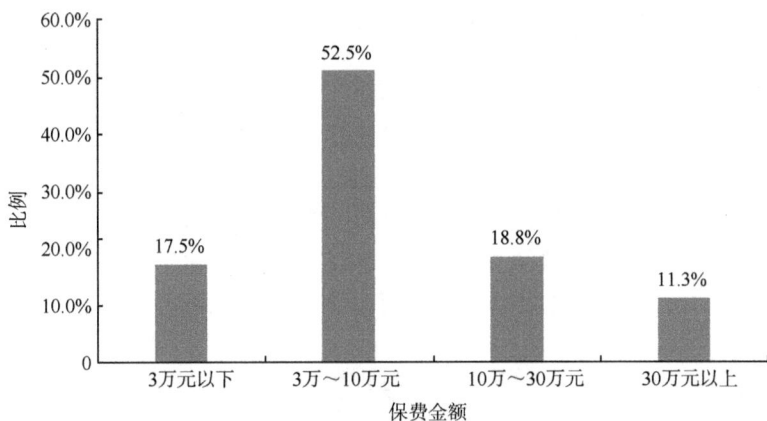

图 11.23　高净值人群家庭年交保费金额分布

资料来源：招商信诺人寿等（2020）

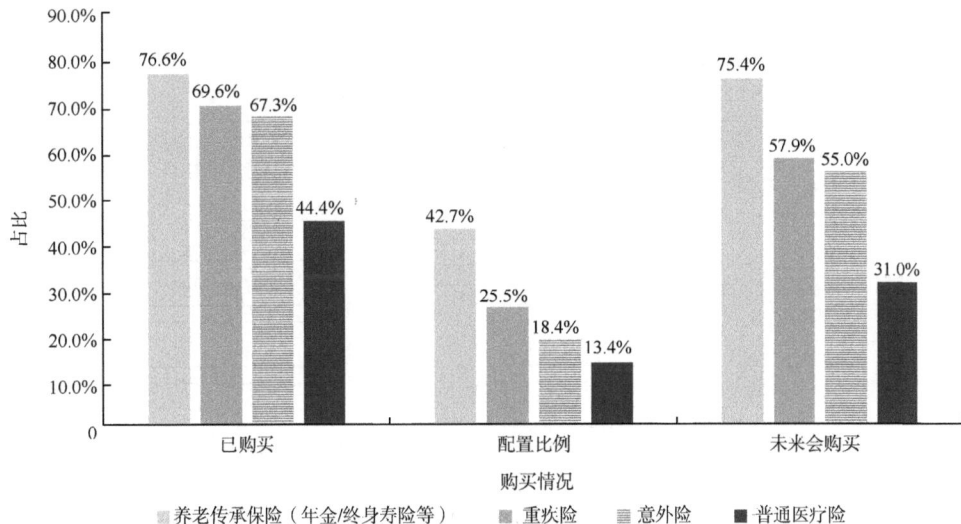

图 11.24　高净值人群家庭配置保险情况

资料来源：招商信诺人寿等（2020）

　　因此，面对支付能力不同的小康人群和中高净值人群，以其养老金需求、养老服务需求差异为依托，设计与其购买习惯相匹配的养老金融方案。针对小康人群，银行、保险机构应更加注重资金安全性，为其设计风险低的银行理财、增额终身寿险等金融产品。针对高净值人群，银行、保险机构应设计更具有资金保值增值、财富传承功能的金融产品，实现全阶层、高性价比的养老金融产品布局，助力我国应对人口老龄化、优化养老服务的要求。

三、以地产为核心的养老产业布局

老年群体的不断增加，子女工作与赡养时间的冲突，不断催生出更多新型养老方式。当前我国养老方式可以分为居家养老、社区养老以及养老院养老等模式，其中养老地产在养老产业体系中占有重要地位，养老产业以养老地产为核心，可以外延至养老金融、福利器械（含药品）及设施、养老软件及信息系统、综合性医护管理服务，衍生至家政及其他服务、护工培训及文化生活等各个领域（天风证券研究所，2020）。图11.25具体展示了以养老地产为核心的养老产业链。

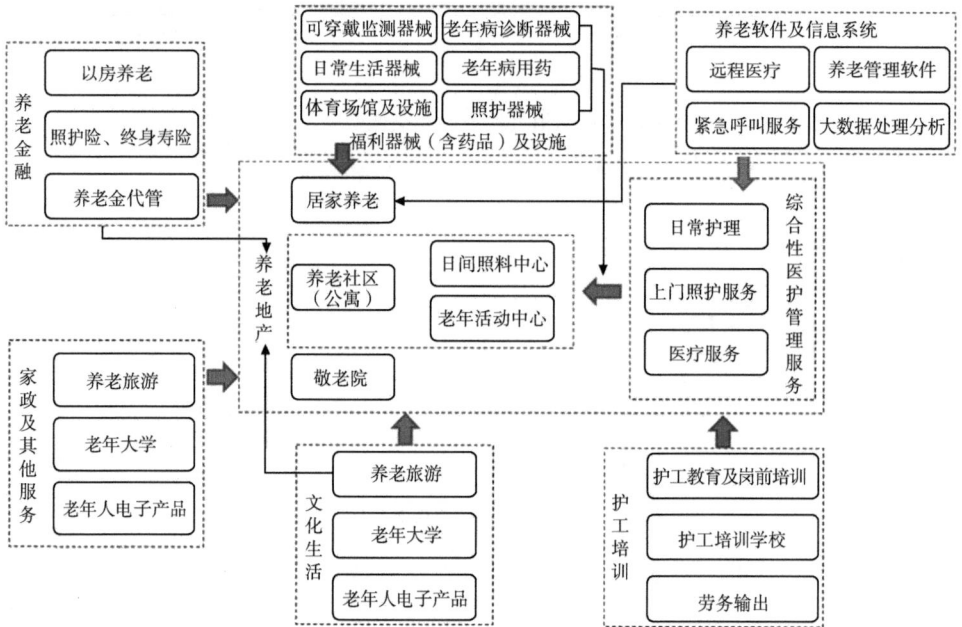

图 11.25　以养老地产为核心的养老产业链图

资料来源：天风证券研究所（2020）

（一）我国养老社区发展历程概述

保险养老社区是由保险机构投资的集居住、养老、娱乐以及医疗护理等多功能于一体的综合服务社区。在我国，养老社区出现于2007年，随后经历了借鉴探索期、建设开发期、加速发展期三大阶段（图11.26）。

图 11.26　我国养老社区发展历程

2007 年 3 月至 2012 年 5 月为借鉴探索期，各保险公司主要是学习考察日本、美国以及新加坡等国养老社区的模式，探索投资建设以及运营养老社区的他国经验。一些率先布局的保险公司获得了保监会批准，开始了养老社区的筹备建设工作。2012 年 6 月至 2015 年 5 月为建设开发期，在这一阶段，保险公司投资建设养老社区总体战略逐步形成，多家保险公司的养老社区项目先后奠基。2015 年 5 月至今为加速发展期，众多保险公司的养老社区先后建成，开始了试运营阶段。一些以"轻资产模式"为主的保险公司通过收购"养老院"以及"养老物业"的方式进一步加快了养老社区的布局。从目前看，保险公司更倾向面向中高端收入群体打造医疗功能与养老功能相融合的高品质养老社区（图 11.27）。这主要有两方面原因：一方面，养老社区需要配套适老设施、医疗设施等，其建造成本比普通住宅高出很多，这部分费用必然要由入住者承担；另一方面，目前养老社区仍属于新兴事物，高收入群体接受程度更高，客户获取入住资格的方式更多是通过与保单搭配。

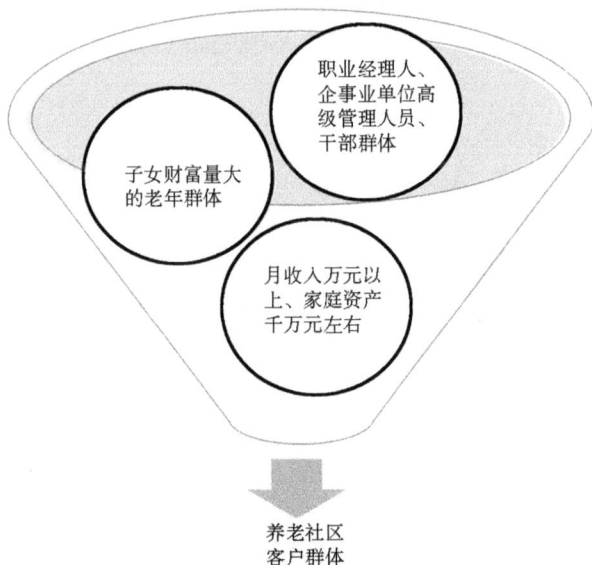

图 11.27　养老社区客户群体

（二）养老社区接受度增加

截至 2018 年末，我国家庭资产超过 600 万元人民币的中高净值家庭总数已经超过 390 万户（图 11.28），比上年增长 1.3%。中高净值人群数量的增长代表着消费水平的提升，中高净值人群年龄相对更高，对各类养老保险产品有着更充分的认知和关注，对中高端养老服务的需求更加迫切。图 11.29 表明表示愿意入住中高

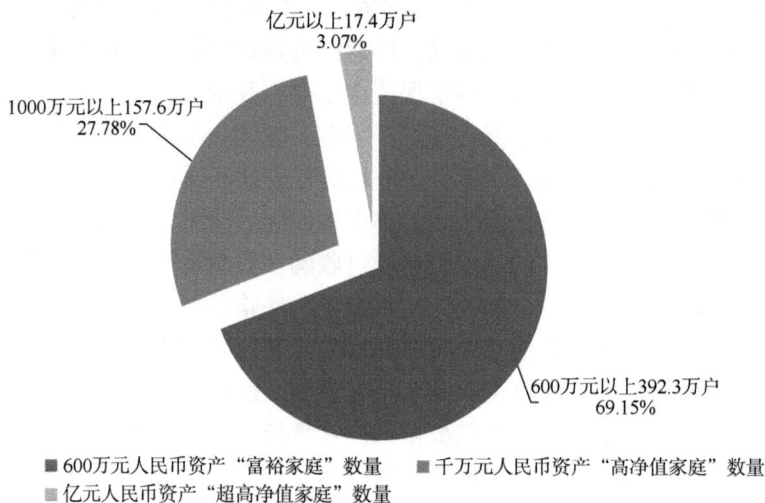

亿元以上17.4万户
3.07%

1000万元以上157.6万户
27.78%

600万元以上392.3万户
69.15%

■ 600万元人民币资产"富裕家庭"数量　　■ 千万元人民币资产"高净值家庭"数量
■ 亿元人民币资产"超高净值家庭"数量

图 11.28　2018 年中国中高净值人群分布图

资料来源：胡润研究院（2019）

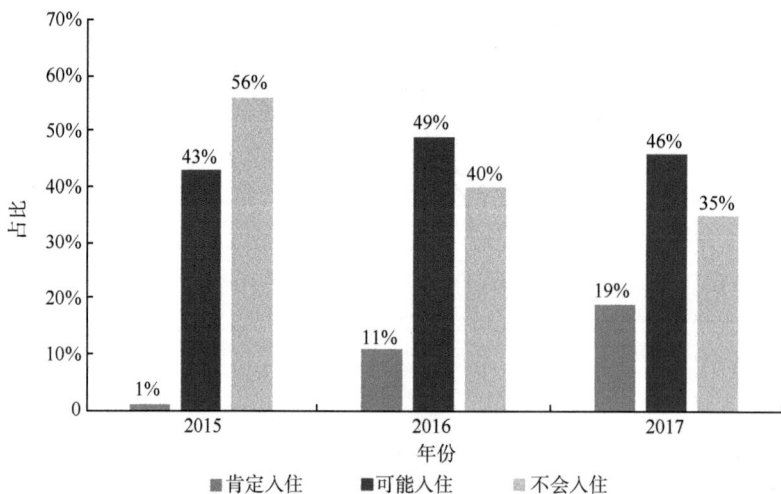

■肯定入住　■可能入住　■不会入住

图 11.29　中国中高净值人群对中高端养老社区态度变化图（2015～2017 年）

资料来源：胡润研究院（2019）

端养老社区的人群占比从 2015 年的 44%提升至 2017 年的 65%（胡润研究院，2019）。这表明现阶段保险公司的养老社区的主要客户群体应当为中高净值人群，该类人群对养老社区的认可度正在稳步提升。

（三）"保险服务+养老社区"模式优化

图 11.30 展示了"保险服务+养老社区"模式。保险与养老地产具有高度的融合性，保险资金投资养老地产具备先天优势，通过投资养老地产可以实现负债端与资产端的协同和联动。保险资金负债长与久期长的特性与养老社区前期投资大、盈利周期较长相匹配，并且对养老社区的投资可以实现对保险产品销售的带动作用和医疗健康资源产业链的整合作用。

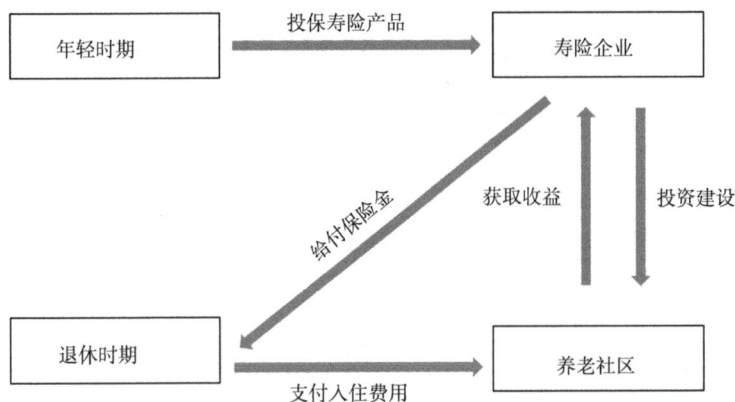

图 11.30　健康养老服务代替养老保险金给付的"保险服务+养老社区"图

就目前而言，布局养老社区的保险公司主要以"消费者购买指定种类、指定金额的寿险产品来获取养老社区入住资格"的模式来促进寿险销售，但这类模式的弊端是并没有将保险给付与养老费用进行挂钩，并没有实现以健康养老服务代替养老保险金给付。在未来，保险公司应当采取"规模化布局+高品质运营"的方式，更好地将寿险保单保险金给付与养老社区相结合，可以根据不同年龄的养老群体设置不同保险产品，精准对标不同群体，推动精准健康消费，以差异化提升竞争力，具体模式如图 11.31 所示。

（四）"以房养老"保险发展思考

"以房养老"是指以房地产为基础资产为老年人提供养老物质保障，而"以房养老"保险是指老年人通过住房反向抵押养老保险，即拥有房屋产权的老年人，将其房产抵押给保险公司，老年人继续拥有房屋占有、使用、收益和经抵押权人同意的处置权，并按约定条件领取养老金直至身故；老年人身故后，保险公司获

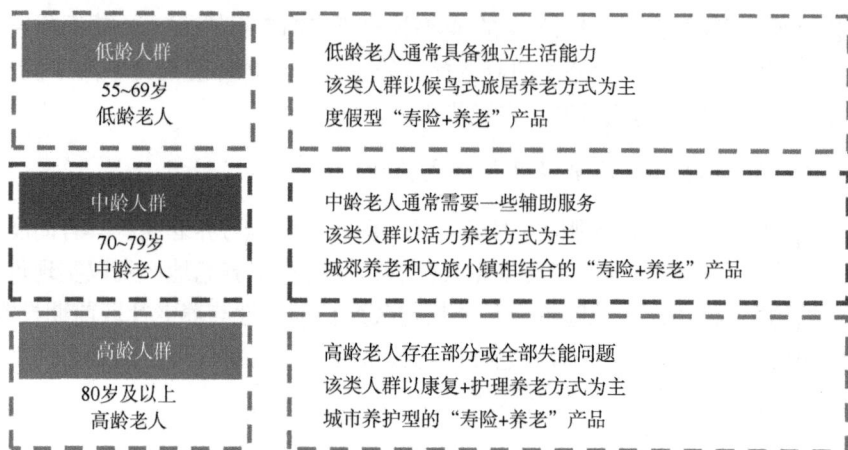

图 11.31　不同年龄段老龄群体的"保险服务+养老社区"模式

得抵押房产处置权，处置所得将优先用于偿付养老保险相关费用（陈友华和施旖旎，2016）。

我国自 2014 年起在北京、上海、广州、武汉四地开始试点"以房养老"保险，2018 年 7 月正式将"以房养老"保险推广到全国范围。表 11.11 汇总了我国自 2014 年首推"以房养老"保险以来先后出台的相关政策。

表 11.11　近年来我国"以房养老"相关政策汇总表

年份	出台部门	政策名称	具体内容
2014	保监会	《中国保监会关于开展老年人住房反向抵押养老保险试点的指导意见》	自 2014 年 7 月 1 日起至 2016 年 6 月 30 日止，在北京、上海、广州、武汉四地试点实施老年人住房反向抵押养老保险
2016	保监会	《中国保监会关于延长老年人住房反向抵押养老保险试点期间并扩大试点范围的通知》	将试点期延长至 2018 年 6 月 30 日，并将试点范围扩大至各直辖市、省会城市（自治区首府）、计划单列市，以及江苏省、浙江省、山东省和广东省的部分地级市
2018	银保监会	《关于扩大老年人住房反向抵押养老保险开展范围的通知》	将老年人住房反向抵押养老保险扩大到全国范围开展

"以房养老"作为一种补充养老方式，十多年前在我国受到广泛关注。各企事业单位、银行、保险等部门都进行了一系列的实践和探索。但总的来说，由于传统观念的束缚，目前中国的养老方式依然是以家庭养老为主，社会公众需求空间受到了较大限制；同时在房产泡沫风险、利率风险和长寿风险的制约下，金融机构供给能力和意愿也有所不足。此外，政策支持建设滞后、制度交易环境不成

熟在很大程度上又限制了各主体之间合作的实现，增加了"以房养老"的实施成本，导致我国住房养老发展缓慢。

中国人民银行调查统计司城镇居民家庭资产负债调查的结果显示，在我国城镇家庭负债中，住房贷款的占比高达 75.9%，且家庭资产以实物资产为主，在我国城镇居民家庭实物资产中，74.2%是房产（图 11.32）。城镇居民家庭住房拥有率达到 96%（图 11.33），远高于美国的平均水平。这表明，在全球主要经济体中，我国的家庭具备住房拥有率高，同时住房压力大的特征，这将为广义上的"保险+养老地产"的推行提供广阔前景。

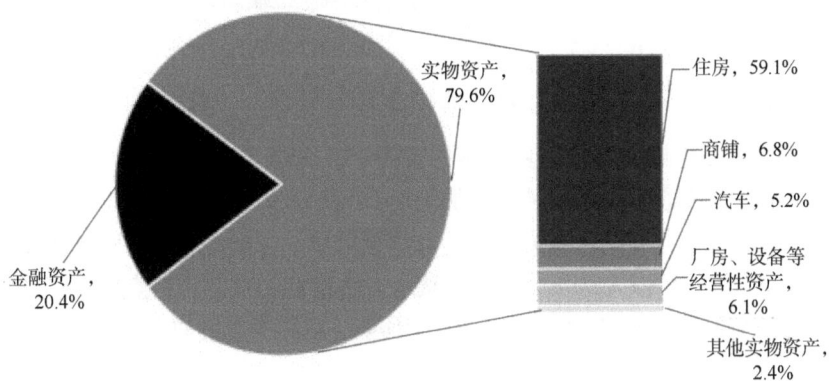

图 11.32　我国城镇居民家庭资产构成分布

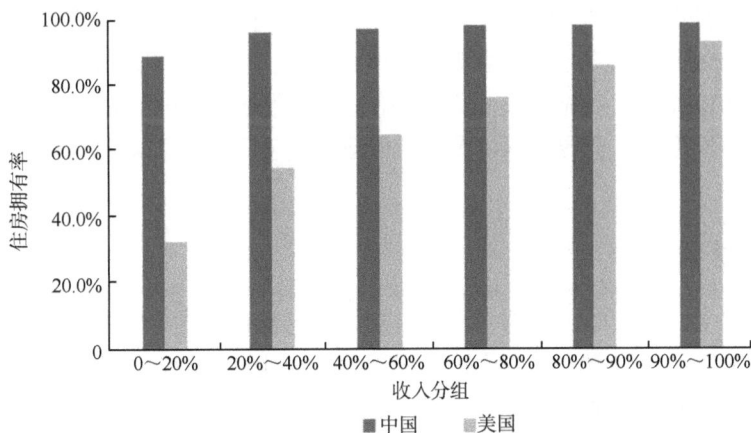

图 11.33　中国和美国不同收入群体住房拥有率

四、以科技助推的养老模式新发展

（一）"智慧+健康"养老一体化发展

利用互联网和大数据技术，基于可穿戴智能设备的智慧养老综合服务平台、智能养老终端已初具成效。在未来，有望形成线上线下结合，居家、社区与机构养老一体化的"智慧+健康"养老服务体系，为老年人提供健康管理类（利用智能养老终端即时监测健康信息，综合平台即时分析并匹配服务资源）、应急服务类（利用智能养老终端感应老人非正常举动，随时反映老人所在地，应对老人独自外出遇到的紧急情况）以及智能监护类（利用智能养老终端防范煤气泄漏、外人入侵）多种服务。

（二）突出"以人为本"的人性化养老

在我国空巢化与独居化趋势凸显的背景下，老年人得不到足够的人文关怀。受新冠疫情冲击，老年人在精神上更加缺乏归属感。为应对此类情况，多地相继探索开发亲情视频等方式满足老人的心理和情感需求。在未来，养老服务建设将以智慧养老设备为依托，以人性化为核心，从老人生理和心理需求特点出发，开发多种精神和娱乐服务，打破"孤独养老"这一困境，使得养老更加体现人文关怀。

（三）养老集成化发展趋势

多地开始积极试点养老一卡通服务，从而提升养老服务的集成化水平。2020年4月，深圳开发了"智慧养老颐年卡"，该卡集身份识别、敬老优待、政策性津贴发放、金融借记账户、深圳通等多功能于一体。养老一卡通服务致力于打造集约化的养老模式，在系统、功能以及网络上形成集成，打破"信息孤岛"的困境，最终实现信息汇集、资源共享以及优化管理，这对于促进养老集成化发展具有很强的借鉴意义。

五、总结

抓住"十四五"关键时期，积极应对人口老龄化、做好养老服务是我国养老产业布局的关键，以养老地产为核心进行养老产业的布局，以养老金融发展多元化养老资金的配置方案，以科技助推养老产业的发展，以普惠保险增加养老服务的可及性，从而为差异化养老需求、差异化收入水平的老年人群提供"全阶层""普惠化"的养老方案设计，对于应对我国老龄化而言意义重大。

第四篇

保险与科技发展

自 2017 年中国保险学会与复旦大学联合发布《中国保险科技发展白皮书（2017）》以来，保险科技在中国的运用与探索逐渐深入。此前中国的保险科技探索大多在"互联网保险"的框架下进行尝试。"保险科技"概念在 2017 年被正式提出之后，"互联网保险"逐渐成为保险科技的子概念，许多在 2017 年以前便在中国尝试的科技创新与运用正式归结到保险科技的范畴之中。近年来中国的保险科技迅速发展，尤其是新冠疫情之后，保险业数字化转型进程进一步加快，中国保险市场已经成为国际保险科技创新的重要前沿市场和创新试验场所。本篇通过两个章节对保险与科技发展展开讨论。

　　第十二章区分了保险科技的两大派系，即赋能型保险科技与颠覆型保险科技。我们试图从两者的内涵特点、运用实践、生态主体三个方面进行阐述。对于保险行业而言，保险科技的广泛应用正在全方位地重塑传统保险行业，全面系统地把握中国保险科技目前的发展状况和未来趋势对市场从业者具有重要意义。由此，第十三章中，我们通过构建中国保险科技总指数及五大保险科技分项技术指数、梳理中国保险科技生态圈参与主体的主要发展策略，以及对比发达市场的保险科技发展状况，全面评估了中国保险科技的发展状况和主要趋势、市场参与主体的科技转型战略和目前中国保险科技发展所面临的阻碍。

第十二章 保险科技分类与场景

第一节 内涵特点

一、赋能型保险科技

赋能型保险科技，是目前保险科技概念的一个子集，其侧重点在于保险机构利用科技手段提高自身业务能力，并达到提效降本的目的。赋能型保险科技特点表现为"两不变一升级"。"两不变"一方面指科技赋能下的保险业经营逻辑没有改变，保险业基于大数法则为客户提供风险管理服务的本质没有变，保险业预先收取保费并保证出险后赔付的模式没有变；另一方面指赋能型保险科技并没有改变保险价值链的组成部分，保险价值链中产品设计、产品营销、承保、运营、理赔等环节并未增加或减少。"一升级"是指赋能型保险科技提高了保险业的科技应用能力，使得保险业务价值链各环节效率得到了升级。目前，赋能型保险科技已经步入了深化阶段，业务应用包括并不限于场景化保险、智能客服、智能定损等。这些应用可视为赋能型保险科技对传统保险业务的科技升级，最终目的是提高传统保险业的服务水平和经营效益。

赋能型保险科技是保险业转型升级的推动力。从保险业转型升级的角度来说，赋能型保险科技提高了保险各业务环节的效率，优化了用户体验，扩大了保险的覆盖范围，提高了保险机构的经营效益。例如，在新冠疫情期间，在线下代理人渠道受阻的情况下，针对疫情催生的保障需求，在保险科技赋能下，保险机构迅速反应，及时上线抗疫类保险产品，并实现了关键业务线上化，助力抗疫及疫情后期复工复产相关活动。2020 年上半年，互联网人身险保费收入同比增长 12.2%，众安保险、泰康在线财产保险股份有限公司（简称泰康在线）、安心财产保险有限责任公司（简称安心保险）、易安财产保险股份有限公司 4 家专业互联网保险公司累计保费收入同比增长 44.22%。实际上，赋能型保险科技本身技术的不断发展构成了保险业升级的推动力。例如，自 2008 年 Facebook 发布 Hive 后，大数据技术使用门槛大幅降低，并逐渐应用到保险业上，衍生出了客户画像、精准营销等应用。自 2006 年亚马逊提出云计算概念并推出服务平台 AWS（Amazon Web Services，亚马逊网络服务）后，保险 IT 云服务应运而生，而各大保险机构均积极部署云计算，将其作为基础设施，并利用云计算所带来的大算力优势缩短产品上线周期，加快产品迭代。当前，人工智能、大数据、云计算技术、物联网技术等技术仍处于快速发展的阶段，随着技术逐渐成熟，技术门槛不断降低，赋能型保险科技将产生更多应用，推动保险业转型升级。

保险机构受益于赋能型保险科技，赋能型保险科技的发展符合保险机构的利益。保险机构已成为保险科技的重要投资者甚至是研发者，如中国人保设立人保金融服务有限公司，打造了"专业孵化+产业资源+创业投资"的创新孵化闭环。中国平安在世界知识产权组织（World Intellectual Property Organization，WIPO）专利数据库发布的《2020 年全球金融科技专利排行榜 TOP100》中，以 1604 项金融科技专利申请量位列全球第一，大型保险机构对于赋能型保险科技的不断投入，表明赋能型保险科技与当前保险机构处于共生关系，赋能型保险科技的发展符合当前保险机构的发展利益。

二、颠覆型保险科技

颠覆型保险科技与赋能型保险科技并列为保险科技的一个子集，其侧重点在于利用新科技拓展可保边界，革新保险营销渠道，延伸保险服务链条。与赋能型保险科技提高保险业务效率以提效降本不同，颠覆型保险科技的侧重点在于拓展保险业在经济中的影响。一是扩大保险业收入，颠覆型保险科技降低保险业的单位营销成本并提高效率，帮助保险业不断下沉市场，触达传统上难以接触的客户，如三四线城市或农村居民。此外，颠覆型保险科技帮助保险业获取更多风险知识，使得保险公司愿意承保更多原本不可保的风险，如正在兴起的非标体保险、带病承保来源于保险业对于疾病发生更加深刻的了解以及对数据的掌握。二是提高保险业服务水平，颠覆型保险科技将可保风险不断细分，针对某些细分风险的碎片化保险不断涌现，如单病种保险、按需保险。颠覆型保险科技还帮助保险理赔从赔保险金转型为赔服务，如健康险中的特药险以及车险中的道路救援服务。

颠覆型保险科技提高保险业在经济中的影响，并未脱离保险业发展的历史逻辑，即不管经济业态及其风险如何变化，保险业均能通过观察风险事件，积累数据，统计建模并设计保险产品以提供风险保障，保险业伴随着经济活动的扩张而发展自身。颠覆型保险科技则是保险业在新技术的历史条件下扩张自身服务边界的表现。例如，在大数据时代，随着标签数据不断增加以及完善，风险事件的记录更加详细，尤其是非结构数据（图片、视频数据）可能提供更多的事故信息，这使得保险业能够更加了解风险事件特征。同时，机器学习等统计建模技术发展，也为传统保险精算定价使用更高纬度数据提供了技术上的可能，千人千面的精算定价正在不断演进。另外，随着成本不断降低，保险业数字化能力不断提升，新产品设计上线的速度不断加快，保险业从发现风险、定价风险到提供产品的时间不断缩短。

颠覆型保险科技的发展，有助于保险业更好地服务实体经济。从保险学理论以及历史实践来看，保险能够管理经济活动中的风险，进而促进经济活动的繁荣，保险的可保范围不断扩大为实体经济活动提供支持。例如，历史上的大航海时代，保险业对于航运风险的承保确保了远洋贸易的繁荣；汽车保险则一定程度上打消了人们对于交通事故的担忧，促进了汽车销售。当前，颠覆型保险科技帮助保险业拓展承保范围以服务实体经济的事例正不断出现，如健康保险方面，单病种保险不断出现，有效减轻了投保人负担，保障了人力资本这一经济发展的核心要素。随着经济活动不断创新，颠覆型保险科技是确保保险业能够紧密服务实体经济的关键之一。

第二节　运 用 实 践

一、赋能型保险科技运用实践

赋能型保险科技推动保险业升级已进入深化阶段，从保险价值链的角度来看，赋能型保险科技正推动产品营销、产品设计、承保、理赔等环节不断升级换代。

（一）产品营销环节

获客难、销售难是困扰传统保险机构的痛点，赋能型保险科技则极大地提升了保险业的营销效率。一方面，赋能型保险科技优化了客户端的体验，使用精准画像和场景化保险提高营销转化率。例如，保险公司根据用户画像，判断用户关心的风险，在微信中定制性地推送保险营销广告，充分利用客户的"注意力"资源，提高营销推送到产品购买的转化率。另一方面，尤其针对寿险业，赋能型保险科技则应用在代理人增员培训、团队管理和智能展业上。部分保险机构研发并搭建了一整套业务员人工智能管理方案，使用人工智能技术对代理人进行甄选，刻画出"易留存代理人"及"易脱落代理人"。某公司的数据表明，通过搭建业务员人工智能管理方案，该公司13个月留存代理人识别率达到95.4%，节省财务成本6.3亿元，人工智能培训系统借助"直播+远程视频"技术，已实现91%的培训线上化，人工智能教练还能向代理人推送产品提示，帮助代理人展业。在面向消费者的领域，赋能型保险科技还有助于帮助消费者进行产品比较，帮助消费者更好地了解保险产品与类似产品之间的差异。

（二）产品设计环节

借助大数据分析，保险公司能够更好地了解市场消费者需求和同业产品的特征，令产品设计更加契合市场需求。借助人工智能和云计算等技术，进一步优化产品定价和细分风险领域的设计。赋能型保险科技在产品设计环节还表现出产品迭代快的特征。利用科技能力，保险机构不仅可以更好地比对市场同类产品特征，同时也可以通过充分掌握用户的需求情况以及承保理赔等相关数据，快速迭代和升级产品，使得产品在市场中更加具有竞争力。

（三）承保环节

承保是赋能型保险科技应用最多的环节之一，迅速承保出单及合理定价是提升用户体验的关键。赋能型保险科技通过数据挖掘和人工智能技术简化核保流程，缩短了核保时间并实现了实时报价。例如，目前市场上热销的百万医疗保险产品在部分公司的智能核保流程中可以通过问卷在 1～2 分钟完成核保评估，20% 以上过去被拒保的客户成功投保该百万医疗险，完成了疾病大额支出风险管理。一些互联网保险公司还基于用户、产品、交易记录、物流信息等大数据，实现了一人一店一价的退货运费险精准定价，并实时显示在商品支付界面上。2020 年，众安保险退货运费险保费收入达到 30.7 亿元。

（四）理赔环节

传统的理赔环节具有流程烦琐、效率低下等痛点。赋能型保险科技帮助保险机构实现理赔无纸化、快速查勘、快速定损和反欺诈识别。在车险理赔上某大型保险公司实现了 1 分钟一键报案、8 分钟自助定损、15 分钟理赔资金到账；另有公司利用 9 大采集点、30 年历史数据形成了包括 5 个车物定损数据库、12 个人伤定损数据库、9 类反渗漏模型以及黑名单数据库在内的千万级理赔标准数据，通过图片识别技术对车辆进行实时定损，大幅提升车辆理赔效率和降低欺诈风险。借助云计算等技术，保险公司已经能够在承保理赔端处理类似双十一等高并发的情形，有效地提高了经营效率。

赋能型保险科技在不改变传统价值链的前提下，还进一步提高了与消费者之间的黏性。借助物联网、App、可穿戴技术等科技，保险公司与消费者之间的产生的联结不再是之前投保和理赔两个时点，而是随时随地可能链接。客户生日、天气变化时的嘘寒问暖、对潜在风险的提前预警等，让消费者实实在在感受到保险公司的服务与关爱，这将有助于提高保险公司的客户留存率，提升现有客户交叉销售的可能性，并且还能在一定程度上降低客户的道德风险和实际出险的概率，降低保险公司的赔付支出与成本。

二、颠覆型保险科技运用实践

随着新技术不断发展，颠覆型保险科技的运用呈百花齐放之势。目前市场上出现的颠覆型保险科技可以分为四大类：一是重构可保风险的保险科技，二是重构保险营销渠道乃至模式的保险科技，三是重构保险作业模式的保险科技，四是重构保险业商业（盈利）模式的保险科技。

（一）重构可保风险的保险科技

此类颠覆型保险科技主要特点是使用新技术不断拓宽可保风险的范围，提高保险业的风险保障水平。历史上，保险的可保范围一直随着技术进步以及数据积累而拓宽，在当前快速变迁的信息技术条件下，保险的可保风险边界扩张速度显著加快。慢病保险及健康管理便是颠覆型保险科技拓展健康保险可保边界的例子，根据中国疾病预防控制中心慢性非传染性疾病预防控制中心的全国死因监测系统，慢性病及并发症是我国居民最主要的死因，导致的负担占总疾病负担的70%以上，然而商业保险却对该风险缺乏保障供给，原因在于保险公司缺乏疾病发生率与费用的数据，也缺乏精准的个体化健康管理控费能力。医疗数据不断开发使得保险业更加了解慢性病发生率以及医疗开支，可穿戴设备的兴起使得保险公司能够参与慢性病的治疗、检测、数据收集、管理慢性病医疗过程，慢性病保险正依托颠覆型保险科技实现有效供给。另一个类似的例子是非标体保险，传统保险中，患有特定疾病的人难以购买医疗险或者重疾险，而随着对疾病发生率数据的深度开发以及对消费者行为标签数据研究的深化，保险业能够对患有特定疾病人群的风险进行良好判断，并做出有限承保的决定，扩大了可保范围。随着保险业对于疾病数据以及消费者标签数据研究的深入，所谓全量承保可能实现，这完全颠覆了健康保险只承保健康人群的普遍现状。另外，第七次人口普查数据显示，我国60岁及以上老年人占比达到18.7%，但专属于老年人的保险供给较少，这是因为传统寿险定价中年龄和性别是最重要的定价因子，保险业对老年保险"一刀切"式地拒绝承保，而颠覆型保险科技则能考虑更高维度的因素，为老年人专属保险供给提供精算支持。

（二）重构保险营销渠道乃至模式的保险科技

与赋能型保险科技提高现有保险销售渠道效率（如代理人展业工具）不同，颠覆型保险科技侧重于利用技术和新数据来源进行新保险营销模式的创新。例如，国内人身险中正在兴起的千人千面精准营销，是指保险机构使用大数据和机器学习技术，了解用户的风险偏好，选择性地推送产品与服务，提高营销费用使用效率，这与传统上依靠代理人寻找客户并通过风险启发说服客户购买保险不同。又例如，美国、德国、英国等发达国家保险市场兴起的 P2P 保险（peer to peer，个人对个人）模式，将保险与社交融合在一起，被保险人出险后，众多的投保人有一定权利决定是否理赔，这在传统的以保险公司为单中心的保险模式中不可能出现，因众多投保人没有时间以及专业知识处理复杂的理赔信息，且信任问题无法解决，但颠覆型保险科技解决了以上问题：人工智能降低了理赔决策的复杂程度，区块链技术解决了信任问题，故 P2P 模式表现出了生命力。另一个正在兴起的颠覆型保险科技是按需购买的碎片化保险，保险无声无息地融入了经济活动中，投保人可以"一键点击"式购买保险，仍有很多日常生活中的风险类型并未被传统保险产品覆盖，移动互联网场景下的风险敞口较多，包括航班延误、网购退货费用、酒店退订损失等，随着未来 IoT（internet of things，物联网）设备的不断发展，类似的场景碎片化保险机会将不断得到开发，而保险业盈利的关键点则在于对于渠道的管理以及对于保单数据的深度挖掘。

（三）重构保险作业模式的保险科技

此类保险科技可以看作商业智能（business intelligence）在保险业中的深度运用，保险业可能从人的经验驱动变成数字经验驱动。传统保险业是高度依靠职业人员工作经验的行业，这具有一定的局限性，如保险产品开发主要依赖于险企员工对于风险的基本判断，限于专业背景以及时间约束，险企员工经常对不熟悉或者认为风险过高的领域做出不开发保险产品的判断，部分类别风险存在保险供给不足的问题。颠覆型保险科技有可能改变这一现状。随着大数据不断成熟，部分保险机构使用赋能型保险科技对数据进行深度开发，获得风险管理知识，拓展可保风险范围。例如，健康险中，因缺乏高质量数据，传统保险机构倾向于直接拒保慢性病患者，我国近 3 亿慢性病患者的保险需求无法满足，如今我国已有保险科技公司通过其医疗知识图谱，创建了 3000 多个专科疾病模型，联合保险公司开发了少儿特定血液病险、乳腺癌复发险、甲状腺结节保险等新型保障险种，弥补了市场空白。此外，在保险欺诈领域，保险行业应对保险欺诈的反应时间较长，如从个别险企遭到欺诈到全行业知晓，一般需要一个月以上的时间，而区块链等技术则可能大大加深全行业对于特定保险欺诈的认识并有效防范保险欺诈风险，如由上海保险交易所打造的反欺诈平台为保险行业提供"一站式"综合查询服务，能从源头防范化解保险欺诈风险。更进一步地，主动识别保险欺诈并提供预警的算法也正在涌现，困扰保险业较长时间的保险欺诈风险有可能在技术的帮助下大大降低。

（四）重构保险商业（盈利）模式的保险科技

传统保险业更加看重承保端收益，将理赔作为成本项，但未来可能将理赔看作服务，将其作为保险业新的收入来源，而颠覆型保险科技则是转型的关键。其中的关键是用理赔服务来经营客户，获取续期保费或者附加服务的收入。以健康保险中的慢性病管理为例，传统的健康管理以病患的案件管理为主，保险公司无法精准控制治疗过程，在医生—病患—保险支付三方关系中不具备主动权，仅能被动地进行保险金额给付。随着大数据的广泛应用，保险业有可能对慢性病的全流程治疗进行管控，提高理赔资金使用效率。保险业甚至可能直接"理赔"服务，从附加的差异化服务中获取一定的收益，当前比较初步的尝试包括微医与地方医联体合作的慢性病患者管理、运动抵扣续期保费、特药险等。从车险理赔服务如救援法律援助的实践来看，科技加持的差异化服务端保险业能够成为转型升级的一大看点。

第三节　生态主体

一、传统保险机构的科技赋能

传统保险机构是赋能型保险科技的主要服务对象以及受益者，在保险科技化浪潮中，大型保险机构纷纷改变发展策略，将保险科技放在战略的高度，通过保险科技赋能自身保险业务实现进一步发展，传统保险机构的赋能型保险科技应用呈现出四大特点。

一是传统保险机构将赋能型保险科技作为公司战略层面的考虑，并通过组织架构改革保障战略的实施。在上市保险机构的年报中，"数字化""金融科技"已成为关键词。例如，中国平安将自己定义为金融科技类公司，中国人寿提出"科技国寿"来重振自身，中国太保提出"数字太保"发展战略，新华保险提出"一体两翼+科技赋能"。为了保障战略落地实施，部分传统保险机构建立了数字化运营机构和首席科技官职位，并直接向 CEO 汇报，如中国人寿的金融科技部、中国人保的信息科技部均负责统筹与管理集团的数字化建设工作。中国人保、中国平安和中国太保均设立了首席信息官或首席科技官职位。

二是借助自身的资金和体量优势，在数字化基础设施上大量投入，为赋能型保险科技应用构建长期基础。数字化基础设施包括 IT 建设、云平台建设等，构建数字基础设施可以为科技项目提供支持，实现数字化策略向解决方案的快速过渡，提高公司内部沟通效率。传统保险机构将数字基础设施作为数字化转型的着力点，中国平安每年将 1%的营收投入科技研发中，国寿、人保、泰康等公司每年也拿出数十亿元的资金用于数字化建设，重点关注数据机房、云平台、集团 IT 架构和智能化核心系统建设等。完善的数字基础设施有助于赋能型保险科技的快速上线，是赋能型保险科技不断发挥优势的长期基础。

三是注重从优化用户体验的角度应用赋能型保险科技。例如，在产品营销环节，科技赋能传统保险机构提供场景化保险，实时满足投保需求，千人千面为客户提供定制化的风险管理方案，提高代理人的展业能力；在核保环节，赋能型保险科技缩短核保出单时间，并提供欺诈预警，在优化用户体验的同时保障保险机构的利益；在理赔环节，赋能型保险科技缩短理赔时间，提供全天候智能理赔咨询客服，使用电子化理赔单据简化理赔流程。

四是利用赋能型保险科技拓展业务范围，构建保险科技生态圈，延伸保险价值链，拓展保险业务机会，完善保险服务闭环。部分传统保险机构投资或者设立金融服务、汽车服务、医疗健康等领域的科技公司，在延伸领域嵌入保险服务，为客户提供包括保险在内的一揽子服务。例如，人保投资设立了邦邦汽服、爱保科技，通过保险科技公司提供的赋能型保险科技提高自己在汽车保险领域的服务水平。中国平安成立了金融壹账通、平安好医生、平安医保科技、汽车之家、陆金所五大科技公司，布局汽车、金融服务、健康管理等领域。

二、保险新生态圈的科技颠覆

有别于赋能型保险科技主要通过传统保险公司及其供应链上下游相关主体推动科技创新与运用，颠覆型保险科技的推动主体除了传统的保险公司，更重要的是科技公司、其他行业巨头和初创公司等推动了颠覆型保险科技在保险领域的创新与运用。

互联网科技公司、创业公司是最为活跃的颠覆型保险科技主体。互联网科技公司主要依靠自身的流量和数据优势切入保险业务，强调经营客户，这在一定程度上颠覆了传统保险业选择低风险客户的销售策略。例如，水滴公司构建了"水滴筹+互助"模式为保险业务引流，成功打开了下沉市场的保险渠道，2021 年的年度回顾报告显示水滴筹的用户有 76%居住在三线城市。蚂蚁金服则通过创新保险产品和深耕保险商城运营经营客户，通过赠险或者降低月缴门槛及保险知识直播等手段提高用户活跃度，转化用户。微保与头部险企合作，以用户为中心，快速迭代，产品少而精，强调教育与服务客户。另一种颠覆性质的竞争来自被保险行业的数字化，当前许多的行业均在进行数字化转型，少部分成功者已经通过数据对自己甚至行业面临的风险有清晰的认识，并可以利用积累的数据作为保险定价的基础，因此在与保险业询价时拥有更重的谈判筹码。例如，以特斯拉为代表的电动汽车公司完全掌握事故数据，并因此有了更详细的定价能力，设立经纪公司后，通过手续费变动来控制保险公司的承保利润，赚取保险业通过风险知识获得的信息溢价。

传统保险公司具有牌照、风险专业知识方面的优势，在应对颠覆型保险科技时，传统保险公司主要做了以下几方面的努力。一是销售端做好与新渠道的对接，二是本身做好数字化转型，加快内部流程，三是向服务端大量投入，用技术手段做出低成本的、差异化的理赔服务。传统上，差异化、定制化的服务仅存在于 To B（To Business，面向企业）业务，但人工智能等技术将显著提高沟通效率，让 To C（To Customer，面向消费者）的差异化、定制化服务成为可能。例如，平安健康保险的健康生态圈，使用人工智能技术打造了全周期健康管理，记录个人电子健康记录数据，未来可能演化成高效率的健康管理，对人群进行风险分级后，结合医疗数据能够准确预测医疗花费，并依靠数据与药品耗材供应商谈判以控制成本，将理赔转型为服务。

第十三章　保险科技的发展与运用

第一节　中国保险科技发展状况评估

一、中国保险科技指数构建方法

本书使用如下的方法建立保险科技指数。我们统计中文新闻媒体（包括网络媒体与纸质媒体）上讨论保险科技的文章的出现次数，并构建月度索引。

根据新闻媒体文章的统计结果，我们汇总搜集 2000 年 1 月 1 日至 2020 年 12 月 31 日，与保险科技有关的新闻总数量为 103 019 篇，其中，2000 年 1 月 1 日至 2012 年 12 月 31 日的新闻总数为 1329 篇，占比仅为 1.29%。这表明在 2013 年以前，新闻媒体对于保险科技在保险行业运用的关注度较低。因此，本书选择汇总中国地区 2013 年 1 月 1 日至 2020 年 12 月 31 日样本期内的新闻媒体报道保险科技的情况，共包括 101 690 篇来源于网络媒体和纸质媒体的文章，其中来源于网络媒体的新闻总数为 98 031 篇，占比达 96.40%，来源于纸质媒体的新闻总数仅为 3659 篇，占比仅为 3.60%。

我们通过以下步骤建立了中国的保险科技指数。

（1）计算每个月包含"保险科技"的新闻数量，用 N 表示；

（2）计算样本期内，含有"保险科技"的新闻数量，用 M 表示；

（3）计算每月保险科技指数为 N/M；

（4）标准化以上数据序列，以 1 为标准差，得到保险科技指数序列。

同样，我们也通过搜索不同的关键字来构建保险科技指数的索引。保险科技指数搜索关键词如表 13.1 所示。

表 13.1　保险科技指数搜索关键词

名称	名称（英文）	搜索关键词
保险科技指数	The overall InsurTech index，IT	"保险科技"
保险科技人工智能指数	The InsurTech artificial intelligence index，ITA	"保险"与"人工智能"
保险科技区块链指数	The InsurTech blockchain index，ITB	"保险"与"区块链"

名称	名称（英文）	搜索关键词
保险科技云计算指数	The InsurTech cloud computing index，ITC	"保险"与"云计算"
保险科技大数据指数	The InsurTech big data index，ITD	"保险"与"大数据"
保险科技物联网指数	The InsurTech internet of things index，ITI	"保险"与"物联网"

资料来源：复旦大学中国保险科技实验室

对参加分子实验室、瑞士再保险联合举办的 2021 年保险科技创新大赛的 104 家初创企业的路演 PPT 文字内容进行文本分析，主要结论基于对关键词的搜索和汇总，其对应关系如表 13.2 所示。

表 13.2　关键词及其对应词汇

项目		关键词
保险业务价值链环节	营销	"销售""营销"
	承保	"核保""保障分析""投保"
	定价	"保费""定价"
	运营	"运营""保单"
	风控	"风控""欺诈"
	理赔	"理赔""赔付""定损""核赔"
服务主体	客户端（C 端）	"客户""消费者"
	企业端（B 端）	"企业""保险公司"
	中介（A 端）	"中介""代理人""经纪"
	政府职能部门（G 端）	"政府""监管部门"

资料来源：复旦大学中国保险科技实验室

对参加分子实验室、瑞士再保险联合举办的 2021 年保险科技创新大赛的 104 家初创企业的路演 PPT 文字内容进行文本分析，基于词频统计和词频-逆文件频率（term frequency-inverse document frequency，TF-IDF）统计挖掘 PPT 内容的关键词形成的词云图如图 13.1 和图 13.2 所示。

图 13.1　词频统计结果词云图（前 50 个）

资料来源：复旦大学中国保险科技实验室

图 13.2　TF-IDF 统计结果词云图（前 50 个）

资料来源：复旦大学中国保险科技实验室

二、中国保险科技指数分析方法

一般而言，保险科技是保险与科技的结合，通过将相关技术融入保险业务的价值链中，实现创新风险管理方式、增强风险管理能力、提升保险业务价值、提升保险服务效率的目的。目前保险科技涉及的主要技术包括人工智能、区块链、云计算、物联网、大数据、基因检测等。随着近年来中国保险科技的快速发展，传统风险的可保性边界也在不断拓展，保险科技在提升保险行业运营效率的同时，也在颠覆着某些领域的既有格局（许闲，2021）。传统保险公司、科技公司、初创企业和其他保险供应链合作公司不但积极寻求自身业务与保险科技的融合，而且均在构建与自身发展相吻合的保险科技发展模式。因此，衡量和把握保险科技在中国的发展状况具有重大的理论和实践意义。

本章将基于模型生成评估保险科技发展的指数，根据分析结果阐述保险科技在中国的总体发展状况。该模型的原始数据来自 2013 年 1 月 1 日至 2020 年 12 月 31 日的中国地区的新闻媒体报道，我们采用数据挖掘和文本分析技术，构建中国保险科技总指数以及五种保险科技分项指数。

采用非结构化数据进行分析具有显著优势，其结果更能体现市场对保险科技领域的普遍关注程度。在大数据时代，作为非结构化数据的代表，新闻媒体的报道数据往往能够反映出市场的热点以及未来的发展趋势，并且新闻媒体的热点也常常用于学术研究以及咨询报道。在保险科技发展愈加深入的同时，保险科技也为新闻媒体提供了新闻素材和热点话题。保险科技新闻数量的增多为量化分析保险科技的发展提供了可能。基于此，本章采取统计分析和文本分析的方法，对新闻媒体中所有包含保险科技的新闻进行统计分析，并建立了用于衡量我国保险科技整体发展趋势的指数。

在构建了衡量保险科技整体发展趋势的综合指数后，本章按保险科技的类别，进一步依次测算了保险科技人工智能指数、保险科技区块链指数、保险科技云计算指数、保险科技大数据指数和保险科技物联网指数。本章旨在为不同的行业参与者提供更多视角，以更全面地把握保险科技在中国的发展趋势。本章的另一个贡献是运用新闻媒体数据，通过客观中立的第三方视角勾勒中国保险科技的发展概貌，从而帮助保险科技相关主体更加多维地了解保险科技的未来发展。

三、中国保险科技发展总体趋势

本章考察样本期为 2013 年 1 月到 2020 年 12 月。图 13.3 显示中国保险科技总指数的发展趋势图。可以看出，在整个样本区间内，中国保险科技总指数呈现出快速上升的趋势。中国保险科技指数的建立基于中国新闻媒体对保险科技在保险业发展中的新闻数量的报道，反映出保险科技已日益成为媒体报道的热点。这一现象一方面表明中国保险科技在中国保险行业呈现出长期向好的发展态势，另一方面也表明保险科技在保险行业的应用正在逐步扩大，其发展和应用引发媒体的大规模报道。

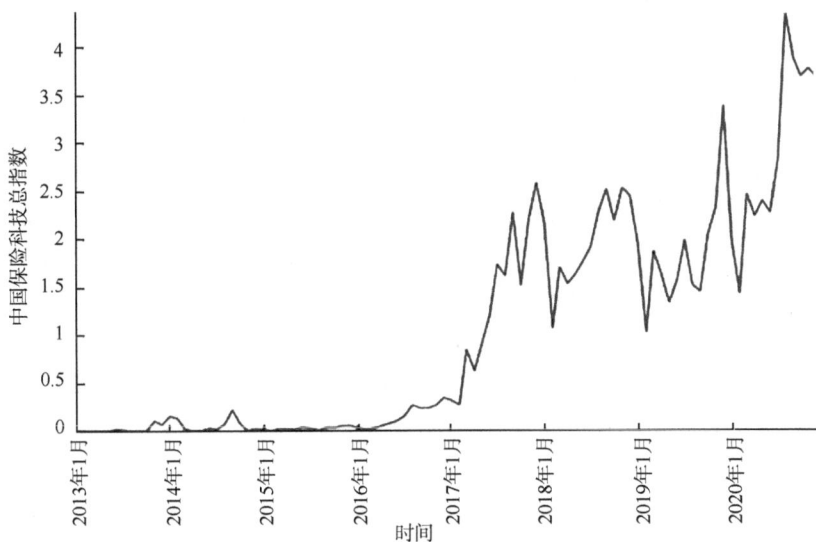

图 13.3　中国保险科技总指数发展趋势图

资料来源：复旦大学中国保险科技实验室

在 2014 年至 2015 年前后，可以看到中国保险科技总指数出现了一个小高峰，这一态势和当时中国政府提出的建立"互联网+"密切相关。国务院提出推动互联网与制造业融合，提升制造业数字化、网络化、智能化水平，加强产业链协作，发展基于互联网的协同制造新模式。在重点领域推进智能制造、大规模个性化定制、网络化协同制造和服务型制造，打造一批网络化协同制造公共服务平台，加快形成制造业网络化产业生态体系。这一发展方向促使保险行业应用保险科技，同时极大地促进了中国保险行业建立保险科技平台。保险科技的发展也促使有关保险科技的媒体报道数量增多。另外，保险科技为保险公司提供了发展大规模个性化产品的机会，即保险公司充分利用互联网采集并对接用户个性化需求，推进设计研发，开展基于个性化产品的服务模式和商业模式创新。这一现象也说明保险科技的发展有利于我国保险公司业务模式创新。

中国保险科技总指数在 2016 年后，开始大幅度增长，并出现了上涨趋势。造成这一现象的原因是中国政府开始加强支持新型科技在各个行业的发展。随着中国政府对新型科技的重视，保险科技在中国保险行业的应用也在逐渐加强。特别地，中国发布"十三五"国家科技创新规划以来，对中国保险科技总指数呈长期的正面影响。"十三五"国家科技创新规划的提出，促使中国保险公司开启了全面的科技创新的发展道路，进而为各个公司的新增长点和创新驱动发展提供了重要的支撑，并且中国的保险机构开展科技保险产品创新，为科技企业提供金融服务也是必备环节，同时这也为媒体提供了新闻的热点，因此中国保险科技总指数呈现出了迅猛的发展态势。

随着保险科技的逐步深入使用，保险公司正在逐渐加快业务转型。虽然保险公司在使用物联网、云计算、大数据等技术方面逐渐深入，但是新技术存在不成熟的问题，也使得保险科技总指数出现了不同程度的波动。可以看出，在整个样本期内，中国的保险科技总指数有不同程度的波动，表明保险科技在中国发展迅速，但是该指数会受到科技、经济以及政策的影响。中国保险科技总指数长期呈现向好的态势，反映了保险科技在中国发展的整体表现，说明保险科技在中国正在高速发展。尽管指数在样本期内出现了显著的波动，但保险科技指数的走势却呈现上升趋势，表明从新闻媒体报道的第三方视角来看，中国保险科技正在持续发展，媒体关注度也在不断提升，也说明通过研究媒体报道的关注度可以反映保险科技在我国的发展状况。

本章还评估了中国保险科技分项指数的指标。图 13.4 描述了保险科技人工智能指数、保险科技区块链指数、保险科技云计算指数、保险科技大数据指数、保险科技物联网指数从 2013 年到 2020 年的发展趋势图。可以看出，所有保险科技分项指数呈现出整体上行的发展态势，但是各个分项指数出现不同程度的波动，且幅度有显著的差异，造成该现象的一个可能原因是各个新型技术引入保险领域时间不同。各个分区指数呈现上行的态势表明在样本期内，保险科技的所有分项指数都经历了快速发展，这与中国保险科技总指数相一致。

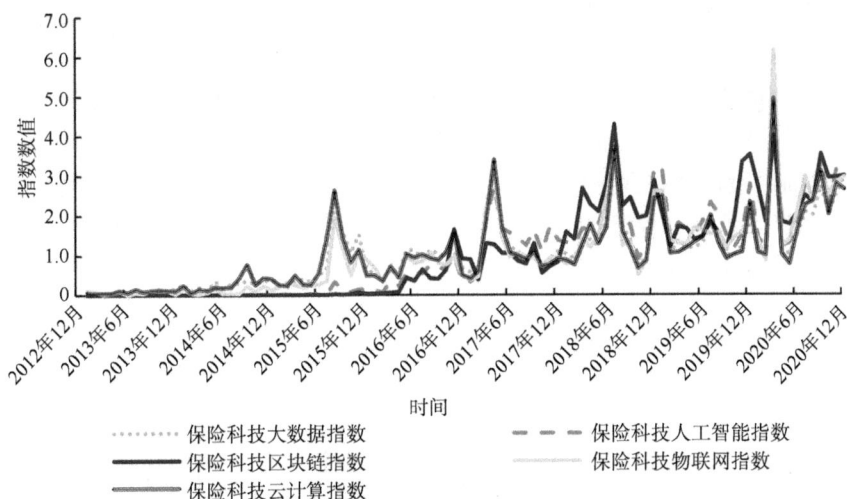

图 13.4 保险科技分项指数图

资料来源：复旦大学中国保险科技实验室

在"十三五"期间，国家相继出台了《"互联网+"行动计划》（2015 年）、《国家创新驱动发展战略纲要》（2016 年）、《"十三五"国家科技创新规划》（2016 年）等国家战略规划和支持性政策，推动中国保险科技出现阶段性增长。随着科技领域的发展和突破，保险科技分项指数呈现出不同波动性。其中，在中国提出"互联网+"国家战略后，保险科技人工智能指数、保险科技云计算指数、保险科技大数据指数、保险科技物联网指数迅速增长。在《"十三五"国家科技创新规划》印发后，各项保险科技指数均出现协同性快速增长，呈现出全面发展态势。然而，在样本期间内，中国保险科技分项指数均出现了显著的波动，造成这一现象的可能原因是各类新技术在保险行业的应用处于探索中，媒体报道数量存在不稳定、不连续性。

整体而言，从中国保险科技总指数来看，2017 年出现了保险科技的第一次热潮，2019 年以后，中国保险科技的发展速度明显加快。保险科技分项指数显示，大数据、云计算和物联网的第一波浪潮始于 2015 年中，其次是 2017 年前后的人工智能和区块链。此外，我们还发现，与大数据技术相关的保险科技新闻数量最多；从发展势头和前景来看，未来大数据技术和人工智能技术的发展最为迅猛。

四、保险科技的实践和应用状况

保险科技的发展与广泛应用正在深刻地改变中国保险行业的运营。我们采用关键词检索的方法①，检验样本集在保险营销、保险理赔、保险承保以及保险产品创新四个环节与保险科技有关联的新闻②并且统计月度的新闻数量。如图 13.5 所示，与保险科技有关的新闻主要集中在保险营销与保险理赔领域，在保险承保领域的新闻数量较少，而在保险产品创新领域，相关的新闻数量几乎可以忽略不计。因此，目前保险科技在我国保险行业的应用主要集中在保险营销和保险理赔领域。然而，在保险承保和保险产品创新方面，与保险科技相关的新闻信息很少，这可能表明保险科技在这两方面的运用还存在不足。

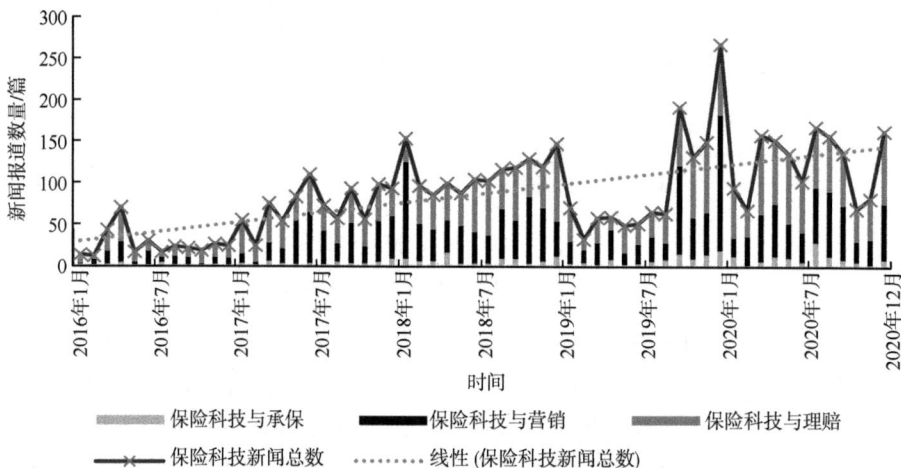

图 13.5　2016 年至 2020 年我国保险科技相关新闻报道数量
资料来源：复旦大学中国保险科技实验室
按营销、理赔与承保环节划分

（一）机动车保险领域的保险科技运用情况

机动车保险仍是中国财险市场最重要的组成部分，也是保险科技应用的主要领域之一。根据银保监会数据，截止到 2020 年底，车险保费占财险市场总保费收入的比例达 60.7%，是财险市场占比最高的险种。伴随"互联网+"战略在交通领域的广泛应用，自 2015 年中国启动商用车险费率改革以来，应用于车险领域的保险科技蓬勃发展。2020 年，银保监会发布了《关于实施车险综合改革的指导意见》，车险费率改革进一步加速，车险保费增长显著承压。在此背景下，保险科技在车险领域的应用受到了前所未有的关注。我们采用关键词检索的方法，检验样本集

①采用双关键词（具体的保险环节与保险科技为双关键词）在同一句话中出现才计数的检索方法，得到了上述四个保险环节与保险科技有关联的月度新闻数量，该检索方式同样适用于下文。
②新闻来源包括网络媒体与纸质媒体，新闻来源同样适用于下文。

在车险领域，与"大数据技术""人工智能技术""云计算技术"以及"区块链技术"有关的新闻。

如图 13.6 所示，2016 年，保险科技在车险的应用主要集中在"大数据"领域，但近年来，"人工智能技术"与车险的结合越来越受到新闻媒体的关注。就 2020 年而言，"大数据技术"在车险领域运用的新闻占新闻总数的比重仍大于 50%，表明"大数据技术"在车险领域的应用仍然占据主导地位，但值得关注的是，"人工智能技术"在车险领域运用的新闻占新闻总数的比重正呈现逐月增加的态势。我们认为，在未来，"人工智能技术"在车险领域的运用将会更加广泛。

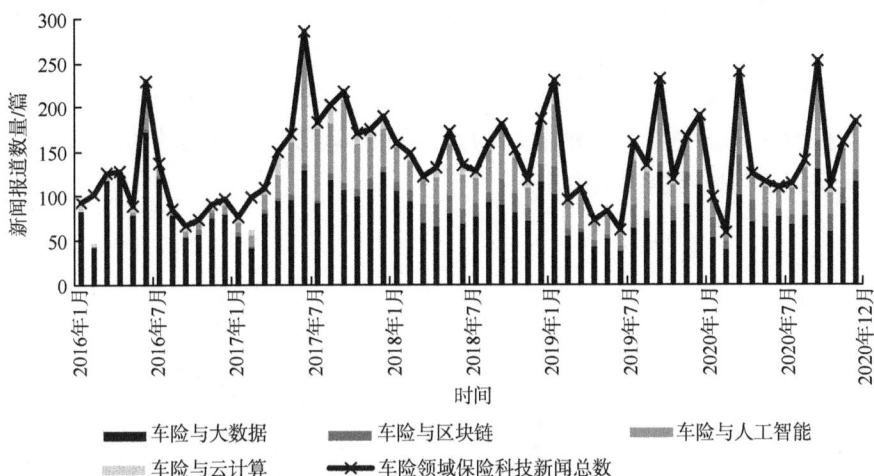

图 13.6　2016 年至 2020 年保险科技在车险领域运用的相关新闻报道数量

资料来源：复旦大学中国保险科技实验室

按大数据、人工智能、云计算及区块链划分

（二）健康险领域的保险科技运用情况

随着中国经济的发展，社会保险保障不断健全和完善。自党的十八大提出"到 2020 年实现全面建成小康社会宏伟目标"以来，健康险迅速发展，并成为保险市场发展最快的主要险种之一。2011～2020 年，健康险保费收入年均复合增长率高达 28%，2020 年，健康险在中国保险市场中的占比上升至 18%。受新冠疫情影响，在保险市场整体保费增速显著放缓（6.1%）之际，健康险仍强劲增长 16%，体现出强劲的增长动能[①]，主要受益于以在线渠道销售为主的短期健康险产品的高速增

---

① 2020 年中国保险行业原保费收入 45 257 亿元人民币，其中健康险原保费收入 8173 亿元人民币，2019 年健康险原保费收入 7066 亿元人民币（资料来源：银保监会）。

长。随着健康保险业务总量的不断增长，保险公司对保险科技在健康保险领域的
应用逐步增加，应用场景不断拓展，因此保险科技在健康保险领域的新闻数量也
呈现逐年增加的态势。同样地，我们采用关键词检索的方法，检验样本集在健康
保险领域，与"大数据技术""人工智能技术""云计算技术""区块链技术"有关
的新闻。

如图 13.7 所示，大数据技术与健康险密切相关。早期，在健康险领域最受关
注的是大数据技术的运用，近年来有逐年下降趋势，但仍占据着最高的比例。这
一趋势体现出大数据应用在健康险领域的应用日益成熟和普遍，媒体报道中出现
的频率有所降温。相比之下，人工智能技术在健康险领域的应用越来越受到关注。
由于健康险具有长期性特征，随着医疗科技的发展，人口长期发病率趋势难以预
测、潜在理赔风险呈上升趋势，因此保险公司面临日益严峻的经营压力。在此背
景下，保险业日益关注人工智能在医疗保健和保险服务管理领域的应用场景，以
提升风险评估与风险监测能力。

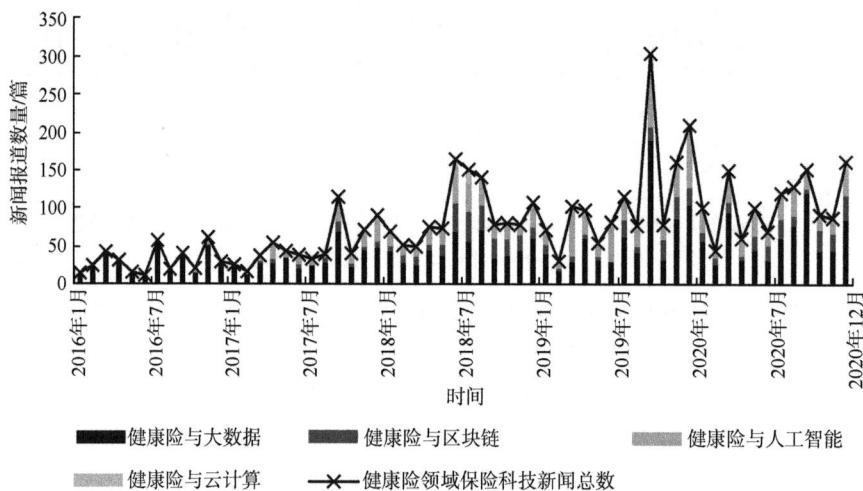

图 13.7 2016 年至 2020 年保险科技在健康险领域运用的相关新闻报道数量

资料来源：复旦大学中国保险科技实验室

此外，值得注意的是，2018 年区块链技术在健康领域的关注度占比较高。
这可能与 2018 年区块链技术在中国保险业受到广泛关注有很大关系。商业健康险
存在着较为突出的"信任"问题，投保人的逆向选择问题、保险行业内外数据的
割裂以及信息的孤岛将成为限制健康险高质量发展的重要阻碍因素，而"区块链
技术"去中心化、交易可追溯以及数据不可篡改的性质恰好能够为商业健康险搭
建安全可靠的"信任保护伞"，其特有的信任保障功能将为保险公司加强对健康险
风险的控制与监督管理，从而有效降低保险公司与投保人之间的"信任摩擦"。我

们认为，中国健康险市场持续的快速增长将为"区块链技术"在该领域的应用带来更大的空间。

（三）农业保险领域的保险科技运用情况

中国是一个传统的农业大国，农业经济在中国具有重要地位。自2004年农业保险作为支农惠农政策载入中共中央一号文件以来，农业保险越来越受到中国政府的重视。2007年，中央财政首次实施农业保险保费补贴政策，由此拉开了中国农业保险高速增长的序幕。2007年至2020年的十余年间，中国农业保险的保费收入从52亿元增长至815亿元，农业保险风险保障总额从1126亿元人民币增长至4.13万亿元人民币。中国农业保险市场规模的逐年增长将为保险科技的介入提供更多机会。同样地，我们采用关键词检索的方法，检验样本集在农业保险领域，与"大数据技术""人工智能技术""云计算技术"以及"区块链技术"有关的新闻。

如图13.8所示，2017年下半年以来，保险科技在农业保险领域的运用越来越受到新闻媒体的关注，且近年来有加速增长的态势。从粗放式的测产手段到标准化的测算体系，从依据历史经验预判损失到采用光谱数据分析技术，保险科技正在推动传统的农业保险向智慧化与数字化转型升级。从各类保险科技来看，"大数据技术"依旧是农业保险领域的关注焦点。

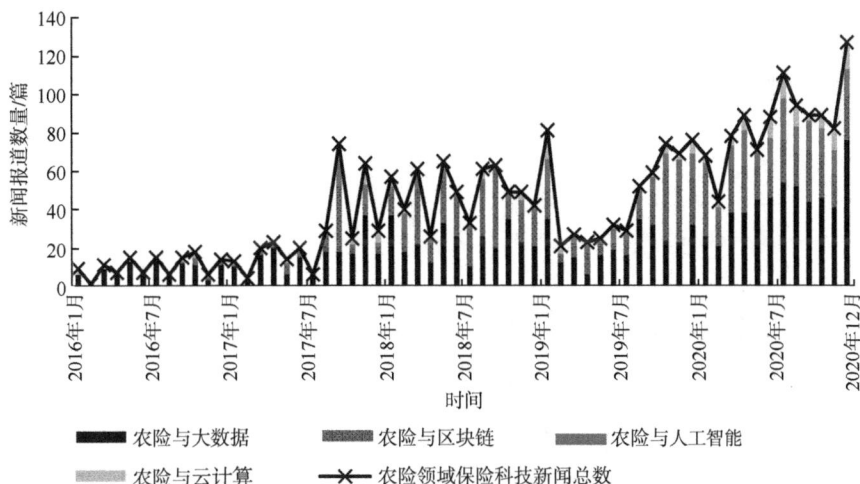

图13.8　2016年至2020年保险科技在农险领域运用的相关新闻报道数量

资料来源：复旦大学中国保险科技实验室

与此同时，"人工智能技术"与"区块链技术"在农业保险领域有加速发展的趋势，其中，与"区块链技术"有关的新闻自2018年后持续保持较高的比例。长期以来，困扰农业保险的较大问题是道德风险，即保险标的的"唯一性"管理。

以畜牧业的保险为例，保险公司在识别保险标的上存在困难，以致出现承保标的与理赔标的易混淆的情况，以非投保标的骗保的情况时有发生。区块链技术恰好能够解决这一行业痛点，以"区块链技术"为核心，配合生物识别技术，保险公司能够为每一个投保标的标记独一无二的生物信息，从而实现对投保标的的准确识别甚至跟踪，基于"区块链技术"的养殖业溯源体系也将由此构建。

第二节　保险科技驱动保险生态圈的发展

一、科技进步推动保险科技的发展

作为快速发展的新兴市场，活跃的保险科技创新，使得中国成为全球最不可忽略的保险科技市场之一。技术进步不断推动中国保险业发展（图13.9），帮助保险业更好地完成风险管理职能。根据前述数据，我们认为自2017年起，随着人工智能、大数据、区块链等新一代技术的兴起与普及，保险科技的时代已经来临。本章将主要讨论中国的保险科技生态圈，我们将中国的保险科技生态圈成员分为四类：大型传统保险公司、互联网保险公司、大型互联网公司以及保险科技初创公司。本节将分别梳理与讨论各生态成员的特点，并关注生态圈各成员的互动关系。

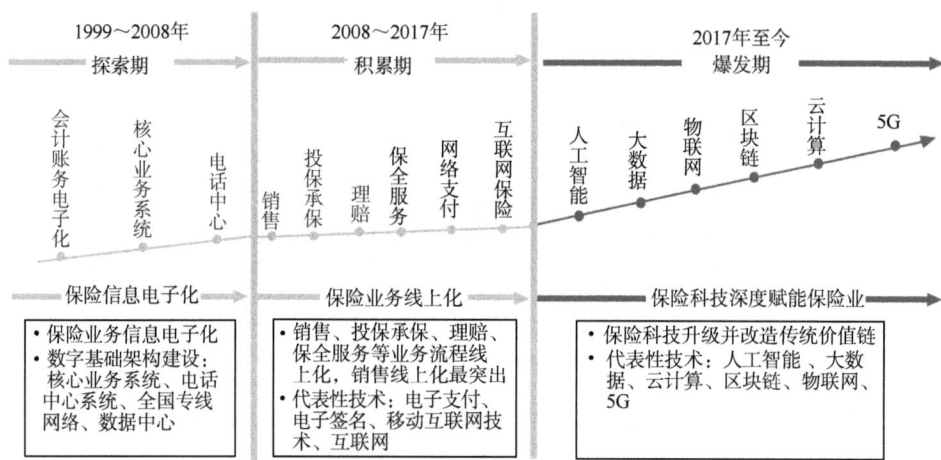

图 13.9　技术进步不断推动中国保险业发展

注：从应用技术的角度出发，我们可以把中国保险业与科技进步融合发展的过程分为保险信息电子化、保险业务线上化和保险科技深度赋能保险业三个阶段，保险科技深度赋能保险业阶段与之前的显著区别体现在行业对数据的深度应用，并孕育新的业态

资料来源：瑞再研究院、复旦大学中国保险科技实验室

技术进步一直是保险业转型升级的重要动力。其脉络可以归结为电子化—线上化—全流程数字化。中国保险业运用计算机技术可追溯到 20 世纪 90 年代末，保险业的技术运用体现在内部运营上，当时大型保险公司开始大规模建设信息系统，进行保险业务信息电子化，建立核心业务系统。随着互联网不断发展，在电销中心的基础上，部分保险公司开始建立官方网站，但这主要是以提供信息促进销售为主，更多的是体现为保险业务线上化。2017 年以来，随着新一代技术如大数据、人工智能、区块链的成熟，保险科技开始深刻地改变保险业，从运营扩展至销售、投保承保、理赔等全价值链，重塑保险业态。

新冠疫情显著加快了保险科技的发展步伐。一是疫情强化了消费者对于保险以及线上渠道的认可，实证研究表明，保险的线上营销弥补了因疫情带来的线下渠道关停的影响，互联网保险公司保费在疫情期间超市场增长。二是疫情推动了行业整体的数字化转型，对于中小保险公司尤为明显。大型保险公司加大数字化转型力度，而中小型保险公司则在细分领域积极进行金融创新，加大保险科技布局和促进互联网渠道业务。三是助推保险科技全方位渗入保险全业务流程，保险价值链各环节生态圈创业活跃，极大地提升了产品开发、精准定价、营销渠道、客户服务、核保核赔等各环节效率。

当然，保险科技也面临挑战，如部分保险公司的系统不适应大数据时代的数据治理要求，但引入新的系统则面临监管、技术、人才、资金方面的制约。又比如，从业人员利用"商业智能"的知识储备较为薄弱，部分依赖经验从事业务，对新做法有抵抗心理等。但是，技术进步为保险行业带来的提效降本已经成为历史潮流，保险科技目前已经初步形成了较为完整的多元生态圈，本章将对生态圈中各个主要参与者进行梳理。

二、大型传统保险公司引领保险业数字化转型

在保险科技的浪潮下，中国大型传统保险公司正紧锣密鼓地进行数字化转型，引领行业。令人瞩目的是，为了确保转型见效，几乎所有的上市大型传统保险公司都将保险科技作为战略层面的目标加以考虑，部分保险公司甚至将数字化转型作为首要战略。查阅上市保险公司 2020 年财务报表可知，"科技""数字化转型"已成为关键词。为了适应保险科技的时代需要，大型传统保险公司投入了大量的资金与人力资本来建设自身的 IT 能力，并取得了一定成效。一方面，保险科技已经渗入了保险业务全价值链，实现了提效降本；另一方面，新的业务机会也不断涌现。作为行业的科技转型的领先者，大型传统保险公司在资金、牌照、人力方面占据明显优势。

大型传统保险公司将数字化转型纳入公司战略重点，通过组织架构改革确保

战略实施（图 13.10）。近年来，保险科技的迅猛发展引起了传统保险公司的关注。为应对技术给保险业带来的冲击，大型传统保险公司将数字转型提升到战略层面考量，并将其作为关键战略实施。例如，中国人寿提出了"科技国寿"战略，全面推进数字化转型。为确保数字化转型战略的有效实施，各上市大型传统保险公司都在组织结构上做出了变革。这些保险公司通过建立数字化转型负责机构和指定负责人，对集团数字化转型进行规划、协调和管理。数字化转型负责机构在公司中大多处于战略层高度，负责从公司整体角度规划、管理和整合数字相关业务，负责人直接向 CEO 及董事会汇报。例如，泰康明确了 CTO 负责协调和管理公司数字化转型工作，中国人保、中国平安、中国太保等都设立了 CIO，负责制定公司的整体数字化转型战略，协调数字相关业务，培育内部技术实力，建立数字运营体系。此外，大型传统保险公司还多建立科技子公司，将其视为重要的科技创新基地，通过其投资初创科技企业，从而在相关领域快速布局。

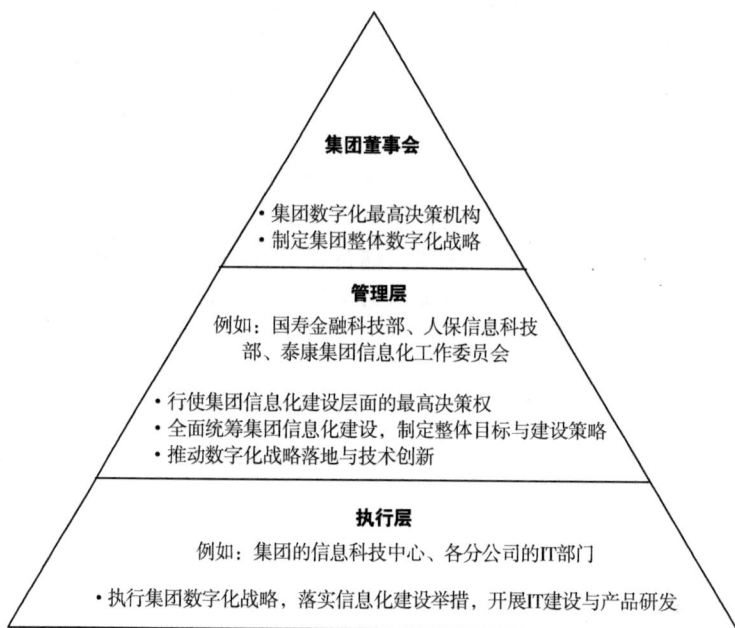

集团董事会
- 集团数字化最高决策机构
- 制定集团整体数字化战略

管理层
例如：国寿金融科技部、人保信息科技
部、泰康集团信息化工作委员会
- 行使集团信息化建设层面的最高决策权
- 全面统筹集团信息化建设，制定整体目标与建设策略
- 推动数字化战略落地与技术创新

执行层
例如：集团的信息科技中心、各分公司的IT部门
- 执行集团数字化战略，落实信息化建设举措，开展IT建设与产品研发

图 13.10　大型传统保险公司的组织架构改革

资料来源：周延礼和清华大学五道口金融学院中国保险与养老金研究中心（2020）

　　大型传统保险公司投入了大量的资源建设 IT 能力，尤其是数字基础设施。大型保险公司发挥了资金和人才优势，不断加大对数字基础设施建设的投入。例如，中国平安、中国人寿、中国人保、中国太保、泰康等公司每年投入数十亿元资金进行数字化转型。数字基础设施建设是数字化转型的基础，也是当前数字化转型

改造的重点。其中，云平台、核心系统、统一客户资源平台、综合营销服务体系的建设是大型传统保险公司关注的重点。目标明确的数字基础设施可以为特定的保险科技项目提供支持，并帮助保险公司提高内部沟通的效率和应对事件的能力。中国人寿、中国人保、中国平安、中国太保等投入大量资源建设的云平台，使他们能够处理并利用大数据集。

大型传统保险公司在保险价值链中应用了多种新技术，涵盖定价、营销、承保、理赔和客户服务，赋能传统保险价值链，创造新的业务模式。从技术角度看，大型传统保险公司专注于电子签名技术、光学字符识别（optical character recognition，OCR）技术、知识图谱、客户信息识别等多个技术领域，场景包括人脸和语音识别、图像识别、智能保顾、人工智能中的预测分析和机器学习。从保险价值链的角度出发，传统保险公司注重与客户直接建立联系 D2C（direct-to-consumer，直接面对消费者），探索运用技术建立数字保险生态系统，完善客户体验的全过程。

保险价值链方面，大型传统保险公司侧重于利用技术赋能传统保险价值链，提高客户体验。首先，对于保险销售，保险科技可通过运用于场景保险、精准营销和代理人赋能等提高销售效率。其次，在承保与理赔中，保险科技体现在提高承保速度，简化理赔流程，提供全天候智能客户服务，提升客户体验。最后，在风险控制方面，大型传统保险公司运用保险科技提高抗欺诈能力，协助被保险人灾前预防，降低出险概率。此外，大型传统保险公司致力于打造连接内外部的保险科技生态圈，提升客户全流程用户体验。大部分大型传统保险公司都推出了统一的 App，连接集团内部的人身险、财险业务，一些牌照齐全的综合性保险集团还将银行、基金、保险等其他金融业务整合到一个应用程序中，使得用户可以一站式处理所有金融业务。

三、互联网保险公司加速线上业务的发展和迭代

截至 2021 年底，中国共有四家互联网保险公司，分别是众安保险、泰康在线、深圳比亚迪财产保险有限公司（原易安财产保险股份有限公司）和安心保险。银保监会要求互联网保险公司仅能在线上开展业务，这意味着它们只能通过互联网与客户联系，完成营销承保与理赔，而业务形式的限制则推动互联网保险公司大力发展保险科技，它们的基因中就带有数字化。

互联网保险公司建立了直接接触客户的在线营销渠道。互联网保险公司注重采用情景销售模式（场景化保险），打造多元化的触客渠道。通过与众多高质量场景的第三方平台合作，互联网保险公司可以直接接触到大量具有潜在保险需求的客户，并利用特定场景下激发保险需求的特点，轻松实现保单销售。例如，众安

保险专注于生活消费、消费金融、航空旅游、健康、汽车五大生态场景，将保险销售碎片化地融合在各场景之中，为 4 亿多客户提供服务。

互联网保险公司专注于保险产品创新。互联网保险公司的保险产品创新以情景为导向，具有碎片性，与购物、旅游、医疗、在线零售商场景深度融合。在每一种场景下，定制的营销策略激起保险需求，并提供方便的投保渠道。例如，当潜在客户预订酒店或订火车票时，他们可能会意识到相关风险，并通过嵌入式的选项购买保险。随着日常生活的数字化转型，这类保险产品正嵌入越来越多的场景中。

互联网保险公司强大的 IT 能力不仅体现在销售渠道上，还体现在保险业务的全链条上。互联网保险公司往往在技术上更加突出，甚至被看作"做保险业务的科技公司"。它们采用技术驱动的商业模式，将人工智能与云计算、大数据等信息技术相结合，提高保险经营效率。互联网保险公司的技术应用不仅是基于互联网的销售渠道，还涵盖了产品开发和营销、承保、理赔以及后续的客户服务。在产品创新上，一方面，在大数据的支持下，互联网保险公司试图利用多维用户数据进行差异化、精准定价。另一方面，互联网保险公司利用基于云的保险核心系统进行产品创新，快速上架产品。在理赔方面，互联网保险公司利用技术大大提高了理赔识别速度，便捷的理赔流程使客户无须提交理赔数据即可自动理赔。在客户服务方面，互联网保险公司着力建立综合在线服务平台，不仅为客户提供一站式的保险购买、理赔等专业服务，还提供一系列增值服务。

四、大型互联网公司关注于特定场景的保险业务机会

大型互联网公司已成为保险业的有力竞争者。大型互联网公司的流量和技术优势为其进入保险业提供了天然优势。一方面，大型互联网公司拥有庞大的用户群（甚至能够覆盖至三四线城市以及农村），考虑到中国较低的保险渗透率，其中大部分人有可能成为保险客户。另一方面，大型互联网公司从过去的业务中积累了大量的用户数据，可以用来进行准确的营销和定价。大型互联网公司具有强大的互联网场景优势，在特定场景下，用户对保险有着强烈的需求。通过各种高需求场景进行保险销售相对容易，部分公司甚至建立了社区教育培养客户。目前，大型互联网公司已经进入保险行业（表 13.3 和表 13.4），如腾讯设立了微保，京东通过注资安联财产保险获得保险公司牌照，安联更名为"京东安联"，上线保险业务，蚂蚁金服则控股了国泰产险并在支付宝中营销保险。

表 13.3　大型互联网公司持股的保险机构

互联网公司	持股保险公司	持股保险中介
阿里巴巴	众安保险、国泰产险	蚂蚁金服

续表

互联网公司	持股保险公司	持股保险中介
腾讯	众安保险、三星财险、和泰人寿	微保
京东	京东安联	京东金融

资料来源：复旦大学中国保险科技初创公司数据库

表 13.4　大型互联网公司在保险行业的布局

年份	腾讯	阿里巴巴	京东
2013	与中国平安、蚂蚁金服共同创立众安保险并持股	旗下蚂蚁金服与中国平安、腾讯共同创立众安保险并持股	与中国平安、中国太保达成战略合作
2015		协助成立信美相互	在平台上提供保险
2016		控股国泰产险	
2017	成立微保	蚂蚁金服获取保险经纪牌照	
2018	与高瓴资本联合创立 Blue Insurance（蓝保单与 Aviva 联合）		成为安联股东并将其更名为"京东安联"
2020	获取三星财险股权	仅上半年，蚂蚁旗下保险科技平台促成的保费规模及分摊金额为 286 亿元	

资料来源：复旦大学中国保险科技初创公司数据库；https://baijiahao.baidu.com/s?id=1677169859450435858&wfr=spider&for=pc

　　大型互联网公司通过流量优势创新保险营销，进入传统上未开发的保险市场。在保险营销的创新中，大型互联网公司创造了嵌入互联网平台的情景销售模式。由于他们的互联网平台比任何传统保险公司都有更多的客户流量，因此大型互联网公司拥有更多的潜在保险客户。他们以互联网平台为触点，提出了各种保险销售方案。创新的营销模型能够挖掘客户的保险需求，提高转化率，促成保险销售。大型互联网公司还对客户进行保险教育，通过具体场景刺激保险需求。例如，蚂蚁金服推出"免费医疗金"项目，通过赠送免费保险金额，吸引用户积极了解医保，引导用户在平台上消费医保。此外，大型互联网公司的进入也改变了保险业触达客户的方式，这可能导致未来保险业竞争格局的变化。利用互联网渠道低门槛的特点，大型互联网公司引导消费者，以更多新的方式唤醒民众保险意识，将不同场景中的网络用户逐步转化为保险消费者。

五、保险科技初创公司积极探索前沿科技与保险创新

　　除了保险公司和保险中介机构之外，随着保险科技的兴起，专注于服务保险公司的初创企业也进入了保险市场。这些保险科技公司大多处于起步阶段，往往专注于保险业务的某些特定领域，发挥自身的技术优势，为保险公司提供服务，并利用技术赋能保险价值链（表 13.5 和表 13.6）。截至 2020 年底，保险科技初创公司根据专注领域主要分为三类，第一类是服务保险产品创新，如基于技术发展提供场景化保险或者搭建互助平台；第二类是服务保险分销渠道，部分保险科技初创公司通过搭建企业平台、关注 B2C 在线经纪和丰富代理人服务扩展保险展业空间；第三类则是服务保险运营，专研保单管理、精准定价、理赔服务和公司系统，提升服务效率和精准度（表 13.5）。

表 13.5　中国保险科技初创公司分类

产品创新	分销渠道	运营
场景化保险	企业平台	保单管理
互助平台	B2C 在线经纪	精准定价
	代理人服务	理赔服务
		公司系统

资料来源：复旦大学中国保险科技初创公司数据库

表 13.6　中国保险科技初创公司细分领域情况

细分领域	创业公司数目（数据截至 2021 年 10 月）
B2C 在线经纪	49
理赔服务	23
代理人服务	15
精准定价	11
场景化保险	9
保单管理	7
公司系统	6
互助平台	4
企业平台	3

资料来源：复旦大学中国保险科技初创公司数据库

保险科技公司创业主要集中在车险和健康保险领域，为保险公司提供销售、产品创新、客户管理、风险控制、公司运营等方面的技术服务，帮助保险公司降低成本，提高运营效率。在销售方面，一方面，保险科技初创公司利用大数据为保险公司提供客户画像和精准营销服务；另一方面，他们开发了代理人展业工具，协助中小保险公司进行代理人管理。在产品创新方面，保险科技初创公司主要利用大数据帮助保险公司制定准确的承保策略，并根据市场需求开发定制化产品。在风险控制方面，保险科技初创公司主要协助健康保险和汽车保险领域的保险公司提高反欺诈能力。此外，第三方医疗保险管理公司（Third-Party Administrator, TPA）也是保险科技初创公司相对集中的领域。保险科技初创公司主要为保险公司提供健康保险结算、分析、理赔和医疗机构连接。

保险科技初创公司以专注和先进技术填补了市场，在分销渠道、产品创新及运营三大环节推动保险业的创新与发展。分销渠道领域的初创公司专注于销售保单和为客户提供服务，即所谓的"前台"。产品创新领域初创公司专注于设计和开发创新保险产品和服务。运营领域的初创公司专注于提升运营效率，以更好地实现保险价值。

六、保险科技的典型实践

财险与人身险在经营上具有较大的差异，而在保险科技应用的侧重点上也有所不同。下面分别概括并举例说明。

财险行业的科技创新起步较早、步伐较快且效果也更加显著。这主要与财险本身的特点相关：期限较短，保额较小，产品和承保条件简单，部分产品存在刚需，无论是营销和核保，还是理赔和反欺诈，均存在保险科技用武之地，因此，在财险行业盈利压力较大的背景下，对保险科技的投入力度仍然较大，并取得了较好的效果。从财险业务链条的角度来看，在定价领域，得益于社会的数字化程度提高以及中国国内"大基数"的优势，精算在财险尤其是车险领域得到了良好应用。在销售领域，一方面互联网提供了新渠道，另一方面基于移动端的报价、核保也提高了经营效率，典型的实践包括退货运费险。在理赔查勘领域，利用图像识别等技术进行远程定损和报价大大降低了保险公司的成本，典型的实践包括农业种植保险的遥感技术应用。

人身险领域，保险科技的运用主要集中在营销方面，重点在于对渠道的赋能与重构。人身险的特点是长期、条款复杂，销售难度大，因此较为依赖中介。保险科技则一定程度上提高了中介的工作效率，如代理人展业工具帮助代理人快速生成产品组合、报价单以及投保链接，代理人招募系统则帮助保险公司筛选、培训优秀代理人。另外，虽然新冠疫情导致线下销售活动暂停，但有实证研究表明，线上化的人身险营销渠道（包括基于大数据的精准营销定向推送、具有互联网特征的"赠险"活动等）部分替代了传统的开门红营销，较好地缓解了保险公司在疫情期间的销售与运营压力。

健康险为我国保险行业增速最快的险种之一，也是保险科技应用最为密集和最有前景的险种。从产品来说，保险科技通过大数据等手段助力产品创新，普惠保险、带病体保险、老年人专属保险方兴未艾。从运营的角度来说，基于保险业务的线上化，保险公司可以在产品购买、保单管理、核保理赔等流程中缩减人力，将其转为以保险科技为基础的管理系统，从而降低管理成本。从投保对象来说，保险公司通过大数据、基因筛查、物联网等技术，对参保人进行生活行为的干预和监测，降低发病率、增强健康管理和监测的水平，继而降低赔付支出。当然，健康险领域的保险科技发展还有赖于政府部门推动的行业基础设施发展，包括政策法规的完善、医保数据的有效管理与合理开放等。

七、保险科技生态圈参与主体的主要发展战略

保险科技生态圈中，参与者采用了不同的战略来发展并利用保险科技，但其对于保险科技侧重点各不相同。在本节，我们将从大型保险公司与中小型保险公司的角度，分别讨论它们在保险科技方面的投入以及与保险科技生态圈成员的合作与竞争关系。

（一）大型保险公司

对于大型保险公司来说，资本和保险业务经验积累方面的优势是显而易见的，从技术的角度来看，大型保险公司的技术应用来自保险业务的现实需要，如零售端的营销依赖于大数据，核保核赔则依赖于人工智能，而云计算则是基础。从发展保险科技的战略来看，我们至少可以得出两种不同的传统保险公司应用以上技术的战略：内部研发战略和孵化器战略。

第一种战略是内部研发战略。内部研发是指利用内部 IT 能力开发保险科技，通常需要组织结构的变革和 IT 部门的扩张。例如，中国平安每年将营业收入的1%用于研发。截至 2019 年 8 月，平安集团共申请专利 19 701 项，位居国际金融机构前列。其中，专利合作条约（patent cooperation treaty，PCT）国际专利申请3026 件，海外专利申请 1104 件，分布在全球 12 个国家和地区。在研发团队建设方面，中国平安聚集了 10.1 万名技术从业者、3.2 万名研发人员和 2200 名科学家[①]。内部研发能力较强的大型保险公司与大型互联网公司的合作主要集中于销售渠道，且仅限部分在互联网渠道有竞争力的产品（如平台定制化的健康险或者本身渠道费用高昂的意外险），高利润的长期保障型产品则依旧靠自身渠道销售，这是因为大型保险公司希望保留定价权以及获取完整的客户保险数据，且长期保障型产品可能更难在互联网渠道销售。

第二种战略是孵化器战略。内部研发对信息技术能力和战略的确定提出了很高的要求，这对于许多传统的保险公司来说可能并不适用。为了充分利用自身的资本优势，一些大型保险公司采取了孵化器战略，即设立投资部门或机构，专门

---

① 数据来自平安集团 2019 年业绩报告。

投资有发展前途的保险科技创业公司，帮助这些创业公司与商业公司共同成长。这种策略通常被大型国际保险公司采用，中国人保等大型保险公司也采用此类方式。人保金服与即联即用中国（Plug and Play China）成立了国内首个保险科技孵化加速器——保创空间，旨在通过投资和分享商机加速保险科技初创公司孵化。作为回报，一些成功的保险科技初创公司已经帮助人保公司更新了保险价值链，如在一家孵化的初创公司（邦邦汽服）的技术支持下，人保金服为中国人保主业公司降赔减损同比增长了113%[①]。

（二）中小型保险公司

对于互联网保险公司以外的中小型保险公司来说，保险科技应用的局限性在于缺乏资金和内部研发能力。在这样的局限性下，中小型保险公司也采取了不同的方式，我们也可以得出两种不同的策略：与大型互联网公司合作或创建联盟。

第一种战略是与大型互联网公司合作。IT能力和零售客户资源是大型互联网公司的核心优势，但特定领域保险业务知识的缺乏为大型互联网公司与中小型保险公司之间的合作留下了空间。在销售方面，大型互联网公司已经成为在线保险业务的主要分销渠道。2020年，第三方分销平台（其中许多是大型互联网公司的子公司）占据了互联网保险业务的42.02%[②]。但值得注意的是，在与大型互联网公司的合作中，中小型保险公司可能依靠高性价比的"爆款"产品获得了保费增长，但"流量为王"的市场现实下，大型互联网公司处于合作的有利地位。通过收取高额且可随实际理赔调整的佣金，大型互联网公司给保险公司留下微乎其微的利润。在运营方面，由于核心保险IT系统的安全需求，保险公司在向大科技开放内部数据时犹豫不决，我们只看到大型互联网公司与保险公司在云计算领域的初步合作，以及零星的核心系统的改造案例。新冠疫情使得中小型保险公司数字化转型加速，但由于人力与资本有限，中小型保险公司数字化转型为保险科技初创企业（尤其是SaaS）提供了市场。

第二种战略是创建联盟。创建联盟的战略是指众多中小型保险公司之间建立联盟，然后利用联盟的平台与大型互联网公司进行合作。若中小型保险公司单独与大型互联网公司合作，那么有可能在合作中处于不利地位，被大型互联网公司通过手续费控制利润并限制数据（尤其是理赔数据）的访问权限。中小型保险公司若形成联盟，则具有更大的市场力量，在与大型互联网公司合作时，可获得更有利的谈判地位。例如，在车险理赔方面，中小型保险公司联合成立中保车服，

---

① 数据来自人保金服2020年的新闻采访，https://baijiahao.baidu.com/s?id=1675565002745833707&wfr=spider&for=pc。

② 资料来源：http://www.iachina.cn/art/2021/3/26/art_22_105016.html。

与大型互联网公司合作，将 IT 能力和保险理赔整合到一个接口式保险科技项目中（即车险客户可以通过拍摄受损车辆的照片获得事故后维修的成本信息），可供中小型保险公司使用。

第三节　中外保险科技发展比较

一、主要发达保险市场中的保险科技发展状况

CB Insights 数据显示，从 2012 年到 2020 年上半年，就全球范围内保险科技领域发生的私人权益资本/风险资本（private equity/venture capital，PE/VC）投融资案例数量（1478 起）而言，美国、英国和法国位于发达保险市场前列；亚太方面，新加坡积极促进保险科技的政策也值得注意。本章将简要介绍这 4 个保险科技市场（表 13.7）。

表 13.7　2020 年中国与主要保险市场情况梳理

项目	美国	英国	法国	新加坡	中国
全球保险市场份额 [1]	40.2%	5.38%	3.68%	0.56%	10.43%
保险深度 [2]	12%	11.1%	8.6%	9.5%	4.5%
对保险科技监管态度	中立	鼓励	鼓励	鼓励	鼓励

资料来源：复旦大学中国保险科技实验室，瑞再研究院

1）市场份额是按照保费收入来计算的；2）指某地保费收入占该地 GDP 之比

美国是世界上最具创新性的保险市场。根据 CB Insights 数据，54% 的 PE/VC 投融资案例发生在美国，这是其庞大的保险市场和先进的技术导致的。监管方面，美国保险监督官协会（National Association of Insurance Commissioners，NAIC）成立了保险科技创新与技术研究工作组，专门负责研究相关保险科技的监管方法，明确底线，确立联邦政府应遵守的保险科技创新监管框架和政策。NAIC 成立了专门应对小组，确保保险科技具体工作的有序实施。基于美国保险市场先进的技术和人才资本优势，美国政府的保险监管以职能监管为重点，鼓励和引导各部门联合起来，在合规的前提下，推动保险科技企业不断创新，积极推动保险科技新生态不断完善。

英国是世界保险和再保险交易与创新中心。根据 CB Insights 数据，9% 的 PE/VC 投融资案例发生在英国。随着保险科技时代的到来，大量的保险初创公司诞生于英国保险市场，为英国保险市场带来新的保险产品和服务。英国在一定程度上树立了保险科技监管的典范。第一，英国利用市场经验，在英国各大保险公

司和劳埃德银行集团的共同资助下，科学地评估保险科技带来的风险。第二，英国不断创新监管思路和监管方法，其采取的"监管沙箱"制度非常有特色，被许多国家和地区借鉴。第三，英格兰银行（英国央行，负责部分金融监管）建立了金融科技加速器机制，旨在与技术创新公司合作，协助他们共同探索保险业务在央行业务中的应用和创新，使央行能够及时掌握保险科技的发展趋势。

在 2018 年英国发布"脱欧"白皮书后，法国按保费收入计算已成为欧盟最大的保险市场，几年来保险科技也十分活跃。在法国政府提出"技术法国"（French Tech）倡议后，保险科技更加活跃，其初创公司能够更容易地获得诸如 Blackfin 等私募基金的资金支持。另外，大型的法国保险公司积极地设立加速器项目，鼓励法国的初创保险科技快速发展，并与初创公司合作，这可以从 Oliver Wyman[①]（奥纬）数据得到验证，2018 年，约46%的法国初创保险科技公司的主要业务模式依赖于与保险公司合作，常见的业务模式包括精准定价、SaaS、快速理赔等。

新加坡是亚太地区的保险科技中心之一。2019 年，新加坡的保险密度为 4888 欧元。三分之二的新加坡人口已经购买了保险。新加坡的保险公司已经开始注重提高保险产品和服务的质量，注重保险科技的应用。2015 年，新加坡政府开始调整经济发展战略，提出建设"智慧国家"的战略布局，致力于建设以政府为主导的全球智慧技术研发中心和金融服务中心，着力推进金融科技创新。新加坡政府推出创新实验室，为各国保险科技公司提供成熟的研发应用环境和有效的政府政策支持，让不同参与者在开放包容的环境中进行合作，提高创新技术的生产率。

二、中外市场保险科技发展环境对比

（一）监管政策

总体看，科技驱动、创新发展是中国当前经济转型的重要方向之一，中国监管层鼓励保险科技的发展，但同时严守不发生系统性金融风险的底线，统筹保险科技的发展与监管。在国家战略推动与市场内生发展的背景下，监管层鼓励保险科技发展的具体举措包括：一是顶层设计不断完善，中国人民银行印发的《金融科技（FinTech）发展规划（2019—2021 年）》正不断落实，新阶段规范《金融科技发展规划（2022—2025 年）》也已出台。二是中国监管框架不断健全和完善，以适应保险科技的持续发展。中国监管层积极借鉴发达国家的发展经验，创建符合中国实际的监管工具，具有中国特色的"监管沙盒"已经启动。三是中国金融系统基础设施发展迅速，已逐步达到较为完备的数字化基础，而发达国家由于发

---

① 资料来源：Current State and Future of Insurtech in France (https://www.policendirekt.com/wp-content/uploads/2018/11/ITR_France_2018.pdf)。

展时间早，数字化发展步伐相对迟缓，同时在金融基础设施建设方面存在一定阻碍因素。此外，监管层对于保险科技的发展亦持谨慎立场，防范金融风险，严守监管底线，一是严格控制牌照监管，不允许非持牌机构通过科技手段开展保险业务，承担承保风险，防范系统性金融风险；二是推进反垄断、反不当竞争，全方面保护消费者合理权益。

（二）大型保险公司数字化转型

发达国家的大型保险公司处于数字化转型的前列，其共同特点包括：进行组织结构转型，提高 IT 部门在公司中的地位等。国际化的保险巨头会根据自身 IT 能力选择不同的策略，能力较强且数字基础设施条件较好的企业，多采取"内部孵化策略"，在软件（人才、组织形式）和硬件（IT 基础设施）等方面加大投入。与之对应，另一种策略则是孵化，包括投资、设立孵化器、与高校合作等。与中国的大型保险公司相比，国际化的大型保险公司数字化转型较早，具有全球配置资源的优势，而中国则在本地化方面具有优势，更了解中国国情，能够进行符合保险市场实际的科技创新。

（三）保险科技初创企业的参与

复旦大学中国保险科技初创公司数据库是复旦大学保险团队为了跟踪中国保险科技发展而自行收集数据形成的数据库，初期关注已经获得外部融资（包括 PE/VC 股权投资、来自保险公司的投资、来自政府部门的投资）的保险科技初创公司，时间自 2012 年起，目前仍然在不断更新中。该数据库具有标准化的保险科技初创公司多维度数据，可用于初创公司建设、金融科技、保险科技研究，也可供投资者参考。

从覆盖角度来看，CB Insights 包括保险科技公司初创公司、（再）保险公司的科技投融资数据，而复旦大学中国保险科技初创公司数据库则侧重于保险科技初创公司。从两个数据库的覆盖样本看，两者均从 2012 年的投融资事件开始覆盖至 2020 年末，CB Insights 中覆盖的中国保险科技初创公司共 105 家，而复旦大学中国保险科技初创公司数据库则覆盖了 127 家（数据不断更新中）。

与 CB Insights 数据库不同的是，复旦大学中国保险科技初创公司数据库除了涵盖融资额度以及投资者的信息以外，还增加了保险科技初创公司本身的信息，包括初创公司的注册地、成立时间、融资详尽历史（包括投资者的金融科技投资记录）、业务模型、创始人经历（学历、工作经验、从业经历）等。下文将根据复旦大学中国保险科技初创公司数据库梳理中国保险科技初创企业的发展概貌。

从注册地情况来看（图 13.11），中国保险科技初创企业主要集中于北京（42

家）、上海（37 家）、杭州（17 家），三座城市金融业与互联网行业发达，尤其是北京作为中国互联网行业的中心，再加上长期以来在金融保险行业中的重要地位，备受保险科技初创公司的青睐。

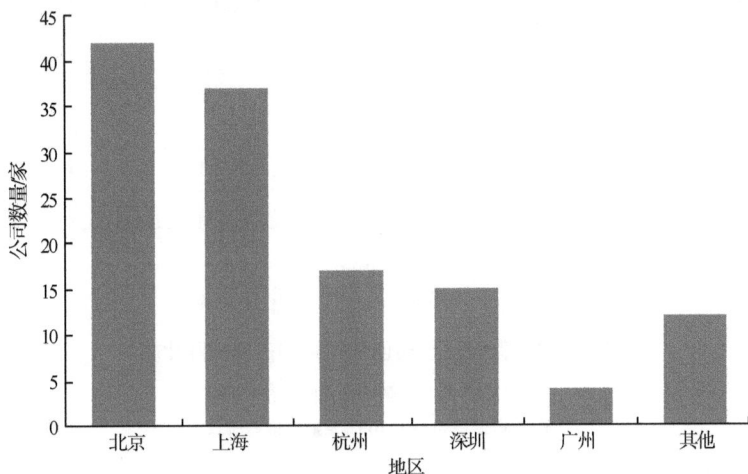

图 13.11　保险科技初创企业注册地分布

资料来源：复旦大学中国保险科技实验室

　　如图 13.12 所示，中国的保险科技初创企业更关注保险分销渠道，其占比超过保险科技在产品创新和运营上的运用，这与全球的情况类似。从相对份额来看，中国的比例相对于成熟保险市场来说，仍属较高（图 13.12）。中国保险科技对保险营销的重视可能是与居民保险意识仍有待提高、保险市场整体发展仍处于初期有关。保险科技的发展降低了保险服务的交易成本，使保险更加具有普惠性，即中国依靠保险科技触达了更多的潜在客户。这一观点可以从保险科技初创公司在不同领域的运用得以印证。复旦大学保险科技中国初创企业数据库与 Oliver Wyman 的相关数据显示，中国的初创企业主要集中在分销渠道创新上，其创新率超过 60%，高于德国和美国等发达市场。

　　图 13.13 数据显示从融资情况来看，来自保险公司的股权投资并不多（11%），保险公司与初创公司的合作可能更加侧重于业务层面而非股权投资层面。保险公司并不主要提供初创公司的创业资金，而是与保险科技初创公司在某一保险业务上展开合作（或者孵化），为保险科技初创公司提供业务。从创始人的经历看，大部分创始人（70%）具有保险行业或者互联网行业的从业经验，他们试图通过创业的方式解决曾经在保险行业遇到的痛点，并获得了来自保险公司的业务机会。在创业的过程中，私募基金提供了主要的资金支持（美元 PE/VC 与内资 PE/VC 各占一半）。

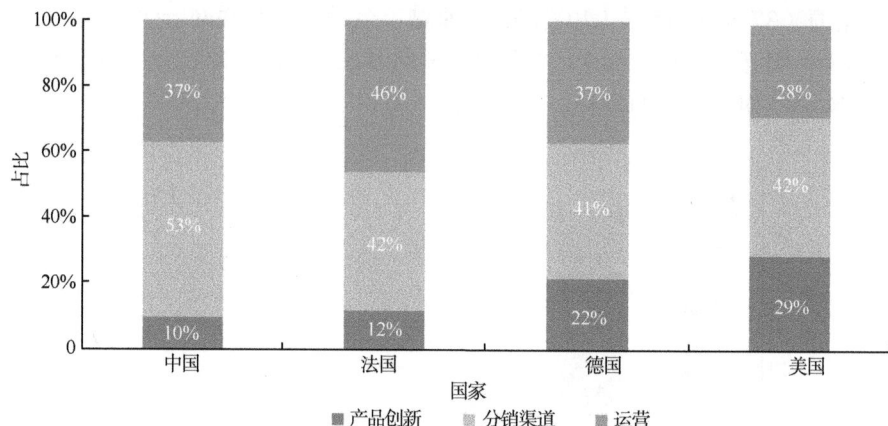

图 13.12　保险科技初创公司结构占比国际比较

资料来源：复旦大学中国保险科技实验室

图中数据之和不为 100%是数据修约所致

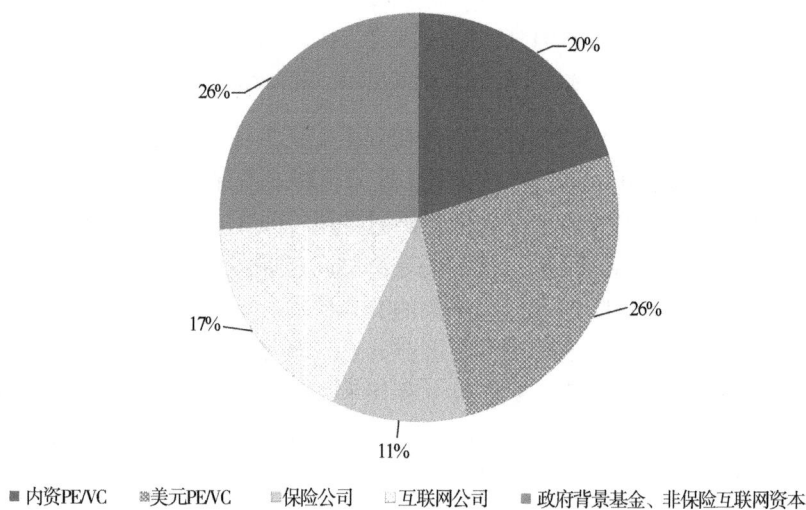

图 13.13　保险科技初创公司投资人类型分布

资料来源：复旦大学中国保险科技实验室

　　保险科技初创公司处于活跃的融资市场中。与国际水平相比，根据图 13.14，从比例来说，中国的保险科技初创公司更加难以获得 A 轮以后的融资，大部分（69%）中国保险科技初创公司止步于天使轮与 A 轮（截至 2020 年底），仅有不到 20%的保险科技初创公司拿到了 B 轮以及以上的融资。作为对比，CB Insights 显示 62%的保险科技初创公司获得了 B 轮以上的融资（截至 2020 年底）。这可能与保险科技初创公司较容易获得首次融资有关，大部分保险科技初创公司在成立的前 300 天便获得了首次外部融资（图 13.15）。

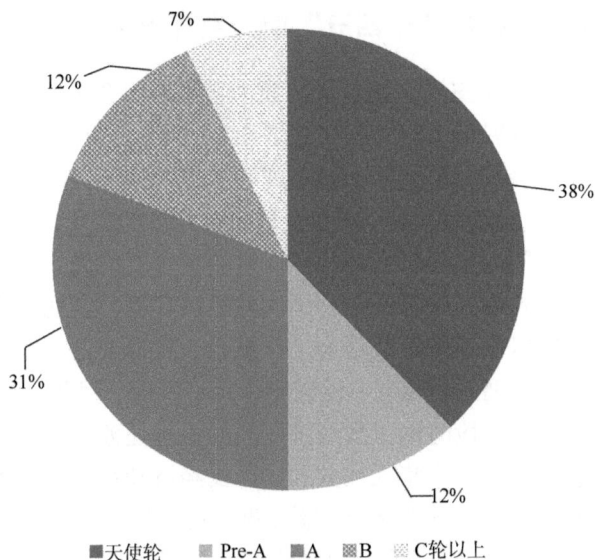

图 13.14　保险科技初创公司最高融资轮次

资料来源：复旦大学中国保险科技实验室

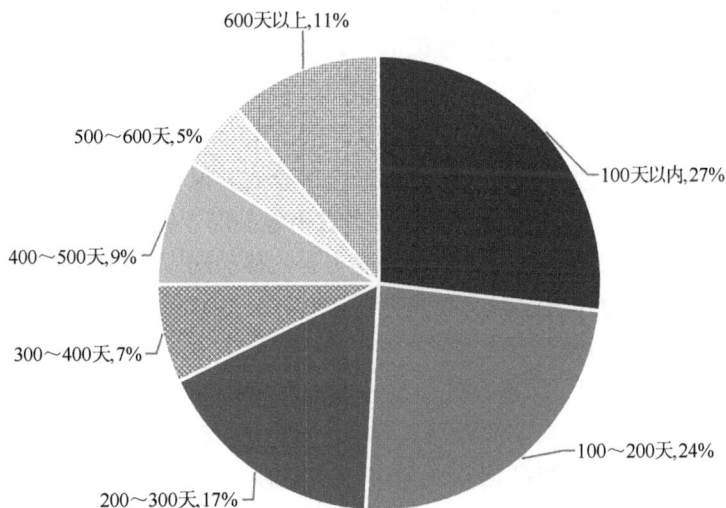

图 13.15　保险科技初创公司获得首次融资的时间

资料来源：复旦大学中国保险科技实验室

第四节　中国保险科技发展潜力

一、保险科技将在"十四五"期间发挥更为重要的作用

2021 年 3 月，第十三届全国人民代表大会第四次会议通过了《中华人民共和国国民经济和社会发展第十四个五年规划和 2035 年远景目标纲要》。《中华人民共和国国民经济和社会发展第十四个五年规划和 2035 年远景目标纲要》明确提出了"我国已转向高质量发展阶段"。随着全球政治经济的变化，中国将加快构建以国内大循环为主体、国内国际双循环相互促进的新发展格局。一方面，银行保险业的发展要根据经济发展的趋势，结合国内外经济环境，实现高质量发展。另一方面，银行保险业应以服务国家战略为工作重心，发挥金融支持和风险保障作用，有效帮助构建中国发展的新格局，促进实体经济发展。因此，推进建设"双循环"的新发展格局是未来一段时期中国经济发展的关键任务，也是"十四五"规划中保险业改革的重点领域。《中华人民共和国国民经济和社会发展第十四个五年规划和 2035 年远景目标纲要》多次提及保险，重点关注长期护理保险、商业医疗保险、农业保险、巨灾保险、养老保险、失业保险、工伤保险、存款保险、社会保险公共服务平台，多层次、多支柱养老保险体系。我们预计保险科技在上述领域将发挥重要作用，有助于促进社会整体保障的提升。

保险作为一种现代化的风险管理工具，将充分发挥其风险管理功能，促进国家治理体系和治理能力现代化。中国的"新发展格局"表明，普惠性、基础性、兜底性民生建设将成为未来五年规划的重点。在保险科技的帮助下，普惠型保险产品将进一步扩大市场，触及更多的群众。2021 年 4 月 27 日，一款由上海市医保局指导，上海银保监局监督，9 家保险公司组成共保体参与的普惠型保险产品"沪惠保"正式上线。作为上海首款普惠型城市定制商业医疗保险产品，"沪惠保"采用以线上投保为主的参与方式，由政府主导的移动端应用"随申办"提供主要投保入口。上线短短两天参保人数即突破 200 万，最终投保人数超过 739 万，首年参保率高达 38.49%[①]。

在"十四五"期间，保险科技应发挥布局和赋能保险全价值链的作用，保险科技的应用为保险业带来了风险管理和服务能力的优化。随着可保风险的逐步增加，保险科技使保险产品创新成为可能。同时，国内监管环境的优化也为监管政策的统一、监管壁垒的消除提供了条件，为保险科技创新提供了更加包容和开放的环境。在未来，保险科技的应用不应局限于新兴技术的研究和应用，

---

① 资料来源：https://mp.weixin.qq.com/s/mB-Rpo4oy9rADvKdIQzL0Q。

更应注重产品、模式、服务的创新。随着互联网保险公司、传统保险公司及保险中介公司在互联网思维等方面的进步，保险科技将被广泛应用在产品设计、客户画像、客户服务、精准定价、精准营销和风险管理的全过程，从而实现保险科技赋能保险全价值链。

二、保险科技发展面临的主要限制因素

（一）保险基础设施限制

保险科技创新也受保险基础设施限制，保险基础设施是金融业基础设施的重要组成部分，保险基础设施指的是"为社会金融体系稳定运转，保证金融活动持续正常进行而设立的基本安排"（段继周，2018）。在制度基础设施方面，保险科技创新作为一种典型的知识产权，理所应当地受到适当的知识产权保护，以平衡私人激励和产业知识溢出效应。此外，保险业各种业务环节的标准化水平决定了数字化运营所能发挥的优势是有限的。例如，非标准化的保险合同和条款可能会导致难以精准地进行保险产品的在线比较。同时，全社会的保险意识教育也被认为是保险业发展的重要因素。

（二）公司管理限制

对于市场上已有的保险公司来说，制约保险科技创新的另一个重要因素来源于公司的管理。这包括公司管理层的关注度、管理层的决策、原有的数字化程度以及人力资源等。在保险公司内部，管理层对技术应用的重视程度影响着保险科技的发展速度。值得注意的是，在保险科技建设过程中，不论是在传统保险公司、保险中介公司抑或是新兴的互联网保险公司，人才缺乏都是一大挑战，尤其缺乏既懂保险又懂技术的复合型人才，这也进一步使公司管理成为制约中国保险科技发展的限制因素之一。

（三）数据和技术限制

数据和技术限制的主要关注点在于技术风险和技术障碍，虽然前沿科学技术具有从根本上改变保险业各环节的价值配置的巨大潜力，但相关的网络风险不容小觑。在技术出现以前，数据障碍是另一个需要克服的难题。众所周知，保险业务天然地具有大数法则特征，即拥有丰富的风险数据有利于提高保险的产品竞争力和服务质量。因此，传统的保险公司对数据保护极为重视，尤其重视客户和理赔数据。同时，传统保险公司本身也可能因为数据治理的不完善而受到缺乏高质量数据的困扰，一定程度上在内部也对保险科技发展形成干扰。同时，保险企业获得与使用高质量数据，也必须符合数据安全与隐私保护的监管规定，这可能造

成部分高质量数据可使用性显著下降。

（四）资金/融资限制

技术储备是一个渐进摸索的过程，而非一蹴而就。根据 CB Insights 报告数据[①]，2020 年全球 377 宗融资活动中，保险科技的年度融资额达到了 71 亿美元的水平，与 2019 年相比，融资额增加了 12%，交易数量增加了 20%。根据银保监会数据，2020 年中国的保险公司在科技创新方面的投入是 351 亿元，同比增长27%。显然保险技术创新和应用需要巨额的资金投入，占据了相当大的一部分保险公司的内部资源，这可能超出了小型保险公司或者初创企业的融资能力，因此这也是我们认为资金与融资也构成了限制维度的原因。

（五）其他限制

保险科技在中国的发展还受到其他几个潜在限制维度影响。例如，保险产品的不可见性导致了交易过程依赖于中介在销售过程中所建立的消费者对其的信任，而理赔等一些复杂的保险交易环节也难以完全数字化。同时我国保险科技行业还存在信息摩擦成本，保险科技服务提供商的信息不能快速全面地流动，从而导致供需不匹配以及资源配置效率低下等问题。

三、限制因素的重要性和解决难度评估

基于复旦大学保险团队对中国保险科技的限制因素进行的长期跟踪和评估结果，我们对 5 个限制维度和 18 项限制因素的重要性、可解决性与预计解决时长进行了量化评估，结果分别总结在表 13.8 和表 13.9 中。评估结果显示，公司管理限制是影响保险科技发展最主要的因素，其次是保险基础设施限制与数据和技术限制，其中保险基础设施限制的解决难度最大、预计解决时长最久。表 13.8 显示，在上述 5 个维度中，公司管理限制维度为目前中国保险科技发展面临的最主要的限制因素（重要性评分 4.1），其次是保险基础设施限制（重要性评分 3.9）与数据和技术限制（重要性评分 3.9）。保险基础设施限制是最难解决的项目（可解决性评分 3.5），同时也是预计解决时长最长的项目（预计 5.7 年）。相比之下，资金/融资限制的重要性最低（重要性评分 3.7），且更易解决（可解决性评分 2.8），预计解决时长约 4.1 年。

---

① 资料来源：https://www.cbinsights.com/research/report/insurance-tech-q4-2020/。

表 13.8　限制维度评分

维度	重要性评分	可解决性评分	预计解决时长
保险基础设施限制	3.9	3.5	5.7
公司管理限制	4.1	2.9	4.2
数据和技术限制	3.9	3.0	4.6
资金/融资限制	3.7	2.8	4.1
其他限制	3.8	3.1	4.9

资料来源：复旦大学中国保险科技实验室

注：对于主要项目的重要性和可解决性，估值区间为 1 至 5，1 体现最不重要或最易解决，5 体现为最重要或最难以解决。对于主要项目的预计解决时长则以年为单位

表 13.9　限制因素评分

维度	限制因素	重要性评分	可解决性评分	预计解决时长
保险基础设施限制	知识产权保护不足	4.0	3.5	5.7
	缺乏统一行业标准	3.7	3.1	4.5
	公共保险意识薄弱	4.0	3.9	6.9
公司管理限制	缺乏顶层设计	4.4	2.8	4.0
	管理层重视程度	3.9	2.4	3.0
	不兼容的信息系统	3.9	3.1	4.7
	复合型人才缺乏	4.2	3.2	5.2
数据和技术限制	技术限制	3.2	3.1	4.6
	缺乏试错能力	3.8	3.2	5.0
	数据障碍	4.5	3.4	5.4
	数据治理限制	4.3	2.9	4.2
	网络安全限制	3.7	2.7	3.8
	模糊的数据使用规则	3.8	2.9	4.6
资金/融资限制	巨大的资金消耗	3.7	2.9	4.3
	缺乏内部专项资金	3.7	2.7	3.8
其他限制	中介机构信任依赖	3.8	3.1	4.6
	保险交易环节的复杂性	3.8	3.4	5.7
	信息摩擦	3.8	2.9	4.5

资料来源：复旦大学中国保险科技实验室

注：对于主要项目的重要性和可解决性，估值区间为 1 至 5，1 体现最不重要或最易解决，5 体现为最重要或最难以解决。对于主要项目的预计解决时长则以年为单位

表 13.9 显示了五个维度下具体项目的评估结果。从分项来看，数据障碍为目

前中国保险科技发展面临的最重要的限制（重要性评分 4.5），而技术限制则是相对最不重要的因素（重要性评分 3.2），体现出技术的发展具有长期性特征，难以一蹴而就。其他的限制因素还包括缺乏顶层设计（重要性评分 4.4）、数据治理限制（重要性评分 4.3）、知识产权保护不足（重要性评分 4.0）、复合型人才缺乏（重要性评分 4.2）及公共保险意识薄弱（重要性评分 4.0）。从解决难度来说，公共保险意识薄弱为最难解决的因素（可解决性评分 3.9），预计解决时长在 7 年左右；之后是知识产权保护不足（可解决性评分 3.5）、保险交易环节的复杂性（可解决性评分 3.4）和数据障碍（可解决性评分 3.4），以上三项预计需五年以上的时间才能够得到解决。此外，管理层重视程度的可解决性评分最低（2.4）、预期解决时长最短，体现出中国保险公司普遍较重视在保险科技方面的投入和转型。

四、限制因素的预期发展

根据我们对各项限制因素预期解决时间的评估，计算出综合限制程度随着时间推移的变化。如图 13.16 所示，最倾斜的线段位于未来 1～3 年和 3～5 年之间，体现出未来 1～3 年内以上限制因素将得到显著缓解，未来 3～5 年保险科技限制因素的综合限制程度模拟值将进一步下降 38%。之后，在未来 5～10 年，限制因素的综合限制程度模拟值将进一步下降 28%。相比之下，未来一年内，限制因素的综合限制程度模拟值将下降 4%，反映出大多数限制因素难以在短期内得到解决。因此，在各方努力下，限制因素的逐步缓解将有助于促进保险科技应用的全面发展。

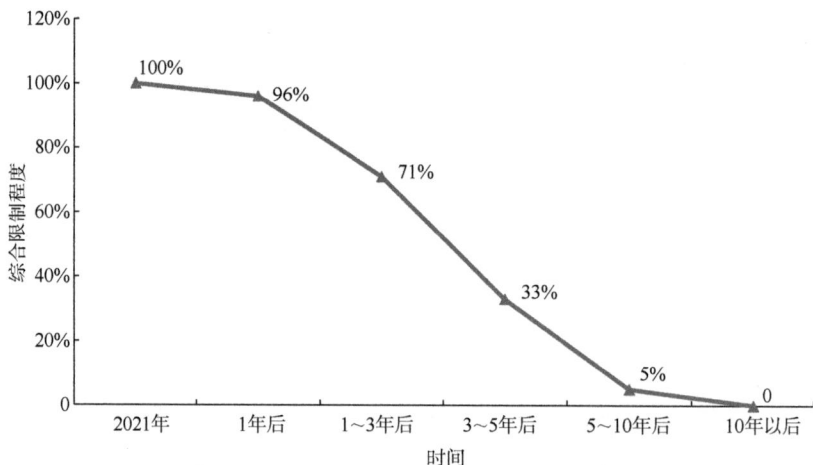

图 13.16　模拟中国保险科技发展未来的综合限制程度变化

资料来源：复旦大学中国保险科技实验室

五、中国保险科技的主要探索方向

本节对参加 2021 年保险科技创新大赛的 104 家初创企业的路演 PPT 文字内容进行文本分析。PPT 文本内容共计含 20 788 个词语和 117 647 次词频。主要方法是基于词频统计和 TF-IDF 统计挖掘 PPT 内容的关键词，并以词云图的方式进行可视化展示。词频统计往往只能体现文本中经常出现的词语，但未必都是重要性高的关键词，而 TF-IDF 统计通过增加对关键词的文档覆盖程度的惩罚项来过滤掉普遍出现的无关词语，两种统计方式相辅相成。

词频统计的结果如图 13.17 所示。首先，从风险保障范围来看，健康风险是初创企业提供服务的主要领域，体现在健康、疾病、医疗和医院，与其相关的关键词出现频率排名靠前；其次，从保险业务价值链来看，营销、承保、定价、运营、风控、理赔等业务条线均有代表性关键词出现，相对而言，与理赔和承保业务相关的关键词出现更普遍；再次，从服务主体来看，客户端、企业端、中介和政府部门出现的频率依次降低，表明当前的保险科技初创企业最热衷于为消费者、保险公司及其他企业提供服务；最后，从技术角度来看，云计算和人工智能在当下初创企业中运用最为普遍。

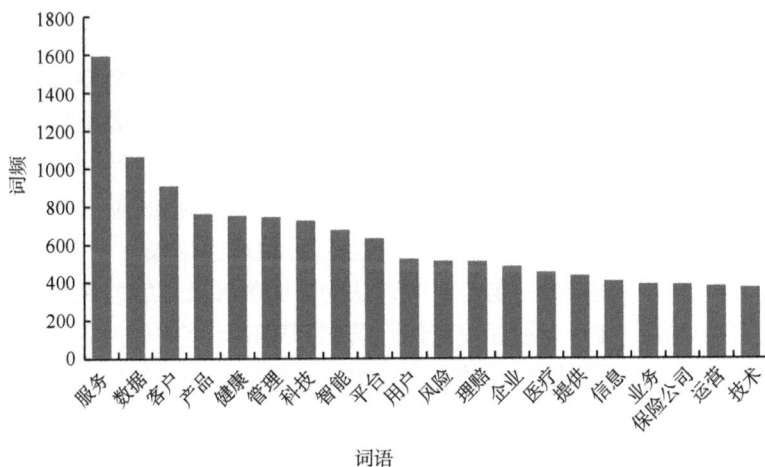

图 13.17　词频统计排名前 20 的词语

资料来源：分子实验室，复旦大学中国保险科技实验室

和词频统计结果相比，TF-IDF 统计结果展示出了一些显著区别。首先，健康风险相关的关键词排名更靠前，前 6 名词语中有 5 个与该领域相关（关键词包括健康、护理、疾病、医疗、医院），其中护理一词排名提升最显著，体现老龄化背景下护理服务正成为保险科技处初创企业的新聚焦点。其次，细分领域的新兴保

险科技服务大量涌现，体现科技在保险行业垂直化深入渗透，包括宠物、刷牙、体检、运动等细分健康保障领域，煤矿、网络安全、物流等细分企业安全领域，新能源、维修、配件、里程等细分车险领域，以及保险业务机器人领域。再次，相似地，定损和中介两词排名的显著上升同样体现了初创企业在保险业务条线和服务主体范围的分工细化。最后，一些新信息技术应用也开始成为热点，按 TF-IDF 统计排名依次体现在 "隐私" 计算、"视频" 处理、"自然语言处理""知识图谱" "意图识别" 等相关技术词语排名靠前。根据词频统计和 TF-IDF 统计排名前 20 的词语，整体而言，健康医疗领域仍是未来发展的最大热点，车险领域也得到了保险科技初创企业的关注，核保、理赔、定损等偏运营的中后台业务是发挥科技作用的重要舞台，同时宠物、运动等细分风险保障领域的保险业务开始涌现。

第五节　总　　结

《中华人民共和国国民经济和社会发展第十四个五年规划和 2035 年远景目标纲要》指出，坚持创新在我国现代化建设全局中的核心地位。在中国经济转向高质量发展阶段的转型关键期，"科技创新" 被提升到了前所未有的高度，该词在《中华人民共和国国民经济和社会发展第十四个五年规划和 2035 年远景目标纲要》中出现 17 次。当前，保险业面临诸多转型压力，包括车险费率改革使市场竞争加剧、长期重疾险业务的长尾风险日益上升、健康险业务增速趋势放缓等，亟须深化供给侧结构性改革，增强经济增长动能，促进保险行业向高质量转型，而保险科技则是驱动变革的核心力量。我们预计保险科技的应用有望实现更深层次的发展，保险科技驱动的保险业务增速预计将高速增长。

通过分析保险科技指数的走势，我们认为大数据和人工智能在保险行业的应用场景将更加丰富，在行业层面改变保险营销和理赔环节的处理方式，全面提升运营效率。目前，中国保险科技的主要应用方向集中在分销渠道创新、自动化承保和理赔流程以降低保险服务的运营成本、拓展细分人群等方面。针对不同险种，人工智能将在车险、健康险以及农险领域扮演越来越重要的角色；区块链技术有助于解决保险业在特定场景下的痛点，提升风险可保性；大数据技术的应用将拓展到保险价值链的各个环节，尤其在保险产品创新和风险定价方面发挥更为重要的作用。

传统保险公司、互联网保险公司、大型互联网公司和科技公司、初创企业是中国保险科技生态体系的主要参与主体，各主体之间存在相互合作的机会，也存在一定的竞争关系。各类主体根据自身优势和业务发展重点使其发展策略具有差异性。互联网企业和科技公司与保险公司在业务属性、产品和服务特征、经营模式等方面存在根本性差异，因此这些公司的参与可能对传统保险业务产生颠覆性影响。目前，由于保险业务牌照限制，非保险公司主要通过与保险公司合作的方式探索保险业务，利用其庞大的消费者基数或技术优势，关注特定场景下的保险机会。例如，退货运费险是网络电商与财险公司合作，针对网络购物后涉及的退货风险这一场景推出的保险。十年间，承保主体由 1 家发展到 11 家，保费规模也增长至 2020 年的近 100 亿元①。可见，利用大型互联网公司的既有业务优势，适应消费者需求的创新保险新产品可实现爆发性增长。因此，跨行业的保险创新与探索将有助于满足消费者日益多样化的保障需求。

展望未来，保险科技将从以下三方面促进保险业的转型和发展。

一是保险科技的广泛应用将推动保险创新发展。随着数据累积及数据处理能力的提升，保险科技的应用能够使保险产品具有更灵活、更多样化、更定制化的特征；使消费者能够更便捷地获得更有针对性、内容更加丰富的保险服务，全方面满足消费者多样化的保障需求。

二是跨行业保险生态圈的形成和发展有助于挖掘特定领域的保障需求，促进新产品、新业态、新模式的开发和探索。在中国数字经济纵深发展的带动下，金融科技基础设施和监管环境将持续完善。保险生态圈内的非保险业主体类型将日益丰富，跨行业经营主体的合作将为保险业带来创新方向的新思路，保险应用场景将不断拓展，针对特定场景、特定人群等具有专属性的保险产品和服务有望借助互联网平台实现迅速增长。

三是人工智能、区块链、大数据、云计算等科技与保险价值链各环节的融合程度将进一步加深，保险业务流程逐步向数字化、线上化、智能化转变，从而有助于系统性降低逆选择风险、改善理赔经验、提升保险业务经营效率。随着保险科技应用能力的提升，长期看，风险的可保边界将不断拓展，针对既有风险的保障能力将持续提升，保险业的风险保障职能将日益增强。

---

① 资料来源：https://finance.sina.com.cn/money/insurance/bxdt/2020-06-16/doc-iircuyvi8816606.shtml。
http://www.iachina.cn/art/2021/3/26/art_22_105016.html。

第五篇

保险与对外开放

改革开放让中国保险事业焕发出新的生机。自入世以来，中国始终坚定不移扩大对外开放，保险业得以蓬勃发展。中国保险市场逐渐形成中外资保险公司共同发展、互利共赢的发展格局。本篇首先梳理了入世 20 周年与中国保险业发展情况，再结合当前服务贸易国际化的大环境，探索了新发展格局中中国保险业应如何调整自身发展战略，以适应进一步开放的未来趋势。由此，本篇分为三个章节。

　　第十四章从改革开放与中国入世出发，回顾了这两个阶段的重要措施。接着，我们梳理并归纳了中国入世 20 周年来保险业的发展历程与发展路径。在入世后的 20 年，中国保险业发展经历了三大阶段：2001～2010 年，中国保险市场急速扩容，初显开放成果；2011～2016 年，市场革新，中国保险业国际化进程加快；2017～2020 年，对内规范发展，对外深化开放。中国保险业从无到有、从小到大，主体机构不断丰富，市场份额集中于本土保险企业，但近年来随着对外开放政策的进一步深化，外资险企迅速崛起，逐渐在中国市场站稳脚跟，业务范围不断扩大。第十五章分析了服务贸易国际趋势与金融进一步开放政策对于中国保险业发展可能产生的影响。我们通过解读"十四五"规划，探究了中国保险业在新发展格局中的应对举措。在第十五章的最后，我们对持续对外开放进程下中国保险业发展进行了展望。第十六章深度挖掘中国经济高质量发展与保险的内连互动，从寿险、非寿险业、保险资管、保险监管及新生态主体等方面阐释中国保险高质量发展的内涵路径，进一步强调中国保险业高质量发展对整体经济社会发展的价值，且逐步明确全面开放新格局下保险业高质量发展的未来蓝图。

第十四章　入世 20 周年与中国保险业发展

第一节　改革开放与入世

一、改革开放

1978 年 12 月，中共十一届三中全会在北京举行，决定将全党工作的着重点和全国人民的注意力转移到社会主义现代化建设上，也提出了改革开放的重要任务。全会公报指出："实现四个现代化，要求大幅度地提高生产力，也就必然要求多方面地改变同生产力发展不适应的生产关系和上层建筑，改变一切不适应的管理方式、活动方式和思想方式，因而是一场广泛、深刻的革命。"1979 年，改革开放全面启动，同年 7 月起，中共中央、国务院陆续建立了"深圳、珠海、汕头、厦门"四个对外开放的经济特区，并根据"调整、改革、整顿、提高"这八字方针，进行中国经济管理体制的改革。从此以后，中国经济进入了历史的新篇章，中国保险业也由此焕发出新的生机。

1979 年 2 月，中国人民银行在全国分行行长会议上，提出了"开展保险业务，为国家积累资金，为国家和集体财产提供经济补偿"的说法。1979 年 4 月，国务院批转《中国人民银行全国分行行长会议纪要》，做出"要根据为生产服务、为群众服务和自愿的原则，通过试点，逐步恢复国内保险"的重大决策，保险业加速恢复活力。到了 1979 年 11 月 19 日，中国人民银行在北京组织召开了改革开放以来的第一次全国保险工作会议，会议中提出要在 1980 年恢复国内保险业务，并做出具体部署，然而在 1980 年后大约五年的时间里，中国大陆仍只有"中国人民保险公司"这一家保险公司。此时的中国人民保险公司垄断了国内所有的保险业务，呈现出命令性较强、市场性很弱的负面特征。

直到 1986 年，我国第二家保险公司——新疆兵团保险公司的出现结束了人保长期以来的垄断局面。紧接着 1987 年的交通银行保险部、1988 年的中国平安的成立，初步打开了我国保险竞争市场的局面。

改革开放让中国保险事业焕发出新的生机，中国拥有世界上最有潜力的保险市场。随着政策的开放，中国保险市场愈发受到发达国家保险商们的青睐。1980年开始，多家外国保险公司便纷纷来到中国设立代表处，截至 20 世纪 90 年代中期，几乎世界上所有知名的保险公司都在中国设立了代表机构。1992 年 9 月，中国人民银行批准美国友邦在上海设立独资寿险公司，成为我国首家开展寿险业务的外国保险公司，这标志着中国保险市场对外开放的开始。1994 年，日本东京海上火灾保险株式会社在上海设立分公司。两年后中宏保险作为我国第一家中外合资寿险公司也入驻上海。截至 2001 年底，中国保险市场上共存在外资保险公司29 家，其中中外合资保险公司 16 家。到 20 世纪末，作为改革开放落实点的上海保险市场已经形成了在中国人民银行领导下，以国有的中国人民保险公司为主渠道，其他股份制商业保险公司与外资保险公司多家并存、公平竞争、共同发展的行业体系，形成了良好的市场竞争格局。

二、中国入世

2001 年 12 月 11 日，中国正式加入 WTO，成为 WTO 第 143 个成员，此后保险业作为金融业的开放前锋，率先扩大开放，迎来了整体改革、全面开放的新时期。在入世初期，改革服务于开放是中国保险业最突出的特点，改革对象以企业为重心，通过外资保险企业带来的先进经营理念、管理技术和内控机制，增强中资保险公司的市场竞争力，加快改革步伐，帮助中国保险业日后在国际市场中得到竞争优势。该阶段的重要措施包括以下两个方面。

第一，改革公司体制、实行股份制，同时允许外资和民营资本参股、优化股权结构。2000 年，保监会正式提出股份改制。2002 年，全国金融工作会议对国有保险公司股份制改革提出了具体要求，接着多家中资公司的重组和上市表明国有保险公司的股份制改革取得突破性进展。2006 年，中华联合保险控股股份有限公司正式成立，自此，国有保险公司股份制改革任务全部完成。

第二，入世后的中国保险业主张细分国内保险市场，发展专业性保险公司。自 2004 年至 2008 年，保监会批准了一系列专业性保险公司成立，如平安养老保险股份有限公司、太平养老保险股份有限公司、长江养老保险股份有限公司和泰康养老保险股份有限公司等。与此同时，国家还注重扶持农业专业保险公司。2004年，上海安信农业保险股份有限公司开业，试点"政府财政补贴推动、商业化运作"模式。此后，安华农业保险股份有限公司、阳光农业相互保险公司又分别在吉林、黑龙江垦区开业。

第二节　中国入世 20 周年保险业发展回顾

回顾入世 20 周年历程,中国保险业秉承着对外开放、拥抱发展的理念,变得更加成熟与多元,通过引进先进技术与运营经验、完善监管体制、提高风险防范水平、增强自身竞争实力等,逐步推动行业形成了宽领域、全方位、多层次的新发展格局,中资与外资险企互利共赢、共同发展。

自 2001 年中国加入 WTO 以来,中国保险业发展经历了三大阶段。

一、市场急速扩容,开放成果初显（2001～2010 年）

（一）中国保险市场快速扩张

2001 年中国正式入世,而中国保险业在当年的保费收入为 2109 亿元,位居世界第 16 位次。随后根据入世协议,中国保险业历经了 4 年的过渡期。2003 年底,三大国有险企重组改制,并在中国香港和美国上市。在中国保险业对外开放的进程中,国有保险公司资本实力和抵御风险的能力大大增强,经营管理方式随着经营理念和机制的转变逐渐走向成熟,公司治理结构也得到了相应的完善。2006年,国务院发布《关于保险业改革发展的若干意见》,要求大力发展商业养老保险和健康保险,同年发布《机动车交通事故责任强制保险条例》将交强险列为法定保险等一系列政策红利,极大地促进了保险业发展。到 2010 年,保险业全年保费收入达到 1.45 万亿,年化增长率达 24%。

（二）外资保险市场主体不断增加

2004 年,中国保险业正式实现全面对外开放,各类外资险企纷纷涌入。随着保监会不断发放保险营业牌照,保险市场主体日渐丰富。到 2010 年末,中国保险市场已有 12 家外资保险分公司,18 家独资子公司,其中,从业务上划分,财险20 家,人身险 5 家以及再保险 5 家。此外,还有 26 家合资保险公司,其中除中意财险 1 家财险公司外,其余全为人身险公司,外资主体已达当时中国保险主体总数量的约 35%。同年,根据中外资保险公司的实际股权测算,外资险企所占市场份额为 22.1%左右,其中财险与人身险市场份额占比分别为 20.5%与 22.7%（谢柳,2011）。

（三）中国保险业国际竞争力、国际话语权提升

随着对外开放程度的稳步提高,中国保险业产生了深刻的变化。资产规模不断扩大,经营主体不断增加,保费收入持续增长。一方面积极推进"引进来"的发展战略,引进先进经营管理技术与经验;另一方面也在稳步实行"走出去"的

发展方针。中国平安、中国人保、中国人寿纷纷在境外上市，并开始拓展海外业务。截至 2009 年末，中资保险公司共在海外设立了 9 家代表处，以及 41 家保险营业机构。各大保险公司海外业务的开拓为各国华人华侨、驻外企业与员工乃至国外居民来华旅居等提供了风险保障服务，中国保险公司海外知名度与认可度显著提升，随之而来的，是中国保险公司国际竞争力的提升。除此以外，中国保险业的投资需求在快速发展进程中日渐旺盛，境外投资兴起，这一试水之举进一步打开了中国保险国际化之窗。通过对国际市场的进一步探索，中国保险公司逐渐建立起境外投资的评估管理、风险控制等方面的经验，为之后深化实施国际化战略埋下伏笔。

此外，中国保险业积极参与国际组织工作，加强国际交流与合作，中国保险业的国际话语权得到显著提升。2000 年，保监会加入国际保险监督官协会（International Association of Insurance Supervisors，IAIS）。2008 年，保监会成为 IAIS 执行委员会成员，并于两年后成为该组织审计委员会成员。2008 年的金融危机对各国金融保险业影响深远，我国保监会在保持关注金融危机演变进程的同时，也对国际金融监管改革、大型跨国保险集团经营发展情况进行了密切跟踪分析，通过保险监管双边合作机制，共享信息，排查风险，实施积极的风险防范措施。中国积极参与《国际保险集团监管共同框架》相关编制工作，代表广大发展中国家，促使 IAIS 在制定监管框架的时候对发展中国家新兴保险市场相关因素进行充分考量，这极大地维护了我国的利益，减少了国际监管规则变化所带来的冲击。

二、改革创新，加快国际化进程（2011～2016 年）

（一）市场松绑创新，突破发展瓶颈

2011 年，在股市债市集体下跌的行情之下，保险资金运用收益惨淡，尽管收益率勉强跑赢通货膨胀率，但却难以满足寿险产品对收益率的要求；加之银保新规的出台，中国保险业发展陷入瓶颈。在这样的背景下，监管层定调"改革、松绑、创新"，一大波行业松绑随之而来。2012 年，保险资金运用进行市场化改革，保险资管牌照获批，投资工具范围拓宽，险资权益投资上限提升。2013 年，保监会发布《关于〈保险公司股权管理办法〉第四条有关问题的通知》，保险公司单个股东（包括关联方），出资或者持股比例可以超过 20%，但不得超过 51%。同年，"放开前端、管住后端"的市场化定价机制，市场准入与退出机制建设等市场化改革被提出，保险产品创新议题引起广泛讨论。2014 年，国务院印发《关于加快发展现代保险服务业的若干意见》，对农业保险、健康保险、商业养老保险、巨灾保险等方面进行了改革安排。通过一系列的改革松绑措施，中国保险业年保费收

入从 2011 年的 1.43 万亿元增至 2016 年的 3.09 万亿元，保持 16%的年化增速。

（二）外资险企在华经营发展

2011 年至 2016 年，中国保险业可谓改革创新、百花齐放，许多中小型保险公司借用产品创新，如万能险，实现弯道超车，快速在市场占据了一席之地。然而，相比于中资保险的蓬勃发展，外资险企在华经营情况略有不同。外资险企在华保险市场的占有率于 2005 年达到峰值，即 8.9%，随后一路下滑，至 2015 年，外资险企全国市场占有率仅为 4.8%，下降了 4.1 个百分点。此外，在经营状况方面，2015 年，中国外资寿险企业共 28 家，而其中就有 10 家出现经营亏损，总额约达 7 亿元人民币。并且这种情况进一步恶化，至 2016 年，已有不少于 13 家外资寿险企业在该年度前三季度面临亏损（陈诗雨等，2016）。

（三）中资保险国际化进程加快

尽管外资险企在华经营状况不尽如人意，中资险企在海外的发展却如火如荼。到 2015 年末，中资寿险企业境外业务涉及险种超过 90 种，并且种类丰富，不限于意外险、分红险、医疗险、寿险、投资连结保险产品等；另外，中资产险境外业务涉及险种更为丰富，共计 314 种，包含家财险、责任险、计算机设备保险、企财险、船舶险等（朱进元等，2017）。随着中国的对外开放以及全球化进程的加快，跨境旅游、跨境商务出差、出国及来华留学人员不断增加，对相应风险保障的需求催生了跨境旅游工作意外险、医疗险等创新保险产品的诞生。

中资保险的国际化进程中，再保险公司的发展是一个重要指标。在 2011 年至 2016 年这一阶段，我国再保险业务国际化程度愈发成熟起来。中国再保在历经多年的再保险国际化发展探索期后，于 2011 年与英国劳合社合作，设立中再辛迪加 2088（特殊目的辛迪加），并于三年后转型为常规辛迪加。自此，中再借由辛迪加开始以独立席位与品牌开展再保险业务。2015 年，中国再保在海外成功发行巨灾债券，开始进军国际资本市场，并于同年，实现在中国香港联交所的上市计划；此后，中国再保进一步开拓海外市场，设立境外分公司，持续布局国际化市场（陈诗雨等，2016）。

在海外收购方面，中资保险业不甘示弱。自 2014 年起，安邦在快速扩张进程中，连续收购了含国际知名保险企业在内的 6 家公司。中国人寿、中国平安、阳光保险等多家保险企业在海外均有投资布局。2014 年末，阳光保险集团收购澳大利亚悉尼喜来登公园酒店，出资 4.63 亿澳元（牛颖惠，2014）。仅 2016 年上半年，我国保险业海外并购金额就已达 65 亿美元，超过 2015 年整年海外并购金额总额（李婕，2017）。

三、对内规范发展，对外深化开放（2017～2020 年）

（一）对内规范发展，保险姓保

中国保险业在飞速发展的同时，不可避免地出现了许多问题：跨领域或跨境激进投资、集中举牌等层出不穷；少数保险企业甚至为追求快速扩张而虚假出资、增资；快速返还、附加型万能账户类产品频出，保险产品的保障功能弱化等。在这样的背景之下，保险监管当局迅速采取行动，强调"保险姓保，监管姓监"，要求行业从严从实加强监管，履行职责，调查并积极应对潜在风险，加强保险公司对股东监管之类的治理规范。2017 年 4 月，保监会接连发布"1+4"系列文件，对保险公司产品开发、资金运用、偿付能力等诸多方面出现的乱象进行整治。2018年，银监会与保监会合并履责，成立银保监会。中国保险业发展模式由规模导向向风险导向转变，保费增速逐渐降至个位数，到 2020 年，年保费增速仅为 7.4%（任泽平，2021）。

（二）对外放宽限制，深化开放

相比于对内的监管从严，中国保险业对外则是放宽限制，深化开放。2018 年4 月以来，银保监会先后对外发布 3 轮共计 14 条保险业对外开放措施。德国安联集团、法国安盛集团、友邦保险等外资保险集团都纷纷加快在中国市场的布局。2018 年 4 月，我国对外资保险企业进一步放宽管制程度：监管部门发布了多条银行业保险业对外开放措施，包含了放宽和取消外资持股比例的限制，放宽外资机构在总资产、经营年限、股东资质等方面的限制等。2019 年 7 月，友邦保险在天津市和河北省石家庄市增设营销服务部。2019 年 11 月，德国安联集团宣布安联（中国）保险控股有限公司已获银保监会批准开业，成为中国首家外资独资保险控股公司。2019 年 12 月，法国安盛集团完成收购安盛天平财产保险股份有限公司的剩余股权，成为其唯一股东。2020 年 1 月 16 日，安联（中国）保险控股有限公司正式揭牌，开启了外资险企发展新的里程碑。2020 年 5 月，汇丰保险（亚洲）宣布将收购汇丰人寿剩余 50%股权，全资控股。同年 6 月 19 日，友邦保险有限公司上海分公司改建为外资独资人身保险公司——友邦人寿保险有限公司，也意味着我国首家外资独资寿险公司诞生。2021 年 4 月，友邦人寿四川分公司开业，是继北京、上海、广东、深圳、江苏五地之后，在内地开设的第六家分公司。

第三节　入世以来中国保险业发展路径归纳

一、主体机构

中国保险业从无到有、从小到大，截止到 2021 年 12 月末，保险机构从少数几家扩容至 235 家，涵盖保险集团 13 家、产险公司 85 家，人寿公司 89 家，再保险公司 13 家，此外还有保险资产管理公司、保险中介机构等多元化、专业化主体。入世 20 年以来，我国对外资也逐渐开放了全部的区域和绝大部分的保险业务，保险市场中的外资机构类型不断丰富，数量不断增多，为中国保险业带来了蓬勃的生命力和活力。2000 年，我国仅有 21 家外资保险机构，而截至 2020 年末，外资保险公司在中国共设立了 66 家外资保险机构、117 家代表处和 17 家保险专业中介机构，外资保险公司总资产达到 1.71 万亿元[①]，规模得到了很大程度的扩大。与此同时，外资保险企业进入中国市场，也体现出"鲶鱼效应"，激发了中资保险企业参与改革、创新的潜在动力，促进中国保险业良性发展。

二、市场规模

（一）市场份额高度集中

我国保险市场呈现高度分化的状态，市场份额主要集中于前面几家大型保险公司，但寿险与财险市场呈现不同演变趋势。例如，寿险公司中，大型保险公司保费收入市场占有率呈现下降趋势，2011 年中国前三大寿险公司保费收入市场占有率总和为 54.7%，而 2020 年下降至 38.9%；在财险公司中，平安产险、中国人保、中国太保产险长期占据前三位置，保费收入市场占有率 2011 年共计 68.9%，到 2020 年则升至 72.5%（任泽平，2021）。

（二）外资险企发展迅速，本土险企仍占主导地位

外资保险公司随着我国开放程度的不断提高，发展速度和市场份额都发生了显著变化，逐步实现和本土保险公司的和谐共存。2004 年，外资保险公司原保费收入 98 亿元，到 2019 年末已经增长至 3057.26 亿元，规模是 2004 年的 31.2 倍。2019 年中资保险公司全年保费收入同比增长 11.01%，远低于外资保险公司的 29.86%[②]。除此以外，2004 年外资保险公司市场占有率仅有 2.3%，到 2020 年跃

---

① 资料来源：http://www.china-insurance.com/insurdata/20210331/54537.html。

② 资料来源：《2005 年中国保险年鉴》《2020 年中国保险年鉴》。

升至 7.79%①，十几年间提升幅度显著。然而，尽管外资保险公司相对于中资保险公司来说保费收入增长率很高，规模扩大也很明显，但是从总体上看，无论是资产规模还是社会影响力，中国保险业的主力队伍仍是本土保险公司。

三、业务范畴

（一）本土保险公司业务回归保障

总体而言，我国本土保险公司保险业务近年来呈现出保障成分提升而投资成分降低的趋势。2020 年保险业保费收入中，人身险原保费收入 3.33 万亿元，财险原保费收入 1.19 万亿元，分别占整体市场份额的 74% 和 26%，人身险同比增长 7.53%，财险同比增长 2.4%。人身险中，第一大险种寿险占比约 71.8%，2020 年保费收入 2.39 万亿元，同比增长 5.4%。然而由于新冠疫情的影响，保险行业业务拓展受阻，加之代理人增长速度放慢等因素的影响，新单增长缺乏动力，在短期内发展遇到一定阻力。从长期来看，随着人口老龄化的加深，养老问题越来越受到关注，保险业仍然具有很大的发展空间。此外，新兴风险诸如网络安全等风险的显现，促使传统保险业关注、发展并运用保险科技，不断开拓新的业务发展领域，许多创新保险产品乃至创新合作风险保障方式应运而生，旨在提供更好的风险保障，更全面的风险服务。

（二）外资险企业务经营范围扩大

2001 年 12 月 12 日，国务院颁布了《中华人民共和国外资保险公司管理条例》，对外资保险公司的设立与登记、业务范围、监督管理、终止与清算以及法律责任做出了规定。业务范围上，我国允许外资保险公司经营财产保险和人身保险业务，同时在核定的范围内经营大型商业风险保险业务、统括保单保险业务。到如今，外资公司在中国从事保险业务活动的经营范围不断扩大，包括财产保险业务和人身保险业务以及部分再保险业务。2018 年银保监会《关于放开外资保险经纪公司经营范围的通知》让外资保险企业可以从事保险中介相关业务；2019 年以后，我国开始允许外国保险集团公司在中国境内设立外资保险公司，允许境外金融机构入股外资保险公司。可以看出，外资保险公司的业务范畴仍是仅仅依靠着中国保险业相关监管政策，从限制到逐渐放开，外资险企未来可以走的路还很宽。

---

① 资料来源：《2005 年中国保险年鉴》《2021 年中国保险年鉴》。

第十五章　服务贸易国际趋势与保险业发展

第一节　中国保险"引进来，走出去"

自 1992 年邓小平和 1997 年江泽民分别提出了"引进来"和"走出去"的概念以来，我国保险业经历了"引进来"谋求共同进步、"走出去"实施对外发展战略的全过程，中国保险业逐步打开了对外开放的大门，从开设代表处、分公司到独立法人公司，从第一家外资友邦设立到 2019 年第一家外资独资控股险企安联成立，外资保险公司在中国逐渐生根和成长。毫无疑问，对外开放是中国保险业大力发展和走向国际舞台的必经之路，在这一过程中，国内市场不断地学习先进的经营理念、商业模式和技术服务，逐步完善现代企业管理制度，不断提升保险业整体实力。

一、"引进来"为中国市场带来了先进的营销方式和经营理念

从历史上看，西方保险业已经有了几百年的发展历史，积累了先进的理论知识和实践经验，这对于发展较晚的中国保险公司有着非常良好的示范和启迪作用。1992 年以前，我国保险产品一直以公司直销的营销模式为主，直到 1992 年友邦保险公司将保险营销员制度引入中国，组建营销员挨家挨户上门展业这种在当时看来全新的寿险个人营销模式，在短期内取得了巨大成功，也迫使国内其他保险公司纷纷效仿。与此同时，随着我国的开放，越来越多的外资保险企业进入中国，电销、网销也开始逐渐出现，这些新颖的营销手段既刺激了国内保险市场的竞争，也促进了我国保险公司营销模式的变革，促进了保险行业的发展。

在经营理念上，1995 年以前中国保险经营体制一直是以产、寿险混业经营的形式存在，这种经营体制既不利于保险经营中的风险控制，也在很大程度上增加了保险监管部门的监管难度，各个险种之间的平衡发展也一度受到这种经营体制的束缚和制约。根据西方保险业的历史经验，在保险市场发展的初级阶段，与国际接轨实行产、寿险分业经营可以有效防范金融系统性风险。于是，我国在 1995 年10 月 1 日施行了《中华人民共和国保险法》，以法律的形式要求产、寿险分业经营。

二、"引进来"带来了创新效应

外资保险公司进入中国市场后，通常都是采取"小而美"的发展策略，形成专注于某个领域或者某类客户的特点。在这种环境中更容易进行产品和服务等方面的创新，如早期北京的瑞泰人寿保险专注于投资型保险产品的开发，成都的安盟保险专注于农业以及相关保险产品的开发，信诺人寿保险专注于电话销售，友邦保险致力于精英营销团队建设等。这些创新的溢出效应，带来了中国保险市场的活力和进步。

在"十四五"期间，我国保险业仍继续坚持"引进来"和"走出去"的政策方针，将此作为我国保险业高水平发展的着力点。我国保险业、保险市场开始从高速增长转型为高质量增长阶段，而外资保险企业擅长改革、创新和差异化发展，这种精耕细作的经营模式将有助于完善我国保险市场主体结构，进一步增强市场活力，促进行业有序竞争，最终提高中资险企在世界上的核心竞争力。

三、"走出去"是保险业发展的必经之路

从整个保险业的发展历程来看，"走出去"是中国保险业进一步提升自身核心竞争力的必经之路。1978年改革开放至今，中国保险业高速发展，规模迅速扩大，根据《2019 中国保险业社会责任报告》，中国已成为全球第二大保险市场，2019年中国保险业原保费收入达 4.26 万亿元，承保保单 495.38 亿单，资产总额 20.56 万亿元，为全社会提供保险金额 6470 万亿元。在这样的背景下，仅仅依靠国内市场已经不能满足中国保险业日益增长的发展需求，必须真正贯彻落实"走出去"战略，继续深化对外开放。

"一带一路"倡议是中国对外开放进程中最重要的环节之一，自 2013 年中国提出建设"一带一路"之后，我国企业"走出去"程度进一步深化，以专业的金融服务，在"一带一路"共建国家和地区开展基础设施建设和各种业务，提供风险保障，并加强与全球保险市场之间的交互和合作，不仅提高了中国保险业在世界的影响力和声望，也有利于中国保险业的长期发展。

第二节 服务贸易国际趋势与金融进一步开放

一、服务贸易国际趋势

随着对外开放、经济全球化的全面推进，服务贸易逐渐变成对外深化开放的新动能，国际贸易是各个国家经济贸易合作的重要引擎，以及新发展格局构建的

中坚力量。在"十三五"时期，中国服务贸易实现稳定增长，服务贸易结构进一步调整优化，战略布局更加合理，国际合作与竞争围绕服务贸易展开常态化，企业国际化经营能力显著提高。

第一，在服务贸易进出口方面，中国服务贸易稳定增长，结构优化改革成效显著。2016 年至 2020 年这五年来，中国克服经济全球化遭遇逆流和新冠疫情等不利因素影响，稳定服务贸易增长，服务进出口累计达 3.6 万亿美元，比"十二五"时期增长 29.7%[①]。其中，服务出口成为服务贸易增长的关键动力。服务贸易供给侧结构性改革取得明显成效，服务供给对于需求变化的灵活性以及适应性不断增强。传统服务贸易如运输、建筑等占比减少，与此同时，高新技术类以及高附加值类服务贸易如文化娱乐服务、信息服务等占比增加。

第二，服务贸易国际合作方面，随着中国对国际市场的不断开拓，中国服务贸易伙伴不断增多，服务业成为中国吸引外资的主要动能。根据中华人民共和国商务部数据，中国在 2020 年总共与 238 个国家和地区进行了服务贸易往来，相较于 2015 年增加了 40 个国家和地区[①]。此外，在《区域全面经济伙伴关系协定》（Regional Comprehensive Economic Partnership，RCEP）的谈判中，中国积极促进成员国间意愿共识的达成，并在 2020 年率先签署该协定，推动区域间开放合作，开启国际区域间服务贸易相互合作、互惠共利的新篇章。同年，中国与 RCEP 成员国服务进出口共计 1304.6 亿美元，其中，与东盟服务进出口贸易额达到 529.9 亿美元，相较 2015 年实现 18.7% 的增长[①]。

第三，国家重大区域发展布局调整优化，国内区域服务贸易协调发展。中国早在 2016 年就开始进行服务贸易创新发展试点的部署工作。2016 年至 2018 年，在上海、天津等 15 个地区开展试点工作；紧接着，在 2018 年至 2020 年，又将试点范围进一步扩大至北京、深圳等 17 个城市。以粤港澳大湾区保险业建设发展战略部署为例，为进一步推动粤港澳大湾区融合发展，促进各类要素自由流动，2019 年，中共中央、国务院印发《粤港澳大湾区发展规划纲要》，部署"支持深圳建设保险创新发展试验区，推进深港金融市场互联互通和深澳特色金融合作"相关工作，并明确提出"支持粤港澳保险机构合作开发创新型跨境机动车保险和跨境医疗保险产品，为跨境保险客户提供便利化承保、查勘、理赔等服务"。在政策指导下，2020 年银保监会发布《关于推进粤港澳大湾区人身保险产品有关工作的通知》进一步推进大湾区保险建设工作，明确跨境医疗保险产品框架和监管安排，积极鼓励推动相关公司开发产品落地实施，截至 2020 年末，在跨境医疗保险领域广东

---

① 中国服务贸易发展报告 2020[R/OL]. http://images.mofcom.gov.cn/fms/202109/20210914144136772.pdf [2021-11-30].

辖区太平人寿、横琴人寿、中国人寿三家公司已开展跨境医疗险产品销售，累计承保 4866 人次；在跨境机动车保险上，粤港澳三地保险机构也通过互相提供投保便利的模式，承保港澳跨境机动车辆 18 203 辆，合计出具保单 24 636 份。

第四，数字驱动服务贸易发展的特征日益凸显。一方面，近年来我国进出口货运及跨境电商保险迅速兴起。平安产险、太保产险等多家产险公司积极进行海外展业，开发并提供快递/包邮险、电商贸易退货、换货运费损失险、国际货代责任险等多种新兴产品，海外电商业务板块 2020 年总保费规模为 5.92 亿元[①]。另一方面，我国保险服务业积极探索云技术、物联网、大数据、人工智能等高新技术在保险领域的应用，应对新兴风险，如网络信息安全风险，除开发的新产品外，保险业还在积极探索创新服务合作模式，如通过入股分红的形式为创新型企业提供风险管理服务，并同时分享企业的相应技术红利。

二、金融进一步开放

习近平在 2018 年博鳌亚洲论坛中提出继续扩大开放，加快保险行业开放进程[②]。随后我国推出一系列对外开放的新举措：取消外资保险在中国境内设立代表机构 2 年以上的要求，2019 年人身险外资股比限制从 51% 提高至 100%，过渡期提前到 2020 年；放宽外资保险经纪公司准入条件，取消满足 30 年经营年限和总资产不少于 2 亿美元要求；取消境内保险公司合计持有保险资产管理公司的股份不得低于 75% 的规定，允许境外投资者持有股份超过 25%，等等。党的十九大报告提出建设现代化经济体系，推动形成全面开放新格局。2019 年，银保监会陆续出台两轮共计 19 条开放措施，为提高我国金融业服务实体经济能力和国际竞争力营造了良好的制度和市场基础。

此外，我国保险机构还借力"一带一路"建设东风，通过成立各类"联合体""共保体""共同体"，显著提升我国在特殊风险领域的谈判权、定价权和话语权，对提升我国保险业服务"一带一路"建设的技术能力和承保能力，积累特殊风险承保经验，提升服务实体经济能力具有重要意义。2020 年 7 月，中国"一带一路"再保险共同体（以下简称"共同体"）正式成立，于 2020 年 11 月进入实质性运行阶段，可为延期完工责任的工程险及货运险、政治暴力险以及恐怖主义险合计提供 35 亿元人民币的承保能力，具备在国际市场上担任首席报价人的能力。2017 年 11 月，新加坡"一带一路保险联合体"成立，成员单位包括中再新加坡分公司、

---

① 中国服务贸易发展报告 2020[R/OL]. http://images.mofcom.gov.cn/fms/202109/20210914144136772.pdf [2021-11-30].

② https://www.gov.cn/xinwen/2018-04/10/content_5281320.htm。

三星再保险、安盛集团等。共保体运行以来，中再新加坡分公司积极对接各成员，截至 2020 年 12 月中旬，中再新加坡分公司承保中国海外利益业务共计 25 笔，涉及国家包括印尼、泰国、巴基斯坦、越南等，提供的风险保障约为 52 亿元人民币。2018 年 11 月，中、英两国核保险共同体签署战略合作框架协议，双方约定在承保、风控领域的专业交流以及共同开发拓展第三国核保险共同体业务。2020年，两国核保险共同体通过联队捆绑模式，一跃成为阿联酋核电站的主要保险人。

第三节　新发展格局中中国保险业的应对举措

一、"十三五"期间保险业发展成果回顾

回顾我国保险行业在"十三五"期间走过的征程，快速而全面的市场化进程使得保险规模实现跨越式增长，超越日本成为继美国之后的全球第二大市场。"十三五"期间，指导我国保险行业发展的纲领性文件《中国保险业发展"十三五"规划纲要》明确了 2016～2020 年的发展目标：到 2020 年，全国保险保费收入争取达到 4.5 万亿元左右，保险深度达到 5%，保险密度达到 3500 元/人，保险业总资产争取达到 25 万亿元左右。根据银保监会统计数据，如图 15.1 和图 15.2 所示，2020 年全国保费收入达 4.5 万亿元，保险深度达 4.5%，保险密度达 3204.92 元/人，保险业总资产为 23.3 万亿元[①]。

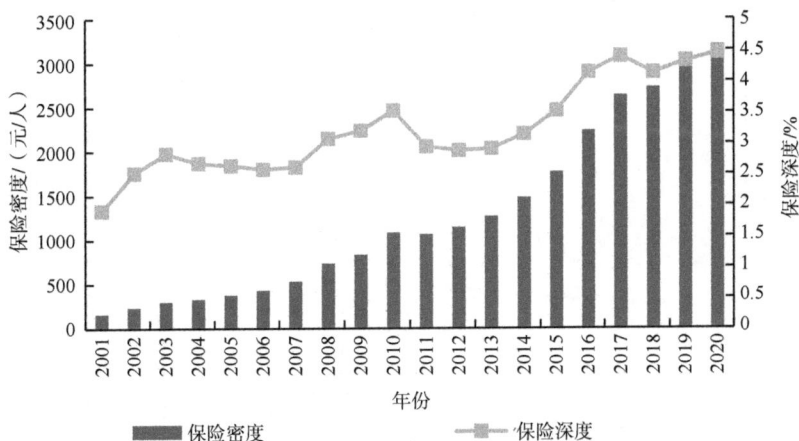

图 15.1　2001～2020 年我国保险密度和保险深度

资料来源：Wind 数据库、银保监会

① 资料来源：Wind 数据库、http://www.cbirc.gov.cn/cn/view/pages/tongjishuju/tongjishuju.html。

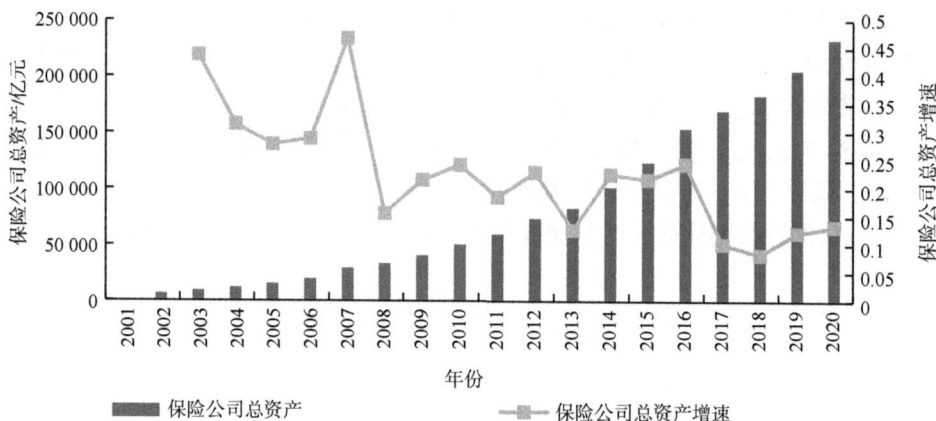

图 15.2　2001～2020 年我国保险公司总资产及增速

资料来源：Wind 数据库、银保监会

从四个关键指标的维度衡量，虽然除保费收入达到预期目标外，保险深度、保险密度以及总资产的实际发展情况相较预计值均有所偏差，部分原因在于收官之年突如其来的新冠疫情对经济发展的冲击；但即使如此，放眼入世以来 20 年的发展历程，仍不可否认"十三五"期间我国保险行业高速增长的傲人成绩：市场主体方面，保险公司、保险资产管理公司、保险经纪和代理公司数量激增，保险公司机构数由 2016 年年末的 203 家上升到 2020 年 238 家，保险专业中介机构数量截至 2019 年 2669 家，相较期初增长百余家；市场规模方面，如图 15.2～图 15.4

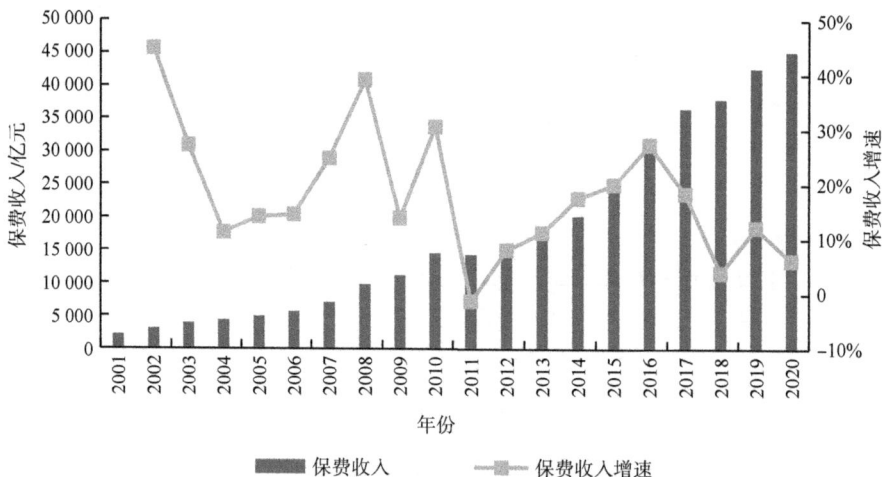

图 15.3　2001～2020 年我国保费收入及增速

资料来源：Wind 数据库、银保监会

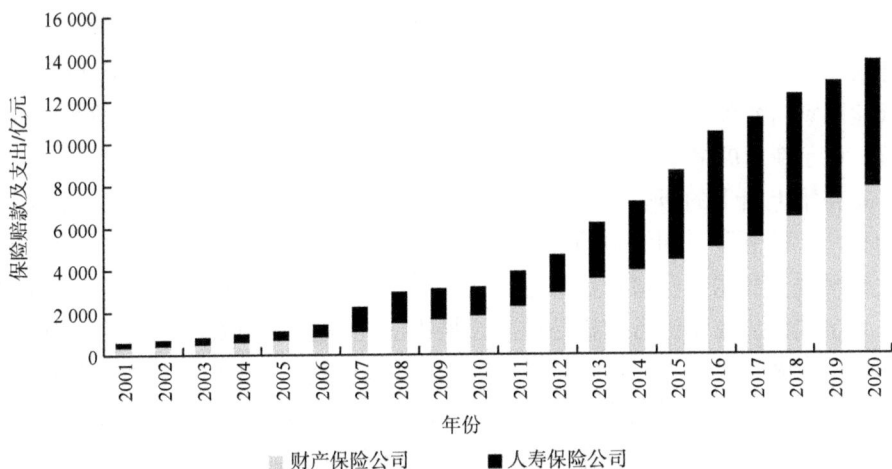

图 15.4　2001～2020 年我国保险赔款及支出

资料来源：Wind 数据库、银保监会

所示,保险公司总资产、保费收入和总赔付"十三五"期末较期初分别上升 51.53%、46.44% 和 32.25%（其中财险增长 56.18%,寿险增长 10.19%）；市场影响力方面,我国保费收入占全球市场份额稳步提升,2019 年占比 9.81%,对全球保险市场增长贡献达 29.61%,稳居世界第二大保险市场地位[①]。

与此同时,"十三五"期间保险坚持"保险姓保"的原则,在服务民生、服务实体经济中推进深化改革和对外开放。其中,在服务民生方面,坚持推进健康中国战略和助力完善养老保障体系,在多个城市试点推出了"惠民保"等普惠型保险产品,探索健康管理新模式；深度参与脱贫攻坚,发展小额人身保险、融资保证保险等农村专属保险,完善大病保险,防止因病返贫、因病致贫；应对国家重大公共事件时及时伸出援手,在新冠疫情期间创新保险产品,开发诸如复工复产保险等新险种,同时拓宽保险责任,积极赔付、捐款,承担社会责任。服务实体经济方面,"十三五"期间拓宽险资运用渠道,创新险资运用方式,将资金更多投向能源、交通等国家重要战略领域；保险资管机构还推出普惠型金融产品,在为小微企业融资的同时运用专业的风险管理技能帮助防范风险。

二、"十四五"规划解读

立足百年未有之大变局,中共十九届五中全会统揽全局,深入分析国际国内形势,站在党和国家事业发展的高度提出了《中共中央关于制定国民经济和社会

---

① 资料来源：Wind 数据库、http://www.cbirc.gov.cn/cn/view/pages/tongjishuju/tongjishuju.html。

发展第十四个五年规划和二○三五年远景目标的建议》。"十四五"时期是我国全面建成小康社会、实现第一个百年奋斗目标之后，乘势而上开启全面建设社会主义现代化国家新征程、向第二个百年奋斗目标进军的第一个五年，也将是处于新发展阶段、位于新发展格局、我国保险高质量发展的五年。

　　站在承上启下的历史交汇点，承接的是"十三五"时期保险的高速发展，开启的是"十四五"时期保险的高质量发展，如何统筹发展速度和质量是亟待解决的关键问题。我国经济增长经历过由高速向中高速转变的换挡期，通过供给侧等一系列全面深化改革进行结构性调整，牺牲部分增速以换取健康、稳定、可持续的高质量发展，这个经验放在保险行业中同样能起到"以他山之石攻玉"的作用。随着保险业进入全面深化改革时期，传统的粗放型发展方式在追求经营精细化与推崇制度创新、科技创新、险种创新、服务创新的时代将难以为继。

　　发展速度方面，我国保险行业相对发达国家保险市场尚有较大的发展空间。瑞再研究预测，中国将在未来几年为全球寿险和非寿险增长做出最大贡献，2029年时预计保费占比将达到20%，并有希望在2030年代中期超越美国成为全球第一大保险市场[1]。然而，从图15.5和图15.6中可以看出，我国保险密度和保险深度仍处于较低水平，国民保险意识还有待提高，相较全球平均水平尚有不足，在追赶发达地区和国家时差距更大，但保费增速上我国领先于全球平均保费增速（图15.7），这体现出增长速度和发展质量之间的矛盾，也是我国保险实现高质量发展需要解决的问题。

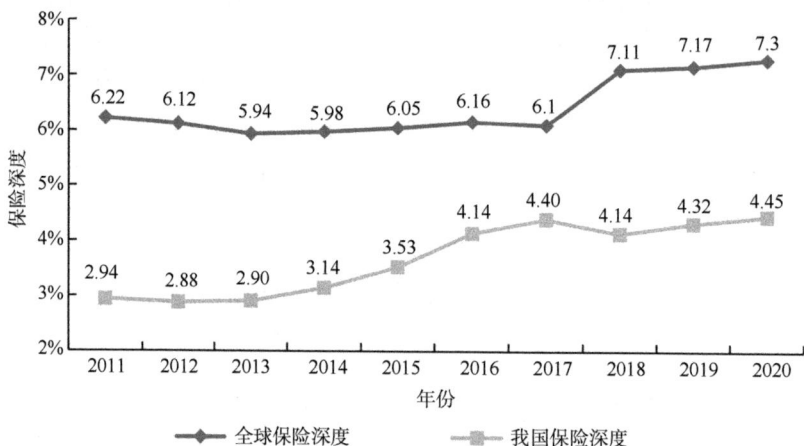

图 15.5　2011～2020 年全球和我国保险深度对比

资料来源：Wind 数据库

---

① 资料来源：https://www.swissre.com/china/news-insights/press-release/nr-20190704-sigma4-china.html。

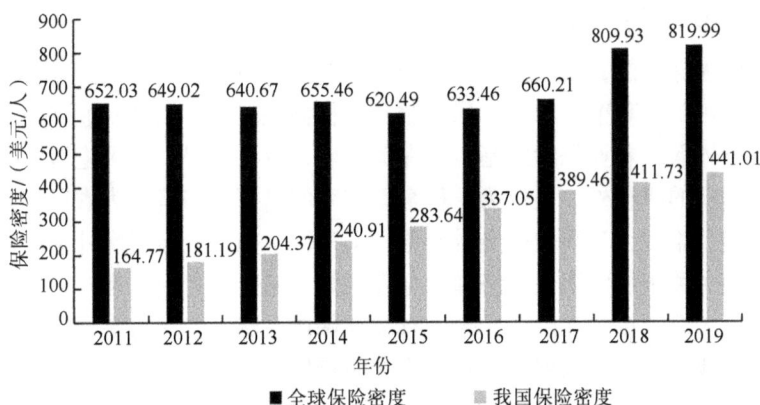

图 15.6 2011～2019 年全球和我国保险密度对比

资料来源：Wind 数据库

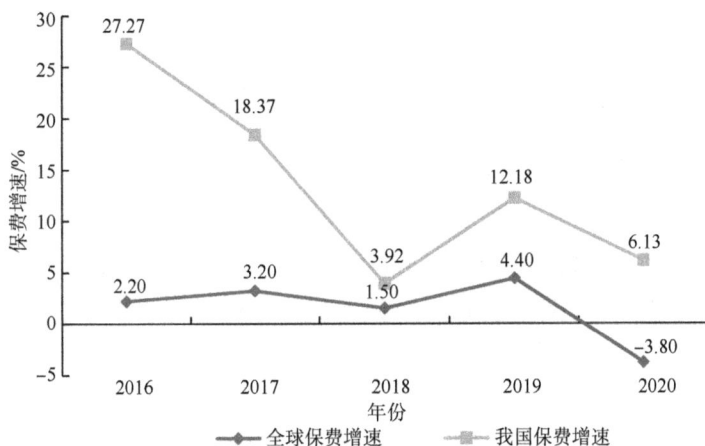

图 15.7 2016～2020 年全球和我国保费增速对比

资料来源：Wind 数据库

发展质量方面，要将保险业放在新发展格局中思考。面对世界政治经济环境加速变化，党和国家领导人提出"以国内大循环为主体、国内国际双循环相互促进"的新发展格局。新发展格局绝不是封闭的国内循环，而是在国内循环的主题中进一步开放兼顾国内国际双循环。这为我国保险业发展提供了重要指导方向：一方面，"以国内大循环为主体"定调国内保险市场供需结构进一步重构是主题；另一方面，"国内国际双循环相互促进"意味着保险市场加快开放，外资保险在市场上的制约因素逐渐减少，中外资在相互竞争中促进合作的格局进一步深化。

通过对《中共中央关于制定国民经济和社会发展第十四个五年规划和二〇三五年远景目标的建议》进行解读我们可以得知，在新发展格局中，国家对于保险业的高质量发展有如下要求。第一，加强保险的社会治理功能，保障人民生命财产安全。巨灾保险能有效提高防灾、减灾、抗灾、救灾能力，是完善国家应急管理体系必不可少的环节。第二，保险服务乡村振兴战略，发展农业保险，健全农村金融服务体系。农业保险除基本的保障功能，解决农民"看天吃饭"的问题，提供风险缓释的机会外，还作为农村金融体系的重要参与者，为农民提供增信，降低小额贷款难度，盘活农村金融资源。第三，参与建成多层次社会保障体系。在《中共中央关于制定国民经济和社会发展第十四个五年规划和二〇三五年远景目标的建议》多处提及保险，十余处有关社保体系建设，涵盖基本医疗保险、养老保险、失业保险、工伤保险、重大疾病医疗保险、长期护理保险、商业医疗保险等众多险种，充分表明国家对保险在社会保障体系构建过程中重要定位的肯定。第四，提升金融科技水平，创新发展保险科技。处于新一轮科技变革的时期，做到保险高质量发展应实现保险科技率先创新开发与实际应用，走在世界前沿，以科技赋能保险行业发展。

三、"十四五"时期保险业发展的总体思路和重大举措

（一）扭住扩大内需的战略基点

扩大内需是双循环新发展格局的主要抓手。我国经济体量庞大，但与其他发达国家相比，居民保险消费还处于较低水平，但近年来人身保险的需求日益旺盛，这与人民风险保障意识提高，开始正视保险的保障功能而非像以前看中投资收益有直接关系；同时，新冠疫情的暴发再次拉升人们对购买人身保险、抵御突发事故的意愿。第七次人口普查数据显示，我国正加快步入深度老龄化时代，加之出生率降低（图 15.8），人们更加关注医疗保险、重疾保险、长期护理保险、养老保险等产品的保障作用，保险公司应抓住居民对全生命周期保险保障的旺盛需求，提供创新的、个性化的解决方案，解放居民保险消费的束缚。

（二）抓住产业升级的风口

身处百年未有之大变局，世界产业链格局加速变革，我国作为世界第一大制造业大国，虽拥有完整的工业体系，但在核心技术领域如半导体芯片仍面临"卡脖子"问题，且在国际垂直分工中仍处于中下游环节。"十四五"时期是以全方位创新为核心的深化供给侧结构性改革的重要时期，应充分运用保险加速产业升级，推动我国制造业向现代化迈进。一方面，可以借助保险资金长期、安全、成本低的优势助力新基建发展，将保险资金投资于回报周期长的 5G 基站建设、新能源汽车充电桩、特高压、大数据中心等新基建领域，满足高端制造业对高端基础设

施的需求；另一方面，为研发风险大、破产风险高的创新技术领域和以独立自主研发半导体芯片、精密仪器、操作系统等为代表的高精尖领域提供科技保险，摆脱过度依赖进口的现状。

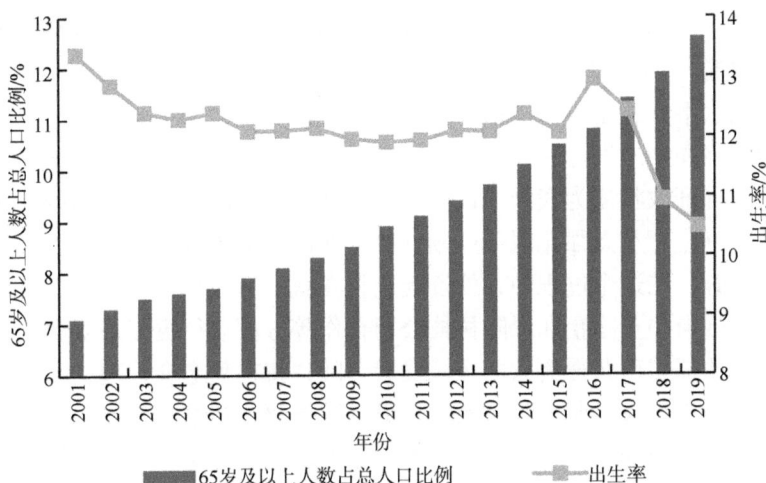

图 15.8　2001～2019 年我国 65 岁及以上人口占比和出生率

资料来源：国家统计局

（三）服务国家重大发展战略

区域经济一体化发展战略是践行以国内大循环为主体的重要手段。习近平在第一届进口博览会中提出"支持长江三角洲区域一体化发展并上升为国家战略"[①]，党的十九大将粤港澳大湾区建设正式写入报告，此外，以京津冀、成渝地区双城经济圈为代表的中心城市圈成为我国发展要素聚集空间，各大区域发挥一体化优势，打通流动性形成统一的国内大市场。各类险企在新区域发展战略中又拥有更多的城市基础设施建设投资机会，并承载着一体化的居民保障体系建设任务，同时，保险资金作为金融要素流通还能对经济一体化建设起到促进作用。

在"十三五"时期，保险在助力脱贫攻坚中发挥了不可替代的作用；"十四五"期间保险将助力乡村振兴战略的持续推进。发展绿色保险、普惠保险，运用保险科技扩大风险保障在农村发展的覆盖范围，做到全方位覆盖"三农"、城镇低收入人群；发展养殖保险、种植保险、小额贷款保证保险等，完善农村金融体系，促进农村产业发展。

---

① 资料来源：https://www.gov.cn/zhengce/2019-12/01/content_5457442.htm。

第四节　持续对外开放进程下中国保险业发展展望

《中共中央关于制定国民经济和社会发展第十四个五年规划和二〇三五年远景目标的建议》提出，加快构建以国内大循环为主体、国内国际双循环相互促进的新发展格局。"十四五"期间，我国保险服务贸易发展有望迎来快速发展。

坚持高水平开放是"国内国际双循环相互促进"的题中应有之义，中国保险业在新发展格局中应发挥联动国内外经济发展的功能与作用。"十四五"期间，服务业领域对外开放将成为我国建设开放型经济体的新高地。我国将清理并大幅削减服务领域壁垒，重点强化服务业领域要素获取、准入许可、经营运行等方面的公平竞争审查。在这个过程中，外资险企将在获取营业牌照、拓展全国范围内销售渠道、加强与中资险企和保险科技公司合作等方面获得更高的便利度，将在二三线城市和西部城市获得更大的区域发展空间，将在养老金管理、中高端客户市场、责任险和工程险等非车险领域实现更多差异化、精细化发展。从行业整体角度看，也有利于中外险企实现充分合作与竞争，提升行业整体活力和竞争水平。

我国通过签订 RCEP、中欧自由贸易协定等一系列对外开放合作协议，提出共建"一带一路"倡议等为各区域包括货物贸易、金融服务在内等经济合作开拓了新空间。随着 RCEP 生效，中国与东盟国家之间的国际铁路、航运运输以及相应承载的货物贸易、人员往来将显著提升。同时，全球贸易保护主义抬头、投资环境日趋复杂，部分共建"一带一路"国家政局动荡，异常事件频繁发生，海外人身保险、财产保险、贸易险、信用险等一系列跨境保险、再保险需求将显著提升，需要保险机构为中资企业"走出去"提供一揽子海外经营风险和管理服务。

从服务便利化角度而言，单据电子化、生物识别、自然语言处理等技术的不断发展，将显著提升保险机构线上服务水平，加强保险服务跨境交付能力。从风险防控角度，大数据、人工智能、区块链等技术在保险行业的应用，将建立涉及多个成员的交易记录可查阅、可追溯的大数据信息系统，有效提升风控水平，降低保险欺诈概率，同时为完善反洗钱、反恐怖融资、反逃税监管机制提供技术保障和支持。

加速产业链、投资链的一体化布局，优化全球资源配置。各类保险机构加速布局能增加保险服务贸易额，提供金融服务交流机会，一是为中资保险公司"走出去"提供国际发展经验和技术，二是为更多外资公司"引进来"提供示范案例，打通国际保险市场交流渠道。

第十六章　中国经济高质量发展与保险

自党的十八大以来，我国的经济发展历经了增长速度换挡期、结构调整阵痛期、前期刺激政策消化期等多个阶段。我们对于经济发展的阶段性认识也在逐渐深化，从关注并重点解决"有没有""有多少"的问题转向解决"优不优""好不好"的问题，从聚焦高速度与扩大体量式发展转变为追求高质量与高效益式发展。换言之，高质量发展即新时代中国经济工作的基本方向。本章着眼于对新开放格局下的保险业发展进行分析。通过本章的研究，我们尝试回答了三个问题。第一，什么是高质量发展？中国保险业的高质量发展代表什么？第二，中国保险业高质量发展能为经济和社会带来什么？第三，中国保险业发展得怎么样，将来又应该如何发展以顺应新开放格局中的高质量要求？

第一节　新发展阶段与保险业高质量发展

什么是高质量发展？中国保险业的高质量发展代表什么？高质量发展这一目标对于不同类型的保险市场主体和不同的保险业务场景，有着不同的内涵与要求。

一、寿险业高质量发展

就寿险营销而言，高质量发展意味着粗放型发展模式的转型升级，主要体现在代理人清虚，提高行业的人均产能，打造核心绩效优良又兼具活力的团队等三方面。首先，一些寿险公司着手建立更加有效公平的考核机制，实施考核清退机制，以维持保险代理人的竞争力，进而提升整个营销队伍的战斗水平。其次，新设优秀人才培养计划，深入细分市场进而完善队伍的分层次经营等措施，将有助于改善现有部分寿险代理人专业能力不达标，产能较低的发展困境，提升人均产出。银保监会主推的独立代理人制度也同时印证了未来多元化的保险服务模式，打破传统代理人利益链条的金字塔结构，让扁平化的保险营销成为一种销售渠道。最后，也有寿险公司通过优化人才招募计划、加强员工技能培训、强化新兴技术的应用，以及注重综合绩效考核等方式，来推动营销员队伍的转型升级，保持活力从而可持续性地释放产能。除了个体营销渠道以外，未来的银保渠道、互联网保险等其他渠道同样对寿险营销渠道的高质量发展非常重要，提高服务质量和营销效率是寿险营销的核心所在。

就寿险产品而言，高质量发展意味着进一步践行保险回归保障功能，进一步激发保险创新活力，推动保险产品改革。2017 年，保监会正式出台《关于规范人身保险公司产品开发设计行为的通知》，要求保险业回归保险本源。在这样的背景下，保险公司的重点业务布局逐渐向健康险领域转移，以满足我国居民日益增长的健康保障需求。同时，人们健康意识的提高，激发出人们对于健康管理的需求，而这样的需求进一步推动医疗保障制度的改革，商业健康保险与社会基本保障互补衔接。由此，以政府指导、商保承办、城市定制、衔接医保为模式的普惠型补充医疗保险在全国多个地方逐渐发展，以惠民保为代表性产品。就养老保险而言，在强监管引导保险行业回归保障业务之下，保险公司在产品定位、设计、渠道分发、客户定位与教育等方面纷纷重新布局，转变发展模式，保障功能不断增强。随着《个人税收递延型商业养老保险资金运用管理暂行办法》的出台，创新型养老保障产品进入新的发展阶段。在下个阶段，保险业将承担着解决我国人口老龄风险与健康风险的重要功能，未来的寿险保险产品将围绕着健康与养老发力，通过有效的保险保障机制更好地发挥保险保值增值与社会管理功能。

就寿险经营管理而言，高质量发展意味着回归以客户为中心的行业初心，运用保险科技进行数字化转型，提高经营管理效率。随着时代的发展，保险市场环境以及客户需求都在发生着深刻的变化，寿险传统的经营管理模式正在进行重构。运用保险科技对公司进行数字化改革，有助于优化客户、员工乃至公司管理层的体验，实现降低成本、提高效率的目的。同时，在内外部环境的不断推动下，保险公司也在调整自身的经营管理理念，从机会驱动转变为能力驱动，更加注重竞争方式、服务供给以及管理能力的提升，深耕价值，以实现长足稳定发展。

二、非寿险业高质量发展

就财险营销而言，高质量发展意味着转变销售模式以适应新生代客户的需求。面对如今年轻群体需求，财险营销队伍普遍出现获客难、触客难、专业能力不足等问题，销售困难导致部分基层营销人员收入不升反降，队伍脱落率高。为走出财险营销面临的困境，一些保险公司通过推动保险与科技的深度融合，利用数字化赋能打造销售支持能力，重构销售链路，系统性地提升队伍获客能力和用户经营能力。非寿险保险业的高质量发展还将更多地运用区块链、物联网、车联网和无人机等技术，提高与用户之间的黏性，增大保险公司触达面。

就财险产品而言，高质量发展意味着产品结构、功能定位等方面的转型升级。

具体而言，是要推动财险业从以车险为主向车险、非车险发展并重转变，从销售驱动向产品服务驱动转型，从传统经济补偿向风险管理和增值服务升级。走出"大而全"的传统发展模式，摒弃低费率竞争的手段，转而将发展重心置于专业化、精细化发展路线，改进业态模式，深耕细分市场，开发多元化产品，推动服务创新，打造围绕保险的生态圈服务体系。下一阶段非寿业的高质量发展将更多推动保险服务实体经济，助力国家经济体制转型与改革。

就财险经营管理而言，高质量发展意味着综合改革的稳步推进，保持平稳较快增长，进一步提升自身的服务水平、资本实力以及保障水平。一些财险公司为实现其往精细化、科技化以及现代化的方向的转型升级，正在做出多种努力，如进一步分化市场主体，深耕细分发展策略，改善业态运营模式，不断进行服务创新，完善公司治理体系，提高公司业务及管理数字化水平，捕捉市场机遇。

三、保险资管高质量发展

就保险资管而言，高质量发展意味着致力于服务实体经济，发挥保险蓄水池功能。这需要各个部门和市场主体的积极配合，从多个方面引导行业高质量发展。首先，需要落实资管新规，深化保险资金运用体制改革，强化产品特质及运作规范，推进保险资金专业化、规范化、市场化运作，构建具有差异性、多层次且覆盖面较广的保险资产管理产品，提高保险资金运用水平。其次，保险资管公司要树立长期投资理念，按照安全性、流动性和收益性相统一的要求，切实管好保险资产，建立有效的风险控制和预警机制，实行全面风险管理，确保资产安全。再次，需要根据市场改革的趋势，积极推进差异化监管，优化分类模式，支持偿付能力水平充足，具有较强风控能力的公司适度提高风险投资水平，为创业企业注入更多资金活力。最后，行业的创新离不开政策的支持，在风险可控的前提下，应鼓励保险资金直接或间接投资资本市场，逐步提高投资比例，适度扩大保险资金投资规模和金融产品品种。根据国民经济发展的需求，不断拓宽保险资金运用的渠道和范围，充分发挥保险资金长期性和稳定性的优势，在金融一体化下融入国家金融发展中，为国民经济建设提供充足的资金保障。

四、保险监管高质量发展

就保险监管而言，保证保险业的高质量发展意味着要监管从严，规范发展，从多个方面控制风险。高质量发展要求保险业注重合规、在社会治理中发挥保险作用，保护消费者利益，这样就对核心或者源头上的保险监管提出了更高的要求。在保险公司的内部监管方面，应加强高层管理人员的履职管理，规范股东股权行为，梳理基于各流程环节的关键风险点，建立由点及面、涉及全流程的实时指标监控体系以及相应的内部自查机制，完善风险管理制度。进一步运用数字化技术提升销售过程的可回溯性，在涉及客户操作和客户接触的环节设立神秘人监测暗访机制，从客户角度审查公司在客户风险评测、销售人员沟通和回访方面的实施情况。在风险控制方面，整体上要通过加强偿付能力监管以控制系统性风险。对于不同类型的保险主体，在准入核查、公司治理及相关风险准备要求是否达标等方面，均需设置明确的监管责任人。对于保险产品的监管，则是要注重对相关保险产品、运营及销售、理赔等业务管理环节的全链条式监管。对于保险从业人员，根据银保监会的要求，要着眼于自上而下的立体式监管。此外，监管机构可通过建立健全监管科技相关基础设施，包括相关政策法规、技术标准和基础算法模型等，优化监管力量与资源配置，维护市场公平竞争和市场秩序，切实保护消费者权益。例如，将监管合规要求变为标准的应用接口嵌入保险公司核心业务、财务、准备金等系统中，建立实时数据集成系统和自动化监管报告系统，实施监控和监管规则，发现风险异动快速做出监管响应。

五、新生态主体高质量发展

党的十九大报告中首次提出全面开放新格局。在全面开放新格局下，各类保险公司也紧抓时代发展机遇，整合各种资源，深化公司乃至行业的转型升级，不断扩大对外开放，推动保险市场的"新发展"。对此，保险市场表现出一些新的市场特征，本书观察到的主要有六点。

第一，在全面开放新格局中，各类保险生态兴起，如健康生态、养老生态、车生态以及其他生态等。以健康生态为例，保险业依托逐渐发展的科学技术，联合医疗机构、健康管理机构、科技公司等多行业，为客户提供全面的健康管理，打造医养结合新模式。

第二，产品创新，定价优化。新风险的出现使得人们对新产品和新保障责任的需求日益提升。伴随着可保风险的扩充和更新，新的保险产品种类应运而生。与此同时，各类保险科技的应用，正在更新产品的定价基础和服务效能，推动保险产品提质降价。

第三，保险中介结构多元化，人员素质不断提升。独立保险代理人进入市场参与竞争，推动传统代理人市场进行改革。为提升保险行业人才素质，政府、学校、险企三大主体联合发力，从源头加大对专业人才的培养力度；对于已经进入队伍的代理中介，各大险企纷纷开展丰富多样的培训课程。

第四，精准营销。保险公司一方面利用公域流量的投放拓展流量，另一方面利用私域流量的裂变能力拓展和巩固客户，营销数字化，通过活动策划、用户分析、产品配置等形成完整的服务链条，最终实现精准营销。

第五，增值服务日益丰富，满足客户多样化需求。保险公司在保险营销的前中后期均提供多种类型的服务，以供客户选择，不断挖掘和满足其多样化的保险服务需求。

第六，保险科技为公司运营赋能增效。科技与保险的深度融合，表现为搭建高效运转的工作平台、精准构建客户画像、大数据风险评估与决策等。这些都让保险公司的运营与管理焕发出新的活力。

第二节　中国保险业高质量发展价值

中国保险业高质量发展能为经济和社会带来什么？保险业高质量发展将促进经济发展，助力社会稳定和培育我国未来保险行业进一步高质量发展的科技运用和核心竞争力。

一、保险业高质量发展与经济发展

首先，保险业的高质量发展能够稳定金融市场。保险公司是实体经济关键服务的重要提供者。它们通过帮助企业和家庭管理风险来支持产出增长，并在这一过程中将储蓄转化为投资。然而，如果一家或几家保险公司倒闭或陷入困境，则可能导致实体经济关键服务的中断；保险公司的活动和行为，如提供金融担保、现金抵押再投资计划或信用违约掉期等，可能通过杠杆或到期转换增加脆弱性，并通过相互联系促进冲击的传播，进而放大对金融体系的冲击。因此，相关监管机构需要时刻保持警醒，规范并引导保险行业有序发展。保险公司自身也需坚守初心，胆大心细，切实做好风险防范。

其次，保险业的高质量发展能够服务实体经济发展促进产业升级。保险业在支持新产业、助力"三农"工作发展方面都已经做出了巨大的贡献，并且还在持续优化和进步。实体企业通过为员工配置商业保险，提高了员工的福利和覆盖健康和收入风险的能力，使得员工愿意继续从事研发活动。对于研发风险较高的实体企业，商业保险的购买保证了企业研发活动的增加。在支持新兴产业和新业态发展上，新型保险产品，如新能源车专用保险的推出，有利于保护新能源消费者的利益，进一步促进新能源车购买量的增加，推动新能源汽车产业良性发展。保险公司积极参与绿色项目投融资，发行绿色主题保险资管产品，将为绿色经济产业的发展提供有力的支持。此外，保险业也是农业现代化发展的重要保障之一。保障新农险产品（如农业指数保险、完全成本保险和种植收入保险），将有助于有效保障农户的利益，对于提高农户的生产积极性来说有着重要的意义；而信贷型农险产品，则能降低农民信贷门槛，丰富农户资金来源，为农业发展提供更加稳定的资金支持。保险公司通过探索考察农户经营模式，考察农民的真实需求，从而为其提供创新的保险服务，有利于将更好的产品用更高的效率带给农户。

最后，保险业的高质量发展能够服务工业 4.0 和智能制造。目前，保险行业正从多个方面为智能制造业提供支持。智能时代的一个重要特点是打通生产、流通、销售等环节，各个环节之间的联系日益紧密，形成完整的产业链条。保险业针对不同生产要素、不同的生产制造环节与流程所涉及的风险进行"全链条"式保障，既包括事故预防的防线管理服务，也包括事故后的保险赔偿。如此一来，可以达到综合性风险管理的目的，从而更好地支持工业制造业发展。在提供全链条类保险解决方案的同时，一些险企也通过设计新型保险产品与传统保险产品的升级，针对当前创新技术企业不同的专业风险点展开针对性保护。这些新型保险产品包括（但不限于）保障停工风险的故障损失保险、营业中断险，维护技术创新积极性的专利执行保险，保证企业信息安全的网络安全保险，维护新兴企业利益的相关责任险（如董事和高级职员责任险、高新技术产品研发责任险）。除了产品创新以外，保险资金通过购买债券、股票等金融工具对创新型企业进行投资，或者通过股权、债权、私募基金等方式对新型制造业公司或项目进行直接融资。这样的资金支持，对于力量尚为弱小但具有高创新能力的智能制造公司而言，具有重大意义。此外，在智能制造企业招募贤才上，也离不开保险行业的支持。完善的社会与商业保险、员工健康计划等，无疑能够提高企业对于高素质人才的吸引力，有助于为企业汇聚人才，留住人才。

二、保险业的高质量发展与社会发展

首先，保险业的高质量发展有助于防范重大风险。保险业在应对公共卫生事件中发挥损失补偿、风险保障和风险管理功能。在新冠疫情中，各大保险公司在疫情刚开始发生即制订出了相应的赔偿计划，开通赔偿绿色通道，积极承担赔偿责任。在风险保障上，一些保险公司用以现存产品保险责任扩展为主，赠送新型冠状病毒感染相关产品为辅的方式为社会增量风险提供保障；也有一些保险公司借助互联网手段下沉市场，将增量风险保障更快地触达更广泛的人群。在风险管理上，保险公司将服务与保险产品相结合，帮助居民更快速地获得更高质量的风险管理服务，日常咨询和相关提醒能帮助民众了解自身风险状态，以此提高社会保障的质量。与此同时，保险业也发挥着社会责任、类社会保障、社会管理等延伸功能。在公共卫生事件中，保险业往往会利用捐赠和社会救助等形式积极参与公共卫生管理；踊跃参与社会公益活动；通过信用保证保险为中小企业增信，帮助其获得间接融资；通过保险资产给予直接融资，保证日常经营活动和技术开发，等等，体现出保险行业的社会责任与社会管理功能。此外，在后公共卫生事件时期，由公共卫生事件引起的直接人身和财产损失的频率和损失程度都将会有明显的下降，风险因素将由公共卫生事件本身转变为持续防范公共卫生事件再度发生而采取的措施，这在后新冠疫情时期表现为各地方的隔离和防疫措施，由此类风险因素造成的风险损失一般为间接的人身和财产损失。保险公司灵活地转变经营策略并创新产品，同时创新承保、核保、风控等经营手段，将有助于满足后公共卫生事件时期社会对风险管理、风险分担和风险融资的需求，继续发挥保险行业的社会稳定器的功能。

其次，保险业的高质量发展能助力进一步巩固和拓展脱贫攻坚成果，同乡村振兴有效衔接。保险业不断扩大小额意外险、小额定期寿险、重疾保险、医疗救助保险等政策性惠民产品的覆盖范围，积极开发保障适度、保费低廉、保单通俗、服务便利的多样化特惠保险产品，将有助于满足农村地区留守儿童、留守妇女、留守老人、失独老人、残疾人等特殊人群的保障需求，进一步巩固脱贫地区工作成效。此外，一些保险公司积极为曾经的贫困地区提供如关爱保险服务、"一揽子"优质便捷保险服务、妇女"两癌"免费筛查、孕前优生健康免费检查等服务，使得保险服务惠及更多边远地区，为乡村振兴工作提供扎实保障。此外，保险资金积极参与农村金融服务能力建设，通过拓展完全成本保险和种植收入保险业务覆盖面，因地制宜开展地方特色农产品保险，助力守住不发生规模性返贫底线，服务全面推进乡村振兴。

再次，保险业的高质量发展有助于保障民生健康。作为"城市普惠型医疗保险"，惠民保产品的初衷以及核心理念即"普惠"。它填补"低水平、广覆盖"的基本医疗保险和"高门槛、高保障"的商业健康保险之间的空白地带。零投保门槛的惠民保直击商业健康保险的痛点，为不符合健康告知而被商业健康险拒保以及存在医疗保障需求但保费预算有限的消费群体提供更为合适的、折中的保障选择。惠民保的出现在很大程度上缓解了基本医疗保险保障额度低、保障范围有限的痛点，它还将医保目录外的若干种特定高额药品（通常是常见大病的特效药及靶向药等）纳入保障范围，在扣除免赔额后给予一定比例的报销，这使得惠民保产品可实现更大范围的对基本医保的补充。此外，有政府的参与和背书，惠民保在产品设计、销售推广环节都或多或少有政府相关部门的介入与监督，产品相对更加透明，消费者的权益更能得到保障。产品附加的多项健康服务，包括健康体检、用药咨询、慢性病药品配送以及专病讲堂等，直击消费者核心需求。这也将对全社会健康意识的提高起到推动作用，让保险的高质量发展惠及全体人民，不断提升人民获得感、幸福感与安全感，助力"健康中国2030"的实现。

最后，保险业的高质量发展有助于保障老有所养。积极应对人口老龄化、做好养老保险相关服务是我国养老产业布局的关键。养老产业的布局以养老地产为核心，保险与养老地产具有高度的融合性，保险资金投资养老地产具备先天优势。通过投资养老地产可以实现负债端与资产端的协同和联动。保险资金负债长与久期长的特性与养老社区前期投资大、盈利周期较长相匹配，并且对养老社区的投资可以实现对保险产品销售的带动作用和医疗健康资源产业链的整合作用。保险投资能够丰富养老资金的配置方案。保险机构金融养老产品是养老金融产品供给的主要来源之一，不同收入的人群对保险类养老产品的需求不同。针对小康人群，银行、保险机构应更加注重资金安全性，为其设计风险低的银行理财、增额终身寿险等金融产品。针对高净值人群，银行、保险机构更应设计具有资金保值增值、财富传承功能的金融产品，实现高性价比的养老金融产品布局，助力我国应对人口老龄化、优化养老服务的要求。保险科技能够助推养老产业的发展。利用互联网和大数据技术，基于可穿戴智能设备的智慧养老综合服务平台、智能养老终端已初具成效。通过各类健康管理设备，用户及保险公司可实时获知其健康风险状态，便于其进行健康管理。

三、保险业高质量发展与保险科技

保险科技的广泛应用将推动保险创新发展，促进跨行业保险生态圈的形成和发展，加深人工智能、区块链、大数据、云计算等科技与保险价值链各环节的融合。此外，就长期而言，随着保险公司的科技运用水平和能力不断提高，风险的可保边界将不断拓展，针对既有风险的保障能力将持续提升，保险业的风险保障职能将日益增强。总之，保险科技的发展将为未来的保险业高质量发展进一步服务和赋能，培育中国保险业未来的核心竞争力和优势特色。

保险科技的广泛应用正在全方位地重塑传统保险行业。赋能型保险科技是保险业转型升级的推动力。从保险业转型升级的角度来说，赋能型保险科技提高了保险各业务环节的效率，优化了用户体验，扩大了保险的覆盖范围，提高了保险机构的经营效益，而颠覆型保险科技的发展，有助于降低保险业运营成本，提高效率，使保险公司获取更多风险知识进而承保新兴风险，以及不断细分风险，提高保险业的服务水平。

本书通过梳理中国保险科技生态圈主要参与主体的发展策略，发现保险科技的发展及预期已成为各主要参与主体制定业务发展策略的重要内容，各利益相关方之间的合作和博弈关系显著分化。传统大型保险公司正在利用资金、牌照以及人力资源优势引领保险行业数字化转型，互联网保险公司则专注于做实做深互联网业务、增强自身信息技术能力，促进线上保险业务的发展和迭代。大型互联网公司对保险业务的兴趣浓厚，往往通过与保险公司合作，利用其庞大的用户流量和数据资源，实现精准营销和定价，积极探索新颖创新的互联网保险场景。此外，保险科技初创企业更注重发挥自身的技术优势，针对保险公司的业务发展痛点，为保险公司提供具有针对性的产品和服务。

与发达市场的保险科技发展状况相比，我们发现各国保险业均有不同程度的鼓励政策。受益于支持性政策与技术发展，保险科技正成为各国保险业的关注重点，也是各保险公司强化其竞争优势的关键方向。目前，中国监管机构正积极借鉴发达国家的成功经验，加速健全和完善在保险科技方面的监管框架，在鼓励保险创新的同时，严控各类威胁金融体系安全的重大风险。大型保险公司利用本土化优势，在数字化转型方面体现为业务先行，目前已步入结构性转型阶段。保险科技初创企业则更专注于分销领域的创新。

根据我们的评估，从分项来看，数据障碍是影响中国保险科技发展最重要的限制因素，其次是缺乏顶层设计、数据治理限制、复合型人才缺乏、知识产权保护不足及公共保险意识薄弱。从解决难度来说，公共保险意识薄弱为最难解决的问题，其次是知识产权保护不足、保险交易环节的复杂性和数据障碍。此外，基于对 104 家保险科技初创企业的路演 PPT 文字内容进行分析，我们发现保险科技在保险行业的应用已贯穿到保险价值链各个环节，诸多细分风险保障领域和场景化产品均有涉及。同时我们也观察到健康、医疗和护理服务正成为保险科技运用的热点方向。从技术角度来看，云计算和人工智能的运用最为普遍。

对于保险行业而言，保险科技的广泛应用正在全方位地重塑传统保险行业，包括组织架构、业务流程、产品形态等；同时，不断拓宽保险业务的可保边界、风险类型、保障范畴及承保能力，有助于推动保险业的高质量发展。因此，全面系统地把握中国保险科技目前的发展状况和未来趋势对市场从业者具有重要意义。本书全面评估中国保险科技的发展状况和主要趋势、市场参与主体的科技转型战略，并与发达市场的发展状况进行对比。此外，本书还对目前保险科技发展面临的主要阻碍因素进行了梳理和量化分析，并对未来保险科技的发展方向进行了概括和总结。

第三节　新开放格局与保险业高质量发展

中国保险业发展得怎么样，将来又应该如何发展以顺应新开放格局中的高质量要求？

回顾入世 20 周年历程，中国保险业发展主要经历了三大阶段。第一阶段为 2001 年至 2010 年，在这个时期，得益于政府政策的支持、中国强大的经济发展力量、庞大的人口总数以及迅猛提升的科技教育水平等，中国保险市场快速扩张。

不仅原保险保费收入不断攀升，保险深度和保险密度等也获得了显著的增长。国有保险公司资本实力和抵御风险的能力大大增强，经营管理方式随着经营理念和机制的转变逐渐走向成熟，公司治理结构也得到了相应的完善；外资保险市场主体不断增加；中国保险业国际竞争力、话语权得到提升。第二阶段为 2011 年至2016 年，在这期间，为突破发展瓶颈，保险市场进行了改革松绑，国内保险业百花齐放，中资保险国际化进程加快，再保险业务走向成熟，中资保险海外收购活动也如荼如茶地开展起来；与此同时，外资险企却在华经营惨淡，情况不容乐观。第三阶段为 2017 年至 2020 年，在这段时间里，中国保险业对内规范发展，强调"保险姓保，监管姓监"，要求行业从严从实加强监管，履行职责，调查并积极应对潜在风险，加强保险公司对股东监管之类的治理规范，对保险公司产品开发、资金运用、偿付能力等诸多方面出现的乱象进行整治。同时，中国保险业对外放宽管制，深化开放，极大地加快了外资保险集团在中国市场的布局进程。这一管一放，促使中国保险市场逐步走向规范与成熟。

中国保险业秉承着对外开放、拥抱发展的理念，变得更加成熟与多元。通过引进先进技术与运营经验、完善监管体制、提高风险防范水准、增强自身竞争实力等，逐步推动行业形成了宽领域、全方位、多层次的新开放格局，中资与外资险企互利共赢、共同发展。总体而言，中国保险行业的发展呈现出几点特征：保险主体机构数量不断增多，保险市场高度分化，市场份额主要集中于几家国有大型保险公司；外资险企体量小但发展迅速；本土保险公司业务逐渐回归保障，外资保险公司业务范围不断扩大。

党的十九大报告在"贯彻新发展理念，建设现代化经济体系"板块中提出要"推动形成全面开放新格局"。在这样的形势下，对内方面，中国保险业首先应该扭住扩大内需的战略基点，抓住居民对全生命周期保险保障的旺盛需求，提供创新的、个性化的解决方案，解放居民保险消费的束缚。其次，保险业需要抓住产业升级的风口，借助保险资金长期、安全、成本低的优势助力新基建发展，将保险资金投资于回报周期长的 5G 基站建设、新能源汽车充电桩、特高压、大数据中心等新基建领域，满足高端制造业对高端基础设施的需求；此外，可以通过为研发风险大、破产风险高的创新技术领域以及独立自主研发以半导体芯片、精密仪器、操作系统等为代表的高精尖领域提供科技保险，帮助这些领域，摆脱过度依赖进口的现状。最后，保险业应该致力于服务国家重大发展战略，各类险企在新区域发展战略中拥有更多的城市基础设施建设投资机会，并承载着一体化的居民保障体系建设任务，同时，保险资金作为金融要素流通还能对经济一体化建设起到促进作用。

对外方面，中国保险业应发挥联动国内外经济发展的功能与作用，帮助外资险企在获取营业牌照、拓展全国范围内销售渠道、加强与中资险企和保险科技公司合作等方面获得更高的便利度，在中小城市以及西部地区获得更大的区域发展空间。同时，中国保险业还应注重加速产业链、投资链的一体化布局，优化全球资源配置。各类保险机构加速布局能增加保险服务贸易额，提供金融服务交流机会。

参 考 文 献

60 加研究院. 2020a. 北京养老机构市场研究报告 2020[R/OL]. https://baijiahao.baidu.com/s?id=1669801213921371575&wfr=spider&for=pc[2024-06-13].

60 加研究院. 2020b. 上海市养老服务市场研究报告 2020[R/OL]. https://baijiahao.baidu.com/s?id=1677338267327592674[2024-06-13].

60 加研究院. 2020c. 广州市养老机构市场研究报告 2020[R/OL]. https://baijiahao.baidu.com/s?id=1680675553096524782&wfr=spider&for=pc[2024-06-13].

曹丰, 鲁冰, 李争光, 等. 2015. 机构投资者降低了股价崩盘风险吗?[J]. 会计研究, (11): 55-61, 97.

陈秉正. 2019-11-28. 长寿风险不等同于人口老龄化[N]. 中国银行保险报, (2).

陈秉正. 2020-10-13. 说说养老金融[N]. 中国银行保险报, (2).

陈东升. 2020. 长寿时代的理论与对策[J]. 管理世界, 36(4): 66-86, 129.

陈国进, 张贻军, 刘淳. 2010. 机构投资者是股市暴涨暴跌的助推器吗? 来自上海 A 股市场的经验证据[J]. 金融研究, (11): 45-59.

陈华, 周倩. 2018. 保险发展的经济增长效应研究综述[J]. 保险研究, (5): 113-127.

陈浪南, 刘宏伟. 2007. 我国经济周期波动的非对称性和持续性研究[J]. 经济研究, 42(4): 43-52.

陈琳琳. 2003-04-19. 保险商沉默面对非典[N]. 财经时报, (1).

陈诗雨, 许戈非, 何占峰. 2016. 2016 年中国保险行业国际化观察[R/OL]. https://pit.ifeng.com/report/special/baoxianbaogao/[2021-11-30].

陈友华, 施旖旎. 2016. 最后一根救命稻草: 以房养老的美国经验与在中国的实践[J]. 国际经济评论, (6): 146-157, 8.

丁孜山. 2005. 现代保险功能体系及衍生保险功能研究[J]. 保险职业学院学报, 19(5): 2-6.

董冬. 2017. 我国普惠保险发展水平衡量指标设计及测算[D]. 北京: 首都经济贸易大学.

董进. 2006. 宏观经济波动周期的测度[J]. 经济研究, 41(7): 41-48.

段继周. 2018. 保险业基础设施的构建[J]. 中国金融, (4): 57-58.

工业和信息化部, 民政部, 国家卫生健康委员会, 国家市场监督管理总局, 全国老龄工作委员会办公室. 2019. 《关于促进老年用品产业发展的指导意见》的通知 [EB/OL]. https://www.gov.cn/zhengce/zhengceku/2020-01/18/content_5470395.htm[2023-12-02].

郭金龙, 周小燕. 2014. 保险功能再认识[J]. 中国金融, (17): 31-32.

国家统计局. 2020. 中国人口和就业统计年鉴 2020[M]. 北京: 中国统计出版社.

国家统计局. 2021. 第七次全国人口普查公报 (第五号) [EB/OL]. https://www.stats.gov.cn/sj/tjgb/

rkpcgb/qgrkpcgb/202302/t20230206_1902005.html[2021-11-30].

国家医疗保障局. 2020. 2019 年全国医疗保障事业发展统计公报[EB/OL]. http://www.nhsa. gov.cn/art/2020/6/24/art_7_3268.html[2020-06-24].

国务院. 2003. 最高人民法院关于审理人身损害赔偿案件适用法律若干问题的解释[EB/OL]. http://www.gov.cn/test/2005-06/28/content_10430.htm[2021-12-20].

国务院. 2006. 国务院关于保险业改革发展的若干意见[J]. 中华人民共和国国务院公报, (22): 18-22.

国务院. 2008. 国务院关于开展城镇居民基本医疗保险试点的指导意见[EB/OL]. http://www.gov. cn/zhengce/content/2008-03/28/content_7302.htm[2021-12-20].

国务院. 2008. 国务院关于完善企业职工基本养老保险制度的决定[EB/OL]. http://www.gov.cn/ zhengce/content/2008-03/28/content_7376.htm[2021-12-20].

国务院. 2012. 中华人民共和国国务院令第 618 号[EB/OL]. http://www.gov.cn/flfg/2012-04/30/ content_2131949.htm[2021-12-20].

国务院. 2014. 国务院关于加快发展现代保险服务业的若干意见[EB/OL]. http://www.gov.cn/ zhengce/content/2014-08/13/content_8977.htm[2021-12-20].

国务院新闻办公新闻发布会. 2021. 国新办举行三季度银行业保险业数据信息暨监管重点工作发布会[EB/OL]. http://www.scio.gov.cn/xwfb/gwyxwbgsxwfbh/wqfbh_2284/2021n_2711/2021 n10y21rxw/[2022-01-21].

韩浩, 宋亚轩, 刘璐. 2017. 险资举牌对被举牌公司股价波动的影响研究: 基于事件研究法的实证分析[J]. 保险研究, (8): 73-88.

郝正明. 2012. 中小企业信用保险制度研究: 以宏观信用制度完善为背景[J]. 保险研究, (4): 98-102.

红杉资本中国基金. 2019. 2019 年中国城市养老消费洞察报告[R]. 北京: 红杉资本.

侯玲玲, 穆月英, 曾玉珍. 2010. 农业保险补贴政策及其对农户购买保险影响的实证分析[J]. 农业经济问题, 31(4): 19-25, 110.

侯煜庐, 张峭. 2019. 小规模农户购买农业保险意愿影响因素的综合分析[J]. 中国农业资源与区划, 40(4): 210-216.

胡润研究院. 2019. 2019 胡润财富报告[R]. 上海: 胡润研究院.

黄刚. 1999. 人寿保险在社会保障体系中的作用[J]. 保险研究, (2): 23-25.

李婕. 2017. 中国保险业: 从"做嫁衣"到主动出击[N/OL]. https://finance.chinadaily.com.cn/ 2017-03/14/content_28546469.htm[2021-11-30].

李小林, 李鑫, 刘倩男. 2020. 我国保险周期与经济周期的动态关联研究[J]. 保险研究, (4): 16-37.

李心愉, 李杰. 2010. 中国非寿险市场承保周期研究[J]. 保险研究, (2): 44-52.

李新光, 祝国平, 付琼. 2019. 保险业助推脱贫攻坚的作用机理、时代要求与改革路径[J]. 经济
　　纵横, (10): 93-100.

梁风波, 郭雪萌, 陈洛霏. 2018. 保险发展与实体经济增长的联动性研究: 基于中日两国的对比
　　分析[J]. 税务与经济, (3): 9-16.

梁琪, 滕建州. 2007. 中国经济周期波动的经验分析[J]. 世界经济, 30(2): 3-12.

廖朴. 2015. 财产保险对长期经济增长的促进作用研究: 基于保险的风险转移与补偿功能视角
　　[J]. 保险研究, (6): 32-46.

林宝清. 2004. 论保险功能说研究的若干逻辑起点问题[J]. 金融研究, (9): 19-24.

刘福寿. 2019. 我国保险监管法制建设 70 年: 回顾与展望[J]. 保险研究, (9): 3-10.

刘金全, 范剑青. 2001. 中国经济周期的非对称性和相关性研究[J]. 经济研究, 36(5): 28-37, 94.

刘璐, 王向楠, 张文欣. 2019. 保险机构持股行为对上市公司股价波动的影响[J]. 保险研究, (2):
　　28-40.

刘树成. 1996. 论中国经济周期波动的新阶段[J]. 经济研究, 31(11): 3-10.

刘伟, 许宪春, 汤美微. 2018. 国民经济核算视角下的保险产出及中国的实证[J]. 金融研究,
　　(10): 174-188.

罗葛妹. 2021. 惠民保元年, 缘何"超常"发展[J]. 上海保险, (1): 8-12.

马彧菲, 杜朝运. 2017. 普惠金融指数测度及减贫效应研究[J]. 经济与管理研究, 38(5): 45-53.

牛颖惠. 2014. 阳光保险收购悉尼喜来登酒店[N/OL]. http://finance.sina.com.cn/chanjing/gsnews/
　　20141122/020020889644.shtml[2021-11-30].

清华大学老龄社会研究中心, 清华大学经济管理学院, 腾讯金融研究院, 等. 2020. 2020 国人养
　　老准备调研报告[R]. 北京: 清华大学老龄社会研究中心, 清华大学经济管理学院, 腾讯金
　　融研究院, 等.

任泽平. 2021. 任泽平 2021 中国保险行业发展报告: 从高速扩展到高质量发展[R/OL]. https://
　　baijiahao.baidu.com/s?id=1694432099986709533&wfr=spider&for=pc[2021-11-30].

任志腾. 2019. 社会变革的催化剂: 1666 年伦敦大火[J]. 黑河学刊, (1): 93-95.

荣幸, 陈月, 杨汇潮. 2012. 我国经济周期对非寿险承保周期的影响研究[J]. 保险研究, (4):
　　16-24.

赛迪智库. 2019. 2019 中国养老产业发展白皮书[R]. 北京: 赛迪研究院.

邵全权, 柏龙飞, 张孟娇. 2017. 农业保险对农户消费和效用的影响: 兼论农业保险对反贫困的
　　意义[J]. 保险研究, (10): 65-78.

盛军锋, 邓勇, 汤大杰. 2008. 中国机构投资者的市场稳定性影响研究[J]. 金融研究, (9):
　　143-151.

史本叶, 孙黎. 2011. 日本地震保险制度及其借鉴[J]. 商业研究, (9): 116-120.

宋凤轩, 张泽华. 2020. 日本第三支柱养老金资产管理:运营模式、投资监管及经验借鉴 [J]. 现

代日本经济, 39 (4): 85-94.

孙祁祥. 2013. 保险学[M]. 5 版. 北京: 北京大学出版社.

孙祁祥, 郑伟, 肖志光. 2011. 经济周期与保险周期: 中国案例与国际比较[J]. 数量经济技术经济研究, 28(3): 3-20, 50.

孙祁祥, 朱南军. 2015. 中国人口老龄化分析[J]. 中国金融, (24): 21-23.

孙蓉, 吴剑, 崔微微. 2019. 普惠保险及其发展水平测度[J]. 保险研究, (1): 58-74.

汤铎铎. 2007. 三种频率选择滤波及其在中国的应用[J]. 数量经济技术经济研究, 24(9): 144-156.

陶涛, 王楠麟, 张会平. 2019. 多国人口老龄化路径同原点比较及其经济社会影响[J]. 人口研究, 43(5): 28-42.

天风证券研究所. 2020. 保险行业专题报告: 布局养老产业, 抢占蓝海市场[R]. 武汉: 天风证券研究所.

田素华, 谢智勇. 2020. 中美两国经济周期波动的差异性与协同性研究[J]. 世界经济研究, (3): 72-94, 136.

庹国柱, 朱俊生. 2014. 完善我国农业保险制度需要解决的几个重要问题[J]. 保险研究, (2): 44-53.

王桂虎, 郭金龙. 2019. 保险服务实体经济的效率测算及其影响因素研究: 基于欧洲国家的经验[J]. 保险研究, (8): 3-18.

王和. 2020. 保险业抗击新冠肺炎疫情的回顾、反思与启迪[J]. 保险研究, (3): 3-11.

王婧, 胡国晖. 2013. 中国普惠金融的发展评价及影响因素分析[J]. 金融论坛, 18(6): 31-36.

王军辉. 2019. 保险资金服务实体经济创新[J]. 中国金融, (18): 34-37.

王天鑫. 2018. 基于医养结合的我国养老服务供求研究[D]. 长春: 东北师范大学.

王小平. 2020a-09-01. 第三支柱养老保险为你撑起一片天(一)[N]. 中国银行保险报, (5).

王小平. 2020b. 我国第三支柱养老保险发展分析[J]. 保险理论与实践, (1): 45-54.

王业斌. 2018. 普惠金融对城乡收入差距影响的实证研究: 以广西为例[J]. 广西社会科学, (6): 119-123.

王咏梅, 王亚平. 2011. 机构投资者如何影响市场的信息效率: 来自中国的经验证据[J]. 金融研究, (10): 112-126.

魏华林. 2018. 保险的本质、发展与监管[J]. 金融监管研究, (8): 1-20.

吴帆. 2019. 低生育率陷阱究竟是否存在? 对后生育率转变国家(地区)生育率长期变化趋势的观察[J]. 社会科学文摘, (9): 59-61.

吴杰, 粟芳. 2014. 非寿险产品周期性及影响因素的比较分析: 基于保险周期与承保周期理论[J]. 保险研究, (9): 29-41.

吴晓晖, 郭晓冬, 乔政. 2019. 机构投资者抱团与股价崩盘风险[J]. 中国工业经济, (2): 117-135.

夏常源, 王靖懿, 傅代国. 2020. 保险资金持股与股价崩盘风险: 市场"稳定器"还是崩盘"加速器"?[J]. 经济管理, 42(4): 158-174.

谢柳. 2011. 加入世贸组织十年, 中国保险市场1/5由外资撬动[EB/OL]. http://www.gzjrw.com.cn/ Item/92386.aspx[2023-12-02].

幸福9号, 普华永道思略特. 2018. 2017年中国老年消费习惯白皮书[R]. 北京: 幸福9号, 普华永道思略特.

徐文虎, 陈冬梅. 2008. 保险学[M]. 北京: 北京大学出版社.

徐新华, 陈嘉欢, 刘丽娟. 2021. 机构投资者异质性与市场股价波动: 基于信息透明度的调节效应[J]. 商业会计, (24): 26-31, 71.

许飞琼. 2010. 商业保险与社会保障关系的演进与重构[J]. 中国人民大学学报, 24(2): 95-104.

许年行, 于上尧, 伊志宏. 2013. 机构投资者羊群行为与股价崩盘风险[J]. 管理世界, (7): 31-43.

许闲. 2017. 保险科技的框架与趋势[J]. 中国金融, (10): 88-90.

许闲. 2021. 颠覆型保险科技[J]. 中国保险, (6): 21-24.

薛爽, 王禹. 2022. 科创板IPO审核问询有助于新股定价吗?: 来自机构投资者网下询价意见分歧的经验证据[J]. 财经研究, 48(1): 138-153.

杨海燕, 韦德洪, 孙健. 2012. 机构投资者持股能提高上市公司会计信息质量吗?: 兼论不同类型机构投资者的差异[J]. 会计研究, (9): 16-23, 96.

于丽娜. 2013. 我国车险市场承保周期研究: 基于费率管制与市场准入限制的影响[J]. 保险研究, (3): 73-80.

余海宗, 何娜, 夏常源. 2019. 保险资金持股与内部控制有效性研究[J]. 审计研究, (5): 77-85.

袁志刚, 何樟勇. 2004. 以新的视角审视当前中国宏观经济增长[J]. 经济研究, 39(7): 38-47.

袁宗蔚. 2000. 保险学: 危险与保险[M]. 增订34版. 北京: 首都经济贸易大学出版社.

原芸姿. 2020. "医养结合"养老模式背景下老年护理需求调查[J]. 黑龙江科学, 11(20): 156-157.

张曙. 2014. 工业4.0和智能制造[J]. 机械设计与制造工程, 43(8): 1-5.

张响贤, 陈风, 孟祥腾. 2003. 非典对保险业的影响及对策[J]. 保险研究, (6): 36-38.

张艳萍. 2016. 普惠性保险发展指数及影响因素分析: 基于排序选择模型[J]. 现代经济信息, (3): 359-360.

张玉春, 王雅婷, 万里虹. 2016. 我国保险周期与经济周期波动形态对比研究[J]. 保险研究, (6): 40-47.

张毓, 陆琦, 曾金燕, 等. 2020. 老年保健与管理专业人才需求与培养现状调查[J]. 护理研究, 34(23): 4256-4259.

招商信诺人寿, 商学院, 胡润百富. 2020. 2020中国高净值人群健康投资白皮书[R].

赵萌. 2020. 是"真养老"还是"概念秀" 银行养老理财产品值得买吗[EB/OL]. https://www. financialnews.com.cn/gc/ch/202012/t20201204_206955.html[2024-04-19].

郑挺国, 王霞. 2010. 中国产出缺口的实时估计及其可靠性研究[J]. 经济研究, 45(10): 129-142.

郑伟, 孙祁祥. 2003. "非典" 保险冷思考[J]. 中国保险, (7): 10-13.

中国保监会武汉保监办课题组. 2003. 对保险功能的再认识[J]. 保险研究, (11): 11-14, 23.

中国保险行业协会. 2020. 中国保险行业协会养老保险 2020 研究报告：商业养老保险机构的责任与使命[R]. 北京：中国保险行业协会.

中国保险监督管理委员会. 2015. 中国保监会关于印发《深化商业车险条款费率管理制度改革试点工作方案》的通知[EB/OL]. https://www.cbirc.gov.cn/cn/view/pages/ItemDetail.html?docId=338727&itemId=928&generaltype=0[2023-12-02].

中国保险监督管理委员会. 2017. 中国保监会关于保险业支持实体经济发展的指导意见[EB/OL]. https://www.cbirc.gov.cn/cn/view/pages/ItemDetail.html?docId=344642&itemId=928&generaltype=0[2021-12-20].

中国保险监督管理委员会. 2017. 中国保监会关于保险业支持实体经济发展的指导意见[EB/OL]. https://www.cbirc.gov.cn/cn/view/pages/ItemDetail.html?docId=344642&itemId=928&generaltype=0[2023-12-02].

中国保险监督管理委员会. 2020. 保险业经营情况表[EB/OL]. https://www.cbirc.gov.cn/cn/view/pages/ItemDetail.html?docId=887993&itemId=954&generaltype=0[2023-12-02].

中国保险监督管理委员会青海监管局课题组, 谢磊. 2013. 青海省普惠制保险发展问题调查[J]. 青海金融, (5): 25-29.

中国发展研究基金会. 2020. 中国发展报告 2020：中国人口老龄化的发展趋势和政策 [R]. 北京：中国发展基金会.

中国老龄协会. 2019. 需求侧视角下老年人消费及需求意愿研究报告[R]. 北京：中国老龄协会.

中国人民银行. 2010. 中国人民银行发布《中国金融稳定报告（2010）》[R/OL]. https://www.gov.cn/gzdt/2010-06/30/content_1642322.htm[2020-01-03].

中国社会科学院. 2019. 社会保障绿皮书：中国社会保障发展报告（2019）No. 10[R]. 北京：中国社会科学院.

中国社科院世界社保研究中心. 2019. 中国养老金精算报告 2019—2050[R]. 北京：中国社会科学院.

中国养老金融 50 人论坛. 2020. 中国养老金融调查报告 2020[R]. 北京：中国养老金融 50 人论坛.

中国保险监督管理委员会. 1999. 关于下发有关精算规定的通知[EB/OL]. http://www.lscps.gov.cn/html/9254[2021-12-20].

中华人民共和国国家卫生健康委员会. 2020. 2019 年我国卫生健康事业发展统计公报[R]. 北京：中华人民共和国国家卫生健康委员会.

中华人民共和国国务院. 1985. 保险企业管理暂行条例[J]. 中华人民共和国国务院公报, (09): 228-231.

中华人民共和国民政部. 2020. "十四五" 期间全国老年人口将突破 3 亿[N/OL]. http://finance.

people.com.cn/n1/2020/1024/c1004-31904479.html[2021-11-30].

中华人民共和国人力资源和社会保障部. 2020. 2019 年度人力资源和社会保障事业发展统计公报[R]. 北京：中华人民共和国人力资源和社会保障部.

仲赛末, 赵桂芹. 2018. 经营模式对寿险公司财务状况的影响：基于资产负债管理视角[J]. 经济管理, 40(9): 155-172.

周道许. 2006. 保险理论研究：主要成就及发展方向[J]. 金融研究, (11): 183-190.

周延礼, 高皓. 2019. 保险在财富管理中的应用研究[J]. 保险研究, (11): 3-12.

周延礼, 清华大学五道口金融学院中国保险与养老金研究中心. 2020. 金融科技发展视角：构建保险科技创新新生态 2020[M]. 北京: 中国财政经济出版社.

朱进元, 张承惠, 殷剑峰. 2017. 转型与发展：保险保障与供给侧改革[M]. 北京: 中国财政经济出版社.

朱太辉, 黄海晶. 2018. 中国金融周期：指标、方法和实证[J]. 金融研究, (12): 55-71.

卓志, 孙正成. 2014. 现代保险服务业：地位、功能与定位[J]. 保险研究, (11): 21-32.

Afonso A, Furceri D. 2010. Government size, composition, volatility and economic growth[J]. European Journal of Political Economy, 26(4): 517-532.

Al-Hussainy E, Beck T, Demirguc-Kunt A, et al. 2008. Household use of financial services[R]. Washington: The World Bank Development Economics Research Group.

Ambarkhane D, Singh A S, Venkataramani B. 2016. Measuring financial inclusion of Indian states[J]. International Journal of Rural Management, 12(1): 72-100.

Arora R U. 2010. Measuring financial access[D]. Brisbane: Griffith University.

Backus D K, Kehoe P J, Kydland F E. 1992. International real business cycles[J]. Journal of Political Economy, 100(4): 745-775.

Backus D K, Kehoe P J. 1992. International evidence on the historical properties of business cycles[J]. The American Economic Review, 82(4): 864-888.

Barro R J. 1990. Government spending in a simple model of endogeneous growth[J]. Journal of Political Economy, 98(5, Part 2): S103-S125.

Baxter M, King R G. 1999. Measuring business cycles: approximate band-pass filters for economic time series[J]. Review of Economics and Statistics, 81(4): 575-593.

Beck T, Demirguc-Kunt A, Peria M S M. 2007. Reaching out: access to and use of banking services across countries[J]. Journal of Financial Economics, 85(1): 234-266.

Breckenridge J, Farquharson J, Hendon R. 2014. The role of business model analysis in the supervision of insurers[J]. Bank of England Quarterly Bulletin: Q1.

Breckenridge J, Farquharson J, Hendon R. The role of business model analysis in the supervision of insurers[J]. Bank of England Quarterly Bulletin, 2014: Q1.

Cámara N, Tuesta D. 2014. Measuring financial inclusion: a muldimensional index[R]. Athletic Bilbao: Banco Bilbao Vizcaya Argentaria.

Chakravarty S R, Pal R. 2013. Financial inclusion in India: an axiomatic approach[J]. Journal of Policy Modeling, 35(5): 813-837.

Chen F, Chen X J, Sun Z Z, et al. 2013. Systemic risk, financial crisis, and credit risk insurance[J]. Financial Review, 48(3): 417-442.

Christiano L J, Fitzgerald T J. 2003. The band pass filter[J]. International Economic Review, 44(2): 435-465.

Collaborators G, Rahman M, Das Gupta R. 2020. Five insights from the global burden of disease study 2019[J]. The Lancet, 396(10258): 1135-1159.

Cummins J D, Weiss M A. 2014. Systemic risk and the U.S. insurance sector[J]. Journal of Risk and Insurance, 81(3): 489-528.

Debbage S, Dickinson S. 2013. The rationale for the prudential regulation and supervision of insurers[J]. Bank of England Quarterly Bulletin, Q3.

Demirgüç-Kunt A, Klapper L F. 2012. Measuring financial inclusion: the global findex database[R]. Washington: The World Bank Development Research Group Finance and Private Sector Development Team.

Devlin J F. 2005. A detailed study of financial exclusion in the UK[J]. Journal of Consumer Policy, 28(1): 75-108.

di Iasio G, Pozsar Z. 2015. A model of shadow banking: crises, central banks and regulation[J]. SSRN Electronic Journal, 68 (4): 1331-1363.

Dicker D, Nguyen G, Abate D, et al. 2018. Global, regional, and national age-sex-specific mortality and life expectancy, 1950-2017: a systematic analysis for the global burden of disease study 2017[J]. The Lancet, 392(10159): 1684-1735.

Eling M, Pankoke D A. 2016. Systemic risk in the insurance sector: a review and directions for future research[J]. Risk Management and Insurance Review, 19(2): 249-284.

Foreman-Peck J, Zhou P. 2018. Late marriage as a contributor to the industrial revolution in England[J]. The Economic History Review, 71(4): 1073-1099.

French A, Vital M, Minot D. 2015. Insurance and financial stability[J]. Bank of England Quarterly Bulletin, Q3.

Furceri D. 2007. Is government expenditure volatility harmful for growth? A cross-country analysis[J]. Fiscal Studies, 28(1): 103-120.

Ghadimi R. 2018. Population and fertility by age and sex for 195 countries and territories, 1950–2017: a systematic analysis for the Global Burden of Disease Study 2017[J]. Lancet

(London, England), 392: 1995-2051.

Goel S, Sharma R. 2017. Developing a financial inclusion index for India[J]. Procedia Ccomputer Science, 122: 949-956.

Grace M F, Hotchkiss J L. 1995. External impacts on the property-liability insurance cycle[J]. The Journal of Risk and Insurance, 62(4): 738.

Hodrick R J, Prescott E C. 1997. Postwar U.S. business cycles: an empirical investigation[J]. Journal of Money, Credit and Banking, 29(1): 1.

Honohan P. 2004. Financial development, growth and poverty: how close are the links?[M]//Goodhart C A E. Financial Development and Economic Growth: Explaining the Links. London: Palgrave Macmillan UK: 1-37.

Iacobucci A, Noullez A. 2005. A frequency selective filter for short-length time series[J]. Computational Economics, 25(1): 75-102.

International Monetary Fund. 2015. Monetary and Capital Markets Department. Global financial stability report, April 2015: navigating monetary policy challenges and managing risks[M]. Washington: International Monetary Fund.

Jiang F X, Kim K A. 2015. Corporate governance in China: a modern perspective[J]. Journal of Corporate Finance, 32: 190-216.

Kablau A, Weiß M. 2014. How is the low-interest-rate environment affecting the solvency of German life insurers?[R]. Frankfurt: Deutsche Bundesbank.

Kempson H E, Whyley C M. 1999. Understanding and combating financial exclusion[J]. Insurance Trends, 21: 18-22.

Klein P A, Moore G H. 1987. Monitoring growth cycles in market-oriented countries: developing and using international economic indicators[J]. The Economic Journal, 97(385): 235-236.

Kutner L M. 1971. Dating postwar business cycles: methods and their application to western germany, 1950-67: summary[J]. Royal Statistical Society, 134(1): 100.

Lucas R E. 1977. Understanding business cycles[J]. Carnegie-Rochester Conference Series on Public Policy, 5: 7-29.

Lutz W, Skirbekk V. 2005. Policies addressing the tempo effect in low-fertility countries[J]. Population and Development Review, 31(4): 699-720.

Mankiw N G, Romer D, Weil D N. 1992. A contribution to the empirics of economic growth[J]. The Quarterly Journal of Economics, 107(2): 407-437.

Mayers D, Smith C W Jr. 1992. Executive compensation in the life insurance industry[J]. The Journal of Business, 65(1): 51.

Modigliani F. 1966. The life cycle hypothesis of saving, the demand for wealth and the supply of capital[J]. Social Research, 33(2): 160-217.

Murray C J L, Callender C S K H, Kulikoff X R, et al. 2018. Population and fertility by age and sex for 195 countries and territories, 1950–2017: a systematic analysis for the Global Burden of Disease Study 2017[J]. The Lancet, 392(10159): 1995-2051.

Nathan H S K, Mishra S, Reddy S. 2008. An alternative approach to measure HDI[R]. Mumbai: Indira Gandhi Institute of Development Research (IGIDR).

Outreville J F. 1990. Whole-life insurance lapse rates and the emergency fund hypothesis[J]. Insurance: Mathematics and Economics, 9(4): 249-255.

Park S C, Xie X Y. 2014. Reinsurance and systemic risk: the impact of reinsurer downgrading on property-casualty insurers[J]. Journal of Risk and Insurance, 81(3): 587-622.

Ravn M O, Uhlig H. 2002. On adjusting the hodrick-prescott filter for the frequency of observations[J]. Review of Economics and Statistics, 84(2): 371-376.

Rejda G E. 2019. Principles of Risk Management and Insurance[M]. New Jersey: Pearson Education.

Sarma M. 2008. Index of financial inclusion[R]. New Delhi: Indian Council for Research on International Economic Relations.

Sarma M, Pais J. 2011. Financial inclusion and development[J]. Journal of International Development, 23(5): 613-628.

Sethy S K. 2016. Developing a financial inclusion index and inclusive growth in India[J]. Theoretical and Applied Economics, 2(607): 187-206.

Shaw E S. 1947. Burns and Mitchell on business cycles[J]. Journal of Political Economy, 55(4): 281-298.

Shleifer A, Vishny R. 2011. Fire sales in finance and macroeconomics[J]. Journal of Economic Perspectives, 25(1): 29-48.

Skipper H D. 2008. Risk Management and Insurance: Perspectives in A Global Economy[M]. New Jersey: John Wiley & Sons.

Smith A. 1994. The Wealth of Nations 1776[M]. New York: Penguin Random House US.

Solow R M. 1956. A contribution to the theory of economic growth[J]. The Quarterly Journal of Economics, 70(1): 65-94.

Stewart S T, Cutler D M, Rosen A B. 2009. Forecasting the effects of obesity and smoking on U.S. life expectancy[J]. New England Journal of Medicine, 361(23): 2252-2260.

Stock J H, Watson M W. 1999. Forecasting inflation[J]. Journal of Monetary Economics, 44(2): 293-335.

Taylor J B, Woodford M, Uhlig H. 1999. Handbook of Microeconomics[M]. North Holland: Elsevier Science Publishers B V.

Thimann C. 2014. How insurers differ from banks: a primer in systemic regulation[J]. SSRN Electronic Journal,(3).

van Lelyveld I, Liedorp F, Kampman M. 2011. An empirical assessment of reinsurance risk[J]. Journal of Financial Stability, 7(4): 191-203.

Venezian E C. 1985. Ratemaking methods and profit cycles in property and liability insurance[J]. The Journal of Risk and Insurance, 52(3): 477.

Wang X H, Guan J. 2017. Financial inclusion: measurement, spatial effects and influencing factors[J]. Applied Economics, 49(18): 1751-1762.

Yaari M E. 1965. Uncertain lifetime, life insurance, and the theory of the consumer[J]. The Review of Economic Studies, 32(2): 137-150.

Yorulmaz R. 2013. Construction of a regional financial inclusion index in Turkey[J]. Journal of BRSA Banking and Financial Markets, 7(1): 79-101.

Zweifel P, Eisen R. 2012. Insurance Economics[M]. Berlin, Heidelberg: Springer Berlin Heidelberg.